王寅 王天翼 著

西哲第四转向的后现代思潮
——探索世界人文社科之前沿

Postmodernist Trend, the 4th Turn in Western Philosophy:
Exploring the Frontier of Humanity and Social Sciences in the World

上海外语教育出版社
SHANGHAI FOREIGN LANGUAGE EDUCATION PRESS

图书在版编目（CIP）数据

西哲第四转向的后现代思潮：探索世界人文社科之前沿 / 王寅，王天翼著. —上海：上海外语教育出版社，2019
ISBN 978-7-5446-5161-5

Ⅰ.①西… Ⅱ.①王… ②王… Ⅲ.①后现代主义－研究－西方国家 Ⅳ.①B089

中国版本图书馆CIP数据核字（2018）第012902号

出版发行：**上海外语教育出版社**
（上海外国语大学内）　邮编：200083
电　　话：021-65425300（总机）
电子邮箱：bookinfo@sflep.com.cn
网　　址：http://www.sflep.com
责任编辑：张亚东

印　　刷：上海盛通时代印刷有限公司
开　　本：635×965　1/16　印张 23.25　字数 389千字
版　　次：2019年3月第1版　2019年10月第2次印刷
印　　数：1 100 册

书　　号：ISBN 978-7-5446-5161-5 / B
定　　价：72.00 元

本版图书如有印装质量问题，可向本社调换
质量服务热线：4008-213-263　电子邮箱：editorial@sflep.com

目 录

前　言 ……………………………………………………… I
第一章　序言：西哲第四转向的后现代思潮 ……………… 1
  1.1　西哲四转向概述 ……………………………………… 2
    1.1.1　序言 …………………………………………… 2
    1.1.2　第三、四转向的人本性 ……………………… 10
    1.1.3　后现代转向主要体现在四类学科 …………… 14
  1.2　西哲第四转向(后现代)的特征和分期 ……………… 17
    1.2.1　序言 …………………………………………… 17
    1.2.2　后现代第一期：人本性和批判性 …………… 22
    1.2.3　后现代第二期：解构性和破坏性 …………… 23
    1.2.4　后现代第三期：建设性和体验性 …………… 23
  1.3　现代与后现代哲学的过渡期 ………………………… 28
    1.3.1　序言 …………………………………………… 28
    1.3.2　胡塞尔 ………………………………………… 28
        1.3.2.1　现象学 ………………………………… 30
        1.3.2.2　胡氏思想发展三阶段 ………………… 32
        1.3.2.3　生活世界与主体间性 ………………… 32
        1.3.2.4　客观主义立场 ………………………… 33
    1.3.3　雅斯贝尔斯 …………………………………… 34
        1.3.3.1　从怀疑本质到存在主义 ……………… 34
        1.3.3.2　雅氏存在主义的主要内容 …………… 36

1.3.3.3 小结 ……………………………………… 37
第二章 西哲第四转向：后现代第一期导游图 …………… 38
2.1 后现代之先驱：尼采 …………………………………… 39
    2.1.1 真理即谬误 ………………………………………… 40
    2.1.2 权力意志 …………………………………………… 41
    2.1.3 "上帝死了"与"虚无主义" ……………………… 42
    2.1.4 超人学说 …………………………………………… 43
    2.1.5 小结与评价 ………………………………………… 44
2.2 人本主义哲学家 ………………………………………… 46
    2.2.1 海德格尔 …………………………………………… 46
        2.2.1.1 改"on(t)-"为"Dasein" ……………… 47
        2.2.1.2 反对形而上学，力倡多元论 ……… 49
        2.2.1.3 诗思（诗性思维） …………………… 50
        2.2.1.4 存在与语言 …………………………… 50
        2.2.1.5 开孔观（View of Aperture） ……… 51
        2.2.1.6 科技阱架 ……………………………… 52
    2.2.2 伽达默尔 …………………………………………… 54
        2.2.2.1 解释学 ………………………………… 54
        2.2.2.2 效果历史 ……………………………… 56
        2.2.2.3 解释的语言性 ………………………… 57
        2.2.2.4 小结 …………………………………… 57
2.3 法兰克福学派 …………………………………………… 57
    2.3.1 序言 ………………………………………………… 57
    2.3.2 霍克海姆 …………………………………………… 61
    2.3.3 马尔库塞 …………………………………………… 63
        2.3.3.1 马氏思想的两个来源和三个阶段 … 63
        2.3.3.2 科技是生产力 ………………………… 64
        2.3.3.3 单面人与新左派运动 ………………… 66
        2.3.3.4 小结 …………………………………… 66
    2.3.4 阿多诺 ……………………………………………… 67
        2.3.4.1 社会批判理论 ………………………… 68
        2.3.4.2 坚持理论思辨 ………………………… 69
        2.3.4.3 音乐社会学与多元化 ………………… 69
        2.3.4.4 小结 …………………………………… 70

- 2.3.5 哈贝马斯 …… 70
  - 2.3.5.1 普遍语用学 …… 71
  - 2.3.5.2 主体间性 …… 73
  - 2.3.5.3 生活世界 …… 74
  - 2.3.5.4 现代与后现代兼而有之 …… 74

第三章 西哲第四转向：后现代第二期导游图 …… 77
3.1 法国军团十三将 …… 78
3.1.1 拉康 …… 78
- 3.1.1.1 简介 …… 78
- 3.1.1.2 重读弗洛伊德 …… 79
- 3.1.1.3 融"索、雅、弗"为一体 …… 79
- 3.1.1.4 潜意识与社会 …… 80
- 3.1.1.5 小结 …… 81

3.1.2 萨特 …… 81
- 3.1.2.1 存在主义 …… 82
- 3.1.2.2 辩证理性 …… 83
- 3.1.2.3 基于存在主义的文学创作 …… 83
- 3.1.2.4 小结 …… 84

3.1.3 梅洛庞蒂 …… 85
- 3.1.3.1 知觉现象学 …… 85
- 3.1.3.2 心智源于身体 …… 86
- 3.1.3.3 多元化 …… 87

3.1.4 列维—施特劳斯 …… 87
- 3.1.4.1 克劳迪亚·列维—施特劳斯 …… 87
- 3.1.4.2 结构主义人类学 …… 88
- 3.1.4.3 结构主义 vs 存在主义 …… 89
- 3.1.4.4 小结 …… 90

3.1.5 利科 …… 90
- 3.1.5.1 文本解释学 …… 91
- 3.1.5.2 开放式阅读 …… 91

3.1.6 巴尔特 …… 92
- 3.1.6.1 结构主义文学理论家 …… 92
- 3.1.6.2 符号学理论 …… 93
- 3.1.6.3 "作者死了" …… 95

- 3.1.7 利奥塔 ··· 97
  - 3.1.7.1 科学性知识与后现代知识状况 ······ 98
  - 3.1.7.2 反宏大叙事 ···························· 99
  - 3.1.7.3 否定绝对真理和统一标准 ········· 101
  - 3.1.7.4 历史叙事 ······························ 102
  - 3.1.7.5 科技是生产力和知识商品化 ······ 103
- 3.1.8 德勒兹 ·· 104
  - 3.1.8.1 根茎模式与游牧思想 ··············· 104
  - 3.1.8.2 叙事危机 ······························ 105
  - 3.1.8.3 欲望机器 ······························ 106
  - 3.1.8.4 精神分裂说和解码说 ··············· 106
- 3.1.9 福柯 ··· 107
  - 3.1.9.1 批判现代理性话语 ·················· 108
  - 3.1.9.2 知识考古学 ··························· 109
  - 3.1.9.3 "人死了"与"话语活了" ········· 110
  - 3.1.9.4 权力系谱学 ··························· 111
  - 3.1.9.5 小结 ···································· 115
- 3.1.10 波德里拉 ···································· 115
  - 3.1.10.1 消费社会 ···························· 116
  - 3.1.10.2 符号价值 ···························· 117
  - 3.1.10.3 消解意义 ···························· 117
  - 3.1.10.4 技术发明和技术客体 ············· 118
- 3.1.11 德里达 ······································· 119
  - 3.1.11.1 解构 ·································· 120
  - 3.1.11.2 延异 ·································· 122
  - 3.1.11.3 意义与痕迹 ························· 123
  - 3.1.11.4 文本理论 ···························· 124
  - 3.1.11.5 小结 ·································· 125
- 3.1.12 布迪厄 ······································· 125
  - 3.1.12.1 文化资本与符号资本 ············· 126
  - 3.1.12.2 语言是温和的暴力 ················ 127
  - 3.1.12.3 反思性社会学和综观文学评论 ··· 128
- 3.1.13 克里斯蒂娃 ·································· 129
  - 3.1.13.1 文本理解发展的三个阶段 ······· 129

                3.1.13.2　互文性与对话理论 …………… 131
                3.1.13.3　女权主义 …………… 133
                3.1.13.4　小结 …………… 133
    3.2　奥美意四学者 …………… 134
        3.2.1　弗洛伊德 …………… 134
            3.2.1.1　精神分析 …………… 135
            3.2.1.2　三重意识 …………… 135
            3.2.1.3　三重人格 …………… 136
            3.2.1.4　评价 …………… 138
        3.2.2　费耶阿本德 …………… 138
            3.2.2.1　认识论无政府主义 …………… 139
            3.2.2.2　"什么都行" …………… 139
            3.2.2.3　告别理性 …………… 140
            3.2.2.4　小结 …………… 140
        3.2.3　哈桑 …………… 141
            3.2.3.1　后现代主义 vs 现代主义 …………… 141
            3.2.3.2　评述 …………… 142
        3.2.4　瓦蒂莫 …………… 142
            3.2.4.1　后现代解释学 …………… 142
            3.2.4.2　人的终结 …………… 143
            3.2.4.3　后现代真理观 …………… 144

第四章　西哲第四转向：后现代第三期导游图 …………… 145
    4.1　序言 …………… 146
        4.1.1　第一次启蒙运动 …………… 146
            4.1.1.1　第一次启蒙运动的特征 …………… 147
            4.1.1.2　理性至上 …………… 149
            4.1.1.3　科学主义和机械论世界观 …………… 150
        4.1.2　第二次启蒙运动 …………… 156
            4.1.2.1　西方建设性后现代哲学家 …………… 156
            4.1.2.2　严厉批判科学主义 …………… 157
            4.1.2.3　我国学者的贡献 …………… 159
            4.1.2.4　中国的"天人合一"传统 …………… 160
        4.1.3　维氏的建设性后现代思想 …………… 162
        4.1.4　奎因的建设性后现代思想 …………… 163

			4.1.4.1	毕因论承诺	163
			4.1.4.2	自然化认识论	164
			4.1.4.3	知识系统力场论	164
		4.1.5	建设性后现代哲学的特征与代表		165

4.2 美国学者及其他 … 168

4.2.1 柯布 … 168
- 4.2.1.1 否定普世性 … 169
- 4.2.1.2 后现代生态观 … 170

4.2.2 格里芬 … 171
- 4.2.2.1 两种后现代哲学 … 172
- 4.2.2.2 整体有机论 … 172
- 4.2.2.3 科学的返魅 … 174
- 4.2.2.4 小结 … 175

4.2.3 罗蒂 … 176
- 4.2.3.1 新实在论 … 176
- 4.2.3.2 《哲学与自然之镜》 … 177
- 4.2.3.3 对话理论 … 178
- 4.2.3.4 后哲学文化 … 180

4.2.4 詹姆逊 … 181
- 4.2.4.1 三分资本主义 … 182
- 4.2.4.2 后现代的混搭特征 … 183
- 4.2.4.3 后现代的精神分裂 … 185
- 4.2.4.4 捍卫"总体化" … 185

4.2.5 霍伊 … 187
- 4.2.5.1 系谱解释学 … 187
- 4.2.5.2 否定传统理性,倡导多元思维 … 189

4.2.6 斯普瑞特奈克 … 189
- 4.2.6.1 主要观点 … 190
- 4.2.6.2 人与自然的和谐相处 … 193

4.2.7 柏斯 … 194
- 4.2.7.1 后现代实用主义 … 195
- 4.2.7.2 批判理性和确定论 … 195
- 4.2.7.3 符号学 … 196
- 4.2.7.4 其他建设性后现代观 … 197

4.2.8　詹姆斯 ·············· 197
　　　　4.2.8.1　彻底经验论 ·············· 198
　　　　4.2.8.2　实用主义真理观 ·············· 199
　　　　4.2.8.3　批判现代科学 ·············· 200
　　　　4.2.8.4　辩证的上帝观 ·············· 200
　　　　4.2.8.5　其他建设性后现代观 ·············· 201
　　　4.2.9　柏格森 ·············· 201
　　　　4.2.9.1　生命哲学与创造进化论 ·············· 202
　　　　4.2.9.2　直觉主义 ·············· 203
　　　　4.2.9.3　其他建设性后现代观 ·············· 203
　　　4.2.10　怀特海 ·············· 204
　　　　4.2.10.1　过程哲学 ·············· 204
　　　　4.2.10.2　过程、关系、有机 ·············· 207
　　　　4.2.10.3　动态变化与超验客体 ·············· 208
　　　　4.2.10.4　主要范畴 ·············· 209
　　　　4.2.10.5　小结 ·············· 211
　　　4.2.11　哈茨霍恩 ·············· 215
　　　　4.2.11.1　过程神学 ·············· 216
　　　　4.2.11.2　泛经验论 ·············· 217

第五章　人文社科前沿之我思 ·············· 218
5.1　追寻人文社科前沿 ·············· 219
　　5.1.1　体验哲学和认知语言学 ·············· 219
　　　5.1.1.1　心智的体验性 ·············· 220
　　　5.1.1.2　认知的无意识性 ·············· 222
　　　5.1.1.3　思维的隐喻性 ·············· 225
　　5.1.2　心智哲学 ·············· 234
　　5.1.3　第二次启蒙 ·············· 235
　　5.1.4　中国后语言哲学 ·············· 236
5.2　语言学与哲学互为摇篮之历史 ·············· 236
5.3　认知语言学对西哲的贡献 ·············· 239
　　5.3.1　隐喻认知理论 ·············· 239
　　5.3.2　范畴三论 ·············· 241
　　5.3.3　SOS ·············· 242
　　5.3.4　ECM ·············· 246

    5.3.5 识解:解读主观性的钥匙 …………………… 248
    5.3.6 认知过程:物质如何决定精神 ……………… 249
  5.4 概念整合与哲学研究 ……………………………… 251
    5.4.1 概论 ……………………………………… 251
    5.4.2 解释人类创造力来自何处 ………………… 252
    5.4.3 概念并非完全是客观反映 ………………… 254
    5.4.4 可用概念空间替代可能世界 ……………… 254
    5.4.5 解释为何思维和表达具有模糊性 ………… 256
    5.4.6 深化对无意识的认识 ……………………… 257
  5.5 结语 ………………………………………………… 258

第六章 建设性后现代哲学视野下的语言教育 …………… 260
  6.1 序言 ………………………………………………… 261
    6.1.1 西方哲学与教育发展 ……………………… 261
    6.1.2 现代教育之利弊 …………………………… 262
  6.2 何为"创新" ………………………………………… 265
    6.2.1 用国外理论,换汉语例子 ………………… 265
    6.2.2 不可把方法当理论 ………………………… 266
    6.2.3 不必仅限一家之言 ………………………… 267
  6.3 理论结合实践,文科兼理工 ……………………… 268
    6.3.1 文理不该早分家 …………………………… 268
    6.3.2 文科不可被边缘化 ………………………… 269
    6.3.3 反思"以人为器"的教育思想 …………… 269
  6.4 碎片化教育的再反思 ……………………………… 273
    6.4.1 课程设置之"碎片化"现象 ……………… 273
    6.4.2 语言文学三方向的有机整合 ……………… 275
    6.4.3 有机性整合教育的理论基础 ……………… 276
  6.5 和谐教育与团队合作 ……………………………… 276
    6.5.1 西方学者倡导中西合璧之楷模 …………… 276
    6.5.2 和谐教育与团队精神 ……………………… 277
    6.5.3 和谐教育的有机哲学基础 ………………… 279
    6.5.4 团队合作与学术规范 ……………………… 281
  6.6 有机教育与知识系统 ……………………………… 281
    6.6.1 知识的系统性 ……………………………… 281
    6.6.2 "树 vs 林"关系与图表归纳法 …………… 283

6.7　横纵结合，朝不同方向深入 ·················· 285
　　　　6.7.1　横组合 vs 纵聚合关系·················· 285
　　　　6.7.2　横向深挖 vs 纵向跳跃·················· 287

附录 ··· 289
　附录1：本书主要国外人名汉译对照表 ·················· 289
　附录2：本书主要英语术语汉译对照表 ·················· 297
　附录3：西哲简史："三个转向"与"感性 vs 理性"之争 ··· 310
　附录4：英国文学简史表 ································ 312
　附录5：中国古代语言学简史表 ························ 314
　附录6：西方语言学简史表 ····························· 317
　附录7：西方翻译简史表 ································ 318
　附录8：中国翻译简史表 ································ 322

参考文献 ·· 325

前言

一

"后现代主义(Post-Modernism)"一词最早出现于1870年前后,英国画家查普曼(J. Chapman 1832—1903)用"后现代绘画"来指法国带有前卫性的思想特性,并以此来批评法国印象派画家的作品。1917年潘维兹(R. Pannwitz)在《欧洲文化的危机》中提到了"后现代"这一术语。再后来,奥尼斯(F. de Onis 1879—1923)于1934年在《1882年—1923年西班牙、拉美诗选》中也用此术语描写现代主义内部所产生的一种逆动性思维。"后现代主义"之幽灵不胫而走,一旦跳出了潘多拉的盒子,它就见风便长,放荡不羁,几乎到了无孔不入的地步①。经其他学者[如萨默维尔(D. C. Somervell 1885—1965)、汤恩比(A. Toynbee 1889—1975)、奥尔森(C.

---

① 王治河(2005)在"后现代是一个机会——致李醒民先生的一封信"中说道:后现代自传入中国的那天起,就烙上了一种原罪的印迹。"人本主义的大敌"、"反理性主义"、"反科学主义"、"反理想主义"、"学术商业主义"、"虚无主义"、"无政府主义"、"后现代垃圾"……各色各样的帽子都往它身上招呼,更有甚者,我国台湾地区有些人称之为"后现代癌症"。这足以可见,"后现代"引起一些人之不满,乃至厌恶和憎恨。

Olson 1910—1970)、利奥塔（J. F. Lyotard 1924—1998）、哈桑（I. Hassan 1925—　）等]宣传和推动,不仅在艺术界、文学界,而且还在哲学界、文化界、科学界等刮起了一股西方飓风,席卷全世界。

后现代主义,它与"后结构主义"、"后人道主义"、"后英雄主义"、"后殖民主义"、"后形而上学"、"女性主义"、"后男权"等同属一类,或前者可作为后者的上义词,是以"对'现代性（Modernity）'的各种反思、修正、批判、发展"为总体特征的。这就是当前学界所说的"后学（Postism）"（参见 Habermas 1988,曹卫东、付德根译 2001:4）,因此亦有学者主张,这些具有后现代特征的观点都可纳入到"后学"之中。

英语中的"后（Post）",原义为"田径场上表示终点的标杆",而"Postmodernism"无非就是以"Modernism"为界,在其之后的情况。一方面,"后学"是基于"原学"的基础上发展而出,强调两者之间的关联性。哈桑（1987:88）指出：

> 现代主义和后现代主义之间并没有一道铁幕或中国的万里长城隔开,因为历史是一张可以被多次刮去字迹的羊皮纸,文化渗透在过去、现在和未来的时间之中。我们同时都有维多利亚时代、现代和后现代的文化气质。

瓦蒂莫（Vattimo 1985,李建盛译 2013:54）也持相同观点,且重点解释了"后"的含义。他认为,"后"明显是指以不同却又密切相关的方式表达自己的态度；另一方面,两者又具有差别性、批判性和超越性,甚至是后来者居上。

因此,在"现代主义"和"后现代主义"两大哲学思潮之间存在着既互相联系又相互争论的关系。这里的"Post"也就带上了"反"的意思,而且还不仅是一个简单的"反、批",更含有"辩证性地反"、"辩证性地'后定、扬弃、超越'"之义（参见胡兴荣 2004:153;王治河 2005）。因此,"后现代主义"与"现代主义"之间,在理论上既具有"连续性",又有"反思、批判、颠覆"之义,前者尝试"纠正、弥补、发展"后者。正如凯尔纳和贝斯特（Kellner & Best 1991,张志斌译 2015:31-32）所言,各种后现代话语所操弄的"Post-（后）"具有内在的模棱两可性,一方面所有的"Post-"都指一种序列符号,表明那些事物是处于现代之后并接现代之踵而来,是对此前之物的一种依赖和连续,或可称之为"强化了的现代性"、"超现代性"、"现代性的一种新面貌";另一方面,"Post-"描写了一种"不是"现代性的东西,它可以被解读为一种试图超越现代时期及其理论与文化实践的积极的否定,因此后现代话语和实践明显带有"反现代"的性质。在此意义上,带前缀"Post-"的词语表示与其前事物相关,但也与其存在积极的决裂关系。正如很多学者所指出的,后现代性的若干特征已包含于"现代性"之中了,但这些特征在"现代性"时期尚处于从属地位,而到了后现代时期它们已转变为主流地位,故而有充分理由将后现代主义视为一个新的时代(詹姆逊1984,参见 Kellner & Best 1991,张志斌译 2015:209)。他们(张志斌译 2015:305)还指出,后现代理论表现出一种"后综合征(Post Syndrome)",且进一步解释道:它为了创造适合于崭新社会情景的新话语和新理论,激进地拒斥先前的观点。

赵一凡(2009:643)将"后学(Postism)"理解为:

> 各种批判、修正、超越现代性的努力。
> 我们在治理后学时,务必切记一项辩证原则,即福祸相依、善恶互动、悲喜交加。

此处若用荀子的

> 青,取之于蓝,而青于蓝;冰,水为之,而寒于水。

来说明它,倒也有几分确切!

根据利奥塔(1979)在 *La Condition Postmoderne*(《后现代状态》)一书中的描写,后现代思潮主要指知识界不再相信传统观念下所描述的那种令人神往的理性蓝图和英雄主角了,尖锐地批判形而上学理论所具有的严重局限性,基于宏大叙事构成的知识系统越来越不得人心;当今知识体系充满断裂、差异、冲突,不规则游戏遍行天下。此时西方学者只得抛弃同义性、总体论,转向边缘化、局部性、小型叙事。钱钟书先生也早已提出"蔑视系统、嘲笑宏伟、倡导偶然"的思想,他(转引自赵一凡 2007:105)说:

> 谁要猎取终极真理,或根本不变的真理,那么他是不会有什么收获的。

由于后现代主义所涵盖的时间和范围跨度较大,从尼采(Nietzsche 1844—1900)到当代欧美哲学家、文学家、社会学家、艺术家、建筑家等,很多学者(如王治河 2006:5)认为,后现代不必按照"时代性"和"编年史"来理解,它不是继现代主义之后的一种学术运动,人们应当依照思维方法和学术观点来划分。我们经过认真思考之后,认为可将两者结合起来,后现代概念既有时代性,也有学派性。说其具有时代性,是因为它的高潮出现在"现代"之后;说其具有学派性,是因为它具有明显的理论取向。笔者(2014)曾尝试总结出后现代哲学思潮的七个特征,现列述如下:

1. 哲学王与非哲学
2. 基础论与超基础
3. 中心论与去中心
4. 理性论与非理性
5. 人本观与后人道
6. 二元论与多元论
7. 破坏性与建设性

读者可顺着这七点梳理相关论述,大致了解后现代哲学的概貌。

王治河与樊美筠于 2011 年又出版了《第二次启蒙》一书,直接将建设性后现代主义视为继欧洲 17 至 18 世纪第一次启蒙运动以来的第二次启蒙,开启了人类认识新时代的启智新时期。著名已故学者汤一介教授曾在 2011 年 11 月 14 日《文汇报》以"启蒙在中国的艰难历程"为题就第二次启蒙做出如下判断(他于 2011 年 9 月 9 日在中国国家博物馆举办的中德论坛上发言):

> 在中国已经产生广泛影响的"国学热"和"建设性的后现代主义"这两股思潮在马克思主义指导下的有机结合,如果能在中国生根并得到发展,也许中国可以比较顺利地完成"第一次启蒙",实现现代化,而且会较快地进入以"第二次启蒙"为标志的后现代社会。

此观点问世后获得了积极的社会反响,得到了许多人的认同,被评为"2012 年度最具价值的理论观点"(人民论坛问卷调查中心:"2012 年度最具价值的理论观点",载 2013 年 1 月 10 日《人民论坛》)。这一文科理论前沿性信息,值得我们密切关注和深思,且应将其与我们的语言文学研究紧密结合起来。

二

虽说语言学有自己的研究对象和分析方法,但又何以能脱离"哲学"这一基体呢？罗宾斯(Robins 1967)主要基于哲学角度较为系统地梳理了语言学发展简史,这便是例证。他(1967:103)指出：

... Philosophy in its widest sense had been the cradle of linguistics.
（最广义的哲学是语言学的摇篮。）

这句话明明白白地告诉我们,语言学是在哲学家的摇篮中成长起来的,只有熟悉西哲的学者,才能看清西方语言学发展的来龙去脉。或进一步说,只有学好西方哲学,才能较好地理解西方语言学；若无西哲基础,又何以能知晓体验哲学的来龙去脉,学好认知语言学岂不成为沙滩建楼之谈？体验哲学当可视为后现代哲学中最新理论前沿之一。

令人欣慰的是,国内亦有很多学者不仅注意到了西方哲学中的后现代思潮,而且还进行了深入的研究和全面的思考,如刘象愚(1993,2011)、江怡(1998)、程志民(2005)、王治河(2006)、赵一凡(2007,2009)、孙周兴(2009)、钱冠连(2007a,b;2008;2015)、高宣扬(2010)等。但他们(如王治河 2006:5;胡兴荣 2004:150)认为,后现代主义主要包括以下三个方向：文学艺术、社会文化、哲学研究,我们觉得还应包括"语言学"。

语言学之所以被排除在"后现代"视野之外,是因为语言学界长期受到现代语言学两位大师索绪尔和乔姆斯基的影响,一直徘徊在客观主义哲学理论之中,专注于追寻语言的客观本质,而疏于学习西方后现代哲学理论。难怪季国清(1999)早就以"语言研究的后现代化迫在眉睫"为题分析了国内外这一憾事。我们认为,当今已成为主流的认知语言学就可视为该思潮在语言研究中的产物。

在西哲出现第四转向之际,国内外语言学界中很多学者仍在传统的形而上学客观论的圈子里打转转。在此状况下,雷柯夫和约翰逊(Lakoff & Johnson 1980,1999)顺应了这一国际性时代潮流,将后现代哲学有关观点引入语言学界,建构了历史意义深远的"体验哲学(Embodied Philosophy)"和"认知语言学(Cognitive Linguistics)",发挥了"力挽狂澜"的作用,终于使得语言学摆脱了传统客观主义理论的束缚,进入了西哲第四转向的建设性后现代时期。他们两位大力倡导语言研究中的"体验人本观",竭力主张从"互动体验"和"认知加工"这两个角度来阐释语言之成因,使得唯物论、人本精神重回语言学阵地,这为全世界语言理论和教学实践的研究打开了一扇全新的窗口。

由于罗宾斯的《语言学简史》是于 1967 年正式出版的(后来虽多次再版,但增加内容不多),那个时候后现代思潮还没有像今天这样流行,蔓延至全世界的众多领域,成为一门显学,我们不能要求他在那个时代就高瞻远瞩地预测到体验哲学和认知语言学的发展趋势,这就为我们留下了较大的理论发展空间。我们可以尝试将他的未尽分析继续下去,努力把后现代思潮带入到当今语言学史的研究之中,深入分析近半个世纪以来的语言学,特别是认知语言学,是如何在语言哲学和后现代哲学的影响下出场的。

据此,我们自本世纪以来就在系统梳理西方哲学、现代语哲以及后现代哲学的基础上,尝试将后现代思潮与西方哲学的三个转向做贯通性处理,冠之为"西哲的第四转向",详见图 1.1。但后现代哲学中理论繁多,言出多门,观点林立,学派纷争,论述各异,出现了像刘象愚(2011:1,载《后现代主义百科全书》中译本)所描述的现象:

    千人讲后现代主义,就会有千种后现代主义。

我们为便于论述,理清其内部观点和总体特征,拟将其大致分为三个时期(详见第一章,图 1.1):

> 第一期:从海德格尔、伽达默尔的人本哲学到法兰克福的批判学派,主要特征为"人本性、批判性"。
> 第二期:13 位法国后现代哲学家及奥、美、意的学者,主要特征为反传统、超基础、去中心、非理性、后人道、多元化、破坏性、解构性。
> 第三期:建设性后现代,以英美学者为主,也包括中国学者。主要特征为"建设性、体验性"。

我们还认为,"体验哲学"、"认知语言学"、"体认语言学"接受了洪堡特的观点"语言是一个民族的精神",以及怀特海的观点"语言传递了认识世界的方法",这都属于"语言哲学"的研究范畴,从语言分析入手来探索哲学问题(包括民族精神、心智状态)的原则,揭示隐藏在语言表达背后的认知方式,解释语言为什么这样说而不那样说(即像似性)。正如怀特海(1929b,庄莲平等译 2012:65,87,90)所指出的:

> 文学课教学方法是研习语言,即,学习我们向他人表达我们心理状态的方法。在这门课程中,应该获得的技术是语言的表达;需要掌握的科学是语言结构的研究,还要分析语言和所传达的心理状态之间的关系。此外,语言和感情表达的精巧联系,书面语和口语所需要的感觉器官的高度协调发展,都会引起因成功运用语言而唤起的强烈的美感。
>
> 每一种语言都体现了一种确定的心理智力形式,两种语言必然会向学生展示两种形式之间的某种差异。
>
> 语言体现了使用它的这个种族的精神生活。……在不同语言之间,词汇和词组不会有真正的同义对等者。

可见,语言不仅仅是表达思想的工具,它本身就可体现出一个民族的精神和认识世界的方式,也就是说,透过语言表达可直接窥见一个民族的思维方法。我们一直认为,通过语言教学可很好地实施"素质教育",比如,在我们的英语教学中,可通过分析英语表达方式,来探索英语民族的思维方式,探索他们究竟是如何看待世界、理解社会的,这正是认知语言学对于当今实施后现代教育的一大贡献。

据此,我们完全可以认为,体验哲学、认知语言学、体认语言学一直行进在语言哲学研究的基本思路之上,完全可视为西方语哲之延续,也可划归西哲第四转向中第三期的建设性后现代思潮之中,代表着当前全世界语言哲学之前沿[①],参见第一章图1.1。

中国著名语言学家钱冠连(2007a,b;2008)在此形势下首开先河,尝试建立有我国有特色的中国语言学派,提出了"中国后语言哲学",努力将国外理论本土化,在我国逐步形成了有目标、有理论、有方法的研究体系,得到了国人的广泛响应。因此,我国学者当前关于"后现代哲学"、"体验哲学"、"认知语言学"、"体认语言学"等方面的研究成果,皆可视为"中国

[①] 尽管他们及其他认知语言学家不一定都能清醒地认识到这一点,但就当前全世界人文研究的总趋势而言,这是一个不争的事实。

后语言哲学"所取得的成果,为全球后现代大潮中的华人学者之贡献。

从下图可见,人类社会的历史进程分别经历了古代、近代、现代、后现代等重要时期;西方哲学主要经历了毕因论、认知论、语言论、后现代等四个转向;文学史可大致划出古典、启蒙、浪漫、现实(和批判现实)、现代、后现代阶段,甚至还出现了"后后现代"等阶段;由于文学作品需要翻译,翻译理论也很快进入到后现代时期,诸如文化派、操纵派、解构派、目的论、后殖民派、女权派等层出不穷,基于建设性后现代哲学理论建立起来的"认知翻译学"也已登台亮相,逐步被学界所认识。

西方语言学先后主要经历了传统语文学、历史比较语言学、结构主义、转换生成语言学派(TG)、功能语言学等流派(Robins 1967;刘润清 1995,2013;王寅 2007:25)。我们知道,认知语言学(Cognitive Linguistics)则是基于体验哲学(Embodied Philosophy)建构而成的,通过这些年的研究和思考,笔者主张将体验哲学视为一种"建设性后现代"的哲学理论。若从这个角度来说,认知语言学的历史意义就不仅仅在于发现了分析语言的一些新方法、新进路上,而在于终将在理论上落后于文学、翻译的语言学带入到后现代时期,且将"唯物论"和"人本观"视为语言研究的基本出发点,从而形成了一场对索绪尔革命和乔姆斯基革命的又一场革命。

下图可使我们一目了然地直观社会、哲学以及语言文学三个方向的主要发展脉络:

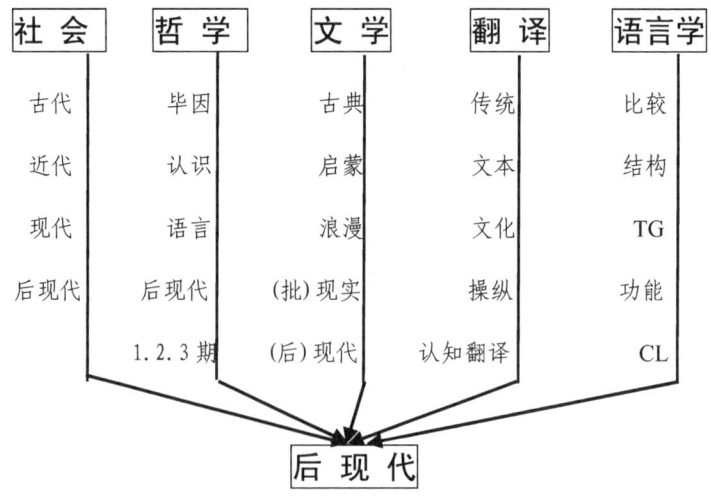

毫无疑问,"后现代"亦已成为这些研究方向的"集合地(Rendezvous)",与其他人文社科齐头并进,携手向前。这便是当今我们这个时代发展的总趋势,理当对其有一个较为清醒的认识,打开视野,以免落伍。

纵观外国语言文学的三个核心方向:文学、翻译、语言学,前两个方向的理论研究早已随着社会发展和哲学进程步入"后现代",而语言学却在某种程度上落后于这两者,甚为遗憾!我们曾经为语言学因结构主义理论而取得的辉煌成就而兴奋过。

列维·施特劳斯(Lévi-Strauss 1958,张祖建译 2006:30,32)曾指出:

> 语言学无可置疑地属于社会科学,但地位十分特殊,因为跟其他社会科学不同,它所取得的成就要大得多。语言学大概是唯一的一门能够以科学自称的社会科学;只有语言学做到了两者兼备:既有一套实证的方法,又了解交给它分析的那些现象的性质。这种独享其尊的地位引来一些追附的现象,因为语言学家经常看到,相邻但不同的学科的研究人员会从它的榜样当中获得启发,试图走它的道路。
>
> 与原子核物理学在所有精密科学当中所起的革新作用相比,结构主义语言学在社会科学当中起到的革新作用毫不逊色①。

语言学界常以"语言学是一门领先的学科"而自豪,伍铁平于 1994 年还以此为题出版了专著,收集了国外持该观点的诸多学者所撰写的论文,确实使得国内从事语言学研究的学者备受鼓舞,情不自禁地滋生出夜郎自大的情结。但正是由于索绪尔的影响太大,其哥白尼革命意义十分深远,使得学界晚辈对他过于尊崇,一时间难以跳出其窠臼,竟然束缚自己的手脚达数十年之久,长期以来囿于"结构主义"的研究方法而不能自拔,沉浸乃至陶醉于唯心论的语言理论之中。

加之,索氏的后来者乔姆斯基,虽主张跳出纯语言结构分析的模式,倡导从"心智"角度研究语言成因,但仍未能摆脱索氏"关门打语言"的结构主义观,进而提出了"关门打句法"的研究思路,难怪学界仍有人将乔氏视为另一类的结构主义者。索氏语言理论的哲学基础是先验论(语言系统先验地存在于个体经验之上,人一出生就被投入到语言的牢笼之中);乔姆斯基的哲学基础为天赋论(人在出生时在心智中先天嵌入了普遍语法或语言习得机制),两者同属唯心论、客观主义的阵营,在这一点上他们

---

① Lévy-Strauss(1958:33)的原话为:Structural linguistics will certainly play the same renovating role with respect to the social sciences that nuclear physics, for example, has played for the physical sciences.

没有区别。

整个20世纪的语言学研究,一直在这两位语言学泰斗的统摄下,徘徊在他们的阴影之中,而忽视了山外青山楼外楼的别样风光。正当语言学界墨守成规之时,其外的人文社科研究出现了翻天覆地的巨大变化,人本哲学、解释学、精神分析、交往行动理论、知觉现象学、话语权力、解构主义、建设性后现代主义等如雨后春笋般地茁壮成长,各种新理论纷至沓来,新观点令人目不暇接,我方尚未唱罢,他者亦已登场,真可谓"两岸猿声啼不住,轻舟已过万重山"。

在此期间,韩礼德所倡导的"系统功能语言学"以及雷柯夫和约翰逊所创立的"认知语言学"作为别类观点出场,后现代理论也开始从文学和译学领域波及语言学界,但大多数学者对其认识不清,理解不透,犹豫、彷徨者甚多。这就是为何季国清(1999)以"语言研究的后现代化迫在眉睫"为题向我国语言学界(包括外语界和汉语界)发出呼吁,此文可谓振聋发聩,令人深思!我们切不可在此大是大非问题上再麻木不仁,该补的就补,早补早得益!这使我们想起了当前流行的一个术语"Academic Re-engineering(学术再构工程)",充分体现了学界对"与时俱进"国策的响应。

我们真心期望,经过国人的数年努力,语言学理论研究也当与时俱进,出现文学、翻译学、语言学"三子登科"的大好局面,能就后现代论同堂对话,携手共进,张开双臂迎接这个时代的到来。我们为此而深感责任重大,时不我待,当奋发图强,只争朝夕;我们也为和者渐众的趋势而欢欣鼓舞!

若能认清这一全球人文研究之大潮,站在学科发展的世界前沿来看,应让语言哲学和语言学这两个领域的研究迅速进入"第四转向",以便拓宽我们的学术视野,提升我们的科研水平。这就意味着,中国的人文学者只有进入到当今世界这一人文大潮之中,才能在此领域谈及与世界学术前沿接轨的问题。特别是在语言学理论和实践的研究之中,若不冲破形而上的客观主义老框架,深刻认识西方各种人本观(零位人本观、理性人本观、语用人本观、激进人本观、消极人本观)的利弊,深刻反思索绪尔和乔姆斯基语言理论之弊端,迅速转向基于建设性后现代哲学建立起来的"体验人本观",难免会出现"炒冷饭"、"做夹生饭"的现象,甚至会"过时落伍"、"知识陈旧",甚至有些研究生毕业了还找不到自己的研究方向,这难免要在科研上掉队,倘若这一局面得不到改变,长此以往,难以实现东方大国在学术上"立民族之林"的远大抱负。

我们正是在这一人文社科大潮的鼓舞下写此小书,为能使国内文科

(特别是语言文学方向)学者大致认识到西方后现代哲学的基本发展脉络,且取名为《西哲第四转向的后现代思潮——探索世界人文社科之前沿》,意在于此。全书以图1.1为基本脉络,分别在第一、二、三章中梳理后现代第一期、第二期、第三期的概况,简要介绍各时期主要代表人物(以出生年代为序排列)的主要思想,重点将其串联成线,便于理解。第五章重点论述图1.1最后加双底线的一行,即建设性第三期后现代的前沿之一,主要包括:体验哲学、心智哲学、认知语言学、第二次启蒙、后语哲、SOS、体认观等,这是我们近年的一些心得,定有不当之处,欢迎同仁批评指正。

我们在阅读哲学界、逻辑学界、汉语界、外语界专著和期刊时,发现它们在文献标注上真可谓"百花齐放",各行其是,各自还在不停调整,使得作者要无谓地花费许多时间和精力,而且这些标注还不能提供读者所急需的重要信息,如原著最早是哪一年出版的(有期刊认为自己引用哪一本书,就提供该书的信息),何人何时译为汉语,这些信息对于理解理论的源头及其发展史是十分重要的。因此本书在引用时,正文结合参考文献,尽量标出原著最早出版的时间,然后是汉译本的作者、年代和页码。正文和参考文献中的外国人的"名"用简写,在书后本书的附录1"本书主要国外人名汉译对照表"中列出了他们的全名以及生卒年。

怀特海(1929b,庄莲平等译2012:12,11)指出,他本人是一位图表法分析的热烈拥护者,这有利于解决因为有了"树木"而不见"树林"所带来的麻烦。为此,我们为能更好地发挥该书所能起到的"导游图"的作用,在书后附上了六个图表,读者可按图索骥,有助于大致了解哲学、英国文学、中西语言学、中西翻译学等六个学科的发展简史,可一目了然、居高临下地掌握这些学科的基本概况,达到"好学、便记、易查"的目的。

从这六个简表亦可见,它们涵盖了哲学、文学、语言学、翻译学,还关涉到中西对比的内容,正应了书名副标题中所提及的人文社科四字的含义。这也正是笔者的一个心愿,尽早走出纯哲学、纯文学、纯语言学、纯翻译研究的局限,顺应怀特海所倡导的"有机教育"思想,迅速进入"跨学科"乃至"超学科"探索的新天地,将"语言文学"这一总科目中的诸多方向有效地融合起来,且紧密结合这些方向所共同依赖的哲学理论,对其做一个"人文社科"的综观处理,这或许将能成为本世纪语言研究的一个新出路。

本书所述"前沿",主要是顺着哲学史(后现代理论)和语言学史(认知语言学为最新理论)推导而出的,但决不意味着这一前沿是"唯一可行"的,可"包打天下",倘若如此,我们又要再次跌入形而上学的泥潭之中。正如王治河等(2011:29)所指出的,西方17至18世纪的第一次启蒙运动导致了对理性和科学的迷恋,对传统采取虚无主义,拒斥一切感性和非科学,实施"维新主义"的划一思维。看一看现代非持续性经济模式的横行,消费主义、拜金主义、科学沙文主义在世界的横行无忌,掠夺性的轧路机,在全球各地疯狂碾压,以一元吞多元,对多元文化、本土文化、边缘文化一概加以征讨,传统价值遭到吐槽。在此情形之下,我们没有理由不呼唤第二次启蒙,呼唤对齐一化的抵抗,歌颂多元之情,欣赏差异之美。

正如柯布(Cobb 2002:50)所指出的,西方的现代性常持"排他性"立场,对"差异"的惯常态度是"容不得",采取"打压"策略;而后现代主义则使差异拥有了立足之地。在建设性后现代奠基人怀特海的整个哲学中,差异概念始终扮演着一个至关紧要的角色,他以一种非常肯定的眼光看待"差异"和"多样性",且认为这才是更高发展的条件(王治河 2005)。我们也历来倡导科学研究中的"多元论",当有"条条大路通罗马"的见识,绝不可取"华山自古一条道"的立场,忠实贯穿"仁者见仁、智者见智"的原则,因为"山 vs 水"各有所用,所以学科的前沿研究可有多种不同途径,不必采用"划一思维"之法。学者们既可在原有领域中精耕细作,深挖横耙;也可学习哲学家的"转向性"思维,更换思路,改换"门庭",进入全新方向,但在这两条道路上可有自己适时的理性选择。我们的建议是,倘若在原有领域已研究多年,一时难以再挖出什么新观点之时,不妨考虑尽早转入新领域。而语言学研究的实际情况是:很多学派已研究多年,如索绪尔的结构主义语言学、乔姆斯基的转换生成语法、韩礼德的系统功能语言学,它们都经过几十年的研究了,其留下的研究空间似乎是越来越小。在难以深入之时,不妨迅速换位思考,进入更为广阔的探索空间,可大展身手,前途无限。真可谓:进一步则海阔天空!

三

中西语言哲学研究会自 2005 年开始活动以来,主要致力于解决外语界"为何要学(语言)哲学"和"怎样学好(语言)哲学"的问题,笔者上文曾引用了罗宾斯(Robins 1967:103)的"哲学是语言学的摇篮"作为该学会致力于此活动的佐证。西方人文社科的发展史足以证明:语言学和哲学这两个学科紧密交织,国内也有很多学者就此做出了有益的论述,如季国清

(1999)、陈嘉映(2003)、江怡(2009)、钱冠连(2005,2007a,b,2008,2015)、王寅(2014b)等。

另说,语言学界教授了多年的"语义学"和"语用学"两学科,原本就来自语言哲学两核心分支:前者来自语哲早期的理想语言学派;后者来自语哲后期的日常语言学派。若语言学家没有较好的语哲修养,何以能求其源,得其根,学得透,教得好,它们岂不成了无源之水、无本之木!这便是我们在外语界要大力倡导学习语哲的主要动因之一,以期能有效地弥补昔日课程设置和教学内容之不足,顺应"与时俱进"的国策,夯实语言学界这两个学科的理论基础。更为重要的是,也可弥补国外语言学家在这两个学科研究中遗留下的诸多不足,因为他们在(语言)哲学方面的基本功也有待提升!

又说,语言文学中的文学、翻译、语言学这三大分支在理论上发展参差不齐,很不平衡。我们知道,文学比语言学更贴近社会和生活,比较接地气,因其一直遵循着"既来之于生活,又高于生活"的创作模式,且常还发挥着宣传和领先的作用,因此文学早已随着社会进程和哲学研究步入后现代思潮。因为文学作品需要及时翻译成各种不同语言,译论也随之步入后现代思潮,德里达、韦努蒂、米勒等后现代解构派、文化派等译论亦已为国内外译界所广泛接受。

相比之下,语言学界前些年依旧是以索绪尔(先验理性)和乔姆斯基(天赋理性)的客观主义、唯心论哲学观为主导,真的落后于文学和译学的理论研究数十年。季国清(1999)的一句话"语言研究的后现代化迫在眉睫",意在提醒国人解放思想,反思现有状况,及时进入前沿。这篇论文亦已发表 16 年了,和者当不该再寡了。如今阅读这篇论文,我国语言学界的同仁们(包括外语界和汉语界)当会感到一种坐立不安的"紧迫感"。

再说,只有从(语言)哲学的角度,才能看清楚过往语言学理论的发展简史(参见 Robins 1967),了解现代语言学之父索绪尔和转换生成学派领袖乔姆斯基的哥白尼革命意义之所在。他们不仅对于语言学,而且对于哲学也做出了重要贡献。在 21 世纪历史转折节点上,基于后现代哲学和体验哲学的认知语言学,严厉批判了结构主义和转换生成语法的唯心论哲学基础,大力倡导唯物论语言观,针锋相对地提出了语言的"体认观(Embodied-Cognitive View)"(旧称:体验观),认为语言既不具有先验性,也不具有天赋性,当循"物质决定精神"的唯物观,语言是人们在对客观世界进行互动体验(体)和认知加工(认)的基础上形成的,语言各层次都可凭"体、认"这两点做出统一解释(王寅 2014a),这就是我们论证了十多年

的体认语言学的

现实——认知——语言

核心原则。

似乎,语言学界为何迫切需要学习哲学的例证还可一直列述下去。自不待言,语言文学的三个主要分支方向语言学、文学、翻译学其实都在共用一套哲学理论,这就决定了这三个方向的互通性,也说明了哲学的重要性。笔者此处还想引用王治河(2011:13)的一句话来概而言之:

如果一个时代出了问题,一定是那个时代的哲学出了问题。

这足以可见,哲学理论不仅对于人文社科研究具有重大的指导意义,而且还担负着指导时代发展和文明进步的重任。这不禁使我们想起了西方哲学家为何要奉哲学为一切科学的科学(the science of all sciences)了,为何要将哲学视为凌驾于一切科学之上的"女王",从而出现了"哲学王(King Philosophy)"或"哲学女王(Queen Philosophy)"的称号。质言之,一部哲学的历史就是一部形而上学的历史,一部形而上学的历史就是一部"追求真理、寻找本质、建构基础、确立中心"的哲学历史,柏拉图在 The Republic(《理想国》,又译《共和国》)中就曾指出:应当由哲学家来当国王,治理国家。我们虽然不完全赞同柏拉图的这一观点,但其强调哲学的重要性却是值得记取的。

此时此刻,我们不觉想起如下这个命题:对于语言研究来说,不管怎么强调学习(语言)哲学也不为过!总之,是哲学的,定能为语言研究所用;是语言的,必然关涉哲学问题。一方面哲学是语言学的摇篮,另一方面语言学也为哲学做出了很多贡献,我们不妨将罗宾斯的"摇篮论"修补为"互为摇篮论",参见第五章。

经过这些年的思考和讨论,外语界学人基本达成共识,研究语言理论必须要有较好的(语言)哲学功底。我们经常讲的一句话是"尽早走出纯语言研究的老套路",这不能仅停留在口头上,而应落实在行动上,尽快学会哲学家的分析方法,这必将给语言学研究带来新思维,开出新天地,使其结出新果实。

毫无悬念,后现代哲学已成为当今各人文社科研究的前沿,在全球不同的土地上开出了风姿各异的花朵,结出了变异多彩的果实(刘象愚

2011:1,载《后现代主义百科全书》中译本)。钱冠连(2016)基于美国的中美后现代发展研究院主任王治河(2015)的观点,倡导国人"迎接世界学术大潮的第二次哲学启蒙运动",因为在第一次启蒙运动中,西方人在唱独角戏,而在由建设性后现代所引出的第二次运动中,一定要有中国学者的声音,正如柯布(Cobb & 刘昀献 2010)所言:

> 今天,中国政府在各国政府之前,率先明确提出"建设性生态文明",这可以看做是在一个新的高度上对这种有机整体主义的弘扬。这是中国对世界范围的后现代主义运动的独特贡献。

这真的使国人激动不已,备受鼓舞。从中西方的对抗,从一度沉浸在"不是东风压倒西风,就是西风压倒东风"的战斗激情之中,到随着世界总体格局的变化,如今进入新时期的对话和合作,乃至得到赞叹,我们正在重塑大国形象,更接近于实现"立于先进民族之林"的梦想!我们作为这个时代的学者,应有一份担当,当对全球第二次启蒙做出自己应有的贡献,不负时代之机遇!

在此形势之下,我国语言学界的研究不再是单打独斗,更不是闲云野鹤,而是行进在继承发展的路途上,既有学习,也有创新,提出了很多本土化思想,有力地推动着全球语言理论的进展。让我们继续与时俱进,奋发图强,携手合作,步入前沿,进一步融入到世界人文社科大潮之中,尽快实现与国际学术前沿接轨,在语言文学领域做出国人应有的贡献。

本研究为2013年国家社会科学基金后期资助项目(编号为13FYY009)的拓展成果,并获得四川外国语大学资助,为外国语言文学重庆市一流学科建设成果。

作者
2018年10月

第一章

序言：
西哲第四转向的后现代思潮

西方哲学继"三个转向"之后，又于20世纪50—60年代出现了"第四转向"的后现代思潮。在此思潮的影响下，很多学者重新审视传统形而上学的真理观、基础观、二元论、理性观等，跳出了分析哲学的老框架，也抛弃了远离人本性的形式主义，大力倡导哲学研究中的人本性、批判性、解构性、建设性和体认性。美国学者雷柯夫和约翰逊所倡导的"体验哲学"和"认知语言学"，钱冠连创立的"中国后语言哲学"以及笔者提出的"SOS理解模型"、"体验人本观"等也当属于建设性后现代第三期。本章最后还述介了从现代到后现代过渡期的两位主要哲学家：胡塞尔和雅斯贝尔斯，以能对第二章至第四章所述介的后现代哲学有一全景式了解。

1.1 西哲四转向概述

1.1.1 序言

我们都记得马克思和恩格斯在 1848 年合著的《共产党宣言》中开篇一句：

> 一个幽灵,共产主义的幽灵,在欧洲徘徊。

谁也不曾料到,时过 133 年后的 1981 年,法国的《世界报》又套用其中的"幽灵"一词,十分诙谐地向人类宣布：

> 有一个幽灵——后现代主义的幽灵在欧洲出没作祟。

它竟然不胫而走,见风就长,到如今它不但已经长大,而且还

> 已成为一个家喻户晓的用语。[摘自英国著名后现代社会学家司各特·拉什(Scott Lash 1980)所著《后现代主义社会学》第 1 页]

它摇身一变,竟又长成了一位当代的"Cinderella(灰姑娘)"。其思想和方法流行于大多数人文学科甚至自然科学,为全世界学术研究带来了全新的理论视角,极大地推动着世界人文大潮的蓬勃发展。

若要考证"后现代(Post-Modern)"一词的出处,最早可追溯到 19 世纪 70 年代[①]。根据赫金斯(Higgins 1978:7)所述,英国画家查普曼(J. Chapman)约在 1870 年就曾用"后现代绘画"来指比法国印象派画家更为现代的作品。威尔希(Welsch 1988:12-13)在《欧洲文化的危机》一书中提到潘维兹(R. Pannwitz)于 1917 年也用到了该术语。再后来,奥尼斯(F. de Onis 1879—1923)于 1934 年在《1882—1923 年西班牙、拉美诗选》

---

① 美国著名后现代哲学家霍伊(D. C. Hoy 1998)在"后现代主义:一种可供选择的哲学"一文中指出:从中国人的观点看,后现代主义可能被看做是从西方传入中国的最后的思潮;而从西方的观点看,中国则常常被看做是后现代主义的来源。他在文中还指出,若硬要为后现代哲学诞生选一个日子的话,我愿选择 1889 年 1 月 3 日,这是尼采陷入神经错乱的日子。

中曾用此术语描写现代主义内部所产生的一种逆动性思维。自此以后，"后现代"这一幽灵不胫而走，一旦跳出了潘多拉的盒子，它见风便长，放荡不羁，几乎到了无孔不入的地步。经过下列学者的推波助澜，"后现代"就像一股西方飓风，席卷全世界（参见 Rosenberg & White 1957:4-5）。

（1）萨默维尔（D. C. Somervell）为英国历史学家汤恩比（Toynbee 1889—1975）于 1947 年面世的 *A Study of History*（《历史研究》）前六卷所撰写的一卷本的概论中也用了该术语，后来汤恩比在随后的第七和八卷中接受了这一术语。

（2）美国抒情诗人兼散文家奥尔森（Charles Olson 1910—1970）于 20 世纪 50 年代将近一二十年出现的一批不同于艾略特诗歌风格的新诗歌称为"后现代主义"。

（3）美国的卢森堡和魏爱特（Rosenberg & White 1957）和德鲁克（P. Drucker 1957）分别出版了 *Mass Culture*（《大众文化》）和 *The Landmark of Tomorrow*（《明天的里程碑》），从社会、文化、工业和哲学等角度论述了后现代转变。

（4）密尔斯（C. W. Mills 1959）在 *The Sociological Imagination*（《社会学的想象力》）专著中指出：我们正处于现代时期的终结点，当西方人经历黑暗的中世纪时东方文化占主导地位，而如今现代时期正在被一个后现代时期所取代。

（5）斯密斯（H. Smith 1961）在 *The Revolution in Western Thought*（《西方思想的革命》）中认为：朝向后现代概念的转变已经极大地影响了当代科学、哲学、神学和艺术。

（6）英国历史学家巴勒克拉夫（G. Barraclough 1964）在 *An Introduction to Contemporary History*（《当代历史学导论》）中认为可用后现代一词来描述这个继现代历史而来的时期。

（7）斯泰恩（R. Stern）和詹克斯（C. Jenks 1975）率先将后现代概念引入建筑界，使其在建筑业名声大噪。

（8）法国哲学家利奥塔（J. F. Lyotard 1924—1998，素有"后现代哲学之父"之称）将其正式引入哲学界，于 1979 年出版了《后现代状态——关于知识的报告》一书。

（9）意大利著名后现代哲学家瓦蒂莫（Vattimo 1985）出版了题为 *The End of Modernity*（《现代性的终结》）的专著，从其标题便可一目了然地知晓他意在终结现代性。

（10）美国著名的后现代主义者哈桑（Hassan 1987）与其呼应，又出版了 The Postmodern Turn: Essays in Postmodern Theory and Culture(《后现代的转向——后现代理论与文化论文集》),他在书中指出,后现代时代已经到来,它的兴起与发展已成为当代西方文化的主流,后现代主义已经渗透到文化的各个领域。但这种普遍性不一定意味着过去的观念或机制已经停止对现行观念或机制的影响(参见佟立 1996)。他与瓦蒂莫的这两本书可谓交相呼应,为"现代主义"敲响了丧钟。

(11) 塞德曼(Seidman 1994)主编了 The Postmodern Turn: New Perspectives on Social Theory(《后现代转向——社会理论的新视角》)一书,将后现代人文研究的主要论述集于一册,批判形而上学,反思启蒙运动和理性至上,强调知识的反叛性、社会性、修辞性,模糊学科界限,且提供了利奥塔、哈拉威、福柯、罗蒂等著名后现代哲学家的观点。

(12) 美国学者凯尔纳和贝斯特(Kellner & Best 1991)在 Postmodern Theory(《后现代理论》)一书的第一章中较为详细地总结了"后现代"的来历,同时他们还指出(张志斌译 2015:1):

> 过去 20 年来,后现代争论占据了全世界众多学科中的文化和知识活动领域。……许多人已开始向一种与尼采、海德格尔、德里达、罗蒂、利奥塔等人相联系的新的后现代哲学欢呼了。其结果是,这种后现代冲击不仅产生了新的社会理论和政治理论,而且也产生了对后现代现象本身的多面性加以界定的理论意图。

迪利(Deely 2003)也断言,"后现代"已经逐步取代"现代"而逐步走入到舞台的中央,成为一门显学,他说(周劲松译 2011:3):

> 当现代性和后现代性在夜色中相继登上舞台,前者在迟暮中渐行渐远,后者则向着灿烂的黎明迈进。

我国于 20 世纪 70 年代开始改革开放和现代化建设,西方后现代思潮在世纪末传到我国。美国"中美后现代发展研究院"主任王治河更是中国后现代哲学思潮研究的杰出代表,他曾于 1993 年在社会科学出版社正式出版了《扑朔迷离——后现代哲学思潮研究》一书,该书于 1996 年和 1998 年再次印刷;后在此基础上又增加了"建设性后现代主义",于 2006 年再版,书名更改为《后现代哲学思潮研究(增补版)》。他分别于 1999 年、2003 年、2008 年出版了《福柯》、《全球化与后现代性》、《生态文明与马克思主义》等著作,于2005年主编、出版了《后现代主义词典》,且与格里芬合作主编了《建设性后现代主义译丛》,为我国乃至世界的后现代哲学研究做出了重要贡献。

他认为,"后现代主义(Post-modernism,Postmodernism)"亦已成为当代西方最具影响力的文化思潮,是20世纪欧美哲学最重要的发展动力。他与樊美筠(2007,2011)还称建设性的后现代哲学为"第二次启蒙(Second Enlightenment)",这应当引起我们的充分关注,他们(2011:53)指出:

> 作为当代西方具有重大影响的一场思想运动,后现代主义既是一种文化思潮,也是一种思维方式。从影响的广泛性来看,在20世纪,除了马克思主义,大概就是后现代主义了。从自然形态上,可以将后现代主义大致划分为文学艺术上的后现代主义、社会文化上的后现代主义、哲学上的后现代主义。随着这一思潮的深入,又产生了后现代经济、后现代农业①、后现代科学、后现代教育、后现代政治、后现代宗教等分支流派。

田晓菲(2000:8-9)在翻译默克罗比(McRobbie 1994)一本书的译者前言中说:

> 后现代主义是20世纪60年代以来的一个"阶段标志"。
> 后现代主义最大的优点,也是它最使人不安的地方,是它开放性的结构,它自由的有时甚至是游戏的思想方式,它对权威话语的破除,它对传统的兴趣、利用和颠覆。对所有约定俗成的概念,它都提出了疑问:无论是历史、父权制度、帝国主义,还是资本主义本身。

程志民不仅看到"后现代"是西方世界发展图景中的总趋势,且还认为地处东方的国家也开始接受它了,且将其视为时代的标签。他(2005:1,376)在《后现代哲学思潮概论》一书中指出:

---

① 此注为笔者所加,后现代农业又名多元农业、健康农业、有机农业、生态农业、再生农业、生物农业、自然农业、替代农业、和谐农业、可持续发展农业等。从这些不同名称大致可知后现代农业所包含的主要内容和发展方向。

20世纪70年代以来,"后现代主义或后现代性"这个词不仅在西方思想界,而且甚至于在整个东西方社会都成了一个十分流行而时尚的名称,最后甚至成了20世纪终结的一种标志。

后现代主义思潮作为当代全球性的热门话题,在西方学术界,包括哲学、社会学、美学、文学、历史学、教育学、艺术和传媒甚至神学等人文学科和社会科学学科中引起了人们的广泛关注和旷日持久的争论。西方学术界对后现代主义思潮的研究从20世纪60年代开始以来,迄今已有40余年,至今仍长盛不衰。

他(2005:3)断言:

没有人能够逃避后现代主义哲学思潮的影响,对之置之不理,那只是一种鸵鸟政策而已。

他在该书(2005:378)的结尾一句为:

结论是中国的现代化就是后现代化。

这句话实在是意味深长,含义丰富。中国缺少西方社会所经历的几百年的启蒙运动、工业革命、科技大发展和现代化的历史,我们自1978年开始改革开放,西方社会已在20世纪50—60年代进入后现代时期,我国仅用了近30多年的时间基本走过了西方几百年现代化和后现代化的发展历程,在这高度浓缩的时间结构中,中国人走了一趟时间隧道,可谓"迎头赶上"了发达的西方国家。因此,我们在引进西方现代化先进科技时,同时也将西方的后现代哲学思潮一起引入了进来。"与时俱进"就意味着:我国在进行现代化的同时,也在进行着"后现代化"事业;要搞好当下人文社科的现代化建设,就需要认真研究西方的后现代哲学思潮。

高宣扬一生致力于研究后现代主义,认为该思想虽脱胎于现代主义,成长于现代西方社会,但最终却解构和颠覆了现代社会所形成的前后贯通的哲学体系,亦已成为当代西方哲学中最活跃和最重要的流派。他2010年所出版的《后现代论》在综述西方诸多著名后现代学者理论的基础上,较为详细地论述了后现代理论的基本主旨和主要特征,认为后现代主义是对现代性的批判和超越,他分别从哲学、政治、历史、社会、经济、文化、逻辑、生活方式、表达方式等角度论述了后现代主义思想,这是我国该

领域中一本十分重要的论著。他(2010:96)总结说:

> 总而言之,后现代主义是一种非常复杂的社会文化现象。它集中体现了当代西方社会政治、经济、文化和生活方式的一切正面和反面因素的矛盾性质;它既表现了西方文化的积极成果,又表现了它的消极性;它既包含创新的力量,又隐含着破坏和颠覆的因素;它是希望和绝望两方面共存而又相互斗争的文化生命体。

我国著名哲学家、国学大师汤一介于 2011 年在王治河等出版的《第二次启蒙》(2011)的序言中指出:

> 在 20 世纪 60 年代兴起的"后现代主义"是针对现代化在发展过程中的缺陷提出的,他们所做的是对"现代"的解构,曾使一切权威性和宰制性都黯然失色,同时也使一切都零碎化、离散化、浮面化。因此,初期的后现代主义目的在于"解构",企图粉碎一切权威,这无疑是有意义的。但是它却并未提出新的建设性主张,也并未策划过一个新时代。

李建盛(2013:1)在翻译瓦蒂莫的《现代性的终结》(1985)的英译者导论时指出:

> "后现代性"的观念处于当代西方知识分子争论的中心。在过去的 10 多年中,后现代性的批评家和支持者都经常参与非常激烈的争论,尤其是在绘画、建筑、芭蕾、戏剧、电影、文学和哲学领域。存在一种广泛的共识,即西方的观看、认识和表现方式近来都发生了不可逆转的变化。

这便是后现代主义。

周敏(2014:前言 1,1)也将后现代哲学称为"时代的主要思想文化特征"、"西方最为重要的思想运动之一"、"20 世纪除了马克思主义之外影响最为广泛的一种文化思潮和思维方式,甚至就连马克思主义也深受它的影响"。

被视为后现代主义的代言人哈桑(Hassan 1971)尝试将"后现代主义"这一共同性标签贴在文学、哲学、社会新潮流这三个领域上。王寅

(2009a,2011a、b,2012a、b、c,2014a、b)基于上述观点提出并论证了语言学研究领域也受到了后现代思潮的影响,力主将当前亦已占主流地位的认知语言学视为后现代思潮的产物,算是对他们的观点所做的一种补充吧。

可见,后现代主义意不在全盘否定现代性,而在于批判吸收其合理要素,扬长避短,反思其弊端,建构新概念,寻找新出路,创造新世界,构思新生活。正如美国著名建设性后现代哲学家格里芬(参见王治河等 2011：3)所指出的：所谓后现代化就是

> 要保存现代概念中的精华,同时要克服消极影响。

后现代主义就这样客观地存在着,不管你承认它也罢,不承认也罢,它就在我们的身边,早已成长为时髦、流行的灰姑娘。这一哲学研究既有纲领,也有目标;既有批判,也有建设;既有理论,也有实践。这股潮流奔腾向前,势不可挡,亦已成为当今理论研究的中心性的、时代性的标志。

据此,我们经过与很多同仁的讨论和协商,认为西方哲学不仅主要经历了三个转向,且还出现了"第四转向的后现代思潮",它的起源虽可追溯到 19 世纪的尼采,但直至 20 世纪 50—60 年代这股思潮才渐入佳境,逐步进入高潮,从欧洲传遍全世界,颠覆了亦已流行了两千多年的若干传统观念。

于是,西方哲学就可归结为"四个转向"：

（1）毕因论转向（Ontological Turn,又译本体论转向）
（2）认识论转向（Epistemological Turn）
（3）语言论转向（Linguistic Turn）
（4）后现代转向（Postmodernist Turn）

"前苏格拉底时代（the Presocratics）"的哲学理论被称为"自然哲学（Natural Philosophy）",这个时期的理论尝试用一种或数种自然物质来解释物质世界的本源,如泰勒斯（Thales 约前 624—547）的"水说"、阿那克西米尼（Anaximenes 约前 585—526）的"气说"、赫拉克利特（Heraclitus 约前 540—480）的"火说"、德谟克利特（Democritus 约前 460—370）的"原子说"、阿那克萨哥拉（Anaxagoras 约前 500—428）的"种子说"、恩培多克勒

（Empedocles 约前 495—435）的"火、气、水、土"说等①，参见附录 3 开始部分。

毕因论（Ontology）即研究 being 的学问，又译：本体论、存在论、是论、有论，关心"客主关系"及客体的本质是如何映射进入人们心智的，但针对"自然哲学"转向了对世界本质的抽象思考，比如，巴门尼德尝试用"毕因[on(t)-，being]"来解释世界的本源或本质，毕达哥拉斯（Pythagoras 约前 580—500）用"数"来解释世界的本源或本质，苏格拉底（Socrates 前 469—399）和柏拉图（Plato 前 427—347）用"观念"和"理性"、亚里士多德（Aristotle 前 384—322）用"形式+质料"等来解释世界的本源或本质，这些学者据此建立了毕因论，以解决"客观存在是什么"、"世界的本质是什么"等问题。

到了近代发现毕因论难圆其说，大家也达不成共识，此时就转向了"认识论（Epistemology）"，从对客体和本质的思考变成了对"主客关系"和"人之认识"的思考，努力解决"人是怎样认知到存在的"、"我们知道什么"、"我们有何认识能力"等问题，着力描述思维与存在的关系，阐述人类认识的来源、途径、能力和限制。

再解释不通时便进入了"语言论"转向，不管是研究"毕因"，还是"认识"，都需要用"语言"将它们表达出来；而且许多哲学家还发现形而上哲学中若干假命题或伪命题皆因自然语言的混乱所致。要消除此混乱，就得先消除语言上的含糊，尝试用"现代形式逻辑"来分析语言意义，以期能消解那些在现实世界中不存在的形而上学假命题和伪命题。此时人们不再全力关注有关认识方面的问题，而转向表达思想和理性的语言。只有思想能被表达，并被理解、讨论、争论时，它才成其为思想，科学能发展，主体间的可交流性、可理解性取代了认识能力、认识来源及认识界限，此时"语言意义"就成为哲学研究的主要对象，从而形成了"以数理逻辑为基础、以语言为研究对象、以分析为主要方法"的语言哲学（江怡 2009）。

笔者现将西哲三个转向的主要观点和相关特征综述归纳成表 1.1，便于对照学习，以期能获得较为系统的认识。在第五栏对应列述了西哲第四转向的特征，将在下文中对它们加以详述。

---

① 比较：中国古代学者也提出了相似的"自然哲学观"，比如，《易经》中的"八卦说（天、地、水、火、山、泽、雷、风）"，《尚书》中的"五行说（金、木、水、火、土）"，管仲(-725—-645)的"水说"和"精气说"，荀子（约-325/或-313，-307，-298—-238 年）的"气一元论"，等等。

表 1.1 西哲四转向综述

	本体论	认识论	语言论	后现代
1	WHAT is this?	HOW is this?	What is IS?	多元性
2	存在的实在性	存在的认识性	存在的表达性	存在的人本性
3	客主关系	主客关系	用语言与世界、命题与事实的关系代替主客关系	主客主
4	从本质来认识世界	从观念和思想认识	从语言分析来认识	从"人"
5	现象是本质的体现	心智是世界的镜像（笛、康擦镜子）	语言与世界为同构	语言拟构世界
6	据毕因说明观念和语词	据观念来说明毕因	用语言说出毕因	否定本质
7	现实的准确再现于本质,用神目之眼来审视现实背后的形而上	现实的准确再现于心智,用心智之眼来审视视网膜成像的真性	现实的准确再现于语言,用语言之眼来审视视网膜成像的真实性	无准确性,用人之非理性之眼来审视世界和哲学
8	本质、本体、本源	真知、概念、思想、命题	意义、指称、真、逻辑必然性、证实、言语行为	非哲学、超基础、去中心、非理性、后人道、破与建

1.1.2 第三、四转向的人本性

西哲的第三转向——语言论转向（即语言哲学）——主要包括两大学派："英美分析哲学"和"欧陆人本哲学",正如上文所述,前者又主要经历了两个时期(参见表 1.1 和附录 3)：

表 1.2 两大学派

（1）理想语言学派 ⎫
（2）日常语言学派 ⎬ 英美分析哲学
（3）欧陆人本哲学

若以"人本主义（Humanism）"为基准,它们各派则呈现出逐步递增的趋势,即三个学派对人本性的关注程度越来越高,如上右边的符号所示。

语言哲学中英美分析哲学的"前期（理想语言学派）"虽意在批判传统的形而上学,但依旧是换了角度建构了另一种形而上学,追求绝对的科学主义、图画论,其目标是变哲学为一门"科学"。据此,该学派自然要排斥人本精神,仅以客观世界中的事实为准绳,倡导通过语句与世界相对应的真值来解释语义。过分强调语言与世界同构,像上述的毕因论和认识论两哲学转向一样,还是以形而上学为宗旨,继续无视哲学理论中的人本性。

理想语言学派认为应当把"科学"当做哲学的依据,而自然语言本身是极不精确的,充满了模糊性,因而主张运用现代形式逻辑(即理想语言、形式语言学、形式语义学)来解决毕因论和认识论中的假命题和伪命题。他们还认为自然科学是唯一的科学,可通过数学计算和经验证实的方法建立起知识体系,也可用这一方法来解释社会现象,建立了一套严密的形式化分析方案,因此该学派又常为"科学主义"、"科技理性"、"工具理性"的等同语。弗雷格(Frege 1848—1925)、罗素(Russell 1872—1970)、维特根斯坦(Wittgenstein 1889—1951)前期、维也纳小组(Vienna Circle)、塔尔斯基(Tarski 1902—1983)、奎因(Quine 1908—2000)、戴维森(Davidson 1917—2003)、乔姆斯基(Chomsky 1928—)等为其主要代表。

英美分析哲学的后期,即日常语言学派,于20世纪30—40年代形成于英国牛津大学,鼎盛于50—60年代,开始关注语言与使用者之间的关系,兼顾语境,使得人本精神逐步进入哲学家的视野。若从这一角度来看,日常语言本身是完善的,语言研究就应考虑语言与使用者之间的关系,没有必要建立人工语言。哲学之所以混乱,是因为人们背离了日常语言的正常用法,可通过分析语言用法来解决意义问题,从而形成哲学中的"语用学"。该学派主张研究日常语言本身及用法,采用概念分析的方法(而不像理想语言学派那样采用逻辑分析的方法)来分析语义,以发现细微差异,准确掌握词语的具体用法,以澄清或排除哲学中的混乱。该学派正式始于摩尔(Moore 1873—1958)、维特根斯坦(Wittgenstein)后期(1953)、赖尔(Ryle 1900—1976)、奥斯汀(Austin 1911—1960)、塞尔(Searle 1932—)、格莱斯(Grice 1913—1988)、斯特劳森(Strawson 1919—2006)、塞拉斯(Sellars 1912—1989)等。

语言哲学中的欧陆人本哲学更是向前迈出了一大步,建构了与传统形而上学相左的"人本哲学",进一步发展了日常语言学派所初现的人本思想(开始考虑人和语境),主张从"整体论"角度(与"分析方法"相对)研究语言,且关注人的纯粹意识、实际存在、理解和解释等命题。按照王炜、周国平(1996)的观点,这个时期的欧陆哲学家包括胡塞尔、雅斯贝尔斯以及胡氏的弟子们和萨特、福柯等。但一般说来,后现代哲学思潮发端于"存在主义",据此本书拟将海德格尔视为第一期后现代哲学的发端,参见图1.1。

在胡塞尔和雅斯贝尔斯的引领下,欧洲大陆出现了以"人本性"和"批判性"为主要特征的后现代第一期哲学思潮。学界一般认为,后现代哲学有三个主要来源:尼采、康德和浪漫主义。关于尼采参见第二章。康德在"批判哲学"中所提倡的批判精神,便是后现代哲学赖以攻击传统形而上学的理论基础,他所倡导的人本精神为后现代思潮中的后人道主义提供了营养。康德的一句名言至今还在绕梁不绝,耳边犹存:

We see things not as they are, but as we are.

这依旧是当今体验哲学和认知语言学的主要依据。正如程志民(2005:102)所指出的:

> 康德哲学不仅属于他所生活的那个时代,而且属于从那个时代起直到今天的后现代。不管人们对康德哲学有何评说,都无法否认它对代表人类思想进步的后现代哲学思潮的巨大影响和理论价值。康德是人类思想史上具有持久而深远影响的伟大的思想家之一。

"浪漫主义(Romanticism[①])"是对追求人类理性和客观科学的文艺复兴和启蒙主义的一次反动,它在本质上倡导一种对立于客观性的主观性批判,聚焦于非理性的自由、想象、激情、神秘、奇异和超常,这显然对后现代哲学家产生了巨大的鼓舞,因此浪漫主义自然就成为后现代思潮的主要理论来源之一。后者秉承了前者的精神,将"激情"和"想象"推向极致,将其视为人类一切精神能力的基础,且认为人类的知性、理性和叙述都要通过人的"想象"才能表达出来,人类通过解释性叙述来塑造和改造现实。

当今认知语言学所大力倡导的"隐喻认知理论"认为,具有浪漫特征的、带有想象和激情的隐喻不再是语言层次上的一种修辞现象,而是人类认识世界的一种基本思维方式,这从雷柯夫和约翰逊(Lakoff & Johnson 1980)所著一书的书名便可知其要点——《我们赖以生存的隐喻》,人类若不用具有想象力的隐喻机制进行思维并表达思想,就无法生存。这也足

---

① 浪漫主义,又叫"罗曼蒂克",从字面上看与"罗曼语(Romance)"、"罗马、罗马人(Rome、Roman)"有关,原指中世纪新拉丁语国家(如意大利、法国、西班牙、葡萄牙等)的作家用拉丁文演变而来的方言(即罗曼语)来写浪漫传奇、英雄史诗和抒情诗,后扩展到风流韵事、爱情故事、激情诗篇等。现在文学史中多指18世纪末至19世纪30年代在欧洲流行的一种文艺思潮,以想象的方式描写情感。

以可见,认知语言学的隐喻认知理论本身就是针对现代性形而上哲学的一种反思和批判,这两位学者(雷柯夫为语言学家,约翰逊为哲学家)作为建设性后现代哲学家,名副其实;将认知语言学视为建设性后现代哲学在语言学界的成果,顺应了全球人文社科大潮的发展总趋势,完全妥帖。据此便能看清楚这一前沿性语言学理论的历史意义,它是对具有现代性特征的索绪尔的结构主义语言学以及乔姆斯基的转换生成语法的一场革命,终于将语言学研究带入到后现代时期。

英国浪漫主义历史学家卡莱尔(Thomas Carlyle 1795—1881)提出的"新历史主义(Neo-Historicism)"也就顺理成章地成为后现代哲学的一个重要来源。他否定了"历史 vs 文学"之间的对立,消除了"历史事实 vs 小说虚构"之间的区分,因此历史叙事从来都没有,而且也不可能完全依据历史事实,所谓的"历史事实"或"纯历史",都是后人"强加"在历史头上的。正如怀特海(Whitehead 1933,周邦宪译 2014:7-8)在《观念的冒险》一书中所说,现场所观察到的事实即人对事实的现场阐释,它除了包括纯粹的感觉对象外,还包括对预料的主观假设。这一观点显然与传统形而上学(以追求绝对的客观真理为目标)背道而驰!关于后现代主义和浪漫主义之间在学术观点上的渊源关系,可参见程志民所列述的表(2005:110-111)。

哲学的第四转向于 20 世纪 50—60 年代逐渐进入高潮,一批学者进一步开始深刻反思传统哲学和语言哲学之不足,沿着尼采(1844—1900)的"虚无主义"路线以及维特根斯坦后期(1889—1951)的"语言游戏论"、"家族相似性"、"意义用法论"、"意义不确定性"等,提出了"颠覆旧传统、反对哲学王、批判旧观念、否定中心论和基础论、抛弃绝对真理、倡导非理性"等惊世骇俗的观点。他们反思了科学理性之弊端,主张回归人们的生活世界,观察人们正常的生活方式,真正彰显了新时代的人本精神,注重社会实践,号召人们真正理解古希腊阿波罗神庙上那句谕示性妙言:

ΓNΩθI ΣEAYTON. (Know Thyself. 认知人自己。)

真正回归到以人为本的研究之中,需要人们鼓起勇气,更新观念,彻底认识其重大意义,而不能再像近代"人主体"论者那样,貌似要从人主体角度来研究"认识",理解世界,却又要遵循"笛卡尔范式",排除人的价值污染,消解人之偏见,最终又跌进古希腊形而上学的窠臼之中。根据程志民(2005:2)的观点,后现代哲学主要目标可归结为"五个否定",即:

（1）否定关于现实世界的一切可能的客观知识；
（2）否定语词或文本具有唯一的意义；
（3）否定人类自我的统一；
（4）否定理性与政治、文字与意义、科学与艺术之间的对立；
（5）否定真理本身。

在人本性和批判性的引领下,后现代第二期哲学思潮诞生了,逐步将人本性进一步推向高潮,以至于走向另一极端,在"主体间性"和"共识真理观"的基础上进一步突显"人之存在",甚至出现了"人定胜天"、"作者死了"、"人赋予符号以意义"、"人死了"、"解构一切"、"一切都行"、"无意识性"等一系列以"反传统"、"解构性"和"破坏性"为特征的后现代理论,令人为之震惊。后现代学者这种造反精神和怀疑态度,大有目空一切、居高临下的神情,虽引起纷纷争议,大有"危言耸听"之嫌,但也确实开启了让我们从另一个全新角度来认识世界和我们人自身的窗口,极大地丰富了哲学理论,拓宽了我们的视野。

1.1.3 后现代转向主要体现在四类学科

按照哈桑(1971)和王治河(2006：5)的观点,后现代哲学主要表现在以下三个方向上：

（1）文学艺术；
（2）社会文化；
（3）哲学研究。

我们认为除此之外还应包括"语言学",当今亦已成为主流的认知语言学就可视为该思潮在语言学研究中的产物,因为它是基于后现代主义的"体验哲学(Embodied Philosophy)"建立起来的一门最新兴的语言学理论。

"后现代哲学"在文学创作和评论中主要依据"达达主义"、"解构主义"、"虚无主义"、"为艺术而艺术(仅为快乐)",出现了下述方法和观点：

多元化、	沉默文学、	创伤作品、	任意艺术、	发散技法、
自我破坏、	新表现主义、	新超现实主义(意识流)、		平面化、
后现代画派、	新抽象派、	后期印象主义、穿越、		混搭。

特别是达达派画家,他们目睹世界大战对人类所实施的空前大规模的屠杀,战争彻底毁灭了第一次启蒙所引出的现代性之诺言——人类可凭借"理性"和"科技"来建构出合理而又发达的现代社会,致力于宣传这种美好诺言的艺术家们面对这一残酷现实,也就不攻自败了,这些导致达达派艺术家走上了"贬抑人性、揭露矛盾、描写荒诞"的创作之路。

在社会文化方向上,后现代哲学反思了后工业化和科学主义给社会文化带来的诸多弊端,发现作为生产力的科技亦已成为奴役人的力量,以至于出现了一些变态现象:金钱狂、利润狂、房奴、钱奴、股票奴等,他们大力鼓吹拜金主义,过度张扬个性,片面鼓吹自由,一心专事"对着干"、"造反有理",只要不同于传统的、与众不同的就被视为好东西,诸如:嬉皮士风格、带洞的牛仔裤、奇装异服、男士蓄长发、覆盖面积小的女士服装(包括三角泳装)、性放纵等。在"否定中心主义"思潮的冲击下,他者、弱小、次要、偶然、差异、边缘、局部、断裂成为社会关注的焦点。此时此景,传统成了罪孽,中心变成多元,永恒改为变迁,绝对说成相对,整体解为碎片,道德化为泡影。

第三期的后现代哲学家则在"破坏"的基础上提出了"建设性"后现代观点,认为我们不仅要砸烂一个旧世界,为了人类的生存,还要建设一个"新世界"。详见后几章的论述。

笔者认为,在语言学研究方向上也出现了后现代思潮,人们终于摆脱了扎根于客观主义哲学理论的"结构主义、TG学派"的束缚,摆脱了"索绪尔的先验主义"和"乔姆斯基的天赋说",迎来了基于非客观主义理论的体验哲学、辩证唯物主义的"认知语言学",它属于第三期后现代哲学思潮,明显具有"建设性"特征,参见下文。

我们知道,20世纪前80—90年全世界语言学界主要流行两大流派:"结构主义"和"TG学派",它们都坚守了客观主义形而上学的理性观,追寻语言的本质,排除人本因素,实施关门打语言的策略,且都背离了辩证唯物论的基本立场。始于20世纪80年代的认知语言学是对这两大理论的一场革命,终于跳出了客观主义兼唯心主义哲学理论的羁绊,坚持以"唯物"和"人本"为基准点的研究方法,提出了"现实—认知—语言"这一"体认观"核心原则,努力从"唯物"和"人本"的角度来挖掘语言表达背后的认知机制,解释语言的成因和像似性,认为语言来自于人们对现实的互动体验和认知加工,这为语言的理论研究和教学实践开启了一个全新的方向,从而将语言学理论带入到后现代第三期。它不仅批判了基于客观主义形而上学的语言学理论,而且还建构了一个基于后现代理论(含体验

哲学)的语言学研究的新方向,大力倡导语言的体认观、识解观、像似观,接受或提出了

体验人本性、	原型范畴观、	SOS 建构论、
识解多元论、	语义模糊性、	语言差异性、
隐喻认知论、	概念整合论、	整合性原则

等一系列语言研究新方法,这些研究方法也只有在后现代思潮中才能成为语言理论的焦点。

正如著名的后现代哲学家凯尔纳和贝斯特(Kellner & Best 1991,张志斌译 2015:310)所指出的:

> 我们不应该像极端后现代主义者那样将宏大叙事、再现、真理、主体性等概念统统抛弃掉,而应当重建这些概念,既考虑到后现代理论家对现代理论提出的批判,同时又承认这些概念对于社会理论、社会批判以及政治批判的必要性。

同样,认知语言学也不是要抛弃传统语言理论中的一切观点,而是在传承和批判的基础上提出了一系列研究语言的新理论和新方法,既继承了索绪尔的"能指—所指"不可分离的观点(形义一体的象征观),也接受了乔姆斯基从心智角度研究语言的进路(认知先于语言),同时运用后现代主义的体验哲学,强调唯物论(身体经验决定认知)和人本观(语言出自于人主体),建立了后现代哲学视野下的语言学前沿理论。

认知语言学一方面提出了"体认观"核心原则,在更新的思辨层次上综合了"体(感性、经验、实证、客观)"与"认(理性、思辨、认知、主观)"两大要素,又融入了"构式观",且主张将这两者视为语言的本质。这不同于索氏的"形式本质观(即关系、系统、结构、本质)",也不同于乔姆斯基将天赋观、普遍观、自治观、模块观、形式句法论视为语言的本质。另一方面,认知语言学尝试运用十数种认知方式来统一和系统地解释语言各层面,足以可见其强调普遍、形上、统一的哲学观。因此认知语言学本身既具有后现代性,也具有传统性和现代性。

在欧洲新冒出的这股"后现代幽灵",迅速游荡,变动扩张,四处蔓延,

怪诞多变,泛滥流行,在世界范围内形成了一种新的哲学思潮①。正如哈桑(Hassan 1987,刘象愚译 1993:7-8)所指出的:

> 对于后现代(Postmodern)这个字,那些吹毛求疵的学究们曾经竭力排斥,因为他们对术语中哪怕最微小的创新都不能容忍。可时下这个术语却成了人们的口头禅,我们在电影、戏剧、舞蹈、音乐、艺术、建筑、文学、文学批评、哲学、神学、精神分析、历史编修,种种新科学,控制论技术和文化生活的风格中都可以时时听到它。

据此,我们在波普尔三个转向的基础上又提出了哲学的第四转向——"后现代思潮",顺理成章,当无悬念。

1.2 西哲第四转向(后现代)的特征和分期

1.2.1 序言

后现代文献充满了诸如"反"、"非"、"后"、"不"、"去"、"无"、"多"等为前缀的术语,例如:

反哲学(Anti-philosophy)
反文学(Anti-literature)
反中心(Anti-center)
反形式(Antiform)
反语言(Antilanguage)
反小说(Antinovel)
反艺术(Anti-art)
反电影(Anti-cinema)

---

① 奥尼斯(F. de Onis)于 1934 年在《1882—1923 年西班牙、拉美诗选》中首次提到"Post-Modernism"这一术语,后经其他学者沿用,特别是英国著名历史学家汤恩比(A. J. Toynbee 1889—1975)于 1947 年在《历史研究》中再提该术语,且素有"后现代哲学之父"之称的法国哲学家利奥塔(J. F. Lyotard 1924—1998)于 1979 年出版了《后现代状态》一书,"后现代主义"摇身一变竟又长成了一位"Cinderella(灰姑娘)",且成为当代人文学科的又一宠儿。

反科幻小说（Anti-scientific Fictional Novel）
反文化（Anti-culture）
反讽（Irony）
反英雄（Anti-hero）
反解释（Against-interpretation）
反西方（Anti-West）
反叙述（Anti-narrative）
反创造（Decreation）
反权力主义（Antiauthoritarianism）
反精英主义（Antielitism）
反基础主义（Antifoundationalism）
反现代主义（Antimodernism）
反本质主义（Anti-essentialism）

非哲学（Non-philosophy）
非文学（Aliterature）
非中心化（Decentering）
非人类中心主义（Non-anthropocentrism）
非理性主义（Irrationalism）
非连续性（Uncontinuity）
非道德（Non-moral）
非神圣化（Decanonization）
非父母（Unparents）
非意识形态化（Non-ideologization）

后现代主义（Postmodernism）
后现代性（Postmodernity）
后现代主义哲学（Postmodernist Philosophy）
后后现代主义（Post-Postmodernism）
后现代真理观（Postmodern View of Truth）
后结构主义（Post-structuralism）
后印象主义（Post-impressionism）
后殖民主义（Post-colonialism）
后帝国主义（Postimperialism）

后现代文学（Postmodern Literature）
后工业社会（Post-industrial Society）
后人道主义（Post-humanism）
后美学（Post-aesthetics）
后现代美学（Postmodern Aesthetics）
后现代女权主义（Postmodern Feminism）
后现代解释学（Postmodern Hermeneutics）
后现代经济学（Postmodern Economics）
后现代科学（Postmodern Science）
后现代伦理学（Postmodern Ethics）
后现代神学（Postmodern Theology）
后现代主义社会学（Postmodernist Sociology）
后现代心理学（Postmodern Psychology）
后现代政治学（Postmodern Politics）
后现代主义音乐（Postmodernist Music）

去哲学（Dephilosophy）
去中心化（Decentralization）
去人性化（Dehumanization）
去形式（Deformation）

不确定（Indeterminacy）
不连续性（Discontinuity）
不可呈现性（The Unpresentable）
不可表象性（The Unrepresentable）
无政府主义（Anarchism）
无关联（Irrelevance）
无自我性（Selflessness）
无深度性（Depthlessness）
多元化（Pluralism）
多样性或多重性（Multiplicity、Diversity、Variety）
多极性（Multi-Polarity）
多形态（Polymorphous）

多视角（Multi-perspectivism）
多调（Polyphony 又译：复调）

解构主义（Deconstructionism）
解体（Unmaking）
解定义（De-definition）
解秘（Demystification）
解魅（Disenchantment）
解总体化（Detotalization）
解合法化（Delegitimation）
解规范化（Destandardization）
解版图化（Deterritorialization）

新现代（Neo-modern）
新实用主义（Neopragmatism）
新保守主义（Neo-conservatism）
新马克思主义（Neo-Marxism）
新表现主义（Neo-impressionism）
新批评（New Criticism）
新哲学家（New Philosophers）
新电影（New Cinema）
新文学（Neo-literature）

超人（Superman）
超人化（Transhumanization）
超文学（Para-literature）
超自然（Super-nature）
超现实主义（Surrealism）
超越（Transcendence）
穿越（Time Travel）
超传记（Parabiography）
超级写实主义（Super Realism）
超空间（Hyperspace）

有学者主张将上述在后现代思潮影响下形成的学科统称为"后学（Postism）"（参见 Habermas 1988,曹卫东、付德根译 2001:4）。

我们曾将"后现代哲学"的特征归结为以下七点。在前六对术语中，前者指传统形而上哲学（包括毕因论、认识论和语言论早期）的基本观点；在最后一组中，这两个特征都属于后现代范畴，但"建设性"为后现代第三期的特征，是对第二期"破坏性"的反思。

(1) 哲学王 vs 非哲学；
(2) 基础论 vs 反基础；
(3) 中心论 vs 去中心；
(4) 理性论 vs 非理性；
(5) 人本观 vs 后人道；
(6) 二元论 vs 多元论；
(7) 破坏性 vs 建设性。

参见笔者分别发表于《外国语文》2012 年第 4 期以及《当代外语研究》2014 年第 5 期的两篇文章。

由于后现代哲学具有"复杂性"和"多样性"特征，各种新观点还在不断涌现，真可谓派别林立、繁杂多义，且内部观点还很不统一，常有互相矛盾和对立之处，同时在各路学者的论述中，现代与后现代哲学之间界限模糊，不同学者有不同的分类方法。正如哈桑（Hassan 1987:33）所指出的：

> Modernism does not suddenly cease so that Postmodernism may begin: they now coexist. （现代主义不是突然中止，才开始后现代主义的；它们是共存的。）

凯尔纳和贝斯特（1991,张志斌译 2015:284）也指出：

> 我们已经看到，后现代视角与观点纷繁复杂，后现代理论可以被用于各种完全不同的理论和政治目的。后现代理论可以被用来攻击现代性或为现代性辩护，可以用来重建激进政治或宣布其为不可能，可以用来发展马克思主义理论或指责它，也可以用来支持各种女性主义批判或瓦解它们。

因此,要在现代主义和后现代主义之间划出一条清晰的分界线,几乎是不可能的。我们反复研读了国内外有关著作,发现"现代哲学"、"后现代哲学"、"后后现代哲学"之间的界限模糊不清,存在很多交叉现象。现根据多位学者的论述,如曾志(2001)、张汝伦(2003)、王治河(2006)、高宣扬(2010)等,以及《现代汉语词典(5)》对"现代"的解释(五四运动之后),为便于论述,笔者在前言中曾将后现代哲学主要分为三期,现详述如下。

1.2.2 后现代第一期:人本性和批判性

西哲第四转向中的后现代哲学思潮第一期,主要由德国哲学家组成,包括尼采、海德格尔、伽达默尔等的人本学派以及法兰克福的批判学派。其主要特征为"人本性、批判性"。

他们将在哲学中久违了的人本重新确立为基点,强调"人是哲学的出发点和归宿",反对把人归结为科技理性的存在,要求揭示人的意识、存在、理解、解释、本能、情感、意志等非理性或超理性的现象,并主张关注日常生活,回归生活世界,从人之本真和实存立场来认识世界,研究哲学,完成那种被科技理性扭曲的非本真人所难以实现的哲学使命。法兰克福学派主要持"批判性"立场,提出了"社会批判理论"。

海德格尔(1927)在《存在与时间》中指出,自文艺复兴之后兴起的人文主义和人本主义,视人为万物的中心和尺度,大力吹捧人的理性,挑战中世纪的宗教权威。这种人道主义后来又将"理性"演变成"科技理性(工具理性、目的理性)",使得我们的生活环境得到极大的改善,人的自我狂妄进一步发展成"人是全知全能的,上帝已经死了,人接替上帝变成了世界的主人。""人定胜天"的思想就在这样的理论背景中出场了。

当"人主体性"取得胜利之时,科技理性得到了普遍承认和广泛应用,成为衡量所有事物的客观标准,形而上学在一种新形式(即逻辑实证主义、科技理性)下重新登场,上演了一出将人主体的意志和理性强加于自然界的讽刺剧,迫使人们按照科技理性的结构去塑造人的肉体和灵魂,借用"理性化"支配人主体,从而使得这个世界里没了人主体的地位,没了人主体的家园,否定了人的价值和生存意义。

这种演变自"理性"的"科技理性",逐步统治了全人类,也彻底背离了人道主义的初衷。正如程志民(2005:30)所说,近现代

> 主体性的胜利就是自我毁灭,因为它使人类妄自尊大,而不是自尊、自重和互相友爱。而且人的胜利导致上帝的死亡……加速了虚

无主义的蔓延、精神的癌变和绝望的肆虐。

马克思（K. Marx 1818—1883）以"异化"、韦伯（M. Weber 1864—1920）以"理性化悖论"、卢卡奇（Lukács 1885—1971）以"物化"、马尔库塞（Marcuse 1898—1979）以"单向度的人（又译：单面人）"、霍克海姆（Horkheimer 1895—1973）和阿多诺（Ardorno 1903—1969）以"工具理性"对资本主义高科技所造成的反常现象（包括商品化）进行了严厉批判。胡塞尔（1936）在《欧洲科学的危机与超越论的现象学》中则严厉批评了逻实论，认为该理论的出场是为了对抗黑格尔的否定哲学之否定倾向，且将欧洲文明的危机归结到"科技理性"的头上，其出路在于重返"生活世界"。海德格尔看出这种人道主义的非人性、暴力性、强权性，它不过是一种形而上学在新形势下的翻版而已。

海氏尝试在这种文明危机中发现"一种拯救的力量"，即一种"新人道主义（或后人道主义）"：认为人性的本质就是存在，强调人的存在和自由，并通过人之实际存在来发现我们的需求和痛苦；必须关切亲在之人的价值和尊严，追问人的解释；在关切的过程中向一切开放，倡导人性的多元化；不允许把人作为唯一的尺度，还当关切我们所生存的环境，注重生态平衡。

胡氏和哈氏还针对科技理性提出并论述了"主体间性（Intersubjectivity）"，以批判传统哲学中的"个体的、独立的"主体，"生活世界"便是一个"主体间性"的世界；哈氏还鲜明地主张用"交往理性"来替代"科技理性"，认为"生活世界"是通过"符号互动"而产生的，人与人之间可通过语言沟通达至共识，这便是后现代主义的人性论。

1.2.3　后现代第二期：解构性和破坏性

西哲第四转向中的后现代哲学思潮第二期，主要由法国的13位哲学家以及奥美意四位哲学家组成。其主要特征为"解构性、破坏性"。

他们主张彻底颠覆传统哲学，反对基础主义，批判中心主义，颠覆理性论。在这些学者中，有的过分强调人本观，提出了"上帝死了"、"激进人本观"、"人定胜天"、"读者反应论"等；福柯等喊出了"人死了"的悲观性口号，提出了"后人道主义"，将哲学思潮又导向了另一个方向。

1.2.4　后现代第三期：建设性和体验性

辩证法告诉我们，"破"与"立"相依相存，"破"可为"立"的前提，

"立"当是"破"的结果,两者具有"相辅相成,缺一不可"的对立统一关系。因此,只讲"破"的后现代第二期不言"立",自然不妥,缺乏整体感,给人以"话未说全"的感觉,说半句,吞半句,似悬在半空中,上不接天,下不着地。我们在写作时常将"破题"置于文首,就是为其后的"立论"做好铺垫的;"破"与"立"也是如今学术论文的一般写作思路:在文献综述的基础上找出 GAP(即发现问题),再以其为基础确立自己的论点,进而进行论证。因此,在后现代第二期之后又出现了建设性的后现代第三期,这顺理成章,不足为怪。当为被破坏和被解构后的哲学研究提供一个建设性的新思路。正如王治河等(2011:55)所指出的:

> 作为一种思维方式,建设性后现代主义(Constructive Postmodernism)指的是一种建立在有机联系概念基础之上的鼓励历险和创新,推重多元、和谐的整合性思维模式,它是传统、现代、后现代和当代现实的有机整合。

在图1.1中虽列出了维特根斯坦(用 W.表示),但其主体是美国的几位后现代哲学家,如第一行:奎因、柯布、格里芬、罗蒂、詹姆逊、霍伊等,以及格里芬所列述的五位哲学家(第二行:柏斯、詹姆斯、柏格森、怀海特、哈茨霍恩),详见第四章。

笔者认为,美国的两位著名学者雷柯夫和约翰逊(Lakoff & Johnson,简称 L. & J., 1980, 1999,前者为美国加州大学伯克莱大学的语言学家,后者为美国奥勒冈大学的哲学家)所倡导的"体验哲学(Embodied Philosophy,简称 EP)",钱冠连先生所倡导的"中国后语言哲学(PLC)",以及笔者所论述的体认语言学、SOS 理解模型等,也当算是建设性后现代哲学思潮,完全可归入王治河等所倡导的第二次启蒙的范畴之中。

也正是西哲第四转向的第三期,即"建设性后现代哲学",代表着当今人文社科研究的前沿之一,在图1.1中加了双底线。因此,我国人文社科工作者应当瞄准它,迅速更新自己的知识,登上新台阶,融入新潮流,产出新成果。也正是在这一点上,中国学者奉行了"与时俱进、继承发展"之国策,瞄准前沿,积极置身于全球人文社科研究的大潮之中,与西方学者在全球范围内展开全面合作,携手共进,使得我国的语言哲学和语言学(特别是认知语言学、体认语言学)与西方理论前沿接上了轨,共同推动着全球人文研究的进步和发展。

现将西方哲学第三转向中的两大派"英美分析哲学 vs 欧陆人本哲

学"和"后现代哲学"中三个时期,汇总列述如图 1.1,以飨读者。

表中两条斜虚线是表明马林诺夫斯基的语境论和弗斯提出的功能语言学分别受到了弗莱格的"语境论"和维特根斯坦的"用法论"的影响,这便于我们理清(系)功能语言学的哲学基础。另外,图最右边的竖线列出了 20 世纪三场语言学革命所对应的哲学基础。为便于论述,笔者拟将"功能语言学"和"认知语言学"视为同一派,可总称为"认知功能语言学",它与乔姆斯基等的 TG 学派所主张的"形式语言学派"相对。

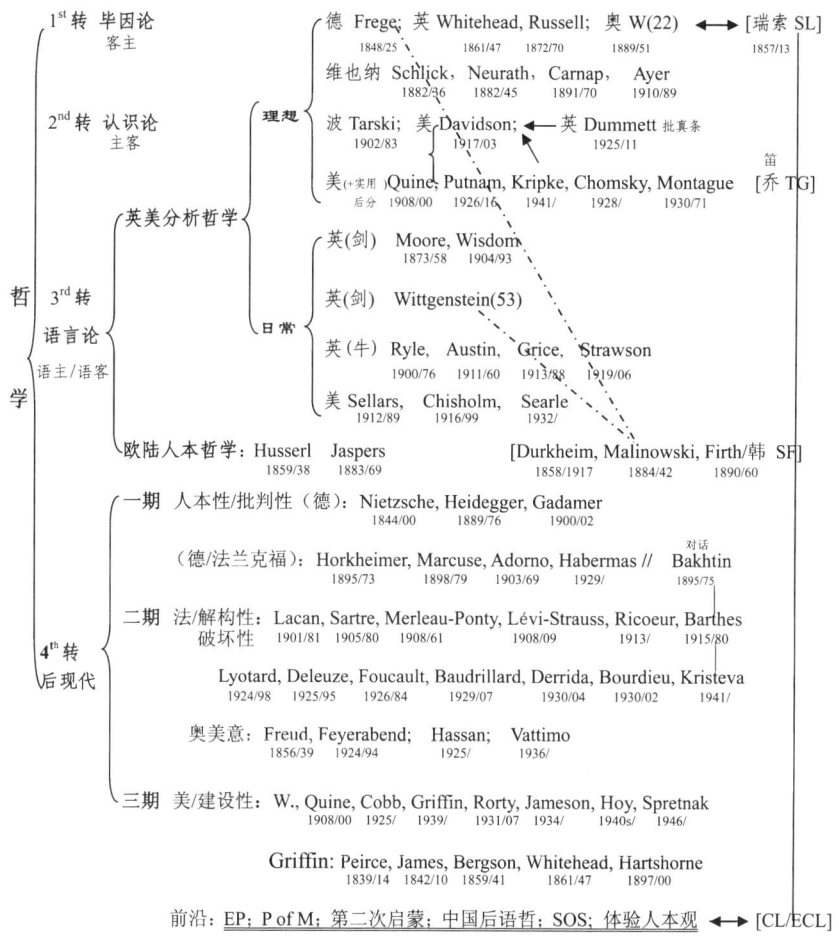

图 1.1　西方哲学的第三、四转向

图 1.1 在"毕因论"下方有两个小字"客主",意为:哲学研究是以"客

体"为主的,这就是不少中国学者将其译为"本体论"或"存在论"的原因,它重点关注:客体的世界是什么?它是由什么最小元素构成的?而且客体是向主体映射而来,这才在人的心智中形成了概念。"认识论"主要研究主体和客体的关系问题,提出了主客二元观,研究主体如何认识客体,或将人自己的认识加于客体之上。注意:在"认识论"下方有两个小字"主客",其意为:毕因论聚焦于解释实体和本质的"客主关系",当其遭遇困难时,就转换思维,将重点转向了"主客关系",即以"人主体"为主,着力解释人是如何认识世界的,探索人类如何获得真知等问题。

在"语言论"下面标注上了"语客/语主",语言被凌驾于客体和主体之上,语哲的理想学派持"语客观",强调"语言与世界同构";而日常学派持"语主观",即在语言研究中应当兼顾人本因素,在实际语境交流中分析语义和意图。

概而言之,不管是毕因论也好,还是认识论也好,它们都要通过语言表述出来,哲学界争论不休,大多因自然语言的缺陷所致,从而出现了哲学中很多假命题和伪命题,故而我们倡导通过现代形式逻辑来分析语言的意义,以消解这些假命题和伪命题。理想语言学派认为,语句之所以有意义,是因为它们真实地、图画般地反映了客观世界中的情况,笔者以"语客"表示这一理论取向。另外,"客主"关系也反映出时代性特征,理想语言学派过分强调"客",而日常语言哲学家们开始认识到人在日常生活中正常使用的语言本身是完善的,它可为哲学研究提供较好的描写方法,从而否定了理想语言学派的基本主张。

笔者在图1.1后现代第三期最后一行中标注上了"SOS",为"SOS理解模型"之简称,是笔者于2009年在《哲学动态》上发表的一篇题为"主客主多重互动理解"的文章,主要针对相关理论[毕因论中的OS,认识论中的SO,胡塞尔、哈贝马斯的SS(主体间性)之不足]提出一种新的理解模型。该模型具有一定的建设性,可帮助我们认识"存在vs思维"、"客观vs主观"、"自然vs人类"、"经验vs语言"等之间的多重互动关系,且为笔者后来提出的"体认语言学(Embodied-Cognitive Linguistics,简称ECL)"提供了具体的理论基础。

值得注意的是,时间的流逝具有线性,语言表达也必须具有线性(索绪尔1916),而理论的分野在很多情况下常难以一刀切下,会有一定的重叠性和交叉性。上图虽是按照时序做出的安排和分类,归属于同一流派中的多位学者主要按照出生的时间顺序来排列,仅是为了便于表述和学习,做了一个粗线条的大致梳理,在个别处不一定十分精确,在不同学者的论著中会有不同看法,实属正常。因此,该图仅能起到一个"导游图"的作用,要能真正领略后现代的无限风光,还得靠读者自己认真阅读有关论述,领会其思想精髓,识得大局,了解动向,将其与自己所研究的领域紧密结合起来,贯彻"从上至下、自下而上"的研究进路。

特别是在"现代 vs 后现代"之间的划分上,按照王治河(2006)的观点,不能以时间为准进行划分,即不是所有的"后现代哲学家"都出现于"现代哲学家"之后的。比如,格里芬所列述的五位后现代哲学家——柏斯、詹姆斯、柏格森、怀特海、哈茨霍恩——他们所处的年代都早于很多现代派学者。而且,属于后现代第三期的建设派哲学家,他们也不一定都出现于后现代第二期的解构派哲学家之后,这就是王治河(2011)所论述的建设性后现代哲学所具有的"非线性"特征。

因此,在"现代 vs 后现代"两者之间互有交织,在现代性研究中常闪烁着后现代的火花,在后现代理论中也蕴含着现代性的辉煌,我们也只能在它们之间做出一个大致的划分。这也是建设性后现代理论为何坚决否定"历史虚无主义"的主要原因,我们不能全盘否定文艺复兴和第一次启蒙运动的伟大功绩,必须吸取现代性中的先进思想;扬其长而避其短,吸其精华而去其糟粕,这就是我们常说的"与时俱进"。

从全球发展的情况来看,各个国家都有自己的国情,现代与后现代的发展也很不平衡,在世界上还有不少地方存在原始部落。就拿我们这个具有古老文明、历史悠久的国度来说吧,西方于 20 世纪 50—60 年代全面进入后现代时期,而我们到 1978 年才开始真正实施"四个现代化"的建设,认识到必须在"工业、农业、国防、科技"这四个方面学习并赶超西方,才能实现"国富民强、立民族之林"的宏伟目标。在大力引进西方的现代化科技时,他们所持有的后现代思潮也一并涌了进来,使得国人在学习西方先进科技成果的同时,也见识到他们在人文社科方面的若干新思想。这就是程志民(2005:378)在《后现代哲学思潮》专著中的最后一句话:

> 结论是中国的现代化就是后现代化。

此话真可谓言简意赅、含意深邃,值得我们仔细玩味。若按照图 1.1,从全球人文社科发展大潮来看,我们国家在进行现代化建设的同时,实际上是在从事后现代化的运动!

据此,摆在我们面前的任务也就十分明白无误:必须迅速学习全球范围内的后现代哲学(即后现代主义思想),只有站在这个历史的高度,才能有一种"一览众山小"的胸怀,在理论研究和实践操作这两个层面上迎头赶上乃至超越世界的前沿文明。我们当以邓小平同志的箴言(摘自2015年11月21日电视连续剧《胡耀邦》)共勉:

要学习全人类的一切文明成果!

1.3 现代与后现代哲学的过渡期

1.3.1 序言

语言论转向主要包括"英美分析哲学"和"欧陆人本哲学",前者的主要方法是"分析",主张将较大的语言单位化解为较小的单位,以能发现其中的永真性关系;而后者更是强调"以人为本"的理念,主张用"整体观",而不是分析的方法,来研究语言,从而又实现了哲学的一次超越。我们拟将欧陆人本哲学思潮视为"现代"与"后现代哲学"之间的过渡时期,因为他们虽严厉批判了传统哲学观忽视人本的倾向,但还是未能彻底摆脱形而上学的束缚,坚守或部分坚守"客观主义哲学"(Lakoff & Johnson 1980:195),依旧尝试建立又大又全的理论体系,如胡塞尔(Husserl)、雅斯贝尔斯(Jaspers)等。笔者拟将这两位列入过渡期的欧陆人本哲学,其他学者可归入后现代第一期,以便于论述。

其后的很多哲学家则以其为出发点,展开了一系列深入研究,形成了一幅蔚为壮观的后现代哲学思潮。本书从第二章至第四章将按图1.1所列顺序简要述介西方著名的后现代哲学家,以让读者能对西方后现代哲学体系有一个较为清醒的认识和把握,发挥"导游图"的作用。此处主要从后现代哲学发展史的角度加以系统梳理,重点论述他们如何体现了后现代哲学的精神,为其推波助澜,添火加柴。

本节拟先简述介于"现代"和"后现代哲学"过渡时期的两位代表人物:胡塞尔和雅斯贝尔斯。

1.3.2 胡塞尔

语言转向不仅出现于英美分析哲学之中,而且也出现于欧陆人本哲学之中。胡塞尔在《逻辑研究》中曾指出,语言对于建立纯粹逻辑学必不可少;其弟子海德格尔认为语言处于哲学的中心地位,语言不仅是实现交流的工具,还是存在的家园;海氏的弟子伽达默尔也持这一立场,声称语言问题处于20世纪哲学的中心地位;利科则强调,当今哲学家应找到一种无所不包的语言来说明人类表达行为的多种功能(参见徐友渔2001:323)。可见,他们都认识到语言解释在哲学研究中的重要性。但与英美分析哲学不同的是,他们认识到用"科学主义"、"分析之真"、"语言与世界同构"等方法研究人文学科的严重缺陷,主张从"人本角度"批判逻实论,抛弃科学理性强加在人类头上的枷锁,推翻其对人类的奴役和统治,回归生活世界,真正从人的生存角度来理解真理,认识语言整体,实现返回传统但又超越传统的"回归"。

科学主义(或科技理性、工具理性)一方面促进了现代科技的发展,但另一方面也使得人们的世界观受限于实证数据,把"人的因素"排斥在科学世界之外,剔除人的价值观念和个人见解,将人的想象力和创造性束缚于工具理性的枷锁之下,形成了科学主义统治人的奇怪格局。很多学者面对这样一场"危机"都在苦思冥想,寻求出路,胡塞尔率先批判逻实论和科学主义。

埃德蒙德·胡塞尔(Edmund Husserl 1859—1938)是德国哲学家,犹太后裔,师从哲学家和心理学家布伦塔诺(F. C. Brentano 1838—1917),为20世纪"现象学"创始人。代表作为:

1900: *Logische Untersuchungen. Erster Teil: Prolegomena zur reinen Logik*《逻辑研究》(第一卷);

1901: *Logische Untersuchungen. Zweiter Teil: Untersuchungen zur Phänomenologie und Theorie der Erkenntnis*《逻辑研究》(第二卷);

1913: *Ideen zu einer reinen Phänomenologie und phänomenologischen Philosophie. Erstes Buch: Allgemeine Einführung in die reine Phänomenologie*《纯粹现象学和现象学哲学的观念》(第一卷):纯粹现象学通论》;

1913: *Ideen zu einer reinen Phänomenologie und phänomenologischen Philosophie: Phänomenologische Untersuchungen zur Konstitution*《纯粹现象学和现象学哲学的观念》(第二卷):现象学的构成研究》;

1913: *Ideen zu einer reinen Phänomenologie und phänomenologischen*

> Philosophie: die Phänomenologie und die Fundamente der Wissensehaften《纯粹现象学和现象学哲学的观念(第三卷):现象学和科学基础》;
>
> 1936: Die Krisis der Europäischen Wissenschaeten und die Tranzendentale Phänomenologie《欧洲科学危机与超验现象学》;
>
> 1959: Erste Philosophie《第一哲学》。

等等。

1.3.2.1 现象学

他在 20 世纪初就对现象学的大纲和体系进行了系统论述,否认外部世界有独立存在的实体,认为它们是靠人们的意识传达出来的,因此作为哲学的现象学就应当主要研究"现象",它是人们通过直接经验在心智中所产生的意识,而且应当是"纯粹意识(Pure Consciousness)",这就需要排除一切非纯粹意识,包括人为的主观偏见和价值污染。这样的纯粹意识是对"一般意识"、"感知经验"的再抽象和再提炼,它不代表一个个具体的经验事实或一般认识,而是人们在知觉过程中建构出的高层次意识现象,代表着经验的本质,只有这类现象才可成为建构严格科学的基本出发点。因此笔者主张将其称为"心智现象"或"意识现象",以免与我们日常所说的"现象"[①]相混淆。

为何"现象学"作为一种哲学理论如此引人注目,它与传统哲学有何不同? 其理论核心在于:胡塞尔认为世界的本质既不是物质的,也不是精神的,除此之外还有第三者,即"纯粹意识",它才是唯一的、绝对的存在,才是世界的本质。西方传统形而上哲学要么依据感性论(或经验论,如自然科学致力于此),要么依据唯理论(或唯心论)来寻求绝对真理,但学界认识到,这两种方法都有弊端,难以周全。前者把哲学的对象假定为人的感觉经验,这就难以逃脱人之感官和经验的个别性和相对性的影响,何谈建构具有普遍性和必然性的知识大厦;后者基于实在论(理念就像事物一样实实在在地存在着)将哲学的研究对象理解为与物理世界相对的心智世界,常依靠先验自明的理念来解释世界,结果是很多思想难以证明其实

[①] 《现代汉语词典(第六版)》第 1416 页上对"现象"一词解释如下:事物在发展、变化中所表现的外部的形态和联系,且举了以下三个例子:(1)社会现象;(2)自然现象;(3)看问题不能只看现象,要看本质。注意,有些人对该词的理解主要局限于"事物外部",这也是我国很多人不能很好地理解"现象学"的主要原因之一。

际存在,出现了若干形而上学的假命题或伪命题。据此,胡塞尔主张用另一只眼来看世界,他标新立异、独出心裁地提出了哲学研究的第三种方法:尝试通过"心智现象"或"纯粹意识"来解释世界的本质,在现有哲学体系中建立了全新的"现象学"理论,既批判了经验论,冲出时下流行的(逻辑)实证主义(只靠观察和分析事实)的束缚,也摆脱了唯理论的窠臼,批判先验论的虚构性假设和无根基的推理。其研究对象既不是感性论所强调的物理世界,也不是唯理论所聚焦的观念世界,而应当是"纯粹意识",它具有先验性,这才代表着世界的内在本质,这一本质(即绝对本质、绝对真理、终极真理)只有通过"现象学"才能获得,从而开创了一种把握世界本质的全新研究范式。

胡氏的基本研究方法为"现象学还原",通过"悬置(Epoché,即暂不考虑一切实存物、具体事实、个别经验、先入之见等)"和"还原(Reduction,即去掉经验中一切变动不居的成分,以能保证获得纯粹意识)"获得"纯粹的"和"先验的"意识。因此现象学应当研究人们在生活中如何感觉经验、如何展示自己的感觉经验、如何描述他人的感觉经验,这使得哲学家的注意力集中在难以解释的基本经验和对事物本质的探索上[①]。胡氏的先验现象学强调主体性和主动性,扼杀了客体性、他者性和被动性(参见程志民 2005:205)。

胡氏对现象学的意识分析思考主要围绕意义的来源、形成机制和意向性功能。对意义来源的分析,一方面向"外"验证相应的观念对象之"客观存在",另一方面向"内"揭示意识建构"意义"的意向性结构。他把意义看作对意向的观念性把握,并认为意向性的分析和建构是认识意义内在根源的主要方法,因此,意义研究不能仅停留在表达层面,而必须深入到意识层面,以揭示意义形成的内在机制,从而把"意义"概念由语言领域扩大到整个意识领域。

现象学强调:符号本身没有意义,只有通过意向性行为符号才有意义,意义是在意向活动中显现自身的。他还指出,分析有意义的表达式应当包括三个方面的因素:物理方面、心理方面和行为方面。物理方面的因素是指表达中可直接感知的物理承担者,如写出来的词的物理方面是纸上涂抹的笔迹和墨水点;心理方面的因素是指表达行为是一种意义授予

---

① 胡塞尔所说的"现象",不是客观的存在物的表象,也不是主观的心理经验,而是一般意识的抽象存在,是经验的一般"现象",所代表的不是一个个具体的经验事实,而是这些事实所体验的经验"本质"。现象还原是指把各种具体经验还原为现象学的"现象",把个别经验还原为经验的本质。

的心理行为,心理过程也是词汇意义的来源(王晓升 1999:176);行为方面的因素是指可用意向性行为来研究意义。

胡氏认为,人们的意识具有意向性,能够在观念上指向某个对象。意向性是意识的"纯粹本质"属性,意识在本质上是意向体验。因此,意义就是指意识的意向,是在意向行为中能直接体验到的意识对象。现实对象被还原为意识对象,形式符号这个知觉物是通过意向作用的激活而被赋予意义的。

胡氏与弗莱格一样,也区别了"涵义"与"指称",但他认为形式符号和其意义在现象学上是一回事,语言表达时词与其涵义共同出现,意义的内在出现和词的外在出现之间是严格相符的。按此观点,原来的"形式—所指—意义"的三角关系就略有调整,变成了"形式(意义)—所指—意识对象"。

1.3.2.2 胡氏思想发展三阶段

胡氏的思想发展史大致可分为以下三个时期:

(1)前现象学时期(1900 年前);
(2)现象学前期(1901—1913);
(3)现象学后期(1913 年以后)。

他在前两时期主要以批判 19 世纪各种经验论的心理主义为主,发展了布伦塔诺的意识意向性学说,建立了从个人特殊经验向经验之本质进行结构还原的"描述现象学",尝试将其运用于各人文学科内描述现象或进行还原,便可从中获得较为直接和正确的知识。他的研究侧重于意识本身,尤其是"意向性活动"。

他的后期现象学最终演变为更为彻底的主观先验唯理论,使现象学还原为"纯粹意识"或"纯自我",以能使知识的客观性或确定性建立在纯主观性的基础上。经此还原,便排除一切经验性内容,只留下"纯粹意识"或"先验意识",包括所谓先验自我、意向作用和意向对象。

1.3.2.3 生活世界与主体间性

胡塞尔后期现象学还关注纯粹意识的"主体"以及"生活世界",认为"主体间性(Intersubjectivity)"是人们得以相互理解的前提,这样便可将个人生活世界导入人类共同世界。自此,欧陆哲学便逐步被导入人本方向,对 20 世纪的西方哲学产生了重大影响,出现了他的弟子海德格尔以及海氏的弟子伽达默尔,且还影响到法国后现代军团,但他的分析方法和研究内容也不断受到各种批评。

胡塞尔在晚期认真反思了 20 世纪上半叶横行于世的逻实论和科学主义,首开先河地开出了一贴"生活世界"的药方,以图通过对生活世界的回归来摆脱这场危机。他认为,科学主义本身就是一个残缺不全的概念,它抽象掉了作为过着人的生活的人主体,抽象掉了一切精神的东西,一切在人的实践中物所附有的文化特性。他(1936,王炳文译 2001:15-16)在《欧洲科学的危机与超越论的现象学》中指出:

> 19 世纪后半叶,现代人的整个世界观唯一受实证科学的支配,并且唯一被科学所造成的"繁荣"所迷惑,这种唯一性意味着人们以冷漠的态度避开了对真正的人性具有决定意义的问题。

他指出,科学主义恪守了物理主义的客观主义哲学立场,其实质遮蔽了人生存于其中的生活世界的基础地位,取消了人的生存自由和价值意义,并将其视为欧洲科学危机的主要根源(正如胡氏的书名所示)。胡塞尔主张回归"形而下"的现实世界,张扬人的主体性。

可见,他面对当时流行的科学主义持批判立场,大力倡导"人本观",因此我们拟将胡氏列为欧陆人本哲学第一人。

1.3.2.4 客观主义立场

但是,胡塞尔所建立的"现象学"意在通过"纯粹意识"和"现象学还原"求得绝对真理,以弥补哲学研究中两大对立学派"经验论"和"唯理论"在解释世界本质时留下的不足。通过仔细研读胡氏理论,我们也不难发现他所说的"生活世界"仍旧具有明显的先验性和主体性特征,认为它是"先在的、给定的、直觉地被给予的、前科学的、直观的"。他认识到西方哲学的这一危机,面对西哲这一严重缺陷时,仍持"拯救"的立场,还念念不忘传统形而上学的远大理想,大做特做"重建"之梦,企图保全哲学的"第一性、绝对性、纯粹性",重建一套完美的哲学体系(参见赵一凡 2007:69)。难怪雷柯夫和约翰逊(1980:195)将其视为客观主义哲学家:

> The objectivist tradition in Western philosophy is preserved to this day in the descendants of the logical positivists, the Fregean tradition, the tradition of Husserl, and, in linguistics, in the neorationalism that

came out of the Chomsky tradition.(西方哲学中的客观主义传统一直保留至今,它在逻辑实证主义的后裔理论中,在弗莱格的传统中,在胡塞尔的传统中,也在语言学的新唯理论中,新唯理论来自于乔姆斯基的传统。)

这便是我们将他列为从现代转向后现代过渡人物的原因。

这一划分方法也得到了李约翰和福斯(Littlejohn & Foss 2008,史安斌译 2009:45)的印证,他们指出,

> 胡塞尔的现象学取向具有高度的客观性,他所强调的是,人们在体验世界时,不能把自己的模式或习惯带入这个过程中。与胡塞尔相比,当今大部分现象学理论家都主张,人类的体验是主观性的,而不是客观的。

1.3.3 雅斯贝尔斯

卡尔·雅斯贝尔斯(Karl Jaspers 1883—1969)是 20 世纪著名的德国哲学家,他继丹麦哲学家克尔凯郭尔(Kierkegaard 1813—1855)后再次论述"存在主义",学界冠之以"存在主义哲学的奠基人之一",曾因其妻为犹太人而遭纳粹迫害。他的代表作有:

> 1919:*Psychologie der Weltanschauungen*《世界观心理学》;
> 1931:*Die Geistige Situation der Zeit*《时代的精神状况》;
> 1932:*Philosophie*《哲学》(三卷本);
> 1937:*Existenzphilosophie-Drei Vorlesungen*《存在哲学》(演讲集);
> 1947:*Von der Wahrheit*《论真理》

等等。

1.3.3.1 从怀疑本质到存在主义

在雅氏之前,哲学界常在形而上学的统摄下将"存在"视为一个最高范畴、世界之本质,雅氏称其为"大全",相当于我国古代的"道"。它是宇宙之本(或源)、最高目标、终极归宿,无所不包。他(1937,王玖兴译 2013:24)质疑了这一点,认为真理也许就其本性而言,是根本不能明确、一致地加以表述、予以言说的东西。他还指出,真理具有历史性、多样性、

且常遭受到"例外"和"权威"的削弱。但不管怎么说,雅氏(1937,王玖兴译 2013:23)十分肯定地强调"真理毕竟是有的",而且他还高度颂扬理性,相信本质,这就是笔者也将其置于现代与后现代之间的过渡人物之列的原因。

后现代哲学家则沿着"否定真理和理性"的思路,明确指出真理永远不能被把握,更不能按照古典形而上学者用逻辑分析或科学认知的方法来获得,因为它常脱离人之实存,寻求终极的、统一的真理,探索绝对者。在宗教中这种终极的绝对者是"神"和"上帝",在唯理论中,是"理性"或"绝对理性",在感性论中为"物质性"等。尼采的"上帝死了"和福柯的"人死了"就是批判和抵制这类传统哲学观的响亮口号。

雅氏认为,"人没有死",当绝对真理遭到致命瓦解之时还留存一者,它就是"被形而上学所遗弃的人还存在着",这本身才具有终极的、绝对的意义。真正的哲学直接产生自个体哲学家在其生存环境(即历史环境)中所遭遇的问题,因此哲学研究就当聚焦于"人之实存",它才是世界之本原,它应当是一门研究"存在"的哲学,须从"观察现实生活中的人的实存、精神生活、价值体验"等角度来理解其本质和意义;存在哲学致力于将"人"视为"人之作为真正之人的实存",敦促人们领悟自身实存的价值和使命。他(1931)还重点分析了:

> 领导 vs 群众、技术 vs 生活、
> 秩序 vs 自由、畏惧 vs 快乐、
> 焦虑 vs 满足、战争 vs 和平、
> 嫉世 vs 入世、国家 vs 教育

等人们生活中常见的现象,着力解剖了现代西方人的精神困境,认为现代人的诸多罪恶和堕落源自于人遗忘了自己的实存,而将自己不可替代的自由和责任全然托付给了客观真理,多么可悲!

正如雅氏(1931,王德峰译 1997:2,134,139)所说:

> 由于我们现在所知的世界不是最终确定的,我们的希望就不再寄托于天国,而是转向了人间。人间可以由我们自己的努力来改变,所以,我们对尘世完善的可能性抱有信念。
>
> 位居首位的是人。
>
> 实存哲学是关于人的实存的哲学,人的实存又一次超越了人。

他还指出,趋向"大全"的过程就是一个人不断从"世俗存在(又叫内在存在)"飞跃到"超越存在(绝对的、理想的、永恒的彼岸状态)"的过程。对应于不同的存在有不同的真理,各自都有其对立面,也都有其存在的合理性。理性也被他视为通向真理的过程。因此,他的生存哲学也是一个"过程哲学","大全"不应当是一个学习和研究的"对象",不能被直接描述,而只能通过上述所说的"飞跃过程"来感悟和体验。人们只有在个人处于独特体验中或紧急关头时,才能回答关于"人之本质"和"存在本质"的终极问题,无论是科学还是哲学都不能对这种大全、彼岸真理、人之内在自我等做出普遍有效的陈述。从此可见,雅氏仍在某种程度上与胡塞尔一样,带有西方传统形而上学中"建构大全"的思想。

1.3.3.2 雅氏存在主义的主要内容

雅斯贝尔斯为"存在主义"之奠基人之一,其哲学充满神秘主义、悲观主义和反理性主义,主要包括如下三项内容:

(1) 把哲学的任务规定为描述人的存在的意义,且将存在的真正形式定位于"生存",可依据人自己的价值观(而不是概念)来直觉性体验和审视"存在"。

(2) 倡导"新人道主义(New Humanism,又叫 Socialist Humanism,即'社会主义人性论')",因为现实社会常限制了人的自由,现代科技又使人沦为工具,忘却了追求精神生活和实现自身的真正价值,应当用新人道主义来观察现实、指导科学、探索精神生活和人生价值,追求自由。

(3) 主张通过"内心体验、超越存在"这两种直觉方式来消解生存中的不自由因素,以能达到无限和完满。而要达到此境界,必须借助非理性的内心体验,乃至宗教信仰,这一观点使得他的存在主义直接通向了宗教信仰主义。

他(1931,王德峰译 1997)在《时代的精神状况》(又译《现代人》)中就述及了存在主义,1931 年和 1937 年分别出版了他的主要著作《哲学》(三卷本)和《存在哲学》,进一步阐述了他的存在主义基本思想,详细阐述了人所体验的三种存在方式:

(1) 客观存在(Being-there,又称现实存在),指我们通过外在客观现实世界的观察而认识到自己的存在。

（2）自我存在(Being-oneself)，指一个人的个体存在，或意识到我们的自我、矛盾、愿望和期待。我们的存在不是作为客体被给予的，而是想积极活下去的人之所为，我们应当不断认识自我，肯定自我和实现自我，这充分彰显了他的人本主义精神。

（3）自在存在(Being-in-itself)，指体验自我存在之后超越世界和认识其他世界的境界。人在第二阶段，有自身也有环境，有快乐也有痛苦，有恐惧也有希望，有奋斗也有艰苦，不能自满自足。为此就须发展至自在存在，人在遭遇到失败、疼苦、忧患时，才会超越本质。没有一种哲学体系会包含绝对真理。

正如王玖兴(2013)在翻译雅氏《生存哲学》的出版前言中所指出的：他在三篇演讲中，由"存在"问题论及"真理"问题，进而论及"现实"问题，强调尊重理性、科学和事物的本质，主张从本原上去观察现实，通过内心行为去把握现实。学界认为，他的存在主义理论为欧陆后来者打开了一个新视野，直接影响到海德格尔和萨特。

1.3.3.3 小结

本书拟将胡塞尔和雅斯贝尔斯视为从欧陆人本哲学到后现代哲学的过渡人物，但国内外也有很多学者将海德格尔和伽达默尔等也列为欧陆人本哲学，这没有对和错，只是论述角度的差异。本书基于"后现代转向"将他们与法兰克福学派同列为"后现代哲学第一期"，其总体特征可描写为"人本性"和"批判性"。

第二章

西哲第四转向：后现代第一期导游图

学界普遍认为，后现代的先驱当算尼采。胡塞尔的"生活世界"虽还有形而上学的特征，但将其界定为"主体间性（Intersubjectivity）的世界"却具有重大意义。其后的许多哲学家，特别是海德格尔、伽达默尔、哈贝马斯等，均从某一方面对胡氏理论做出了重要发展，终使哲学研究摆脱了传统的"主体 vs 客体"二分法，逐步使其"走出危机"。后现代第一期除胡氏的弟子们所倡导的"人本哲学"外，还包括德国法兰克福的新马克思主义学者。本章主要述介第一代的三位（又叫西方马克思主义者：霍克海姆、马尔库塞、阿多诺①）和第二代的一位（又叫后马克思主义者：哈贝马斯）。后现代哲学第一期研究的主要特征为：人本性和批判性。

---

① 还包括法兰克福学派的创始人：卢卡奇（Georg Lukács 1885—1971 匈牙利）、葛兰西（Antonio Gramsci 1891—1937 意大利），主要代表还有布洛赫（Ernst Bloch 1885—1977）、本雅明（Walter Benjamin 1892—1940）、弗洛姆（Erich Fromm 1900—1980）、阿尔都塞（Louis Althusser 1918—1990）等，本书略述。

2.1 后现代之先驱:尼采

霍伊(D. C. Hoy,王治河译 1998)在"后现代主义:一种可供选择的哲学"一种指出:

> 如果我不得不挑选一个后现代哲学诞生的日子的话,我愿选择 1889 年 1 月 3 日。这是尼采的精神陷入错乱的日子。通过给我们留下片断的警句格言式的哲学著作,尼采提供了一种哲学模式,一种不同于康德,不同于其他现代哲学家的哲学模式。我们被迫称之为后现代哲学。

这就是学界为何常将尼采视为后现代哲学先驱的原因,他率先彻底批判了诸如理性、真理、系统、再现、主体、自由、民主等现代性中的核心概念,尝试用"视角主义"取代西方哲学,认为在这个世界上没有事实,只有解释;没有客观真理,只有各种个人或群体的建构物。正如凯尔纳和贝斯特(Kellner & Best 1991,张志斌译 2015:24)所指出的:

> 尼采蔑视哲学体系,呼唤新的哲学模式、写作模式和生活模式。他坚持认为所有的语言都有隐喻,主体只不过是语言和思维的产物而已。他攻击理性的虚妄,捍卫躯体的欲望,认为艺术远比理论更能提高生活。

程志民(2005:73)指出:

> 如果我们阅读后现代主义者(例如:德勒兹、加塔利、德里达、福柯、利奥塔和其他人)的著作,那么我们立刻就可以看到尼采哲学对他们的影响。他们和尼采一样,厌恶任何体系,抛弃了黑格尔的历史进步说,激烈地批判一致性和统一性的概念,迷恋主观的东西。痛斥真理的幻象和意义的静态观念,笃信权利意志,肯定狄奥尼索斯的生活方式,仇恨平等主义。

这足以可见,后现代主义是与尼采这个名字捆绑在一起的,因此本节拟先简要述介德国后现代哲学的先驱者尼采,他为后现代的兴起贡献了自己的天才,因而亦有学者称他为后现代主义的"导师"。他的后现代思想在时间上领先于欧陆人本哲学家约半个多世纪,对他们产生了很多重大影响。

弗里德里希·尼采(Friedrich Nietzsche 1844—1900)是具有人本性和批判性特征的德国哲学家,且还被视为哲学家中最伟大的文学家之一。他虽身处危机但与魔鬼同乐,虽在混沌舞台却也能翩翩起舞,具有于虚空之中也能兴风作浪的本领。其著作可谓"标新立异、才气横溢、豪气冲天(当然也夹杂着夸张性和神经质的自我陶醉)"。他以非凡的勇气和惊人的洞察力解构传统形而上哲学,颠覆二元,蔑视理性,嘲笑社会,否定历史,奚落美德,赞扬邪恶,批判现代文明,关注人生,解释生命,探讨生命意义。

2.1.1 真理即谬误

尼采认为现象背后没有本质,大胆地将西哲所称颂的"真理"归属为"谎言"和"谬误"。尼采(Nietzsche 1885—1889,孙周兴译 2007:157)于1885年秋至1886年秋还将这一观点解释为:

谬误比真理更简单。

尼采(Magee 1998,季桂保译 2002:172)反复说:

没有事实,只有解释。

这一口号式的箴言,也是对这一观点的最好注解。它被印在麦基(Magee 1998,季桂保译 2002:172)的《哲学的故事》页眉的醒目位置,以示重要。尼采还接着解释说:世界是可以解释的,其后不存在一个统一的意义,自有无数的意义。语言依赖于最天真的偏见(参见 Hassan 1987:49)。尼采基于此还进一步指控历史为个人偏见、欲望产物、形而上学的女佣,引出了后现代哲学中的"后历史主义"。

他(1887)在 Zur Genealogie der Moral(《道德系谱学》)中所倡导的"系谱学(Genealogy)"研究方法,意在否定历史中存在绝对的、统一的"真",大力倡导"多元论"和"差异论",研究对象只是在各特定历史条件下具有建构性意义。这为福柯和霍伊等的系谱学研究提供了理论基础，参见第四章对霍伊等的论述。

我们知道，尼采意欲摧毁哲学与文学之间的隔墙，认为哲学家和文学家一样，都在虚构思想，致力于用文学手法来治理哲学，运用了诸如象征、反讽、戏仿、神话等文学界常用技巧来论述哲学命题。这一观点也深刻地影响到了海德格尔，海氏所倡导的"诗思"便大有尼采之遗风。

所有这些观点，犹如石破天惊，更像一颗重磅炸弹，投入到死水微澜、沉寂呆滞的传统哲学的湖水之中，激起千层浪，余波尚在不断扩散。他几乎为"后学(Postism)"提供了所需要的一切，从而被学界尊为后现代哲学的先驱者。

2.1.2 权力意志

尼采(1872,1873)发表的第一部著作 *Die Geburt der Tragödie aus dem Geiste der Musik*(《悲剧的诞生》)和第二部著作 *Unzeitgemässe Betrachtungen*(《不合时宜的思考》)就充满"反潮流"的气息。他尖锐地指出，尽管资本主义社会提供了日益增多的物质财富，但人们并未感到自由和幸福；科技反而成了压抑个性的工具，使人失去自由思想的动力和创造文化的激情；生命本能在萎缩，现代文明在颓废，若要医治这一现代疾病，必须恢复人的生命本能，重新解释人生意义。

他故而接受了叔本华(Schopenhauer,1788—1860)的"唯意志论(Voluntarism)"，继续用"意志、意愿(Will)"取代康德的"物自体"，视其为世界之本质，且将其发展为"权力意志(Will to Power，又译：强力意志)"，认为"追逐权力(或力量)和要求统治的意志才是决定一切的力量"①。他(Nietzsche 1998,姜宇辉译 2010:115)于 1885 年秋至 1886 年秋写道：

> 一切意义都是权力意志(一切关系意义都可以化为权力意志)。

注意：这里的"权力意志"不是世俗的权势，而是一种本能，具有自发性和原动力，它是一种非理性的力量，决定着生命的本质，决定着人生的意义。人生虽短，但只要有了它，就能成为精神上的强者，可望实现自己的价值。因此，学界有时将"权力意志"译为"强力意志"。

---

① 这也常为墨索里尼和希特勒宣传法西斯思想所用，因此，对法西斯的痛恨，也常波及尼采。

尼采据此展开文化批评,探讨生命意义,认为只有靠艺术才能拯救人生,且能赋予生命以一种审美的意义。

2.1.3 "上帝死了"与"虚无主义"

尼采把对虚无主义的解释综括在一个短句中"上帝死了"(Heidegger 1950,孙周兴译 2004:227),这是他 1882 年在《快乐的科学》第 3 卷中首次呼出的口号(参见姜宇辉译《权力意志》,2010:141)。这一命题涵义丰富而又深刻:

> (1) 中世纪有"神本位(上帝即真理)"的观点,"上帝死了"就意味着可彻底否定欧洲几千年的哲学传统真理观,这才有了尼采"一切皆谬误"、"一切皆无意义"、"一切都是允许的"之说。
> (2) 表明人们失去了信仰,基督教失去了对大多数欧洲人(特别是大多数知识分子)的控制,将不可避免地给西方文明的核心留下空虚,代替上帝的只有虚无(das Nichts)(程志民 2005:77)。虚无主义:最高的价值完全失去了价值,一切都没有目的,没有答案。
> (3) 尼采(1885)在 *Also sprach Zarathustra*(《查拉图斯特拉如是说》)中提出用他的"超人学说"来填补这一空白①;他还基于此亮出了"永恒轮回"的观点。

"上帝死了"这一断言犹如一声断喝,耸人听闻,震惊了久已麻木的世界,深刻揭露了基督教道德之丑恶,号召人们不能再将人生意义和生存价值寄托给上帝,它只能起到约束人之心灵、压抑人之本能的作用。为能获得自由,必须高举"反理性"之大旗,揭露二元论之谬误,猛批传统理性哲学,从而一举杀死上帝,驱逐基督教,清算传统道德。人们只有在没有上帝的世界上才有望获得大好机遇,实现以人的意志为中心的价值观。还有学者将尼采的理论称为一种"行动哲学",一种声称要使个人的要求和欲望得到最大限度发挥的哲学。

尼采详细列述了形而上学哲学(或传统理性)的四大罪状,给我们留下了深刻的印象:

---

① 尼采后来也觉得"超人学说"也不能医治欧洲人的疾病,救不了这个世界,反而可能会加速欧洲的颓废和毁灭。这使得他的理论带上了"颓废主义"的色彩。

（1）缺乏历史感。我们的世界充满偶然性和不确定因素，真实情况是不存在，世界无法捉摸，一切都处于动荡流变之中，任何企图将历史僵化的行为，都是不得人心的，企图用一些永恒概念去框定活生生的现实，注定是要失败的。他用辛辣的口吻调侃道，凡是经形而上哲学家处理过的一切都变成了"概念木乃伊"，扼杀了事物生灭变化的过程，也扼杀了生命。

（2）倡导权力意志。尼采认为感性证据才是真实可信的，但一经"形而上理性"的加工，谎言就被悄无声息地塞了进来。比如，哲学中常用的自我意识、知识、真理、理性、道德等概念，虚无缥缈，缺乏证据。他主张用"权力意志"来解释人类的行为。

（3）颠倒始末。传统形而上哲学追求永恒，强调客观，未能看到事物在不断发展和运动，也不关注其进化的过程，从而也就混淆了始末。

（4）逼良为娼，迫人犯错。传统哲学家运用语言中"理性"强制人们犯错，如将"是"说成"存在"，结果只能是弄假成真，变真为假，蒙骗无知人。西方2000多年的哲学史就是一部狂热追求理性的历史，在尼采眼里实在是荒谬至极！原以为那理性能给人带来自由和幸福，但终落得一个事与愿违的结果，它压抑人性，与人之本能为敌，给人类带来无穷的痛苦。

尼采基于上述批判，意在建立全新的"生命意志"和"权力意志"哲学，力主将生命意志置于理性之上，以权力意志取代上帝和形而上学的地位。该理论的核心是充分肯定生命，强调人生价值。

据此，尼采大力鼓吹"人生目的就是实现权力意志，扩张自我，成为不同凡响的人"，意在将"权力意志（The Will to Power，不妨译作'追逐力量的意愿'更便于理解）"作为最高的价值尺度，它才是世界之本源。这一观点一方面肯定了人生的价值，另一方面也为人世间的不平等做出了辩护，为此就有了他的"超人学说（或超人哲学）"。

2.1.4 超人学说

由于他对现代生活感到失望，便梦想改造人，使其成为新人（即超人）。此处的"超人"不是指具体的人，而是一个虚幻的形象、人生理想的象征，代表人的自我超越和最高价值的实现，这也是我们所追求的一种人生境界。正因为是"超人",他才能预见到某些可怕的东西,这就是"虚无"。若能获得超人之道,便可走在时代的最前沿,藐视一切传统道德价值,甚至为所欲为。他(Magee 1998,季桂保译 2002:177)曾有一句名言:

> 人是连接动物和超人的一根绳索,悬挂在悬崖峭壁之上。

尼采摒弃了叔本华的厌世观,认为人类应当在世界上充分享受生活,应当热爱生命,崇尚生命和意志的力量,肯定人世价值,尊奉自然界为唯一真实的世界,这无疑开辟了一个哲学新时代,对后来者产生了巨大影响。其思想犹如一座时代的丰碑,启发着后现代哲学家的灵感;又像一阵冲锋号,激励人们摧垮西方的形而上学和传统价值观,揭示在上帝死后人类所必须面临的精神危机。他基于此开发出一种"尼采风格",主张把哲学视为艺术,将思想当做游戏,视一切文本为修理对象。

2.1.5 小结与评价

尼采比海德格尔早出生 45 年,也比海氏的老师胡塞尔早出生 15 年,海氏在发展胡氏现象学时也接受了尼采的很多反传统观点。在后现代哲学中,尼采和海氏这两个人的名字经常一起出现,比如,瓦蒂莫(Vattimo 1983)的《现代性的终结》一书就主要基于这两位先哲的观点写就的,因为他们都反对理性主义,批判逻各斯中心主义,否定真理,持"虚无主义(Nihilism)"和"差异哲学(Philosophy of Difference)"等典型的后现代立场。

虚无主义认为世界(特别是人类)的存在无意义可言,缺乏任何值得依赖的东西,不存在有意义的区分,也就无所谓有什么"绝对真理"和"一致的真相"。但是,我们也必须清醒地认识到"虚无主义"的局限性,将婴儿与洗澡水一起倒掉,否定一切传统,拒绝人类文明,对过往历史视而不见,听而不闻,这绝非唯物主义者所为,也为辩证法所不容。

与虚无主义相对的是,奉行"既要传承,也要发展;既有接受;也要创新"之学风,牢记"珍惜传统、敬天惜物、尚道乐和、与人为善"之祖训,吸取祖先的智慧,容纳西方之精华,剔除各种糟粕,融为有机和谐,这便是建设性后现代哲学家所倡导的政治主张和治学立场。

差异哲学强调人们所认识的世界是一种有差异的世界,真理、本质、理性没有统一性、永恒性,所谓的形而上学的绝对本质,终极真理,只能是虚无缥缈的假设而已,出自文人书斋的安乐椅。翻开人类的历史清晰可见,权力与真理的关系可谓难分难解,存在的只是差异性、变化性,"差异"是人类权力意志的产物。据此,"真理"被解构为"价值","形而上真理"只是表达某个体或群体的主观价值,虚构而出,无真实性可言,必须彻底消解"真理 vs 谬误"、"本质 vs 现象"、"理性 vs 非理性"之间的所有区别(参见 Vattimo 1983,李建盛译 2013:7-8)。

巴赫兰密尔(Baghramian 1998:xivi)指出:

> More recently, French post-modernist philosopher of language, such as Jacques Derrida, under the influence of Nietzsche and Heidegger, have developed a distinctive approach to texts which questions the legitimacy of the traditional concerns with truth, meaning and reference. (近来,法国后现代语言哲学家,如雅克·德里达,在尼采和海德格尔的影响下,发展出一种与众不同的话语研究方法,质问传统研究真理、意义和指称的合法性。)

这段话不仅阐述了德里达的解构主义后现代哲学观,而且再次将尼采和海德格尔相提并论,他们对后现代主义产生了巨大影响。

更为值得关注的是,海德格尔曾于20世纪40年代开始着手编写《尼采》巨著,于1961年正式出版了两卷本,孙周兴将其译为上下两卷,于2002年由商务印书馆出版。这充分证明海氏在学术上深受尼采的影响。我们近年来也在反复修改第一章的图1.1,现主张将尼采置于后现代第一期,海德格尔之前。

尼采开创了人类思想史的一个崭新纪元,为后现代哲学的出场奠定了理论基础。有学者认为可将哲学史划分出如下两个阶段:

(1) 尼采前
(2) 尼采后

因此,哲学就由"存在"转变为"非存在",从"天上"回到"人间",由"虚幻莫测"转变为常人之"心灵共鸣",好一副造反派的架势!

或许,尼采给人类带来的巨大学术财富和历史价值还未能完全评估出来。当然,有功就有过,学界亦有人说,正是他打开了潘多拉的盒子,才将后现代之罪恶流传于世,这当留于后人再来评说吧!现在来听一听尼采的遗言吧:

理想的谎言,已经变成降临在现实头上的灾祸。终有一天,我的哲学将以此为标志,征服天下。……

我的话将于 2003 年成为普天下之共识。

赵一凡(2007:110)指出,尼采那些符咒般的遗言,如今已成为西方文论的常规话题,他揣想出的危机日程表,竟然也能预告出 20 世纪西方文学界的重大议题:从 20 世纪 30 年代的现象学运动、50 年代的日常语言学转向、60 年代的新左派革命、70 年代的解构批判,直到 80 年代的后现代潮流,似乎无不都在尼采的预见之中。

我们不禁要为尼采的真知灼见感叹! 他能在一百多年前那个时代提出此番见解,实属不易。如今他所倡导的"后现代思潮"亦已流行于世界各地,不可阻挡,我们不得不为这位先哲的预言所折服。但这绝不是说,对他可唯命是从,对尼采及其观点也当持一分为二或一分为多的辩证法立场,接受其合理和有用之论,扬弃不妥或过激之言。

2.2 人本主义哲学家

2.2.1 海德格尔

马丁·海德格尔(Martin Heidegger 1889—1976)为德国哲学家,师从胡塞尔,是形而上哲学的伟大终结者,曾参加第一次世界大战。他的名字经常与尼采共现,不仅因为他于 1961 年写出了《尼采》上下两卷本巨著,而是因为他在很多方面继承了尼采的后现代哲学观,两人常被学界尊为后现代哲学的先驱。正如凯尔纳和贝斯特(Kellner & Best 1991,张志斌译 2015:24,25)所指出的:

尼采和海德格尔都对现代性提出了彻底的批判,他们的观点对后来的后现代理论产生了深刻的影响。尼采视现代性为一种高级颓废状态,在这种高级颓废状态中,所有"高级的东西"均被理性、自由主义、民主和社会主义夷平,本能由此走向急剧衰退。

后结构主义以尼采和海德格尔的遗产为基础,强调差异比统一和同一更重要,捍卫意义的扩散,反对将意义束缚在总体化、中心化的理论和系统之中。

海氏的代表作有：

    1927：*Being and Time*《存在与时间》；
    1943：*Nature of Truth*《真理的本质》；
    1950：*Forest Road*《林中路》；
    1954：*The Question Concerning Technology*《追问技术问题》；
    1959：*On the Way to Language*《在通向语言的途中》；
    1961：*Nietzsche*《尼采》；
    1963：*The End of Philosophy and the Task for Thinking*《哲学的终结与思想的任务》；
    1975：*Poetry，Language，Thought*《诗、语言、思》

等等。

    海氏超越了他的老师胡塞尔的先验哲学和意向性理论，且受到雅斯贝尔斯的影响进入到存在主义（或曰实存主义）视野，尝试在实存体验中确立主体间性的结构。他致力于摧毁西方形而上学，拒斥现代性，认为哲学不该一味地追寻不着边际的形而上抽象命题，而当研究人类当下的实际生存状态，这样才能论述清楚人和物存在的意义是什么。

    学界就海德格尔的归宿尚存有一些争论，这也不足为怪，因为每个人有不同的出发点。但是我们主张将其划归为后现代第一期的"人本哲学"，还是基本符合事实的，当然了，这绝对不等于说他已经完全摆脱了传统形而上学的纠葛，也不意味着他不会谴责因启蒙导致的人本主义（参见下文）。王治河等（2011:432）指出：

> 在德里达看来，尽管在某种意义上海德格尔是后现代的一个重要思想来源，但海德格尔身上"仍然存留着形而上学的残余"。或许正是这些残余导致他青睐纳粹主义，从而铸成千古之恨。

    本小节主要从以下六个方面论述他的存在主义哲学理论。

2.2.1.1 改"on(t)-"为"Dasein"

    海氏首先将西方哲学中的"存在[on(t)-]"修补为"Dasein"，即在 be

(德语为 sein)之前加上定冠词(德语为 das),意在对所谓永恒不变的"真理"用"定冠词"加以限制,且将其限定在人的"亲在(又译'此在'、'缘在')"上,因此人之所以为人皆依照他所采取的生存方式。无论"在手(与客体的关系)"还是"上手(与他人相遇)",都将自然存在物以及他者纳入到"亲在的意义世界"中来加以统一审视。

这里的"亲在"还涉及"未完成性",因为"亲在"的本质在于"去存在(zu-sein)",它是一种建构性的生成活动,只有在这种活动中才能成为"自己"。就人而言,"人"就不是"现成的"结果性存在实体,一成不变,而是在不断"生成着"的动态过程中的人,"人"不可视为一个已完成了的存在实体,而只能视为连续不断的"尚未"而存在着。海氏以此挑战了形而上学,否定永恒真理,因为这种永恒真理会稍纵即逝,无法最终确定。

海氏的这一小小修改堪称神来之笔,起到为昔日哲学"正本清源"之功效,现基于语言分析方法从以下两个方面加以论述(当属语言哲学基本原理):

(1)错就错在:改动词为动名词,强调了真理的不变性和永恒性。在古希腊语中,"on(t)"原为动词,意为判断词"是",相当于英语中系动词"be",含有"生动流变、形成、存有"等动作义,但在西哲形而上学核心论点(追寻现象背后的"永恒、不变、绝对的"本质)的统摄下,学界一直将其用作动名词"onto",相当于英语中的 Being"(毕因)"。但海德格尔却认为一旦用"Being"(作动名词),它就成为"不变的"、"永恒的"和"客观的"真理,人类就会丧失前行发展的动力,便会故步自封、难越雷池。海氏接受了尼采的观点(他曾于1961年出版了两卷本的《尼采》,孙周兴译2002),认为哲学当放弃追求 Being 的研究方法,若将动词"to be"变为动名词也就失去了"变动"之义,带上了"孤立、静止"的形而上学含义,虽满足了古希腊哲学建立"绝对真理"的宏伟蓝图的需要,但离现存实际越来越远。

(2)可行之法:加定冠词限制本质,以突显本质的"时间性、历史性、人本性"。当今哲学应摒弃形而上学,追求绝对真理(或曰"放之四海皆准")的思路,突显其"时间性、历史性、特指性、人本性"。海氏灵光闪现,在 sein(be)前加上一个定冠词 das(the)加以限定,写成德语单词"Dasein",在我国常译为"亲在"、"此在"或"缘在",意在将西哲研究中的 be 烙上"时代性、时间性、历史性、人本性"的印记,从而使得哲学成为一种独特性、人本性、时间性、地方性的知识,这便是海氏所毕生思考的主题,旨在论证"时间性就是亲在的存在意义",这也是他1927年出版的书为何取名为 *Being and Time*(《存在与时间》)。

综上所述,Dasein 意在突出人在当下此在世界中的实际存在,哲学的主题当研究这种存在的意义,既可基于"亲在"追问世界中的存在,也可质问人自身的存在,其中的"人本性"立场显而易见。海氏(1950,孙周兴译 2004:90,91)在《林中路》中还论述了"World-picture(世界图像)"这一术语,强调从人本角度所获得的有关世界的图像,他将其描述为:

> 事物本身就像它为我们所了解的情形那样站在我们面前。
> 世界图像并非指一幅关于世界的图像,而是指世界被把握为图像了。
> 惟有存在者被具有表象和制造作用的人摆置而言,存在者才是存在着的。

这就是学界为何要将海氏视为开欧陆人本哲学之先河者的原因。

2.2.1.2 反对形而上学,力倡多元论

反对"形而上学"就意味着要反对独尊一家之说为"绝对真理",大力倡导多元论,海氏也是宣扬这一观点的急先锋。他(1950,孙周兴译 2003)在《林中路》的扉页上写道:

> 林中有路,这些路多半突然断绝在渺无人迹处。每人各奔前程,但却在同一林中。常常看来仿佛彼此相类,然而只是看来仿佛如此而已。

孙周兴(2004:3)在译者序中则一语击中要害:

> 林中多歧路,而殊途同归。

这便是对形而上学所念"九九归一"之经的最好批判。

《林中路》的书名还有一层深刻含义:真理就像"阳光下小树林中的一片空地",那里只有树叶摇曳、景象不定、晃动变异、或隐或现,充满了神秘感。这也是对形而上学所鼓吹的绝对真理之绝妙讽刺,为形而上学之终结定好了基调!

凯尔纳和贝斯特(Kellner & Best 1991,张志斌译 2015:24)写道:

> 在海德格尔看来,人本主义的胜利以及对自然和人类的理性统治规划,使得从苏格拉底和柏拉图就已开始了的"对存在的遗忘

(forgetting of Being)"达到了顶峰。海德格尔致力于摧毁西方形而上学史,呼唤一种新的思维模式和关系模式,以拒斥西方思维模式,寻求与存在的更"本真"的关系。

2.2.1.3 诗思(诗性思维)

传统形而上学为追求绝对真理,排除人本因素,杜绝使用修辞性(包括隐喻等)词语,严格行走在"科学主义"的道路上。而海氏率先打破了这一规定,冲出了这一禁区,将具有人本性和修辞性的"诗"视为人类"思考"之本质,认为"思与诗比邻","思和诗等同",这就是学界常说的"诗性思维",赵一凡(2007:173)将其简称为"诗思"。既然"思"是人之所为,就不可能完全客观真实,它就与充满想象力和创造力的"诗"比邻,乃至相同,两者都不注重逻辑分析,也不强调定义的确定性,更不必依赖演绎推理,它们都是人的想象和创作,思寓于诗中,诗使思得以开显,据此得出"思=诗"的设想,参见海德格尔(Heidegger 1950,孙周兴译 2004:345;1971,彭富春译 1991)。

于是,我们可通过"诗"与"思"的等同性分析来揭示生活世界的意义,据此还可取消"哲学"和"文学(包括诗)"之间的界线。但"诗"一直公开承认自己的想象力和隐喻性,而哲学家却自命不凡,宣称自己的运思具有真理性,使用的是纯语言,哲学具有纯洁性,武断地制造出了一个"白色的神话"。

海氏沿着尼采的后现代哲学(真理即谬误)的思路,继续批判形而上学的客观性,否定绝对真理的存在性,将"思"比邻于或等同于"诗",使得我们对哲学研究、生活世界及其意义理解有了一个全新视角。这也充分彰显了后现代哲学的重要特征:非哲学、反基础、去中心、非理性、多元化。

2.2.1.4 存在与语言

形而上学一味追问世界之本质,常从本体论(毕因论)和认识论角度审视本质问题。而海氏十分重视"存在"与"语言"的关系,认为人类世界的本质在于语言,人是用语言巡视存在物的,只有词语才可使得物获得存在,一切存在都是语言中的存在。他(Heidegger 1959,孙周兴译 1997:1)指出:

> 无论如何,语言是最切近乎于人之本质的。

据此,海氏的意义理论认为:意义首先是一种存在方式,任何存在着的东西都必须存在于词语之中,词语的意义是从存在的意义中派生而来的。只有为物找到相应的词语之后,物才能存在,物才是物。缺失(即下文所说"词语破碎处")了词语,也就没有物的存在,词语的意义使得事物或世界可能被我们认知和理解。他(Heidegger 1959,孙周兴译 1997:150)反复引用格奥尔格(George 1919)所说的一句话:

词语破碎处,无物可存在。

且反复解释道(1950,孙周兴译 2004:325;1959,孙周兴译 1997:90,154,217):

语言是存在之家。
词语能赋予物以存在。
物需要词语才能存在。

研究意义就要反思语言与存在的关系:语言是存在的语言,存在只有通过语言才能显现;存在在思想中形成语言,思想是存在得以形成语言的方式,是对语言的感受和体验。语言本质即为:语言是存在之家,人以语言这个家为家。语言是存在的家园,是人存在的领域(《林中路》孙周兴译 2004:325;《诗、语言、思》彭富春译 1991)。不是我们在说语言,而是语言本身在向我们说话。

从上可见,人永远以语言的方式拥有世界,正是语言才使得一物成为一物,语言使得存在出场,世界必须通过语言向我们呈现出来,语言揭示了世界,它是我们遭遇世界的方式。因此,语言就成为存在之家,我们生活在语言的家园之中,而且还不得不生活在语言这个家之中,且一定是生活在程序性语言行为之中的(参见钱冠连 2005:23)。

2.2.1.5 开孔观(View of Aperture)

海氏所论述的解释学认为,任何知识都隐含着一个观点,任何客观陈述都带有一个特定立场,这就规定和限制了我们与世界相遇的方式。瞧一瞧我们的身体,每个人的眼睛都长在自己头上,手都长在自己身上,同受个人大脑的支配,他能做到的只能是根据自己特定的视角或视域(Horizon),基于自己持有的立场,顺从本人或集团的旨趣,引导自身和他人朝世界特定的方向走去。

因此,知识不可能具有形而上学所宣称的客观公正性和绝对准确性,它不可能代表世界的真切全貌,无"放之四海皆准"的意义,"统合一切"只能是一种妄想,因为每个人总要透过一个"小孔"来窥探世界,这个"孔"如何开、开在哪、开多大,都会直接影响到人们从何角度解读过往历史知识,且基于此寻求出历史与当下的某种联系,以及对未来能产生何种影响。站在当今多元现象的历史链上,人们当要做出自己的定位和选择,自觉地在历史脉络中把握自己,千万不要让自己迷失在知识的深渊中。

这就有了"存在(毕因)vs 实存"之间的区分和对立。前者代表着理想的、绝对的世界真相和本质,而后者则是开孔后的局部。当人被抛投入世后,必然要烙上历史脉络的印记,带有个人情结、主观看法等。当我们面对世界之"存在(毕因)"时,必然会获得不同的"实存",皆因"开孔"和"视域"不同所致,如此说来,人们永远逃不出"盲人摸象、窥斑见豹"的命运。换句话说,"实存"仅是对"存在(毕因)"开孔后所能获得的局部认识,必然要打上"象"或"豹"印记!海氏还进一步用

> Fore-having　　（先有）
> Fore-conception（先设）
> Fore-sight　　　（先见）

来详细论述他的开孔观,意在提醒我们当据实重新审视"象豹"问题。

2.2.1.6　科技陷架①

海氏认为,科学理性是形而上学的结晶,现代科技是形而上学之子,其核心问题乃是遵循形而上学基本原理,以"追求绝对真理、强调科学理性"为宗旨。它为现代科技开辟了道路,推动了科技的大发展,使得我们大大增强了与大自然抗衡的能力。所以,当今世界是一个专业化的科技世界、一个全控的新型世界,因为一切事物都被计算着、控制着,并且透过科技的使用,世界被化约、建构成主体可掌控的抽象概念图像,使得实体的客观性被削弱,这就是海氏所说的"the Age of World-picture(世界图像时代)"。

---

① 还有学者将其译为"科技座架",我们觉得译为"科技陷架"更好一点,其中的"陷"原意为"捕捉野兽用的坑",又叫"陷阱"。现代科技就像陷阱一样使得当代人陷入其中,难以自拔。因此将其译为"科技陷架"更能彰显海氏的这一含义。

反过来,现代科技也加强了人们对形而上学普遍客观性的认识,现代科技的高度发展进一步将形而上学推到了顶峰,促成了当今社会的高度理性化。

看一看我们今天的工作和生活,无处不体现出现代科学理性的光辉,它可谓渗透到人类当今生活的每个角落,或曰,它控制着我们全人类,捆绑着我们行事的手脚,离之不行,弃之不活。可以说,我们今天别无选择地生活在科技的阴影之中,屈服于科学理性的淫威①。

因此,海氏(1950,孙周兴译 2004:307)认为 20 世纪的科技为西方形而上学最重要的历史发展形式,批判形而上学就必定要批判现代科技。他发现,科学理性(即科学主义)掩盖了存在本身,现代科技使人们忘却了我们的实际生存,唯我独尊的科技成果亦已成为现代人的阱架,窄化了人类的文化生活,威胁着人类的生存。倘若让现代科技主宰我们的生活,成为人类的霸权,其后果将十分可怕。

据此看来,所谓的"理性"、"科技理性"、"逻各斯"等原来既是一剂良药,也可能是一剂毒液,它既可能造福于人类,也能给地球带来灾难。想一想,现代化的杀人武器、库存的 5 万颗核弹头都是科学理性的产物,它们到头来就像一把达摩克利斯之剑,高悬在人类头上,时刻威胁着世界的安全。两次世界大战,对全世界人民是两场极大的灾难,唤醒了沉睡于"理性至上、科学救国"美梦中的无情郎,它们的存在更是对第一次启蒙所引导出的现代性的一记耳光,标志着"可通过合理性社会工程使人类臻于完善"之预言的彻底破灭,这些现代性的后果也是对西方文明的一种有力的嘲讽,更是一场灭顶之灾。他(1950,孙周兴译 2004:306)曾引用了里科尔于 1901 年写的诗句:

隆隆机器效力于人欲;
却未见带来福祉。

来解释这一现象。李无苑(2005)认为,在当代,科学业已成熟,形而上学已完成了历史使命,应当终结。

这足以可见海氏大有尼采之遗风,深刻揭露了传统哲学中的矛盾,将其称之为"弥天大错",当不屑一顾、嗤之以鼻,结论便是"哲学小命休矣!"

---

① 电子媒体也是现代科技的最新成果,它也是形而上学和科学理性的结晶。但另一方面又导致社会进一步走上多元、分化,又要消解形而上学,从而又形成了一个悖论:电子媒介之反讽!

2.2.2 伽达默尔

海氏的学生汉斯—乔治·伽达默尔（Hans-Georg Gadamer 1900—2002）为德国哲学家，是"解释学（Hermeneutics）"最重要的创始人，代表作有：

> 1934：*Plato und die Dichter*《柏拉图与诗人》；
> 1960：*Wahrheit und Methode*《真理与方法》；
> 1967—1971：*Kleine Schriften*《短论集》（三卷）；
> 1973：*Gadamer on Celan: "Who Am I and Who Are You?" and Other Essays*《我是谁、你是谁》

等，与其师共同将传统解释学置于现象学中加以研究，认为解释、理解、对话是"亲在（Dasein）"的一种存在方式。

2.2.2.1 解释学

海氏将胡塞尔所倡导的"先验意识"转向了"人的存在"，建构了"存在主义哲学"，通过对"亲在"的时间性分析，认为"理解"不属于主体的行为方式，它本身就是一种存在方式，一切理解都是基于"前理解"的活动，且提出了整体和部分的"解释学循环"的著名理论，从而使得解释学从一种研究精神科学的方法论转变为一种哲学，它属于人的世界经验的一部分。因此，海氏当为现代解释学的创始者之一。

而伽氏所确立的解释学则将其转向了人的"理解和解释（Understanding and Interpretation）"。他于1960年出版了《真理与方法》一书，这标志着"解释学"成为一门独立的哲学流派。他以"整体和部分的解释学循环理论"为出发点，研究理解何以能成为亲在本身的存在方式，围绕理解的普遍性、历史性、语言性、经验性、人本性、创造性等全面论述了解释学的理论体系，包括：理解和解释何以可能理解和解释活动及其方式、如何把握精神生活中的真理内容，尝试通过研究理解和解释活动的基本条件发现人的全部世界经验，在人类有限的历史性存在方式中建构人类与世界的根本关系。

《真理与方法》包括三大部分：

> （1）艺术经验里真理问题的展现；

(2) 真理问题扩大到精神科学里的理解问题；
(3) 以语言为主线的解释学本体论的转向。

伽氏在第一部分中指出，将"艺术经验视为非科学性"是不妥的，因为艺术真理不能用科学经验的标准来衡量。正如洪汉鼎（Gadamer 1960，洪译 2010：译者序言 iv）所说：

> 科学知识乃是我们认识世界的许多方式中的一种，我们决不能以近代自然科学的认识和真理概念作为衡量我们一切其他认识方式的标准。

传统理论一直认为，绘画或艺术作品中的"原型"优于"摹本"，因为作者是基于前者才创作出后者。而伽氏认为，前者只有通过后者的表现才得以存在，后者对于前者来说不具有附属性，而具有主导性，它就属于原型自身的存在。他据此颠倒了"本质 vs 现象"、"实体 vs 属性"、"原型 vs 摹本"的主从关系。艺术作品只有当被表现、被理解和被解释时才具有意义。

伽氏在第二部分中基于海氏的前理解（先有、先见、先设）进一步为启蒙运动所批判的"偏见"平反昭雪，认为启蒙主义者对偏见的批判本身就是一种偏见，因为一切理解和解释都是基于某种先入之见的，海氏所论述的"前理解"是解释学所研究的一切条件中最为首要的条件。他基于此还提出了"视界融合（Fusion of Horizons）"这一重要观点，认为如果"解释者的视界"与"文本所包含的视界"能相互重叠和融合，就能达至理解，因此理解的过程就是视界融合的过程。这也包含"意义理解依赖语言环境"的观点，"视界"就是我们实现理解、掌握意义的一种背景性语境。他在这一部分还论述了"效果历史"和"应用功能"，参见下文。

第三部分的主题为"能被理解的存在就是语言，语言是达至理解的最终形式。"伽氏通过现象论解释学来探寻人类一切理解方式中所包含的普遍性，强调它只能在语言中进行，因为在人与世界之间只有语言才构成其内在关系。说到底，人的存在就是一种"语言性存在"，人的理解在本质上是语言的。理解具有普遍性，遍及一切人和世界的关系，人在本质上是由"理解和解释"构成的；凡是认识必然就是理解，理解活动是人存在的最基本的模式，而不是认识客体，也不在于发现客体背后的主观意识活动。又由于语言是理解的媒介，表达了人与世界的一切关系，人永远是以语言的方式拥有世界。意义取决于理解,能被理解的存在就是语言,人类所有的世界经验都具有语言性。再者,理解具有历史性、人本性和创造性等特征,因此理解必然要打上人本之烙印,于是,语言不可能同构于世界,这是对英美分析哲学中理想语言学派(科学主义方法)的有力批判。也是他在书名中提到的"方法"二字的含义,即用科学主义的方法不可能达至理解真理。正如伽氏(Gadamer 1960,洪汉鼎 2010:688)在第一卷最后一段所指出的:

> 我们的整个研究表明,由运用科学方法所提供的确实性并不足以保证真理。这一点特别适用于精神科学,但这并不意味着精神科学的科学性的降低,而是相反,证明了对特定的人类意义之要求的合法性,这种要求正是精神科学自古以来就提出的。在精神科学的认识中,认识者的自我存在也一起在发挥作用,虽然这确实标志着"方法"的局限,但并不表明科学的局限。

解释学注重研究一切理解现象的基本条件及其特点,研究它们与语言的非封闭性的联系,并把语言系统转变为言语表达的层面,和言谈的主体(即人)相联系。因此,解释学不关心语句逻辑意义的分析,而重视对意义的理解和解释,研究理解和理解的对象——文本。文本只是没有意义的文字符号,它们只有在理解中才能重新变成意义;同时,理解还能参与文本意义的生成,使文本的意义处于永远开放的不确定之中。

2.2.2.2 效果历史

他基于此还进一步论述了解释学的"效果历史(Effective History)"和"应用功能"。真正的历史根本不是一个给定的"对象客体(等待主体来做客观分析)",理解也不是一种对某被给定对象的"主观行为(传统观认为'理解'仅是主体对于客体的主观行为)",历史和理解一样,都是"主体"与"客体"两者的融合体,是"自身(历史现实)"与"他者(历史理解的现实)"两种视界的统一体。任何理解都处于历史之中(即效果历史性),必须基于"时间性"(即海氏对亲在所做的时间性分析)加以剖析,一切正确的解释学必须在理解本身中表明历史的有效性,这就是伽氏所说的"效果历史"。它具有开放性、新创性,而他则强调理解对于人的支配作用。据此便可批判客观性科学主义,理解依赖于过往的先设和成见,是对历史的参与。

传统观点认为,解释学主要具有"理解功能"和"解释功能",而伽氏的"效果历史"又赋予其一个新功能,即"应用功能",解释学本身就是一门现实的、实践的学科,以此强调"应用性"也是解释学的一个根本性特征。现代解释学的这些新观点不仅对于"接受美学"和"读者反应批评"产生了重要的影响,也为语言研究带来了崭新的视角。

2.2.2.3 解释的语言性

伽氏也接受了索绪尔对语言工具论的批判,认为语言是我们赖以生存的要素。正如《柏拉图与诗人》(又译《伽达默尔论柏拉图》)的英译本编者 P. C. Smith(参见 Gadamer 1934,余纪元 1992:3)所说:

> 语言不是我们使用的工具,而是某种先于我们并且我们必须服从其活动的东西。

2.2.2.4 小结

伽氏(1934)还强调了人类理解和解释的局限性,认为柏拉图及其追随者们所说的形而上学的"一"具有首要性,是不完整的。"不定之二"与"形而上的一"具有同等的重要性,因为个别理念之和总会超越个别组合成分,这就批判了哲学界流行多年的"逻辑原子论"和意义"组合论",这显然与当时的"格式塔心理学"的基本原则相吻合。

他(1960)进一步嘲讽"真理",认为形而上学并非一条通达真理的途径,相反,它简直就是南辕北辙,你越是苛求方法,就越远离真理(参见 Vattimo 1985,李建盛译 184),这就引出了伽氏(1960)的"真理与方法"这一论题。

2.3 法兰克福学派

2.3.1 序言

"西方马克思主义(Western Marxism)"简称"西马(WM)",这一术语为梅洛庞蒂于 1955 年率先使用,主要指起始于 20 世纪 20 年代的德国,后流行于德、法、美、意等国,繁荣于 30 年代至 60 年代,主要以法兰克福学派

(Frankfurt School)为中心所形成的以"社会批判理论"为体系的欧美左派思想家。德国的法兰克福大学社会研究为该学派的核心学术团体,代表着20世纪最大的马克思主义流派,是西方人本主义马克思主义的主要流派之一,也是(后)现代西方哲学的重要流派之一。赵一凡(2007:83)指出:

> 这是一批意志刚强、历经磨难的革命斗士。他们在逆境中继承马克思思想传统,开展资本主义文化批判。其前赴后继的思想传奇历历彰显欧美左派的学人风采。

我们知道,马克思主义在本质上具有"革命性、造反性、批判性"。法兰克福学派在很多方面也继承了这些特征,他们所倡导的"社会批判理论"带头批判资本主义和法西斯独裁国家,认为世界当下的危机不是制度问题,而是"理性衰退"和"个性专横"的结果,且社会批判理论超越一切哲学之上,与每一种哲学对立。这种批判和否定一切事物的理论取向,企图把关于一切事物的真理包含在自身之中。

他们还考察了科技进步所导致的严重社会后果:人们的生活条件虽得到很大改善,但人们丧失了革命精神,牺牲了人格和尊严,不能摆脱资本主义的异化之苦,现代化社会成了"技术统治的极权社会",这便是他们批判"工具理性"的基础。资本主义还竭力使文化产品"商品化"和"标准化",它们通过现代化的传播媒介,无孔不入地控制人们的"内心自由",使其成为奴役人的手段。

该学派尝试运用多学科理论来分析社会现象,以其来"补充、修正、重构"马克思主义。他们既批判逻实论和科学主义,也反对实用主义和功利主义,还主张将弗洛伊德的精神分析法引入马克思主义[①],提出以"本能革命、心理革命"来取代无产阶级革命,坚决反对工具理性,强烈号召人类自由,极力弘扬文艺反叛,以建立一个没有剥削、没有战争、没有压抑的"人本主义社会"。这些都明显带有后现代哲学的特征。很多学者认为这些观点已背离了马克思主义的基本原理,抹煞了阶级斗争,过分张扬人本

---

① 马克思的辩证唯物法认为社会存在决定社会意识,并据此深刻分析了资本主义经济基础,但对存在如何决定意识以及意识形态如何能动地反作用于经济基础,却没有详加说明,因而有"经济主义"和"机械决定论"之嫌。西马为弥补其不足吸收弗洛伊德精神分析学的某些观点,通过"本能革命"、"心理改革"来消灭资本主义异化,以期更全面地批判资本主义。但很多学者认为这一方法不足为信。

精神。

法兰克福学派以卢卡奇(Lukács 1885—1971 匈牙利)和葛兰西(Gramsci 1891—1937 意大利)为创始人,第一代主要代表有:

(1) 霍克海姆(Horkheimer 1895—1973)　　德国人,后加入美国籍
(2) 马尔库塞(Marcuse 1898—1979)　　　德国人,后加入美国籍
(3) 阿多诺(Adorno 1903—1969)　　　　 德国人,后侨居美国
(4) 弗洛姆(Fromm 1900—1980)　　　　　德国人,后加入美国籍
(5) 布洛赫(Ernst Bloch 1885—1977)　　 德国人
(6) 本雅明(Benjamin 1892—1940)　　　　德国人
(7) 阿尔都塞(Althusser 1918—1990)　　 法国人
(8) 詹姆逊(Jameson 1934—)　　　　　　美国人

等等。他们自称为"马克思主义的现代化者",基于马克思主义的批判精神创立了颇有影响力的"社会批判理论",认为科技发展改变了工人被剥削的情况,他们不需再进行社会革命,只需进行"心理革命"。因此,他们认为应建设心理健全、没有冲突的人道主义社会,且主张用劳动和互动来代替生产力和生产关系之间的辩证关系。

徐崇温(1993:3)指出,马克思的哲学世界观有两大基本点:

(1) 人类的主观能动性。马克思强调从主观方面去理解事物,即把事物当做人的感性活动、当做实践去理解,从而将实践引进毕因论(存在论、本体论)。人类连续不断的感性活动,是现存感性世界的深刻基础。

(2) 自然世界的优先性。马克思始终坚持劳动实践在多种层次上所受的自然制约性。

前苏联模式的马克思主义哲学强调了第二个基本点,而忽略了第一个基本点;西方马克思主义人本思潮强调了第一点,而忽略乃至否定了第二个基本点。

总的说来,西马学者常将马克思主义与西方某一现代或后现代理论相结合,肯定了一部分马克思主义原理,但也否定了另一部分。随着时代的发展,马克思主义在每一时代都可有新的解读。其中有部分学者高举"反对教条主义"之大旗,认为它不再适应历史运动,主张不断修正,主要

演变出如下几种观点：

(1) 黑格尔马克思主义：以卢卡奇、柯尔施、詹姆逊、马尔库塞等为代表，认为马克思主义与黑格尔有连续性。

(2) 弗洛伊德马克思主义：以马尔库塞、阿多诺、弗洛姆(Fromm)等为代表，将社会主义等纳入性冲动，倡导辩证人道主义。

(3) 存在主义马克思主义，以萨特和梅洛庞蒂为代表，认为人之本质为"自我创造实践"，当以个人实践为辩证法的出发点，倡导个人自主，自由意志。

(4) 新实证主义马克思主义：否定马克思与黑格尔之间有联系，提出"具体—抽象—具体"的循环性科学实证观。

(5) 结构主义马克思主义，以法国阿尔都塞(Althusser①)为代表，对马克思主义实行非人道化，将其分为：① 早期非科学主义；② 晚期科学主义。认为它是反经验主义、反历史主义、反人道主义的。

关于"西马"、"新马"、"后马"这三个术语，有学者不加细分，若要严格区别，可参见下表：

表 2.1　新 马 谱 系 表

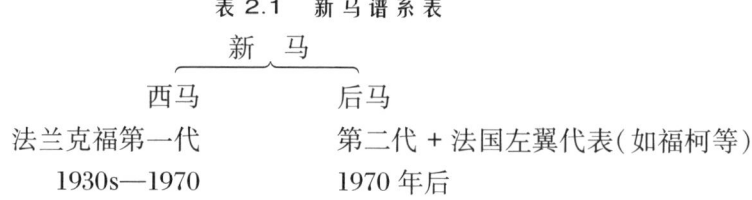

下文重点介绍法兰克福学派第一代的三位主要代表和第二代主要代表哈贝马斯。

---

① 阿尔都塞(Althusser 1918—1990)曾为法国共产党的领袖，是结构派马克思主义的总代表，认为社会形成内含结构因果关系，力主打破马克思的"基础 vs 上层"之间的二分，将其"经济基础论"修补为"多元决定论(Over-determination Theory)"，即"政治、经济、意识"三大领域共同决定了社会结构。它们既相互独立，在其自治范围内以不同节奏运转；也互有联系，在总体上彼此决定。经济作为基础，只起最终决定作用。他还提出了著名的"意萨斯(Ideological State Apparatus, 简称 ISAs)"术语，如学校、媒体、文艺等，将其视为资本主义生产关系得以运转的两大基础之一，另一为国家机器。

阿尔都塞是西马中黑格尔派的信徒，接受了黑格尔、马克思和卢卡奇的"总体性(Totality)"，对法国西马研究产生了重大影响。他长期在法国巴黎高等师范任教，宣讲马列，是德里达、福柯、布迪厄等的老师。

2.3.2 霍克海姆

麦克斯·霍克海姆(Max Horkheimer 1895—1973)为德国哲学家、社会学家、经济学家。他与马尔库塞、阿多诺等于1923年共同创立"法兰克福社会研究所",被称为"法兰克福第一代西方马克思主义"的主要代表,他们最早使用了"批判理论(Critical Theories)"这一标签。在纪念霍克海姆诞辰90周年的学术讨论会上,哈贝马斯对他的老师做出了如下评价[摘自渠敬东和曹卫东(2006:1)翻译出版的《启蒙辩证法》一书的"编者说明"]:

> 在法兰克福学派圈子里,霍克海姆享有一种特殊的地位。他不仅长期担任社会研究所的所长,而且还具体负责编辑《社会研究杂志》,他也被公认是许多集体研究计划的精神领袖。然而,除了这样一个核心角色之外,霍克海姆还有另外一面鲜为人知:即霍克海姆自己的哲学著作和他的众多同伴的哲学著作一样,都是他们这个流亡知识分子集体成就的重要组成部分。而霍克海姆比其他任何人都更加坚定不移地捍卫"法兰克福学派"这样一个集体单称。

概而言之,法兰克福学派一方面接受了马克思的部分观点,另一方面又提出若干修补意见,发展了马克思的观点,但在批判资本主义这一总目标上是共通的。其中,霍克海姆发挥了重要的组织者和引导者的作用,正如渠敬东和曹卫东在翻译《启蒙辩证法》的"编者说明"中所指出的:

> 要想深入理解批判理论,进而把握住当代德国社会思想格局的变化,就要搞清楚霍克海姆的思想路线,他在德国现代社会思想史上的地位,无疑是不可逾越的一环。

被黑格尔称为"现代哲学之父"的笛卡尔,开西哲第二转向"认识论"中唯理论之先河,引领世界摆脱中世纪经院哲学的束缚,喊出了让欧洲哲学家忙了三百年的经典口号:"我思故我在",尊重"人",崇尚"思"之理性,信奉科学,确立了身心二元论的哲学中心地位。他还认为哲学应当效仿科学、迷信逻辑,企图通过不证自明的"公理(如上述口号)"推导出若干"定理(指若干重要的哲学命题)",并以其为基础来建构大而全的哲学理论体系,把握世界,认识人自身,以求得普遍真理、世界精神、永恒的逻各斯。一大批西方学者乐此不疲,以建构普世理论为终极梦想。

康德首开"批判哲学"之先河,颠覆启蒙理性,反思科学逻辑,且将理性定位于"承认不可知的物自体(Thing-in-itself)"。

黑格尔大力倡导"现实批判",以否定康德的物自体理性观,代之以能动主体。他在《精神现象学》中提出的"真理即整体"观点后来成为西马理论中的关键词之一。

马克思吸收了黑格尔的辩证逻辑,提出了"辩证批判",以摧毁资本主义的不合理制度。

霍克海姆基于马克思理论提出"政治经济学的辩证批判",大力倡导"意识解放,变革整个社会(Horkheimer 1968,曹卫东译 2004:183)"。他(同前:211)还认为人类未来取决于批判,知识分子思想的本质在于通过批判暴露理论缺陷、建立和谐公正、倡导解放实践。他与阿多诺(1944)合写并正式出版了 Dialektik der Aufklärung(《启蒙辩证法》),学界普遍认为这是西马总体批判的延伸。他们强调指出,唯有辩证思考方可唤起革命,揭露了理性之悖论:当欧洲大唱理性高调时,为何会出现世界大战和惨不忍睹的战场?科技不断发达,竟让人类造出可在半小时内毁灭地球的原子弹!党卫军、集中营、大屠杀,这一件件、一桩桩历历在目,惊心动魄,令人发指!它们终使人们认识到,启蒙乃为理性之一大诡计。这种启蒙与理性使人类走向了"新野蛮主义",它们原来竟是一篇荒唐谬论!

他们(1972:xi,xii)认为,现如今西方的"启蒙"(指第一次启蒙)原来旨在将人们从迷信和恐惧中解放出来,以能确立己身的自主。然而,它已经走向它的反面,演变成某种否定性的和毁灭性的东西,详见第五章第一节关于两次启蒙运动的论述。他指出:

> 整个被启蒙了的地球散发着胜利的灾难……人类与其说进入了一个真正人的状态,不如说沦落为一种新的野蛮主义。

他们还大力倡导整合多种学科,诸如哲学、社会学、经济学、历史学等,坚持以批判性立场来考察社会中的各种矛盾和内在联系。他们还秉承"精英主义"立场,蔑视大众文化,崇尚"知性主义(Intellectualism)",排斥"行动主义(Activism)"。霍克海姆曾作为新左派的代表,反对工具理性,号召艺术自由,弘扬文艺反叛,大力倡导人类自由,这足见他对"启蒙"所采取的辩证法立场。

霍克海姆和阿多诺由于在二战中受到希特勒的迫害而先后移居美

国,在哥伦比亚大学创建了"社会研究所",且将大众传播和媒体研究纳入到批判理论的视野之中。

2.3.3 马尔库塞

赫伯特·马尔库塞(Herbert Marcuse 1898—1979)为德裔(犹太人)美籍哲学家和社会理论家,法兰克福学派左派的主要代表,曾为海德格尔的学生(被学界称为海氏的叛逆弟子),1967年去加州大学伯克莱分校,从而使该校成为新左派的革命中心。他的代表作有:

> 1928: *Contributions to a Phenomenology of Historical Materialism*《历史唯物论的现象学导引》;
> 1932: *Hegel's Ontologie und die Grundlegung einer Theorie der Geschichtlichkeit*《黑格尔本体论与历史性理论的基础》;
> 1941: *Vernunft und Revolution. Hegel und die Entstehung der Gesellschaftstheorie*《理性与革命——黑格尔和社会理论的兴起》;

旨在揭示当代发达工业社会的极权主义特征。另外还有:

> 1955: *Eros e Civilização: uma interpretação filosófica do pensamento de Freud*《爱欲与文明》;
> 1964: *Der eindimensionale Mensch. Studien zur Ideologie der fortgeschrittenen Industriegesellschaft (One Dimensional Man: Studies in the Ideology of Advanced Industrial Society)*《单向度的人——发达工业社会意识形态研究》;
> 1969: *An Essay on Liberation*《论解放》;
> 1977: *Die Permanenz der Kunst: Wider eine bestimmte Marxistische Ästhetik*《审美之维》。

2.3.3.1 马氏思想的两个来源和三个阶段

马尔库塞的思想主要有两大来源:

(1) 由"海德格尔—黑格尔—马克思"构成的哲学基础;
(2) 以弗洛伊德本能理论和元心理学构成的人类学基础(参见李小兵译《审美之维》的译序 2001:7)。

他的思想可大致分为三个阶段：

> （1）20世纪30年代深受海德格尔"存在主义哲学"的影响；
> （2）20世纪40年代致力于揭示马克思主义与黑格尔主义的联系；
> （3）20世纪50年代后主要基于弗洛伊德的精神分析学说解释马克思主义，论述人的本质和解放，致力于实现弗洛伊德主义与马克思主义的"结合"。

弗洛伊德主张把人的心理结构分为"意识"与"无意识"两部分，前者生于后天，受"现实原则"支配；后者（由"生本能"和"死本能"组成）生于先天，受"快乐原则"和"生存原则"支配，所以它比前者更能体现人的本质。"生本能"包括口渴、饥饿、性欲等，其中尤以性欲为主。因此，马尔库塞修补了弗洛伊德的观点，认为只有彻底改造处于人性结构深处的本能，才能为社会变革提供一个深厚的人性基础，而这又必须通过艺术的"审美之维"才可达至。

马氏主张将"生本能"视为人之本质，将弗氏的"性欲（Sexual Desire）"修改为"爱欲（Eros）"，且将其视为"人之本质"。人的解放就是爱欲的解放，且因爱欲与性欲不同，前者的解放不等于后者的解放。

他还进一步指出，劳动是最基本的爱欲，爱欲解放的核心和关键就是劳动的解放。要使人真正获得幸福，必须使人所有的活动"爱欲化"，最主要的是劳动的"爱欲化"，而劳动的"爱欲化"便是劳动的解放。这样，他就把"爱欲解放"同马克思的"劳动解放"结合起来，便可据其对抗压迫性的工具理性。

2.3.3.2 科技是生产力

马尔库塞（Marcuse 1941）在《理性与革命》中指出，黑格尔哲学是理性主义的革命和进步的理论，具有强烈的否定性，对现实持批评态度，而无所不包的实证主义（用经验事实来证实"真"）意在对抗和取消黑格尔的否定哲学。他（1964）还认为，可通过现代科技解决劳动异化问题，这与马克思通过人自身的主观能动性获得人生解放仍属一脉。当代资本主义社会由于科学技术的迅猛发展，技术统治已取代了政治统治，各阶层人的生活水平得到普遍提高和有效保障，劳资的对抗和矛盾已经或正在消失，取而代之以整合与同化。这一观点也影响到其后继者哈贝马斯（Habermas

1981,洪佩郁译 1994:2),他继而认为,科学技术既是生产力,又是意识形态。作为生产力,科学技术渗入社会组织,形成一种控制自然与控制人的力量,形成一种"虚假的意识",使人们不能得到自由,不能得到解放①。

因此,当代社会深受符合各阶层利益的科学技术的控制,正失去其双面性,而变成一个"只有肯定、没有对抗"的单维度社会,生活于其中的所有人都倾向于维护和肯定现存秩序,马尔库塞与此针锋相对,大力倡导于1941年论述的黑格尔的否定哲学。正如他(Marcuse 1964,刘继译 2008:6)所说,技术所创造出来的缓和条件

>……消除了私人与公众之间、个人需要与社会需要之间的对立。对现存制度来说,技术成了社会控制和社会团结的新的、更有效的、更令人愉快的形式。这些控制的极权主义倾向看起来还在另外的意义上维护着自己,把自己扩展到世界较不发达地区甚至前工业化地区,并造成资本主义发展与共产主义发展之间的某些相似性。

这便造就了发达工业社会中的人因其实际利益而与现存制度的"一体化",主要包括以下四个方面:

>(1)社会与国家的一体化,传统的经济基础与上层建筑的划分已失效;
>(2)个人与社会的一体化,敦促人们要发自内心地认同当前这个社会;
>(3)个人与他人的一体化,人们尝试彼此模仿,流行"随大流、从众";
>(4)个人的思想与行为的一体化,技术理性兼并一切意识形态,个人从灵魂到肉体彻底变成丧失批判能力的单面人。

我们(2011c:vii)基于"科技是生产力"的观点正式提出"语言也是生产力",因为一切科学技术都需凭借语言将其表达出来并加以传播和推

---

① 我国学者陈文革、吴建平(2014)在题为"科学教科书中的意识形态及其话语建构"的文章中,通过对我国现行初中物理和化学教科书进行语言分析,发现教科书所展现的强归类和强架构把科学与学习者日常世界严重地割裂开来,力图通过一系列无可辩驳的事实或数据呈现科学的"非人化",强调科学是结果而非过程,认为科学都是定数、真理,不存在不确定性,不容许学习者挑战或质疑。这种编码取向不利于提高学习者的科学素质,有碍其自主和创新精神的培养。这一观点与马尔库塞和哈贝马斯的观点相同。

广,没有语言,何来的科技,又怎能奢谈什么生产力? 笔者在"正式"二字下面加了下划线,意在强调我们早在21世纪初就在研究生课堂上提出并讨论了这一观点,经过多年的思考,并与语言学界、哲学界等朋友商量,大家觉得这个命题能成立。

2.3.3.3　单面人与新左派运动

马尔库塞(Marcuse 1964)出版了 *One-Dimensional Man: Studies in the Ideology of Advanced Industrial Society*(《单向度的人——发达工业社会意识形态研究》),认为人由于受到技术控制(科技高度发展,科技理性或工具理性大行其道)而失去了自身存在的价值和意义,一步一步地蜕变成了单面人。人们的日常生活越是以专门化、技术化的形式出现,人们的生活世界越是贫困。资产阶级一旦将权柄托付给科学技术人员和专家,科技理性势必要演变成政治理性,成为兼并一切思想的意识形态,形成了控制人的力量,人岂不失去了自由和解放。就这样,资本主义社会将既有物质需要又有精神需要的双面人变成了完全受物质欲望支配的单面人,也使得具有批判功能的哲学成了与统治阶级遥相呼应的单面思想。他据此提出了一种"新左派运动(即知识分子运动)"的革命理论:既然西方社会人已具有单面性,革命只能靠"新左派",即资本主义社会里的流浪者和被遗弃者,包括其他各族的受剥削者和受压迫者、失业者和不能被雇佣者,以及青年知识分子、大学生。他既反对改良主义(走议会道路),又不赞成暴力革命,而主张一种长期的"非暴力反抗",不仅拒绝资产阶级用科学技术来奴役人民,而且要拒绝资本主义社会中的一切。

马尔库塞(Marcuse 1977)晚年出版了《审美之维》,在批判资本主义、研究马克思主义美学和现代艺术的基础上,详细论述了艺术的社会政治作用与其审美功能之间的辩证关系,认为艺术中充满想象力和创造性,最能表现出人性中未被控制的潜在能力,因此,革命首先在于解放出人的美感、快感、被压抑的追求愉快的潜能,人的本能解放必须凭借"艺术—审美(即以艺术和文学为中心的'审美之维')"的方式,美学意在实现人之解放!

2.3.3.4　小结

20世纪60年代末,马尔库塞积极支持在西欧、北美国家爆发的左翼学生造反运动,他头上的那束"新左派之父"、"发达资本主义社会的首席批评家"之光环,照耀着众多莘莘学子,一时间使他成为那个时代西方很多国家左派学生所追捧的对象,出现了"众星捧月"的现象。他一度竟然同马克思(Marx)、毛主席(Mao Zedong)并列,被尊称为革命领袖"3M"之一(赵一凡 2009:632)。

马尔库塞属于法兰克福第一代马克思主义理论家,当可划归左派,但他同时也主张吸取后现代理论的优点,批判其缺点。正如凯尔纳和贝斯特(Kellner & Best 1991,张志斌译 2015:320)所指出的:

> 马尔库塞提供了一种既吸取后现代理论的优点又避免了其缺陷的替代理论,他强调资本主义业已控制了我们的本能存在,因而强调发展新的欲望模式和"新的感受性"的重要性,同时也坚持认为批判理论与理性具有同等的重要性。尽管他支持新左派,但他看到了左派是一种有缺陷的运动,因为它的非理性主义基础使它不能去有效地挑战权力。

2.3.4 阿多诺

西奥多·阿多诺(Theodor Adorno 1903—1969)为德国哲学家、社会学家、音乐理论家,法兰克福学派第一代的主要代表人物之一,为社会批判理论的奠基者,曾执教于英国的牛津大学,因他为犹太人,二战期间受到希特勒的迫害而侨居美国。他于1949年返回德国,协助霍克海姆重建社会研究所,后接任霍氏任所长。凯尔纳和贝斯特(Kellner & Best 1991,张志斌 2015:251)认为,

> 一般说来,阿多诺要比霍克海姆、马尔库塞、弗洛姆以及其他法兰克福学派成员更接近于后现代理论。从一开始,阿多诺就致力于"唯心主义的自我清除",这种清除构成了对哲学的一种批判,而且颇有点像后来由后现代理论所发展出的那种批判。这种批判贯穿着阿多诺的全部著作。

阿多诺的代表作有:

1944: *Dialektik der Aufklärung*《启蒙辩证法》(与霍克海姆合著);
1950: *The Authoritarian Personality*《权力主义人格》(上、中、下);
1962: *Einleitung in die Musiksoziologie: zwölf theoretische Vorlesugen*《音乐社会学导论》;

> 1966：*Negative Dialektik*《否定的辩证法》；
> 1970：*Asthetische Theorie*《美学理论》

等。

2.3.4.1 社会批判理论

阿多诺深受马克思、黑格尔和弗洛伊德等著作的影响,接受了马尔库塞的很多观点,努力实现马克思与弗洛伊德的综合,终其一生建构社会批判理论,研究"启蒙理性的总体化"、"揭露资本主义矛盾",大有"不将资本主义送进坟墓誓不罢休"之势。受其影响,福柯提出了"斗争行为范式",哈贝马斯提出了"普遍理解范式"。他指出,即使最抽象的哲学范畴也必然会浸染着社会信息,因此倘若要对哲学开展全面的批判,就必须进行社会性批判。同时,哲学批判也必然会有助于我们洞察当代社会现实。这足以证明阿多诺所持有的辩证法立场:哲学与社会具有互动关系。

他在1931年就任法兰克福大学哲学系教授时发表的就职演讲题为"The Actuality of Philosophy(《哲学的现实性》)",他在文中指出:哲学不可为王,不能将其抬到凌驾于其他各门科学之上的地位,也不可将它们的"成果"当做终极定论。他认为,西方形而上哲学对绝对真理的渴求,正反映了资产阶级对"绝对精神安全"和"极权主义"的渴求;他还尝试解释西哲如何培养了人们崇拜客观性、普遍性和全称命题的过程。

他与其他后现代学者一样,也深刻批判了传统哲学中的"客观再现"和"自然之镜"的观点,认为不存在与客体对应的纯粹的主体性。因此他认为:

> 科学的理想在于研究,而哲学的理想则在于解释。

这就与后现代哲学家否定形而上学的绝对真理异曲而同工,与将真理视为"解释,解释的再解释"一说大有不谋而合之妙。

他与霍克海姆合著的《启蒙辩证法》的有关论述参见上文对霍氏的介绍。他在《否定辩证法》中更是将批判西方理性之举推向极致,且还披露马克思也曾有过一段偏向科技理性的情结。美国后现代哲学家詹姆逊高度赞扬此书,称之为"批判理论后期的纲领、90年代辩证法之楷模"。

他富有批判精神和正义感,坚决反对任何形式的"社会压迫",包括法西斯主义、资本主义、专制教育等。他还致力于创造一种具有批判精神和自我反思精神的主体,这也是阿多诺思想中的一项重要内容。

2.3.4.2 坚持理论思辨

美国传播学界历来有"理论思辨 vs 经验实证"两大对立学派,前者的代表人物有阿多诺、默顿(Merton 1910—2003);后者人数较多,如:勒温(Lewin 1890—1947)、拉扎斯菲尔德(Lazarsfeld 1901—1976)、拉斯韦尔(Lasswell 1902—1978)、霍夫兰(Hovland 1912—1961)、施拉姆(Schramm 1907—1987)、申农(Shannon 1916—2001)和韦弗(Weaver 1924—2006)等。

但也不乏将这种研究思路结合起来的学者,拉扎斯菲尔德就曾与法兰克福第一代学者(霍克海姆、弗洛姆、阿多诺)有较多的接触,尝试将传播学中的理论思辨派与经验实证派结合起来。正如罗杰斯(Rogers 1994,殷晓蓉译 2012:258)所说:

> 年轻的拉扎斯菲尔德知道了定性的方法论和定量的方法论之间的冲突,他后来试图打破这个两分法,但是它一直持续到今天。

但是,他们的合作过程并不愉快,阿多诺是一位坚定的社会批判理论家,拉氏想与他合作,寻求定量与定性两种研究方法之间进行合作的可能性时,遭到阿多诺的严厉拒绝。用罗杰斯(殷晓蓉译 2012:289)的话说:阿多诺反对把偶然获得的数据强加在受众效果研究之中。阿多诺虽才华横溢,富于想象力,但粗暴、傲慢、不容人,而且无礼,两学派之间合作的问题多半出在他身上。托尔斯(Towers 1977)认为,他们之间的分歧不是学术上的争吵,而是有关传播研究的性质和基本理论的争论;两者合作的失败,为"经验派 vs 批判派"日后棘手的关系奠定了基调。但有趣的是,挑剔的阿多诺在《权威人格》中成功地运用了经验实证的方法,这也证明了拉氏的预见:"定性"结合"定量"的传播学研究方法具有可行性。

2.3.4.3 音乐社会学与多元化

阿多诺还对音乐情有独钟,是"音乐社会学"的创始人,发现乐曲在一次次的变奏中不断改变自己,以至于发展出"无主调"音乐,以否定贝多芬的"交响乐",并以此来否定"同一性",也为《否定的辩证法》提供了一种革命辩证法。他说,哲学出路何在? 唯有打破同一性,倡导多元化。他指出：

> 我们从事哲学研究的目的并不在于依照事物的科学用途来穷尽事物，将现象还原为少数几个命题……相反，我们应通过哲学尽力将自己融入异质性的事物当中……而不是把这些事物硬塞进事先设计好的范畴当中。

他(Adorno 1966,张峰译 1993:9)还借用了本雅明的"星丛"来说明这种多元化：

> 让概念进入一个星丛。

好一幅辉煌灿烂的多样性场景！因此，他与其他后现代哲学家一样，都始终不渝地坚守特殊性、异质性，并从事微观性分析，其坚定程度不亚于任何一位后现代理论家。

他还发现，即使在现代流行的爵士乐中，也掺杂着很多古老的元素，认为音乐会实际上在重复原始礼仪的功能，用掌声和喝彩声重演了一种古老的、久已遗忘的祭祀仪式，对音乐大师、指挥家以及乐器顶礼膜拜，重演了原始氏族盲目崇拜神圣物体和个人的仪式（参见 Kellner & Best 1991,张志斌译 2015:243)。

2.3.4.4 小结

1968 年法国发生了五月风暴，阿多诺教授与法国新左派对峙。在相持不下之际，忽然有三个小女生脱去上衣，冲向讲台，逼问阿多诺教授说真革命还是假革命？他一时无言以对，自此卧病不起，于次年仙逝。他的去世，标志着欧美左翼进入到"后马、后结构、后启蒙"时期（参见赵一凡 2007:82,87)。若以此为准，哈贝马斯当可归属于"后马"成员。

2.3.5 哈贝马斯

尤尔根·哈贝马斯(Jürgen Habermas 1929—)是当代西方最重要、最著名、影响最大的哲学家之一，为阿多诺的大弟子，1956 年至 1959 年期间在法兰克福社会研究所给他当助手，后受聘为法兰克福大学的哲学教授，继续在社会研究所工作，且继任了霍克海姆的哲学和社会学讲座教授。学界常将霍克海姆、马尔库塞、阿多诺视为法兰克福第一代西马理论家，而哈氏被誉为法兰克福第二代西马理论家（或称为：后马克思主义理论家）、社会批判理论的第二代旗手。他的主要著作有：

1962：*Strukturwandel der Öffentlichkeit. Untersuchungen zu einer Kategorie der bürgerlichen Gesellschaft*《公共领域的结构转型——论资产阶级社会的类型》；
1967：*Zur Logik der Sozialwissenschaften*《论社会科学的逻辑》；
1968：*Technik und Wissenschaft als Ideologie*《作为意识形态的技术和科学》；
1976：*Zur Rekonstruktion des Historischen Materialismus*《论历史唯物主义的重建》；
1976：*Communication and the Evolution of Society*《交往与社会进化》；
1981：*Theorie des Kommunikativen Handelns*《交往行为理论》；
1985：*Der Philosophische Diskurs Der Moderne*《现代性的哲学话语》；
1986：*Foucault: A Critical Reader*《福柯：一个批判的读本》；
1988：*Nachmetaphysisches Denken*《后形而上学思想》；
2003：*L'Éthique de la Discussion et la Question de la Vérité*《对话伦理学与真理的问题》

等。

2.3.5.1 普遍语用学

哈氏传承和发展了法兰克福学派第一代学者的主要立场，基于西方传统理性观、奥斯汀和塞尔的言语行为理论、格莱斯的合作原则、海德格尔和伽达默尔的解释学（研究理解和解释的学问），以及胡塞尔批判科学主义的观点（胡氏力主将其从人文科学的统治地位上拉下马），提出以"社会实践（即交往行为）"为趋向的反思性社会批判方法论，以能创建一种适合人文社科研究的新方法，这便是哈氏的"普遍语用学（Universal Pragmatics）"。

哈贝马斯基于康德对理性的划分（理论判断、实践判断、审美判断）也区分出不同类型的理性：工具理性（科技理性、实证理性、启蒙理性、目的理性）、策略理性、批判理性、交往行动理性等。交往行动理论为普遍语用学的核心概念，指在交往行动中存在一种兼有"真实性、恰当性、真诚性、有效性"的理性，可用其取代"科技理性"，既维护了现代性，又发展了现代性。

他在交往行动理论中，以日常语言为主要研究对象，接受并改造了言语行为论,并以其为语哲基础深入阐述他的普遍语用学,期望人们能通过言语行为和合作原则来达成理解、获得共识、统一行动、分析和批判现代社会的结构、化解资本主义社会的矛盾和弊端。这样就能以"人际间的真诚和理想交往"来代替"以满足个人利益为主导"的行为模式。他坚持认为,基于理性的统一性①,可通过言语行为来实现这种理想的交往,理想的生活方式就潜藏在人们的语言行为之中。

我们知道,海德格尔和伽达默尔的解释学主要是一门关于"理解和解释"的学问,而哈氏普遍语用学的任务就是"确定并重建关于可能理解的普遍条件",重点考察达到理解目的的行为。而且,胡塞尔所论述的"主体间性"又是通过"理解"来保障的。要能达到"理解"这一目的,主要凭借的是"语言",这就是他要以奥斯汀和塞尔的"言语行为论"作为切入点的原因,但哈氏与他们的论述有很大不同(Habermas 1976,张博树译 1989:26)。

哈氏比奥斯汀和塞尔更深入地分析了言语行为活动,认为这一活动涉及三个世界(客观世界、社会世界、主观世界②)的交往行为,或者说这三个世界是通过交往理性和言语行为这一媒介物建立关联的。交往行动的合理性在于客观世界的自在性规律和社会世界的自为性规律,它们对主体间的言语活动形成制约,因此人类的言语行为是基于规范运作的,这样就能建立全面体现人类交往关系的普遍语言规范和伦理,即建立一个规范的、"可能理解的普遍条件",即每一个成功的、可被理解的言语行为都具有如下三重关系(Habermas 1976,张博树译 1989:1-3,68-69):

(1) 话语与外部现实世界间的关系,当具有"真实性";
(2) 话语体现社会世界中的人际关系,当具有"恰当性";
(3) 话语反映出言说者的内心世界,当具有"真诚性"。

三个世界对应着人类三种不同领域的活动,它们具有不同的普遍有效性条件和判断标准,也运用着不同类型的话语,并行使着不同的语用学功能:呈现事物的现存状态、建立合法的人际关系、表达言说者的意向和

---

① 哈氏也赞赏理性的多元性,但认为这种多元性可通过理性的调节加以控制,而且这种理性的统一性是不可缺少的,大大低估了这种多元性的基本特征(参见程志民 2005:6)。这一观点遭到利奥塔和罗蒂等(反对统一和总体,批判宏大叙事和基础主义,主张彻底的多元性,认为偶然性才是合理性的核心内容,倡导无限的对话、解释的解释,向总体宣战,激活差异)后现代哲学家的批判,参见本书相关章节。这便是后现代哲学内部的一场三角争论。

② "主观世界"又叫"内心世界、心理世界、'我'的世界、主体性世界"。

主体性。这三重关系也可称为"达成认同或共识的标准","真实性、恰当性、真诚性"合称为"普遍有效性的条件或具体要求"或"交往行为的一般假设前提"。

在这种交往行为理论中,每个语句通过普遍有效性的不同要求分别被嵌入到三个世界之中,从而形成了上述三种关系。现基于哈氏(Habermas 1976,张博树译 1989:60,70)的两个总结表,结合笔者的理解归纳如下:

表 2.2 普遍语用学的交往模型

三个世界 对应 不同领域		有效性条件	判断标准	交往模型(言语行为类型)
客观世界	自然现象	真实性	真理宣称	断言式(呈现事实或道理)
社会世界	道德法律	恰当性	正当宣称	调节式(建立合法人际关系)
主观世界	审美艺术	真诚性	真诚宣称	表达式(揭示言者的意向和主体性,内心表白和情感抒发)

有学者认为,他修正了马克思的剩余价值学说和阶级斗争理论,主张以"语言交往"和"普遍语用"这对范畴来代替马克思的"生产力"和"生产关系"。同时,他也否定了传统哲学的主客二分原则,发展了胡塞尔的"主体间性"。

2.3.5.2 主体间性

哈氏是当代语言哲学中一位十分重要的学者,被誉为将英美分析哲学(奥斯汀、塞尔、格莱斯等)和欧陆人本哲学(法兰克福学派第一代、胡塞尔、海德格尔、伽达默尔等)结合在一起且取得成功的唯一一位哲学家(Lecercle 2006:47)。比如,普遍语用学中的两个关键词"主体间性"和"生活世界"就是这一结合的成果。

主体间性(Intersubjectivity)是德国著名现象学哲学家胡塞尔首先提出的术语,用以批判流行于欧洲哲学中的"逻实论、科学主义、主体中心论、主体独白论",包括笛卡尔的"我思"、康德的"人为自然立法"、黑格尔的"绝对理念"等。而主体间性坚决反对仅以客观事实、形式化的逻辑推导为基础的传统语哲观,拒绝单中心论,强调主体之间的相互沟通和理解,因为人类是生存于各种合作性交往活动之中的一个社会性群体。哈氏主张超越"主体中心论"的传统观,通过人与人之间的言语行为来建立有效沟通,达至理解,以保证"主体间性"的实现。他尝试以这种主体间性来重构形而上学理论。从此可见,哈氏仍持有部分传统哲学立场,意在重塑西方理性社会的新形象。

2.3.5.3 生活世界

生活世界(Lifeworld)也是胡塞尔首倡的术语,语言哲学家维特根斯坦(1953)后期也以此为主要出发点提出了"游戏论"和"用法论",哈贝马斯继续沿其思路论述了现实中的"生活世界",深入探讨交往行为的理论范式、其社会意义和文化价值。他认为,我们可在真切而又现实的生活世界中,运用语言实现交往行为,通过协商达至理解和一致,这种主观性的思想活动,也可成为推动社会发展的决定性因素。该观点一方面否定了传统意识哲学,实现了欧洲大陆哲学的语言转向;另一方面也反思了马克思的历史唯物主义(经济基础决定上层建筑),道德规范、主观因素、交往行动也是决定性因素;且批判了理想语言学派的基本原则,从而将日常语言学派的语言哲学思路带进了"后现代时代",且为将其推向新高潮做出了主要贡献。

2.3.5.4 现代与后现代兼而有之

从图1.1可见,哈氏处于"英美分析哲学和欧洲大陆哲学家胡塞尔"与"后现代第二期、第三期"之间,他一方面从前者接受了很多有益的观点,另一方面也开启了很多后来者的研究,他的论述已包含很多后现代思想。学界普遍认为,哈氏既具有"现代性"特征,又具有"后现代性"特征。

说其是"现代性"的,是因为他仍坚持"现代性、普遍性、理性"这些基本概念和理论取向,认为现代性具有"先进性、解放性",指责霍克海姆和阿多诺在批判现代性方面走得太远,未能说明现代性仍然是"一项很有前途的未竟事业"(参见 Habermas,1981, *Modernity: An Unfinished Project*)。他(Habermas 1987)在 *The Philosophical Discourse of Modernity*(《现代性的哲学话语》)一书中,继续批判德国和法国的后现代理论,在数本后续著作中都试图通过批判性、反思性、行动主义等思维模式来挽救现代性。凯尔纳和贝斯特(Kellner & Best 1991,张志斌译2015:260,263)指出:

> 他运用标准的马克思主义意识形态批判法,指出:植根于尼采、海德格尔和巴塔耶的法国后现代理论,同反启蒙思想相互勾结,表现出了同法西斯主义之间的某种令人不安的亲缘关系。与后现代理论

相反,哈贝马斯拥护现代性,视之为一项包含着尚未实现的解放潜能的未竟事业。

哈贝马斯始终捍卫某种批判性的、解放性的现代理论,以此来对抗实证主义理论和保守主义理论。

说其是"后现代性"的,因为他大力倡导人本主义哲学理论,批判现代主义的压迫性和破坏性,修改启蒙理性(又叫:科技理性、工具理性、目的理性、实证理性),且尝试将马克思主义与部分后现代理论结合起来,或在某种程度上用后者来修补前者。一般说来,"社会批判学派 vs 后现代学派"在以下诸多方面保持一致。凯尔纳和贝斯特(Kellner & Best 1991,张志斌译 2015:191,240-242)列述了哈氏与后现代哲学之间的同与异,认为他们之间的"同"在于:

> 他们都批判传统哲学和社会理论;都攻击学术分工造成的各个社会理论领域之间的僵硬界限;都采用了"超学科话语(Supradisciplinary Discourse)";都对现代性及其社会统治形式和理性化形式提出了尖锐批判;都将社会理论、哲学、文化批判、政治关怀结合到他们的理论中;而且,和那些不切实际的学院理论不同,这两种理论中都包含了一些试图将理论导向实践、将话语导向政治的观点;两者都同对方展开了激烈的争论,并且综合了女性主义。

现根据相关资料和我们的理解,将其间的相同之处大致列述如下:

(1) 沿着胡塞尔的思路深刻反思了形而上学和科学主义的缺陷;
(2) 都严厉批判了传统哲学和社会文化理论中存在的种种弊端;
(3) 都攻击学术分工造成的各个社会现实领域之间的僵硬界限;
(4) 都对现代性及其社会统治形式和理性化形式提出尖锐批判;
(5) 都将社会理性、哲学、文化批判、政治关怀等融合到理论中;
(6) 双方都持有将理论研究导向实践,将话语导向政治的观点;
(7) 两者都与对方展开了激烈的争论,且综合了女性主义理论;
(8) 大众文化也是资本主义的统治形式,全面烙上商品化特征;
(9) 强调"主体vs客体,思维vs存在"之间相互影响,互为中介;
(10) 原则上都拒斥还原式的"唯心论vs唯物论"的思维方式。

但是法兰克福学派(包括第一代和第二代)所倡导的"社会批判理论"(主要坚持"现代性、理性、普遍性")与"后现代理论"(批判这三者)之间也存在不少差异,特别是哈氏,与后现代哲学家利奥塔、福柯、德里达等有过激烈争论,现对比列表如下:

表 2.3

	法兰克福学派	后现代理论
1	遵循马克思主义研究资本主义,基于总体化理论分析其特征和发展趋势,借助辩证法。哈氏特别强调"普遍、共识、非压迫的主体间性"	反对总体化,批判宏大叙事和绝对辩证法,倡导个人主义、多元化、相对论、异质性、分散性、非中心化
2	维持社会系统概念,大力倡导系统化,建构宏观理论和宏观政治	放弃社会系统化,进行片段化分析,建构微观理论和微观政治
3	认为现代性既好也坏,视其为一项未竟事业,是资本主义经济体系、工具理性和技术的产物	抛弃现代性,认为各种语言、媒体、技术形式决定了后现代社会,提出技术决定论、话语决定论
4	保留或发展理性(社会理性、交往理性、批判理性)	拒绝理性,强调非理性
5	批判传统哲学和社会理论,修补	批判更激烈,创新理论
6	保留诸如政治经济学、阶级、辩证法、解放、社会主义	拒绝划分出这些范畴
7	区分:自然 vs 历史、经济 vs 政治、高雅 vs 通俗、解放 vs 传统、左派 vs 右派	取消这些区分
8	现代性与后现代性之间非断裂	极度夸大两者间的断裂
9	个体消亡因资本主义的经济和文化所致	个人消亡与新科技、新话语有关,它是规范化社会中无法逃避的社会命运

由于哈氏与利奥塔之间有异也有同,常被学界称为"兄弟之争"(Kellner & Best 1991,张志斌译 2015:273,279)。亦有学者主张将哈氏列为"建设性的后现代主义者",如程志民(2005:271-295)等。但笔者认为,哈氏还在坚守"整体论、共识观、普遍观",常被称为"当代西方左派的急先锋",试图重建历史唯物主义,并将其作为一门社会革命的理论,极力为"启蒙理性"申辩,且带有很多传统形而上学的影子,坚定地捍卫现代性,还曾与利奥塔、福柯、德里达等后现代急先锋相对垒,因此将其置于后现代第一期较为妥当,也便于论述,参见图1.1。

第三章

西哲第四转向：
后现代第二期导游图

真正使得后现代哲学思潮渐入佳境且达至高潮的当算20世纪50—60年代的法国军团，本章主要列述其中的13位学者：拉康、萨特、梅洛庞蒂、列维—施特劳斯、利科、巴尔特、利奥塔、德勒兹、福柯、波德里拉、德里达、布迪厄和克里斯蒂娃，以及"奥地利—美国—意大利"的四位学者：弗洛伊德(奥)、费耶阿本德(奥)、哈桑(美)和瓦蒂莫(意)。他们坚守"颠覆、解构、破坏、捣毁"的原则，高举"反传统、非理性、去中心、超基础、后人道、多元化"大旗，提出了一系列令人震惊的观点，喊出了若干振聋发聩的口号，实施了无数造反有理的举措，从而开启了我们认识世界、了解人类、研究哲学和语言的另一扇全新窗口。后现代第二期的主要特征可概括为"解构性"和"破坏性"。

3.1 法国军团十三将

法国比邻德国,它们在历史上交往甚密,或为友,或为敌;在学术上也是如此,始终贯穿着传承与批判、对话与发展的精神,两民族共同为世界非物质文化,特别是哲学,做出了十分重要的贡献。当人类进入到 20 世纪 50—60 年代时,一批法国哲学家既接受了欧陆传统的思想,也发展出标新立异的观点,处处彰显着"造反有理、与时俱进"的时代风貌。正如哈桑(Hassan 1987,刘象愚译 1993:250)所指出的:

> 没有任何一家思想像法国思想那样给我们的理论和实践开创了如此多的视角和前景,磨砺了我们对语言的感觉,从而丰富了我们作为批评家的生活。进一步说,没有任何一家思想像法国思想那样(尽管它有不足)使我们更接近当代性,而正是当代性构成后现代的认识。

凯尔纳和贝斯特(Kellner & Best 1991,张志斌译 2015:18)也有同感,他们认为,

> 80 年代,后现代话语风靡了全球,其中后现代理论最重要的发展出现在法国,本书的焦点也将集中在法国的后现代理论上。正如我们在本章中将要指出的那样,法国发生的一系列社会经济、文化、理论和政治事件,对新的后现代理论的出现起了巨大的推动作用。

这足以说明,讨论后现代,必须熟悉法国军团的贡献,本章主要讨论该时期在法国出现的 13 位后现代学者,现按他们的出生时间为序述介如下。

3.1.1 拉康

3.1.1.1 简介

雅克·拉康(Jacques Lacan 1901—1981)为法国心理学家,一度曾为法国知识分子中激进思想的中心人物,对西方的文学和社会给予猛烈的批评。他是第二次世界大战后最具独立见解且最有争议的欧洲精神分析

学家,被称为"法国的弗洛伊德"。

3.1.1.2 重读弗洛伊德

拉康大力倡导"重读弗洛伊德",重新修正了人们对弗氏作品的理解,且在此基础上创造出一种新的精神分析的观点,塑造了一种新的社会批判形式。他在重读过程中接受了弗洛伊德的"潜意识理论(或无意识理论)",视其早期著作《梦的解释》为精神分析的精华。他基于弗氏观点提出:

> 人只不过是一个被语言抓住且被歪曲了的主体;

进一步认为,人类主体是由"语言"构成和决定的,且通过"语言"占有世界,从而使得一个小动物成长为一个儿童,逐步成为一个言语的主体和语言的主体。他也接受了海德格尔"语言家园论"的观点,认为在语言(或文本)之外别无他物。这便是他尝试通过语言来进行精神分析的理论基础。正如他所说(转引自程志民 2005:153):

> 精神分析就是从语言和言语的维度探索人的心灵。

3.1.1.3 融"索、雅、弗"为一体

拉康娴熟地将索绪尔的结构主义语言学和雅克布逊的隐喻转喻理论融入弗洛伊德的潜意识理论,注重语言和潜意识的关系(如失言、笑话、口误、笔误等),认为潜意识就其结构而言颇似一种"自然语言",人们的心理活动必然与语言、意义和价值等观念相关。

每个语言单位之所以有意义,是因为其与另一语言单位建立了某种关系,且只有此时这个语单位才有意义;语言单位的所指和这类关系必须基于人与人之间的契约。据此,语言就不再仅是一个工具,语言交际也不仅仅在于传递信息,而在于人与人之间基于契约的合作,维系人与人之间的关系。他还基于雅氏的隐喻转喻观指出,词的一切用法都是隐喻,语言在本质上就是隐喻性的。

值得称道的是,拉康还将弗氏关于无意识性(如梦、失言、笑话、语误)中的"压缩"和"位移"这两种结构与雅克布逊的隐喻转喻观结合起来,提出如下观点:压缩就是隐喻(喻体中浓缩了比本体多得多的信息,在其背后隐含着无穷的解释和意义),位移就是转喻(通过同域中的一者去指代

另一者,明显具有"位移"的特征),从而使得人们认识到语言在精神分析理论和实践中的重大作用。

拉康还认为,潜意识就像语言一样具有建构性,它是语言的特殊结果,这种语言绝不是内在于我们个人的控制之下。上文所述的"隐喻性"以及这里的"无意识性"显然对体验哲学和认知语言学的创立者莱科夫和约翰逊(Lakoff & Johnson 1999)所倡导的体验哲学三原则中的两条原则"概念的隐喻性"和"思维的无意识性"产生了直接的影响。

3.1.1.4 潜意识与社会

拉康在重读的过程中还探索了"潜意识和社会"的关系,认为潜意识并不是我们内心深处的一个私人领地,而是人和人之间关系的一种结果,将潜意识上升到哲学中"主体间性"的角度来论述。他(Lacan 1966,转引自程志民 2005:147)指出:

> 无意识存在于我们"之间",无意识包围着我们,而且就像语言那样迂回曲折地穿过我们。

拉康严厉批判美国学者偏离了弗氏的潜意识理论,走向了"自我心理学"的方向,将精神分析治疗集中于"自我意识"。他对"恋母情结(Oedipus Complex)"从语言学角度重新做了解释,认为这个情结包括幼儿从形象阶段向多义性符号阶段发展的活动,婴儿的心理活动最初处于"镜像"阶段,就像溪流旁的"那喀索斯(Narcissus)"看见自己水中的映像一样。当婴儿获得语言和识别符号的能力时,这些镜像就会通过符号媒介使其意义发生变化和扭曲,此时婴儿就成了一个分裂的主体,潜意识成了一种语言。

西方哲学家常以"主体"为出发点来建立他们的哲学体系,如自近代认识论以来:

> (1)笛卡尔:基于"我"这个中心建立了以"我思故我在"为公理的哲学体系;
> (2)康德:虽撇出"物自体"作为世界之本质,但它也只能靠人主体的认识框架(12 范畴)来认识;
> (3)黑格尔:视"人主体"为"绝对理念",将其奉为一切之本源。

拉康反其道而行之,针对这些主体论借用胡塞尔的"主体间性"加以反驳,且认为人类正是"凭借语言、经由对话"这个契约才使得个人得以进入社会性合同的,从而将语言置于一个哲学高度来加以探索。

3.1.1.5 小结

拉康善于博采众长,吸收了弗洛伊德、索绪尔、雅克布逊、海德格尔以及"新黑格尔主义"等的理论,又善于观察和思考,从而建构了精神分析理论,为法国乃至全世界的思想宝库增添了一笔巨额财富。也正是由于拉康被奉为20世纪最伟大的思想家之一,他的理论(特别是其语言观)影响了法国军团的主要人物,参见本章其他部分。他从1953年起就在巴黎举办公开讲座,一直持续了26年,这似乎是学术史上一件史无前例的壮举,法国军团中的干将们大多都聆听了他的讲座,如:梅洛庞蒂、利科、巴尔特、福柯、德里达、阿尔都塞等。他的精神分析理论亦已成为法国最重要的人文理论的一部分,影响到哲学、文学、艺术等领域。

但是,拉康的作品神秘而又隐晦,甚为艰涩难懂。

3.1.2 萨特

让—保尔·萨特(Jean-Paul Sartre 1905—1980)为法国著名哲学家、文学家、社会活动家、存在主义哲学大师,被喻为20世纪最重要的哲学家之一,他是20世纪世界思想发展史上一个里程碑式的、文学界的首要人物。他在数十年多个方面创造性的活动中,完成了卷帙浩繁的哲学著作、政治评论和文学作品,曾一度风靡整个西方社会,至今在许多国家仍有相当大的影响。他曾被人狂热吹捧、高度赞扬,被誉为"人类智慧的一盏明灯"、"当代最伟大的哲学家",但在学界也曾遭到严厉批评和冷峻指责。他1980年4月去世时,巴黎曾有千千万万的民众为他送葬,场面十分壮观。

萨特于1924年考入巴黎高等师范学院,在这所法兰西文化巨人的摇篮中结识了一批左派名师。第二次世界大战时曾沦为德军战俘。他于20世纪20年代由博格森的学说引入哲学殿堂,还受到笛卡尔的影响,广泛涉猎马克思、弗洛伊德、尼采、胡塞尔、海德格尔等著名哲学家的著作,且尝试用存在主义观点研究社会、政治、哲学和文学。他在政治上倾向进步与革命,属于资产阶级知识分子中的左翼;在哲学上属于主观唯心主义;在思想上,肯定人的存在与价值,努力探索人在荒诞世界里的出路与归宿,"存在先于本质"则明显带有人道主义思想。他的主要著作有:

1938: *La Nausée* 《恶心》；
1939: *Le Mur* 《墙》；
1943: *L'être et le néant* 《存在与虚无》；
1945, 1949: *Les chemins de la liberté* 《自由之路》；
1946: *Existentialism Is a Humanism* 《存在主义是一种人道主义》；
1957: *Question de méthode* 《方法问题》；
1960: *Critique de la raison dialectique* 《辩证理性批判》。

3.1.2.1 存在主义

萨特首先是一位"存在主义"哲学家，他吸引和影响着众多追随者。他于1943年正式出版的哲学专著，标志着他作为一位存在主义哲学家诞生了。他提出自由是人的宿命，人当自由地为自己做出一系列选择。萨特于1946年正式提出"存在先于本质"的论断。

总的说来，他的存在主义主要包括以下三大观点：

(1) 存在先于本质；
(2) 自由选择；
(3) 世界荒谬，人生疼苦。

萨特（Sartre 1946）认为，哲学研究不必去追求先验的本质（这充分显示出他的后现代哲学的立场），也不要将形而上学标榜为"制高点"，而应聚焦于人的"主观能动性"（这显然接受了马克思的基本观点），人首先存在着，且"自为地存在着"，通过人的自由选择和行动才能说明自己，给自己定位，成为善者或恶人，这就批判了"上帝造人说"、"先天善恶论"。他将马克思对唯物主义的定义"存在先于意识"（Sartre 1960，林骧华等译1998:29）修补为"存在先于本质"。正如林骧华等（1998:3）在翻译萨特的《辩证理性批判》（1960）的编者序中所说：

> 人注定是自由的，自由是人的宿命，人必须自由地为自己做出一系列选择，正是在自由选择的过程中，人赋予对象以意义，但人必须对自己的所有选择承担全部责任。

据此，人就不可能参照一个已知或特定的人性来解释自己的行为，人有自由的权利,自己规定自己,当自我设计,从"是之所是的存在"和"自在的存在"进入"自为的存在",人在自由选择中也就获得了自己的本质,赋予对象以意义。若失去了这个选择权,就丢掉了自己的个性,丧失了自我,也就没有存在的价值。

二战后资本主义社会充满矛盾、冲突和非理性,萨特对此状况大为不满,从而导致了他的第三个观点。但他后来也指出,希望也是人生的一个重要组成部分,相信世界会进步,他将其"存在主义"定位于一种"对人生充满希望的乐观哲学",认定人最终会臻于完善。据此,哲学就应当关注人在现实社会中的处境,研究人的存在、尊严、自由、道德、行动方式、人道主义等。人在面对荒诞的现实时必须争取积极意义上的存在,依靠与生俱来的自由来创造自己未来的存在,把握自己的命运,以自身的行动来实现人之本质、意义和价值。这为今世之人,特别是第二次世界大战后尚处于十字路口、不知何去何从的迷茫民众,指出了一条摆脱痛苦、走向希望的行动之路。因此,"存在主义"是一种追求自由的哲学,也是一种"人道主义哲学"(正如他于1946年专著的书名标题所示),这迎合了当时的众多善男信女,难怪萨特会有如此之多的追随者和信奉者。

3.1.2.2 辩证理性

萨特与其他左派学者一样,认真研读马克思,坚信马克思主义理论具有很大价值。他在1960年出版的两卷本《辩证理性批判》中,认定自己的思想是基于马克思哲学的。但他也指出,我们不能把一切具体活动都教条化地归结为一成不变的阶级斗争,而不去关心具体环境中生存着的人之现状,这就为将他的"存在主义"与"马克思主义"结合起来提供了基础[参见上文德国法兰克福学派部分],从而使得"人"再度成为马克思主义的中心,他还称要用"人学辩证法"取代"唯物辩证法",从而更加突出了马克思主义中有关"人本精神"和"主观能动性"的论述。

3.1.2.3 基于存在主义的文学创作

萨特的文学作品主要包括中篇小说《恶心》(又译《呕吐》、《厌恶》1938)、短篇小说集《墙》(1939)、长篇小说《自由之路》(前两卷1945,第三卷1949)、11个剧本以及许多戏剧、文艺评论和杂文等,这都是基于上述存在主义哲学理论写成的。比如,《恶心》这一日记体小说描写了一位漂泊、流浪的知识分子对当下存在的体验感受:厌恶一切,发现一切存在都具有荒诞性和偶然性,萨特用艺术的形式道出了上述观点。《墙》描述了三位死囚临刑前对死的不同表现,且借他们之口道出了如下感慨:人生仅是一系列偶然事件的总和,人的存在与死亡具有荒谬性,人可选择自己的存在,却无法选择自己的命运。《自由之路》描写一个与自己经历相似的知识分子从孤独、意识到自己的存在,到自由地走向集体并介入"自由之路"的过程,描写了他苦闷、彷徨、挣扎、反抗的必然历程。他的剧本几乎统治了法国20世纪的40—50年代,将被永远载入法国文学和戏剧的史册。

萨特一方面大力倡导自由创作,塑造各种自由选择人生道路的人物形象;另一方面又主张作家要积极投身到改造社会的活动中去,应当对各种社会和政治问题表明立场,文学作品要体现入世精神,当介入时代,干预现实,这就是他的"介入文学(或译献身文学)"。文学作品应当揭露社会中的矛盾和荒谬,鞭笞弊端与丑恶,抛弃一切有碍自由的束缚,否定既定的一切(虚无主义),暴露人类的孤独、焦虑和痛苦。作家一旦选择了写作,也就意味着将要介入一种实践自由选择的行动,就必须对自己的行为、人类和世界负责。他还号召人们尽早从混沌世界和罪恶社会中摆脱出来,这有点类似于批判现实主义文学。

在创作方法上,他大力主张"写真",不讲究艺术雕琢和浮华的辞藻,但求文字质朴自然,这显然是现实主义的写作风格。

他于1964年凭《恶心》(1938)一书(一部存在主义的著名小说)获得瑞典学院诺贝尔文学奖,但主动回绝该奖项,成为第一位拒绝领奖的诺贝尔奖得主。萨特的剧作也在一定程度上表现了他的存在主义思想。

3.1.2.4　小结

萨特,这个不安分的"伏尔泰与司汤达的复合体",自20世纪50年代之后总与传统观念格格不入,且让其对手胆战心惊,在全世界范围内刮起了一股"存在主义哲学"的创作浪潮。他一生笔耕不辍,为后人留下了50卷论著,将哲学与文学融合于一身,使得存在主义哲学更为生动活泼,有血有肉;也使得文学作品具有深远的哲理。这使得萨特的人生绚丽无比,显赫于世,独树一帜,名垂青史。

值得注意的是,他的作品在世界各地常被大量发售,且还被那些狂热崇拜者视为革命的圣经。他巡回世界各地,受到过国家元首的接待,演讲无数场,常被热情高涨的群众围得水泄不通,甚至还出现过骚乱。有学者认为,萨特的影响力甚至超过了那位"从纳粹手中拯救法国"的戴高乐将军。难怪当他逝世时,数以万计的群众为痛失这位英杰而悲痛,送葬行列浩浩荡荡,蔚为壮观,这充分反映了这位思想家的巨大影响力。

3.1.3 梅洛庞蒂

莫里斯·梅洛庞蒂(Maurice Merleau-Ponty 1908—1961)为法国哲学家、社会学家,就读巴黎高等师范学院,与萨特同学,后回母校任教。主要著作有:

1942:*La Structure du Comportement*《行为的结构》;
1945:*Phenomenology of Perception*《知觉现象学》。

他凭这两部重要著作获得博士学位。

3.1.3.1 知觉现象学

他(Merleau-Ponty 1942)将自己的研究方向定为"理解意识和自然的关系",而理解这一关系的关键就是如何理解"知觉"。这与他(Merleau-Ponty 1945)的第二本专著的主题相一致:研究人的行为及其对事物的知觉。他在《行为的结构》中试图论述实验心理学派(特别的完形心理学和行为主义)所提供的事实和材料,这些可用于反对实验心理学对行为的解释;他在书中提及了"科学实验"与"日常体验"之间的区分,认为前者从属于后者,后者为前者提供深入理解的必要条件,但并未做详细论述,这便是《知觉现象学》的主要内容。因此,这两本书可视为"姊妹篇"。

他(Merleau-Ponty 1945)在后一本专著中,从近代两种对立的哲学研究方法谈起,并提出将两者综合起来研究的取向。

(1)客观主义和自然主义:从外在事物的角度看待一切人类现象,认为哲学概念就像自然一样具有客观存在性。

(2)主观主义和批判主义:从心智内的角度来阐明一切现象,如胡塞尔将一切都归结为纯粹意识,统一于主体性之中。这是一种先验现象学,偏向意识和主体,将一切都还原到先验意识上。

梅氏尝试将上述两种极端的方法结合起来,构建一个中间领域。他还否定胡氏提出的"通过本质还原把握本质"的观点,认为这仅是诸多方法之一,探索本质还当捕捉我们所经历的生动而又原始的经验,反思前面显示的世界,从而开启了从"知觉(Perception)"维度研究现象学的先河。

因此,梅氏既反对过于强调知觉对象的"纯粹外在性"的经验主义(忽视了知觉主体是一个有意向的身体),又反对过分强调知觉主体的"纯粹内在性"的理性主义(过于无视概念和判断的存在论基础),认为主体和客体不是两个独立的实体,而是来自不固定的、整合而成的经验。他基于此创立了"己身(Corpsproper 又译:身体—主体,身体知觉)"这一概念,知觉便处于己身与世界之间,即:

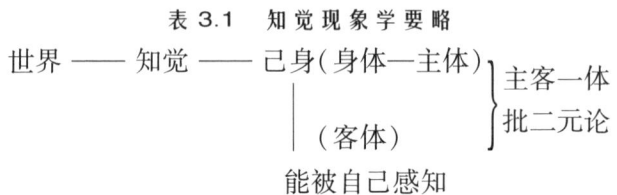

表 3.1　知觉现象学要略

3.1.3.2　心智源于身体

他大力倡导"心智源自身体"的观点,这显然具有鲜明的唯物主义立场。他还明确提出了"身体知觉"对于概念和命题形成的存在论观点,并以此来批判笛卡尔的二元论。他指出,人自己的身体是知觉主体,既能主动感知外界,又能被自己所感知,这一"己身"是人类在此世界中的一种生存方式,用他的原话来说:

> 概念和判断是知觉主体通过己身进行概念化和图式化的结果,人是通过身体的图式向物体、他人、世界开放并占有和分享世界的一种生存方式。

所以,被感知的世界绝不是知觉对象的总和,其间必有人"己身"的介入,必受身体图式投射的影响。这就是说,人类在认识世界时必定既有客观性,也有主观性,笔者提出的 SOS 理解模型与此观点完全相符。

根据上述基本立场,梅洛庞蒂严厉批判了洛克基于机械论建立的知觉理论(如行为主义等),认为知觉是主动的、在先的,它是对真实世界(即胡塞尔的"生活世界")的原初开启。胡塞尔认为"所有意识都是对某物的意识",区分了"思 vs 所思",且将它们的对应关系视为意识分析的基础。而梅洛庞蒂发现,有许多现象都不能被纳入"思 vs 所思"的关系框架之中,如,"身体"既是主体,也是客体;再如,主观时间(对时间的意识)既非"思",也非"所思",等等。因此,他将胡氏这条原则修补为"所有意识都是知觉意识",自此,现象学由此出现转向,人们主张用"知觉为先(即经验为先）"来重新思考现象学。

正如上文所述，"身体"不只是一件事物或一个科学研究的对象，它本身就包含着"身体 vs 意识"这两个部分。前者是知觉的身体性，后者是身体的意向性，这样便可兼顾"外在性"和"内在性"，将它们统一起来论述。

3.1.3.3 多元化

梅洛庞蒂大力倡导后现代的"多元论"和"视角主义"，曾提出一个十分流行的比喻，

人不能同时见到立方体的六个面，

以作说明。

他涉猎广泛，在社会学、心理学、语言学、文学、艺术等领域都有建树。

3.1.4 列维—施特劳斯

3.1.4.1 克劳迪亚·列维—施特劳斯

克劳迪亚·列维—施特劳斯（Claude Lévi-Strauss 1908—2009）出生于比利时的布鲁塞尔，后定居于巴黎，是运用结构主义方法研究人类学的第一人，被尊称为"结构主义哲学之父"、20世纪最伟大的人类学家之一，位如宗师。李幼蒸在（2006年）为中国人民大学出版社组织翻译出版的列维—施特劳斯四卷本《神话学》的总序中，从四个层面对他做出了很高的评价：

(1) 世界人类学界的首席理论代表；
(2) 结构主义运动的首席代表；
(3) 当前人文社会科学理论现代化革新运动中的主要推动者之一；
(4) 中国古典学术和西方理论进行学术交流中的重要方法论资源之一。

列维—施特劳斯的代表作主要有：

1958：*Anthropologie Structurale*《结构人类学》；
1962：*La Pensée Sauvage*《野性的思维》；

1964，1966，1968，1971：*Mythologiques* *I*，*II*，*III*，*IV*《神话学(I、II、III、IV)》

等等。

3.1.4.2 结构主义人类学

他曾于1934年—1937年任巴西圣保罗大学的社会学教授,后受法国政府资助去巴西中部亚马逊河流域的印第安人部落做实地调查,他于1945年出版《南比克瓦拉部落的家庭生活与社会生活》,1949年出版《亲属的基本结构》,1955年出版《忧郁的热带》等重要著作,它们都是以这次人类学田野调查为基础而写成的。

他指出,结构主义常有三个所指范围:

(1) 现代语言学理论;
(2) 现当代文艺理论;
(3) 法国人文思想运动。

第(3)点主要指20世纪60—70年代十几位社科人文学家的独创性学术作品之总和,它们亦已成为世界公认的一流成果,是20世纪西方思想史最重要的组成部分之一。在这场运动中,列维—施特劳斯是第一创始人,也正是他与巴尔特等人的努力使得结构主义被重新发现,让索绪尔名扬天下。

索氏以"语言 vs 言语"、"内部 vs 外部"、"共时 vs 历时"、"能指 vs 所指"、"横组合 vs 纵聚合"为二元对立模式创立了"结构化"理论,以分析语言内部的、超验的形式结构,论述语言的创造性与再造性。而列维—施特劳斯则将这种方法广泛用于文化人类学和神话学的研究之中,包括人类亲属的基本结构、语言结构、神话结构、象征原则等。比如,他(1958：§2,张祖建译2006：30-48)早就论述了结构主义语言学基于"二元对立特征(又叫区别性成分)"建立的音位学(他称之为音位学革命),它可被用于描写亲属称谓词语系统的语义分析(Componential Analysis,简称CA)之中(参见王寅2001：110-113),通过这类词语的CA分析,便可发现隐藏于其后的具有普遍性的形式结构。

列维—施特劳斯强调社会现象的结构性,即透过社会现象追寻隐藏于其后的形式结构,便是深受索绪尔结构主义语言学理论影响的结果。

他所创立的结构人类学研究方法迅速波及哲学、社会学、逻辑学、心理学、历史学、考古学、文学、艺术、美学、音乐、民俗学、建筑学、医学(精神病学)、教育学、宗教、生物学、数学等领域,使得结构主义理论成为法国乃至欧洲和全世界的人文社科研究的大潮。他(Lévi-Strauss 1958,张祖建译 2006)在《结构人类学》中,以论文合辑的形式详细阐述了该学科的理论框架、研究内容、主要方法、学科定位、历史发展,以及相关学科之间的种种关系(如民族志与民族学、民族学与历史学、人类学与语言学)等。

3.1.4.3 结构主义 vs 存在主义

我们知道,以海德格尔和萨特为代表的存在主义将"人之主体地位"和"理性"作为哲学研究的基础,进而探讨人的存在、人之本质、人的历史性以及人的自由等。而"结构主义"继"存在主义"之后兴起,并以存在主义作为论辩对象的一种全新理论,与萨特对阵的便是列维—施特劳斯,他们的论辩形成了法国学界一道令人关注的学术风景线。列维—施特劳斯认为存在主义者继续沿袭西方形而上学和认识论之传统,忽视了弗洛伊德提出的"无意识"、"非理性",故而以索绪尔的结构主义语言学和弗氏理论等为基础,展开了一场对传统形而上学和存在主义挑战的论辩,这使他一举成为欧洲后现代哲学的急先锋。

他(Lévi-Strauss 1964,周昌忠译 2007:译者序)通过研究美洲及其他地区的神话发现,各种神话尽管所用象征代码不同,表达方法有异,传递信息有别,但其背后却蕴涵着共同的"骨架(或形式结构、逻辑结构)"。各种神话碎片经过结构化的形式分析,成为一种匀质制品,呈现出连贯的图案,即所有神话所构成的整体皆有一定的"形式结构",表现出"同构性(各神话具有相同的形式结构)"和"可转换性(各神话中要素存在对应转换关系)"。他进而认为,神话的逻辑结构反映了原始人类的心智结构;神话反映了世界的秩序、实在的本性,关涉人类的起源和命运,它以自身的结构展现了从自然到文化的进程。比如,他(Lévi-Strauss 1966)在《神话学》(第 II 卷:从蜂蜜到烟灰)中揭示了饮食中人类如何从"经验的逻辑结构"上升到"形式的逻辑结构",比如,基于感知范畴:"生 vs 熟"、"新鲜 vs 腐烂"、"干和湿"等,可提升至形式范畴"虚空 vs 充实"、"容器 vs 内容"、"内 vs 外"、"包含 vs 排除"等。人类的这种心智的结构化提升模式,具有久远的历史意义。

神话通过代代口头传播,淘汰了原初创作中与个人相关(气质、口才、经验等)的偶然因素,保留了神话中基本的形式结构,因此,神话都是"无名氏的话语或文本",它没有主体,体现的是原始人的集体性。神话虽有千变万化,但其稳定因素就是"结构化的形式"。人类在神话中会不断基于隐喻和换喻来编制神话,同时也创造了意义和文化,这一过程为人类无意识之所为。这就是神话最重要的一种特性:无主体、无意识,可合称为"集体无意识性"。

列维—施特劳斯(Lévi-Strauss 1962)的《野性的思维》常被学界视为"结构主义"向"存在主义"发难的挑战书。书中通过各种翔实的素材深入考察了土著先民的神话结构、社会结构、思维结构,充分体现了他的结构主义人类学的研究方法。他认为,土著先民们与现代人一样,都具有基于道德和形而上学表现出来的抽象思维能力,他们运用类似的智力,且有为满足理智需要的求知欲望,而并非仅为满足生活需要或实用。早期人类学家以及存在主义者认为先民智力低下、粗野,这是不对的。"前逻辑心智、野性的思维、巫术和神话"与"逻辑心智、我们的思维、科学知识"并不对立,它们是平行的,都需要同一种能力。有时,前者可在心智平面上获得出色的、意想不到的效果,它们也组成了一个完整和完善的系统。艺术则处于上述两者之间。另外,土著先民们的分类法(图腾分类、动植物分类等)与现代的分类学也没有什么明显的差异,都是依据"临近"和"相似"这两个结构原则建立起来的。

3.1.4.4 小结

上述观点触动了西方当下流行的形而上学认识论、存在主义及其他一切以"主体"和"意识"为根基的哲学理论体系。他的一生旨在颠覆西方人文研究的核心基础,揭开后现代视野下批判传统"主体"和"理性"的序幕,也将自尼采以来的"哲学清算运动"推向了一个新高峰。

3.1.5 利科

保罗·利科(Paul Ricoeur 1913—2005)为法国著名哲学家、当代最重要的解释学家之一,提出了"文本解释学",还建立了"意志哲学"。他还研究了解释学与精神分析之间的关系,以进一步探索"意义"的深层结构,试图解决"我思"、"我说"、"我做"及"文化历史总体"的协调一致的问题。他曾为二战中德军的俘虏。其代表作有:

1955：*Histoire et Vérité*《历史与真理》；
1975：*La Métaphore Vive*《活的隐喻》。

1968 年 5 月巴黎爆发声势浩大的学生运动,利科发表了两篇论教育制度的论文。他在《活的隐喻》一书中重点论述了语言在"隐喻"和"叙述"形式下的创造性问题。

3.1.5.1 文本解释学

利科借助"现象学"建立了"文本解释学",认为作者一旦完成了作品,它就脱离了与作者和实际情境,这便叫做"疏离(Distanciation)"。此时,文本义就与作者没有关系了,剩下的便是读者如何通过与文本对话来解释作品了。但是,任何一个读者都不可能穷尽文本自身的内容。他也认同"解释学循环论",即人们的理解是通过"整体 vs 局部"和"熟悉 vs 不熟悉"之间的无限循环前行的。

他还对解释学的两个关键术语"解释"和"理解"做出详细说明:"解释(Interpretation 或 Explanation)"是基于"自下而上"的过程,具有经验性和分析性;"理解(Understanding)"是基于"自上而下"的过程,具有综合性。这样,阅读文本获取其义的过程就是"从理解到解释,再到理解的不断往复循环"。

现代解释学包括哈贝马斯的批判解释学以及利科的文本解释学。哈氏从不同于伽氏的视角关注解释学或分析语言表达的意义,以重建社会批判理论(徐友渔 1996:184)。他特别强调解释学意识即自我反思的过程和意义,注重主体的批判意识。利科则致力于语义学方向的研究,认为语义学是关于句子的科学,它直接涉及意义概念,人与人之间的相互理解是通过意义的。句子是一个事件,文本中作为事件的句子与意义之间存在辩证关系(因此亦有学者称其为"辩证解释学")。话语由事件和意义组成,因此可从事件和意义两个方面来分析文本和话语。

3.1.5.2 开放式阅读

他主张一种"开放式阅读",即文本无确定意义,读者每次阅读一个作品都会有不同的感受,而且不同读者在阅读同一作品时也会有不同感受,这就是他所说的"移用(Appropriation)"。这与德里达的"延异(Différance)"异曲同工,文本意义永远处于无限变异的路途之中。因此意义仅只具有"相对性",历史也是如此,这就是利科所说的"历史相对主义"。

3.1.6 巴尔特

罗兰·巴尔特(Roland Barthes 1915—1980)为法国著名哲学家、符号学家、结构主义文学评论家。他既是结构主义思潮的主要代表之一,也是从"结构主义"向"后结构主义(或曰:后结构主义—解构主义)"过渡的一位重要学者,被学界公认为萨特之后法国知识界的领袖人物、现代大师,蒙田(Michel de Montaigne 1533—1592)之后最富才华的散文家、大才子,被奉为学术界的"先锋派",也是法国文学符号学和新批评的创始人,将符号学推向了法国学术界的前沿,勾勒出了结构主义人文科学的蓝图,开创了研究社会、历史、文化、文学深层意义的(后)结构主义和符号学方法。他一生发表了大量论著,在全世界文论界和思想史上产生了广泛的影响,波及至结构主义、符号学、存在主义、马克思主义、精神分析、后结构主义、解构主义等。汪耀进(2009:1)说:"没有一座语言范畴的小庙能容得下这位大菩萨。"他的主要作品有:

> 1957: Mythologia《神话学》;
> 1964: Elements de Semiologie《符号学原理》;
> 1970: S/Z Essai《S/Z》;
> 1973: Le Plaisir du Texte《文之悦》,又名《文本的快乐》;
> 1977: Fragments d'un Discours Amoureux《恋人絮语》;
> 1977: From Work to Text《从作品到文本》;

等等。

3.1.6.1 结构主义文学理论家

巴尔特早期注重探索文学语篇的终极意义和稳定秩序,故而被冠之以结构主义者,率先尝试将索绪尔的结构主义语言学理论运用到文学评论和文本意义解读之中,故而有了上述评价——"结构主义文学理论家"。他在中期开始怀疑结构主义的二分观,不满其过分简化和抽象的研究方法,质疑"能指 vs 所指"和"语言 vs 言语"绝对性,开始动摇对统一结构的迷恋,回归事物本身的复杂性和多样性,以召唤多元性时代精神的到来。这主要反映在他的《神话学》一书中,此书开始跳出结构主义理论的束缚,将索氏的"能指—所指"统一体称为"第一级符号系统",而神话作为元语言,属于"第二级符号系统";处于第一级符号系统中的"能指—所指"统一体变成第二级符号系统中的"能指",它与"自身的所指"一起构成了神话符号系统的"意指(Signification)"。正如余开亮(2002,赵蓉晖 2005:372)所说:

> 在这里,巴尔特打破了索绪尔对能指与所指截然二分的观念,使神话能指具有了两面性:它既是一级符号系统的意指(巴尔特称其为意义),又是二级符号系统的能指(巴尔塔称其为形式)。神话能指的这种二重性必然导致所指的多元性、意指的含混性,使神话成为一根"不断移动的绕杆"。

他于 20 世纪 70 年代进入晚期,继续沿着《神话学》的思路,大胆解构了索氏的基本观点,从而走上了"后结构主义"的旅途,详见下文。有的文献将巴尔特的"后结构主义"称为"后结构主义—解构主义",以强调他与德里达在理论上汇合,彻底否定结构,全面走向解构,重新定义"能指 vs 所指"的关系,提出了著名的"漂移说",认为所指一直处于空缺状态,有的只是能指与能指的相互替代而已;而且文本在不断生成,无限延展,文本不存在明确、固定的意义,只有一片"闪烁的能指星群"。这样,法国上世纪后叶的思想发展所经历的三个阶段"结构主义、后结构主义、解构主义",正好对应于巴尔特的三个时期,因此将他称为引导法国乃至全世界思想史或文论史潮流的领军人物,恰如其分!

他与萨特都于 1980 年春谢世,标志着第二次世界大战后法国乃至西方两大文学思潮"结构主义"和"存在主义"之终结。

3.1.6.2 符号学理论

巴尔特在索绪尔的结构主义语言学理论的基础上,吸收了叶尔姆斯列夫、列维—施特劳斯、雅克布逊等人的思想,形成了自己独特的符号学理论。他在《符号学原理》一书中运用索氏的结构主义语言学理论和符号学理论,且修补和发展了他的有关论述。

他在本书中一方面大致接受了索绪尔关于"语言 vs 言语"之二分,另一方面又深刻批判了他"重语言而轻言语"的做法,十分精当地论述了这两者之间的辩证关系:语言既是言语的产物,又是言语的工具。他还就符号学与语言学的关系提出了与索氏不同的看法,索氏认为语言学为符号学的一个下属分支;而巴尔特则持与其相反的立场,认为后者当为前者的一部分,这样便可运用结构主义语言学理论来研究符号和符号活动,而不至于将符号学局限于讨论诸如交通符号和规则一类的代码。

他还将符号学所研究的范围进一步拓展到语言系统之外的符号系统,诸如:衣着、食物、汽车、家具、电影、广告、叙事、烹饪等社会文化符号体系。又如,出土文物可被视为古代文明的符号,其中积淀了古代先民的生活劳动、礼仪风俗以及文化价值观,这便是考古学的符号学意义之所在。这样的拓宽不仅大大丰富了符号学研究的内容,也深刻改变了人们观察和认识世界及历史的方式,实现了从"语言论转向"到"符号论转向"。如果说语言论转向使得人们认识到人是一种生活在语言交流中的自我,语言建构了人际交往的坐标和框架,那么符号论转向则进一步使人们认识到象征符号所建构的世界对于人类的重大意义,让学界开始认真关注包括语言在内的一切符号系统及其研究价值,这为后来者将人定位于"符号动物"奠定了理论基础。

西方哲学自古希腊时期以来,一直将人定位于纯粹反思性的自我,人被冠之以"理性动物",即理性是人与动物之间的最核心区别。而现代科学家发现,动物也有理性,有些动物的理性程度还相当高,在它们的群体中也有严密的"等级规定"和"管理纪律",这都是它们的理性反映。至于动物能否反思自己的思想,我们也不能持彻底否定的态度,比如,狼群逐步进化出团队合作计谋,有计划、有分工、有步骤地合围猎物,便是对自己思想和策略不断改善和健全的结果。因此,根据后现代哲学家的观点,人与动物的根本区别不在于"理性",而在于"语言"和"符号",因此人可定位为"语言性的动物"、"符号动物"(参见 Deely 2003,周劲松译 2011:37),因为动物肯定不会有像人类一样复杂的语言系统或符号系统①,倘若如此,我们或许会被它们所征服。正如迪利(同上:148)所说,

> 我喜欢这个说法:符号动物。随着后现代时期开始对人性做出新定义。

巴尔特也持这一观点。

---

① 迪利(Deely 2003,周劲松译 2011:148)指出:人类符号活动与所有动物符号活动有所不同。所有动物都是符号活动的存在,但是只有人类能够成为符号动物,就是说,既使用符号,又知道有符号存在的动物。

赵毅衡(2011:封底)也指出：

> 迪利的许多观念富于挑战性,他断言在21世纪这个后现代的第一个世纪中,符号学将在整个哲学中扮演重要的角色。

因此,巴尔特为符号学研究做出了杰出贡献,他不仅在索绪尔的基础上系统地建立了符号学理论,且还将其带入到了后结构主义时代。

巴尔特晚年皈依了尼采,接受了德里达的观点,超越了前期的结构主义,转而关注"意义基础、下意识心理、文学本质、读者中心论"等后结构主义和解构主义的主要议题。

3.1.6.3 "作者死了"

巴尔特于1976年经福柯的大力推荐才得以破格进入法兰西学院,他虽没有进过作为法国智慧资本象征的巴黎高等师范学院,却渐渐在文学理论界取得了与萨特("高师"哲学系高材生)齐名的影响力。他振臂一呼:"作者死了",真可谓出口不凡,语惊四座,振聋发聩,策动了一场针对文学文本的"绑架和谋杀",大行"瓦解作品、文本不断生产新义"之道,构造出一幅"能指的狂野游戏"之画面。正如汪耀进(2009:6)所言：

> 作者的丧钟敲响了！像尼采疾呼上帝死了一样,巴尔特以另一种心境(不无快慰)向世人宣布,作者死了。一部作品问世,意味着一道支流融入了意义的汪洋,增加了新的水量,又默默接受大海的倒灌。

巴尔特于20世纪70年代后又出版了《S/Z》、《文之悦》、《恋人絮语》等著作,这些标志着他亦已迈入了"后结构主义—解构主义的转向",他(1970,1973)区分了"读者文本(可读性文本) vs 作者文本(可写性文本)",彻底背离了索氏的"能指 vs 所指"概念。他的《恋人絮语》被标榜为典型的解构主义文本,胡话、痴言、谵语正是他所神往的一种行为载体,一种没有中心意义的、快节奏的、狂热的语言活动,一种纯净、超脱的语言乌托邦境界,沉湎于这种"无底的、无真谛的语言喜剧"便是对终极意义的否定的根本方式(汪耀进 2009:5)。

现列表对比这两种文本之间的差异。

表 3.2

	作者的文本(可写性文本)	读者的文本(可读性文本)
1	作者的中心性,读者屈从(接受或不接受)	读者的中心性,主动参与改写、增损; 巴赫金:文学狂欢理论; 巴尔特:文之悦理论
2	创作的核心性;阅读为消费过程,还原文本意义结构	阅读的核心性;阅读为满足读者的自身快乐,可随思绪、兴奋、移情等浮想联翩
3	结构的完整性、自足性互文、狭义互文性:结构统一、连续、稳定,以能保障意义清晰;倡导连词成句、积句成章的线性构架	结构的破碎性、非自足性互文、广义互文性:结构缺失、多歧、不稳,不断解构和重构;意义在词句交合的互动中不断滋生多产
4	能指—所指的固定性,意义单一、固定、统一、权威	能指—所指不固定,意义多元、复调、自主建构
5	意义内核的统摄性; 认知语境的契合性; 语句组织的向心性	意义内核的不明性; 认知语境的模糊性; 语句组织的离心性
6	写作的及物性,作品"载物"、"载道",传达作者思想和情感	写作的不及物性,以写作自身(而去其他外部)为目的,追求写作过程的快乐
7	传统式、只读式、接受式阅读:依赖原文本来解读作者的意图	互文式、侦探式、抬头式阅读:摆脱作者,通过读者自由阅读建构文本意义
8	结构主义	后结构主义—解构主义

他还曾将这种作者死后的"后现代文本"隐喻为"洋葱头"(转引自赵一凡 2007:78),

> 它体内没有果实,没有秘密,除去层层包裹的无限性,此外一无所有。

根据巴尔特这句口号,作者写出文本之后,宣告其历史使命亦已终结,剩下的只是任凭读者任意把玩和解读[1],据此便自然建立了文本理解中的"读者中心论",读者可为满足快感而阅读,尽情享受阅读之愉悦。他进而指出,作者死了,便失去了裁定文本意义的决定权,仅沦陷为文本阅读过程中必不可少的一个工具性因素而已,因此意义不具有先验的结构,它在读者的作用下,只能产生于文本与读者的知识储备和其他文本的互

---

[1] 克里斯蒂娃认为,学界常对这句口号有误读,参见下文"克里斯蒂娃"条。

动之中,有赖于读者在当下文本的刺激下对众多"他文本"进行联想、筛选和编织。其中确实闪烁着哲学家的智慧,开启了我们看世界的另外一扇窗口,这就是胡塞尔所说的"用另一只眼看事物本质"。

但是我们认为,巴尔特这话显然是"言过其词",理由如下:

(1) 所谓"对话",至少包括两者——发话者和受话者,前者先发出一个话语,后者对其做出回应;后者还可转换为前者,其答语还可能作为一个问题,需由前者做出回答,此时前者也出现了角色转换,成为后者。因此在对话中,双方在不断交换角色,一个语轮一个语轮地将对话延续下去。根据后现代哲学理论,两者当平起平坐、自由轻松,才能道出真情、传出真意,达至真正意义上的对话。

(2) 所谓"互动",其真正含义应是——"文本影响读者,读者影响文本",传统的"作者中心论"不妥,忽视了读者应用的反应;巴尔特又以"读者中心"取代"作者中心",大有以一个极端取代另一个极端之嫌,也不足以彰显"互动"之真谛。传统的"作者中心论"和巴尔特的"读者中心论"都有偏颇。

(3) "解读性"本身也不是单一的,而是多元的。根据巴尔特的观点,不是文本在单向对我们传递信息,而是读者也在文本意义生成过程中扮演"重要"或"一定"的角色。除了上文述及的"丧失了对话和互动的真谛"之外,我们还应考虑文体和风格。因此,引号中的"重要"或"一定",当取决于不同的文体题材和作者的写作风格,比如,文学作品(特别是诗歌)为读者所提供的"互文解读性"就要高于或远远高于说明性和科学性作品。

(4) 作者中心—对话理论—互文性理论—读者中心,结构主义所倡导的传统意义观在后现代思潮的推动和革新下,不断演绎着文本意义的解读观,可谓后浪更推前浪,不断绽放新花,却也悲剧性地导出了"走向另一极端"的言论——"读者中心论"。我们认为,在"可写性文本 vs 可读性文本"和"作者中心论 vs 读者中心论"这两组对立项中,前后两项之间的区分不应是绝对的(参见殷祯岑 2014:33)。我们老祖宗的"中庸之道"对类似"双极二元对立"的立场具有很好的解构性和综合性;同样维特根斯坦的家族相似性也对这类问题具有很好的解释力。

3.1.7 利奥塔

让—弗朗索瓦·利奥塔(Jean-François Lyotard 1924—1998),当代法

国著名后现代哲学家,早年在巴黎大学学习哲学和文学,积极参加政治活动,参加了 1968 年著名的"五月风暴"学生运动。1971 年获博士学位后在巴黎第八大学任哲学教授。他的代表作有:

> 1971:*Discours, Figure*《话语,形象》;
> 1979:*La Condition Postmoderne*《后现代状况——关于知识的报告》;
> 1983:*Le Différend*《纷争》;
> 1988:*L'Inhumain: Causeries sur le Temps*《非人道——时间漫谈》

等等。

3.1.7.1　科学性知识与后现代知识状况

利奥塔(Lyotard 1979,车槿山译 1997:1)将后现代社会界定为"最高度发达的社会"、"后工业社会"、"反宏大叙事(反元叙事)",且认为社会发生了剧烈变化,知识的取向、内容、表达方式等也发生了重大变化。他据此重点考察了后现代的知识和科学状况,意图建立一种有别于近现代认识论的新的后现代主义认识论或理论知识(参见表 3.2 右栏)。他 1979 年的名著的副标题为"关于知识的报告"便意在于此。

现代社会的科学技术取得了突飞猛进的发展,且渗透到语言之中,也冲击了人们对语言的认识,如,发声与语言学、计算机语言、机器翻译、符号自动识别、信息储存、大数据和数据库、信息论、控制论、系统论、后现代论、大数据、云数据、互联网,等等。后现代社会的科技继续发达,出现了技术统治和信息控制的状态,比如,目前我们的社会已经成为一个计算机社会或网络社会,因此"科学性知识"继续处于优先地位,而与其相对的是"叙述性知识(如小说、神话、传说、小故事、寓言等)"受到了不公正的待遇,常遭受压抑和鄙视,这种状况当予纠正。

利奥塔深受维特根斯坦"语言游戏论"的影响,把"话语(Utterance,亦可译为:表述)"的各种类型视为不同的语言游戏,强调语言游戏的多样性意在证实话语的多样性,且重点论述了"科学性话语(即科学性知识) vs 叙述性话语(即叙述性知识)"之间的差异。现笔者拟将这两者对比列述如下:

表 3.3

	现代性:科学性知识	后现代:叙述性知识
1	宏大叙事/元叙事:同一性、整体性	反宏大叙事、自由叙事、碎片性
2	理性、逻实论、证实、证伪	非理性、想象、人本
3	排他性,只保留一种语言游戏	兼容性(承认科学),话语具有多样性
4	知识是真	知识有用
5	科学知识商品化,为富人占有:财富和效率 = 真理,富人有理	质疑左栏

学界一般将现代性描写为:

(1) 反对传统的封建主义文化观念;
(2) 崇尚理性和科学,以人来反神;
(3) 提倡自由、平等、民主以及博爱;
(4) 探索同一性的新形式和新风尚;
(5) 建构语言哲学,提出结构主义;
(6) 求个性化和世俗化的自我表现。

利奥塔所批判的现代性与上文所述基本相符。

利奥塔主张以"大 vs 小"取代"真 vs 假",认为大故事是坏的(如黑格尔等的整体论、哈贝马斯的总体观),小故事(碎片化、平面化)才是好的。而且这种体现自由精神、充满人本主义的小故事性叙述才具有开放性、自由性和创造性,是体现人本精神的最好形式,因此它永不过时!

我们就应当从"形而上"走入"形而下",从"高大上"转向"接地气",生活在动态的现实生活之中,这正体现了胡塞尔和维特根斯坦所论述的"生活世界"、"生活形式"的基本思路。

3.1.7.2 反宏大叙事

如果说哈桑是从文学(包括文学批评)角度进入后现代的,詹姆逊是从文化角度进入后现代的,那么利奥塔则从哲学意义论述了后现代,且将其扩展到整个西方知识界,重点论述了"对元叙事的怀疑[①]"、"对差异的

---

① "元叙事"是指对各种论述和观点能做出统一解释(将人类的一切努力都集中到一个目标上),且使西方科学或知识得以合法化的基本哲学理念,它是启蒙运动以来所确定的那些理性主义法则,诸如"精神辩证法、意义阐释学、理性主体或劳动主体的解放、财富的增长"等(Lyotard 1979,车槿山译 2011:1-4)。

敏感性"、"对不同意识的承受力"。

他发现,人类理性实为虚无缥缈之事,英雄主角更是无从谈起,存在的只是理论缺陷、知识断裂、矛盾和差异,从而拒绝接受有关"人类进步"的"宏大叙事(Grand Narrative)"。他认为不存在一个能够在各种文化语境内均可被理解的、被人类所共享的"故事"(参见 Littlejohn & Foss 2008,史安斌2009:57),故事讲述者的身份和特定方式决定了他是否有权说话,人们应当关注叙事的节奏形式。

"宏大叙事"为利奥塔首创的一个术语,"宏大"二字意为"无所不包"、"完整统一",常用来指一套被普遍认为"科学的"或"以终极真理为目标的"传统形而上学的理论体系,如黑格尔的整体理论。它追索真理,坚守理性,视野广阔,规则健全,因而具有统一性、连贯性、完整性、恒真性,常被视为各哲学分支的知识来源,或为某种社会政治理想的依据。这显然正是后现代哲学思潮所不能接受的观点,成为后现代主义的众矢之的。

利奥塔和哈贝马斯曾就"小叙事 vs 总体观"曾展开过一场激烈的争论,后者坚持黑格尔和马克思的整体观,认为哲学家要建立合理性的、系统性和宏观性的理论,以能统一解释世界中一切现象;哈氏还强调人们可通过交往行动来达成一致,建构共识社团。利奥塔接受了尼采的"反系统观点"和维特根斯坦的"语言游戏论",严厉反驳了整体观,深刻反思普遍理性观、主体与理性统一观,反对宏大叙事,坚持话语的多元性,认为只有"小叙述"才是创造想象力的最完美的形式。

宏大叙事也与哲学、社会、政治、文化、意识形态等密切相关。与"宏大叙事"相对的是"小型叙事"、"局部知识"、"边缘话语",它们大力倡导"平面化"、"碎片化"等,只求体验和参与,而不必做出深度解释,更不在于揭示什么放之四海皆准的真理(参见表3.2)。在这种"平面化、碎片化"思想的统摄下,他认为学科间的界限越来越模糊,在它们的边界线处出现了许多重叠现象,新领域就此诞生。因此,知识的思辨层次让位于一种内在的"扁平的"研究领域,各领域的边界则处在不断变化的过程之中。

后现代主义艺术家还将"反宏大叙事"与"创作大众化"结合起来,放弃"崇高"以迎合大众,追求单纯的愉悦和快乐,只要能让听众或观众"笑"即可,或许,赵本山所说的"文艺为笑服务"正体现了西方后现代主义的艺术创作思想。因此在艺术界出现了若干反传统的创作思路和艺术形式,比如,常用"断裂、杂糅、拼接、混搭、嫁接、仿拟、复制"等艺术手法,来消解传统的自我、主体、本质。

3.1.7.3 否定绝对真理和统一标准

利奥塔还指出,在当今社会不再存在一个终极原则可用以区分好坏,辨别是非,规定真理,统一认识。各种不同的知识类型,如科学、艺术、道德等,遵循着不同的标准:

> 科学性知识以"真"为准则;
> 叙述性知识(包括艺术和道德)以"美、愉、善"为准则。

这两者之间有很大差异,其间"无通约性(Incommensurability)"可言。也就是说,不同类型的知识之间存在较大的"异质性(Heterogeneity)",据此便可否定将全部知识统合于某一共同原则之下的传统,这就是他为何接受了维特根斯坦(Wittgenstein 1953)的"语言游戏论(Language Game Theory)",人类知识是多种不同语言游戏(可理解为"语言活动")的集合,各种类型知识的表述就像不同的语言活动,各自遵循着各自的规则,相互之间无法替代,规则之间无法通约,人们只能根据不同的活动达成不同的契约(主体间性),这些规则不可能整齐划一,更无普遍同化可言,这就是后现代哲学所说的"多元化、多样性"。

而西方形而上学一直企图为一切知识和文化建立某种不可动摇的坚实基础,这注定是行不通的。比如,德国辩证哲学家黑格尔企图将人类知识全部统一于"绝对理念"之下,这是不可能的!我们也不可能理解整体社会!据此利奥塔极力否定"元叙事/宏大叙事",认为应当解构普遍统一性,突显差异性和多元化,"共识"仅是一种过时的和可疑的价值观。他(Lyotard 1979:英文版 49)指出:

> 现代科技的焦点在于事物的实用性,而不是着眼于普遍的解放或进步,这使得现代性规范的宏大叙事失去效力,事物不再具有一个超然客观的终极意义。如今,人们依旧处于后现代的状况中。

这显然与哈贝马斯所强调的"统一范式"相对立。哈氏认为,通过科学(认知—工具)、道德(道德—实践)和艺术(美学—表现)之间的互相沟通,再假以言语行为和人类理性,便可达至统一共识,而利奥塔认为这是不可能实现的天方夜谭。后来罗蒂(Rorty 1979)又加入了他们的争论,提出了"新实用主义"和"陶冶哲学",重视偶然性,反对基础主义,试图将哲学归结为"对话",参见第四章第二节第三点。这就是后现代哲学界所谓的"三角论战"。

刘放桐(2000:624)曾在《新编现代西方哲学》中提到利奥塔时讲述了一段话,其大意为:在实在的生活形式中,人们要么用过去时,要么用将来时,用现在时的情况很少,因为"现在不可能被抓住",后现代总是隐含在现代里面,因为现代性,现代的暂时性自身包含着一种超越自身、进入一种不同于自身的状态的冲动。……现代性在本质上是不断充实着它的后现代性。这就是利奥塔所说的"重写现代性",在重写的过程中要摆脱偏见,让事物"按本来面貌发生"。这充分表明了他否定"统一判断标准"的立场,他指出"现代性"本身就具有模糊性,它与"后现代性"具有交叉性和互含性,他大力倡导多元融合的立场,这与历史发展的总趋势完全吻合。

后现代主义者一直主张去除统一,倡导多元,认为共识会束缚多元,普遍会限制差异,一致齐步有害于个性发展,当摆脱宏大叙事的束缚,这便是我们说了多少年,也期盼了多少年的"百花齐放、百家争鸣"的学术氛围啊!所谓"统一的思维框架"、"单一的语言游戏",到头来只能是"一场游戏一场梦",犹如"一枕黄粱梦",无异于当代版的"乌托邦",只能是躺在安乐椅上摇晃着的理论家闭门造车的结果。"异质性"便是向"宏大叙事"发起进攻的最好武器。正如高宣扬(2010:96)所言:

> 利奥塔在《后现代条件》(*La Condition Postmoderne* 1979)一书中强调指出,通过语言论述的沟通所要完成的正当化程序,并不是以追求某种共识为目的的,因为任何共识的建构都只是有利于统治阶级的社会统一化目的。利奥塔认为:自由的语言游戏本身具有多质性的特质,语言游戏也因此不可能导致任何社会统一性,而只能保障和促进社会的多质性和多元性。因此,后现代社会的正当化只能通过语言游戏的过程来建构。

这一论述显然是针对哈贝马斯的"交往行动论"和"共识真理观"的。

3.1.7.4 历史叙事

利奥塔(Lyotard 1979,车槿山译 1997:63)认为,"知识"和"权力"是同一问题的两个方面:谁来决定什么是知识?谁知道什么需要被决定?这与福柯的权力系谱学是相通的。

他据此还论述了"历史叙事",历史书由谁编写决定了历史叙事的基本倾向始终伴随着"权力"的影子。因此,历史学不可能具有"绝对真实化","忠诚于事实"常是一厢情愿,因此所有历史记载也就缺乏"权威性"和"合法性"的本质,因为它常将书写人的某种意志和看法强加于人,从而使得所谓的历史性"宏大叙事"具有了政治和宣传功能。

后现代学者则认为,宏大叙事仅是对历史发展前景的一种设想或愿望,它无法被证实,多具有神话色彩,常遭到现实的打击,故而一击即破,不足采信。利奥塔在宣告超越宏大叙事时,将自身与现代性割裂开来,号称进入了一个新时代,所以人们常批评后现代主义者有"脱离历史"、"隔断历史"之嫌疑,即詹姆逊(Jameson 1991:6)所指出的:

历史性的虚弱化(Weakening of Historicity);
无深度(Depthlessness);
平面化(Planarizartion);
碎片化(Fragmentation)。

宏大叙事意在强调通过这种叙事方式,可以建立一个"统一而又正当"的话语程序,这似乎与坚守绝对真理的传统形而上哲学观有异曲同工之源,切不可信以为真,参见上文。

3.1.7.5 科技是生产力和知识商品化

西方资本主义正得益于先进的科学技术而在持续发展,很多学者认为正是这种科技进步使得劳资矛盾得以缓和,因此西方学者早就提出了科技也是生产力,如,马尔库塞于20世纪60年代就发表过这一言论(参见上一章),利奥塔也接受了这一观点。

由于先进的科技能提高生产效率,增加剩余价值,它自然就会吸引资本家的投资,推动了社会生产力的发展。知识在这一过程中明显成为一种商品,这就是当今人们谈论的较多的"技术投资"、"技术股"。据此又会引出一个悖论:富人有钱,可最先拥有先进技术,而先进技术又是推动社会进步的力量,代表着真理。这就有了利奥塔(Lyotard 1979,车槿山译2011:156)的下面一段精辟分析:

> 因此,如果没有金钱,就没有证据,没有对陈述的检验,没有真理。科学语言游戏将变成富人的游戏,最富有的人最有可能有理,财富、效能和真理之间出现了恒等式。

3.1.8 德勒兹

吉尔·德勒兹(Gilles Deleuze 1925—1995)是法国影响巨大的后现代哲学家之一,崇尚尼采,是 20 世纪 60 年代以来法国尼采复兴运动中的关键人物。他通过激活尼采引发了法国学者对"差异哲学"和"欲望哲学"的热情,并由此出发批判"中心论"和"总体化"。如今,德勒兹的影响遍布人文科学的各个角落,特别是其:

1953:*Empirisme et Subjectivité*《经验主义与主体性》;
1962:*Nietzsche et la Philosophie*《尼采与哲学》;
1964:*Proust et les Signes*《普鲁斯特与符号》;
1966:*Le Bergsonisme*《柏格森主义》;
1968:*Difference and Repetition*《差异与重复》;
1972:*Capitalisme et Schizophrénie 1. L'Anti-Edipe*《资本主义和精神分裂(卷1):反俄狄浦斯》;
1980:*Mille Plateaux-Capitalisme et schizophrénie 2*(与 Guattari 合作)《资本主义与精神分裂症(卷2):千高原》;
1981:*Spinoza-Philosophie Pratique*《斯宾诺莎与实践哲学》;
1983:*Cinéma 1: L'image-mouvement*《电影 I:运动—影像》;
1985:*Cinéma 2: L'image-temps*《电影 II:时间—影像》;
1986:*Foucault*《福柯》;
1991:*Qu'est-ce que la Philosophie?*《什么是哲学》;
1993:*Critique et Clinique*《批评与临床》。

德勒兹常被学界认为是"批判哲学、瓦解哲学、游牧思想(Nomadic Thinking)"的先驱,因为他以"颠覆传统形而上学、瓦解西方哲学体系、挑战一切独断思想体系"为一生学术追求。他自觉跳出"纯哲学"之羁绊,游荡于多个学科之间,大有"居无定所、思无定论、张扬野性、纵马狂奔、浪迹天涯"之特征,有"在思想高原上的旅人"之美称,他追求哲学研究的新方向,旨在激活跨学科灵感,他创造性地提出的"茎块思维、游牧思想、叙事危机、欲望机器、精神分裂"等,确实向哲学宝库贡献出了一份难得的财富。

3.1.8.1 根茎模式与游牧思想

德勒兹发展了尼采的思想,将后现代主义描写为"根茎模式"和"游牧思想",曾断言此乃"后现代、后结构、后殖民"的主要思想形式。所谓的"根茎模式",是指世界就像植物的根茎一样,其生长方式是"无中心、无基础、无始无终,不着边际地到处蔓延",德勒兹以其隐喻后现代哲学的基本特征,用以批判传统形而上学的传统观"中心论、基础主义、原则、主体"等,消除流行的树状思想和二元对立模式,倡导多元化、差异性。根茎模式是游牧范式的一种形态,它与"城邦范式"相对,与根茎说相吻合和照应,大力倡导自由、多样、差异、创造等。现笔者将城邦范式和游牧范式列表对比如下:

表 3.4

	城邦范式	游牧范式
1	形而上学、同一、整体	后现代、多样、差异
2	有中心	无中心
3	控制和征服	自由和反叛
4	封闭、静止	开放、流动
5	树状的二元对立	根茎的生长方式
6	平原:被河流分割,过封闭单调的生活	高原:一望无际、坦坦荡荡,可自由迁徙、无拘无束

3.1.8.2 叙事危机

德勒兹拒绝接受有关"人类进步"的理论和"宏大叙事",针锋相对地提出了"叙事危机"这一概念,认为不存在一个能够在各种文化语境内均可被理解的、被人类所共享的"故事"。他还指出,理性永远是一种从非理性中雕刻出的信仰,它不是隐藏于非理性中的某种原理,而是穿插于非理性元素之间,仅被定义为非理性元素之间的特定关系。所有理性之下都存在疯癫和流动。他认为,与其说哲学应当被视为对真理的寻求,不如说哲学是对概念的创造。

德勒兹还将艺术、哲学和科学区别为三种不同的规范,每种都有各自不同的解读世界的方式:

(1) 哲学创造概念;
(2) 艺术创造感知的特定表现方式;
(3) 科学创造基于数学公式和函数特性的专项理论。

德勒兹认为,这三种规范并没有高下之分,他们都适用于解读形而上的方式。他还指出,哲学、科学和艺术是平等的,它们在本质上都具有创造性和实践性。

3.1.8.3　欲望机器

他还系统而又深入地研究了"欲望",批判弗洛伊德和拉康,修正其内涵。对于弗洛伊德和拉康来说,欲望是由于欠缺而引起的一种主体心理状态,具有匮乏式、收缩式、否定式的特征。而德勒兹则认为它具有"生产性、积极性、主动性、非中心性、非整体化",它与尼采的意志一样,具有一种创造性、革命性、解放性、颠覆性,应当被充分施展出来。

他在《反俄狄浦斯》中批判拉康,说他借助"俄狄浦斯陷阱"压抑自我欲望,且仅将其限定于家庭之内,却忘却"欲望的社会流动"。故而他提出了"欲望经济学",认为欲望是人类的生理能量,为无意识之综合,可引发权利生产,且可作为非表意系统支配文化发展,可以颠覆资本主义国家机器。他的主张是"反俄狄浦斯"的,即"反自我"的,因为"自我"正是压抑欲望的首要因素,据此将批判矛头直指弗洛伊德。

3.1.8.4　精神分裂说和解码说

他在《资本主义和精神分裂》一书中提出的"精神分裂说"和"解码说",更为詹姆逊剖析后现代社会提供了理论基础,被视为一种理想的叙事模式。

所谓"精神分裂说",指资本主义代表了"精神分裂症时代"一种新的创造力,这两者之间存在着某种"亲合性(Affinity)"。正如哈桑(Hassan 1987,刘象愚译 1993:211)所说:

> 精神分裂症昭示并加速了资本主义末日的到来,因此两位作者把精神分裂而不是精神分裂症患者看作革命的根本力量,……它拒绝接受总体化,表现出分裂一切、使一切解体的倾向。……德勒兹和加塔利认为,精神分裂症成为历史上解放欲望的触媒①,而欲望的解放则是一切生产的源泉。解体是人类杰出的工程。

---

① 作者注:"触媒"一词似乎不太好理解,在 Hassan(1987:135)原文中用的是"historical agent",似乎可译为"历史动力"。

从上可见,德利兹和加塔利笔下的"精神分裂症"并无贬义,当可视为后现代社会的一种特征。患上此病者,便可毫无顾忌地分裂一切传统观念,解构束缚在人们身上的枷锁,这就是他们所说的"解版图化(Deterritorialization,或译为:解规范化)",此病会演变为推动人之解放的一种动力。

所谓"解码说(Coding Theory)",是指德勒兹所认为的人类历史分别经历过三种欲望机器(Desire Machine),它们对应于三种解码过程:

> (1) 原始机器:利用图腾禁忌、妇女交换,针对淳朴欲望流进行规范性编码,从而形成了原始社会组织。
> (2) 专制机器:指封建帝国建立的等级森严的官僚制度、法律系统,这可称为"过度编码(Overcoding)"。
> (3) 资本编码:瓦解宗教,破除迷信,打破封闭,摧毁一切传统文化编码。资本主义一方面解放了人们久被束缚的欲望,但另一方面也发明了一套高效的管理制度,在将被解码的欲望流、符号流等纳入到新的社会心理空间的同时,也使得大规模的文化解码和再编码导致了精神分裂。

德勒兹颇为乐观,认为通过第三种解码,消解的不是精神疾病,而是实现了文化意义上的主体分裂。正如他(1994:158)所批评的那样,我们现代人的思维被训练得不太习惯于固守某个固定的答案,而常想着多种选择,这其中就蕴含了革命的潜力,有望形成游牧机器,实现人类古老梦想(赵一凡 2009:835)。

3.1.9 福柯

米歇尔·福柯(Michel Foucault 1926—1984)与萨特(Sartre 1905—1980)、梅洛庞蒂(Merleau-Ponty 1908—1961)、阿尔都塞(Althusser 1918—1990)、德里达(Derrida 1930—2004)、布迪厄(Bourdieu 1930—2002)等同为巴黎高等师范学院(通向学术生涯的门户、红色摇篮、智慧的殿堂)的同学或老师。他们在学习西哲(包括马哲)、语言、社会等方面有着相同志趣,凭借对语言系统的全新认识,渴望能从语言学角度认识话语权利,寻得社会研究之法,探得知识系统和文化基因之奥秘,以揭示西方文明赖以统治的隐蔽机制。

福柯虽一生都在从事哲学研究和教学,但他并未热衷于柏拉图、亚里士多德、康德、黑格尔等著名哲学家及其思想,而是密切关注哲学家们未曾论述到的若干社会现象,如医学、疯癫、监狱、性及其历史等,倡导用系谱学方法重构历史记忆,这被视为后现代哲学的一项重要任务。但奇怪的是,福柯又不是严格意义上的医学家、精神病学家、犯罪学家、性学家,也非历史学家。正是在这些跨学科的边缘处,或曰在超学科的层面上,他创造性地将马克思主义的批判理论、结构主义、现象学、历史分析等领域的知识有机地结合起来,为世界人文社科的宝库增添了一份难得的财富。他的代表作有:

> 1961:*Histoire de la Folie à l'âge Classique*《疯癫与文明》
> 1963:*Maissance de la Clinique*《临床医学的诞生》
> 1966:*Les Mots et les Choses*《词与物》
> 1969:*L'archéologie du Savoir*《知识考古学》
> 1976,1984:*Histoire de la Sexualité*《性经验史》

等等。

3.1.9.1 批判现代理性话语

福柯将结构主义拓展到人文科学之外的领域,如疯癫史、疾病、罪犯、性科学等方面的具体历史,由此挖掘了许多具有冲击力的论题和思想,以激烈地批判现代理性话语,建立了后现代哲学视野下的"话语理论(Discourse Theory)"。

"话语"原指按照"语言规律、关系类型"组织起来的实际使用中的词句,而后现代哲学家认为话语可维护社会实践、保障政治实践的合法性,而社会、政治、文化等一切事物和现象都可还原为话语,它们是按照话语规则形成的一个语外大系统,具有非稳定性、差异性、开放性、偶然性、解释性。福柯的话语理论一方面发展了索氏"采用语言系统的分析方法来解读社会的结构、规律、现象"的思路,继续基于符号系统和话语结构来分析社会和文化,将所有社会和文化现象都视为是依据一定的符码和规则建立起来的符号性建构物,认为其可用语言学分析方法进行研究;另一方面他又批评了索氏"价值和意义是由符号内部的横组合和纵聚合两关系共同决定的,它们具有确定性"的观点,认为其是被"建构"而成,具有动态性。

后现代话语理论抛弃了现代话语和实践的新艺术和新文化的观点,涉及一些描述社会、文化、历史、思想中的一组关键性变化和断代术语,包含了某种现象的结束、某种新事物的来临,号召用新的范畴、新的思维和写作模式、新的价值和政治去克服现代话语和实践之不足,且大力倡导"自由话语、话语权力"。话语理论在后现代哲学中一直处于优先地位(Kellner & Best 1991,张志斌译 2015:28)。

福柯所关注的话语更为具体,大多属于被现代社会理论(追求宏大叙事、总体性话语)所排斥和遗忘的边缘性的历史现象,可称之为"边缘性话语"或"微观话语",对其加以深入考察便可以揭示隐藏在话语背后的权力及其本质和运行方式。例如,由于他受到先进病理学的训练,又深受尼采"权力意志论"的影响,关注医学、疯癫、愚人、弱智、麻风、精神病、监狱等社会现象与语言之间的关系,其主要理论关乎"知识、话语与权力的关系"。

尼采的"游牧思想"促使福柯形成了一种对抗资本主义全球化的立场,高举"多视角、多元化"之大旗,像游牧民族一样浪迹天涯,批驳主体,拒绝真理,放弃总体论,否定历史真实性(历史仅是一种话语权力合法化的记录而已,它在讲述事件的"真理"时总会运用精心选择的修辞策略),反对整合。

3.1.9.2 知识考古学

他于 1961 年出版了《疯癫与文明:古典时代的疯狂史》,1963 年出版了《临床医学的诞生》,仔细考察了疯癫在不同时代的不同遭遇:

(1)启蒙时期:为人喜欢,充满乐趣;平等对待;
(2)古典时代:厌恶恐惧,隔离放逐[愚人船、总医院,或交上帝处置(由神父教诲)];
(3)法国大革命后:释放罪犯和游民,医治疯癫,但医术不高;直到弗洛伊德才专心研究精神病,建立了"精神分析学",恢复了常人与疯子之间的对话。

福柯认为,区分"常人与疯癫"、"医生与病患"的主要标准之一便是"话语",其中隐含着看不见的权力。

他于 1966 年出版的《词与物——人文科学考古学》一书更使他成为法国知名学者,他在书中再次强调了他的语言观:人们用词语的秩序来再现事物的秩序,只有通过语言才能认识世界上的物(莫伟民译 2001:386),据此将福柯视为西方语言哲学(通过语言分析解决哲学问题)之后继者也是顺理成章的。

他以考古学(后用"系谱学"取而代之)方法全方位地分析知识,揭秘知识形式,认为词与物在不同时期有不同的关系类型,要发现支配这些知识形式下的底层结构规律,进而颠覆主体,批判理性。他依据话语规律(参见下文)来挑战主体和历史,指出每个历史阶段都有一套不同于前阶段的知识形成规则和话语表达方式。据此可区分出三种知识场:

(1) 文艺复兴:相似类比;
(2) 古典时期:精确分类;
(3) 现代时期:主客对立。

他认为,现代时期的知识型特征为"以人为研究中心、人本性话语",且强调"人"的概念为非先验性存在。我们认为,这其中部分观点与后现代哲学观有交叉之处。

后现代主义者常将福柯的"系谱学"视为一项主要内容,认为后现代哲学的重要任务就是:运用福柯的系谱学重构历史记忆,即借助历史—批判的方法对未曾被论述的若干社会现象(如:医学、疯癫、监狱、性等)进行分析,集中探究这些社会现象在现代社会形成中的历史作用。他还大力倡导用这种"系谱学"替代"科学"(Seidman 1994,吴世雄译 2001:7),这当被视为后现代哲学的一项重要任务。

3.1.9.3 "人死了"与"话语活了"

福柯(Foucault 1966,莫伟民译 2001:446)在《词与物》中效仿尼采,离经叛道,质疑真理,模仿他那句"上帝死了"的箴言喊出了骇人听闻的口号:

人死了!

尼采的"上帝死了",旨在摆脱神学统治,破除"上帝知晓真理"的迷信,且借此消解形而上学的终极真理观,此口号背后的深刻含义为"人活了",为人本主义在哲学中复活和兴旺吹响了冲锋号。如果"人死了"那么又该什么活了呢?我们拟作如下解读:

(1) 从话语角度来说,该口号意在强调"话语"具有至高无上的地位,"人死了"的含义为"话语活了",一切都是话语,话语的权利关系才是人之本质(Foucault 1966,莫伟民译 2001:133;1975,刘北成等译 1999:29;

1976,1984,佘碧平译 2000:7)。

(2)从考古学角度来说,社会在不断发展,随着新事物的出场,很多旧事物也就消失了。同样,传统人之消亡意味着可出现一种新的后人类框架,出现一种新的哲学思路。"人之终结就是哲学之开端的返回。""我们只有在因人的消失所产生的空档内才能思考。"(莫伟民译 2001:446)

(3)从系谱学角度来说,资本主义现代性导致了"人之死亡"的危险,传统之人亦已陷身于现代科技之中,为其所塑造而不能自拔。人的死亡是与新科学和新话语同时出现的一种推论性事件,是个人在规范化、机械化社会中无可逃避的社会学命运。

(4)从进化论角度来说,不是说所有人都要死,死的应是那些守财奴、变态人、金钱狂、利润狂、房奴、钱奴、股票奴等。

(5)从主体性角度来说,该口号含有"彻底根除人主体"之义,可用以消解真理的确定性,否定胡塞尔沿着笛卡尔的"我思"、康德的"人为自然立法"、黑格尔的"人之绝对理念"所论述的人主体观;也颠覆了索绪尔的语言结构主体观,仅在语言系统内部运作的关门观是注定没有出路的,"话语权力"便是最好的论据。

福柯抛弃了索绪尔在"语言(Langue) vs 言语(Parole)"之间的二元对立,提出了"话语(Discourse, Text)"这一全新概念。它既不是索氏的"语言系统",也不是索氏的"言语应用",而是指现实生活中打上了社会、历史和文化烙印的、实际使用中的鲜活的话语,它可能符合语言的系统规则,也可能不符合。

请注意传统理论中的"符号"与福柯的"话语"之间的区分:前者是用来指称对象的,索绪尔将其定义为"能指和所指的结合体";而后者除上所述外还强调建构对象的功能,话语不等于所说事物,而在于建构对象,而且话语还具有互文性。福柯认为,人类的一切知识都是被组织在"话语"之中的,且只有通过话语才能得到理解,也只有通过话语中的词才能与世界中的事物建立起联系。因此,我们与世界的关系只能是一种"话语关系"(Foucault 1966,莫伟民译 2001:386;涂纪亮 1994:272)。

3.1.9.4 权力系谱学

福柯于20世纪60年代建构了"知识考古学",70年代在此基础上提出了"权力系谱学"。他认为,权力渗透于人类所有的活动,这既有增强人类行动能力的一面,又有制约它的消极一面。词语也不可避免地烙上了权力的印记,它是享有特殊权利的符号系统,话语背后隐藏着权力,这便是"权力系谱学(即话语权力观)"的基本出发点。据此,福柯将研究方向从思考"生产方式"引入到"信息方式"的新时期,将"权力意志"修补为"话语权力"和"知识意志"的新阶段。

话语体现知识,知识是为"权力"服务的,"权力"又制造了知识,因此必须把话语置入社会制度和实践中,解释其中的权力机制,权力关系控制着话语结构,话语中充满了知识的差异、断裂、间断、变动和分散形式。因此,他的上述思想都可归结到对语言进行"结构"和"解构"的思考上,重点考察知识、话语与权力的关系,即知识和话语如同政治或军事威力一样,也是一种"权力"。他将奥斯汀和塞尔的"Speech Is Act"观点进一步发展成"Speech(Discourse) Is Power","话语"当被视为人们的一种生存权,也是争夺权力的场所,我们今天所经常谈的"话语权"便是这一观点的最好注解①。正如他(1972:229)在《知识考古学》中所指出的:

> We must conceive discourse as a violence that we do to things, or, at all events. (我们必须把话语想象成我们施加于事物或所有事件之上的暴力。)

这正是康德那句名言

> We see things not as they are, but as we are. (我们所见到的万物不是事物本身,而是出自我们的映像。)

的翻版。哈维(Harvey 1996)对话语与权力之间的关系也有过精彩的论述,他曾将社会过程分为六个阶段(Moment):话语(Discourse)、权力(Power)、社会关系(Social Relations)、物质实践(Material Practices)、制度/仪式(Institutions/Rituals)、信念/价值/欲望(Beliefs/Values/Desires),且认为每一阶段都包含其他阶段的信息,因此话语就是一种权力,一种社会关系,一种物质实践,一种制度,一种信念/价值观/欲望形态。

比如,监狱中看守人在其所看管的范围内到处彰显出一种"话语权力",前者对犯人的话语充满权力,真可谓"神气活现、说一不二"。医生和患者之间的关系也常表现在他们所说的话语之中,前者对后者有充分的

---

① 马尔库塞于1964年出版的《单向度的人——发达工业社会意识形态研究》(又译《单面人》)中就提到了"语言的极权主义"问题,比如,一些分析判断就具有压抑性结构,经过无休止的重复,它就把意义牢牢地嵌入听众的头脑之中(参见刘继译2008:73)。

话语权和指挥权,后者对前者可谓"俯首帖耳、言听计从"。若从这一角度审视"真理",它便是运用话语权力的结果,人仅是使用权力的工具而已。这就是人们常说的:谁的权力大,谁就有话语权,说出的话就具有真理性。正如马尔库塞(Marcuse 1964,刘继译 2008:82)所说,

> 现存政权的语言是代表真理的语言。

据此,我们便可得出如下结论:依靠一个权力系统就可建立一套真理系统,反之亦可。

他(Foucault 1971,1975)指出,知识并不神秘,也不具有真理优先权,其中必定掺杂主观认识,更烙上了权力的印记。他此时更倡导以"主体移心论"系谱学方法来批判传统的"人类中心论",标志着他成为该领域研究先驱之一。他的箴言"人死了"意在强调人死于"话语权力"和"现代机构"之中,人在这两者中就像机器一样,被重新组装、调试运行、充分利用[①]。

更有甚者,他还出语不逊,认为语言蒙骗成性,不能再现现实,它仅是自身的表征而已,据此翻改了尼采的"权力意志"为"话语意志"或"知识意志",视其为"话语实践"领域。马克思曾以阶级概念来表述古典资本主义特征,福柯则从语言学角度推进知识权力批判,从而将研究对象从"生产方式"转为"信息方式"。这正应了亚里士多德在《形而上学》的开篇说的一句话:"求知是人类的本性",且也与培根的"知识就是力量"相呼应;或可视为他们原始思想的最新翻版。人一旦有了知识,掌握了话语权,就拥有了力量,成为强者,便可主宰他人,规划社会,建构历史。福柯在书中重点论述了"知识体现于话语中"的原理,这不禁使我们想起了维特根斯坦(Wittgenstein 1922:§5.6)的一句话:

> 我的语言的界限意味着我的世界的界限。

这显然是对 20 世纪语言哲学的一个新发展。

他还详细考察了话语系统的约束功能、话语生产的控制程序、知识与权力的运作方式,发现话语具有"施暴、施权"的功能,它可能成为强加于

[①] 但是他的"非中性化"并没有完全跳出结构主义的框架,对索绪尔的革命尚不彻底。相比之下,德里达的解构主义在消除人主体中心论、批判结构主义上显得更为彻底,意在彻底颠覆传统的"在场形而上学"。

事物的暴力。比如,我们在给事物、地点起名时,无时无刻不在彰显着人之武断,将自己的一孔之见强加于自然之上,这还真应了康德的名句"人为自然立法"。当我们在称呼"家花"和"野花"时,便粗暴地按照自己的标准对"花"进行了人为划分,"花"不管在哪里,它总归还是它,是人为了自己的方便,以"人"为基准强加于"花"上。其实,不管花被放置在哪里,它还是一样的香。另外还有"害虫"和"益虫"之分,"虫"总归还是它们自己,并未认识到,永远也不会认识到自己是"害"还是"益",这都是从"人"的角度做出的分类和判断,于"虫"不公。

又如,汉语中的地名,起名时根本无甚客观标准,全凭人之认识、方便或美好愿望来称呼它们,如"仙女山"、"神女峰"、"四姑娘山",若走近一看,仅是荒山秃岭中的一堆冷冰冰的大石头而已,既不"仙",也无"女",更不见"姑娘"的影子。再如,桂林有"伏波山、叠彩岩、象鼻山、斗鸡山、铜鼓山、龙头山、骆驼山、七星岩、穿山、屏风山、猫儿山、凤凰山、老人山、羊角山、独秀峰……";哈尔滨有"太阳岛、月亮湾、石嘴山、威虎山、帽儿山、大青山、石城山、关门山、鸡冠山、骆驼峰、大顶山、二龙山、万佛山、腾龙峡、八里湾……",这些无不都是按照人的主观认识或愿望来命名的。

再如,地球上的"赤道、经纬度、南北极、国际日期变更线"等都是人画上去的,它们原本不存在。宇宙间若干没有生命的星球,我们对它们做拟人化处理,将其用线连接成一定的形状,根据形状起了有神话色彩的名字,诸如"大熊星座"、"小熊星座"、"仙女星座"、"天蝎星座"、"狮子星座"等等。原皆人之所为也!这就是刘勰所说的"惟人参之"。

十几年前我国古代历史只能追溯到公元前841年(周厉王时期),后来国家集中了几百位著名学者(历史学家、考古学家、语言学家、气象学家、计算机学家等)进行了断代史研究,推算我国古代历史。而要能制定出这张古代史年表,就必须先确定"武王伐纣"的时间。最后大家通过考证、计算、权衡,商定为"公元前1046年",但究竟是不是这个时间,无从知晓,因为这也是学者们通过商定最后确定下来的。

这样的例子在我们生活中俯拾即是,足以证明话语具有"施暴、施权"的功能。另外,诸如"骂、吼、叫喊、指责、训斥、批判、熊人"等,无一不在彰显着语言的淫威,再如,"禁忌语、理性、真理"等也都是"话语暴力"之产物。就这样,人和自然似乎只能处于"话语"的威力之下了,人也就被话语所取代了,在此形势下说"人死了"也就水到渠成、顺理成章了。这就是福柯所说的(转引自 Rorty 2004,黄勇译 2004:130):

话语的存在越来越明亮地照耀我们的地平线,人类便逐渐地消亡了。

福柯 19 世纪 70 年代进入转型的晚期创作阶段,主要以批判和超越"现象学"和"结构主义"为主。他在 1975 年出版的《规训与惩罚》中专门研究了法国的监狱制度,揭示了当今社会如何将公开而又残酷的统治(如死刑或酷刑)逐渐转变为隐藏性和心理性统治,进一步论述话语权力和暴力问题。他还企图用"人死了"来彻底根除人主体,解构真理的确定性,以根本否定胡塞尔沿着笛卡尔的"我思"、康德的"人为自然立法"、黑格尔的人之"绝对理念"等所设立的人主体观;同时也颠覆了索绪尔的语言结构主体观,认为仅在语言系统内部运作的关门观是注定没有出路的,"话语权力"便是最好的论据。

3.1.9.5 小结

福柯于 1976 年开始出版《性史》(三卷,原计划六卷),论述了"性、权力和话语"之间的关系,以及性压抑、伦理哲学、性与宗教等。

他还在法兰西学院开设了多门课程,其部分讲稿亦已整理并出版。

下面这些戴在福柯头上的帽子或冠于其上的头衔,可帮助我们更好地了解此人:

浪迹天涯人;
末世思想家;
虚无主义信徒;
搜奇猎艳者;
都市野蛮人;
人道主义终结者;
灭人冷面杀手

等等,不一而足。

3.1.10 波德里拉

波德里拉(Jean Baudrillard 1929—2007,又译:鲍德里亚)为法国著名的社会学家,被认为是一个最有自我特色、极端反叛且最有争议的法国当代著名哲学家。他的主要著作有:

1968：The System of Objects《客体系统》；
1973：Le Miroir de la Production《生产之镜》；
1976：L'échange symbolique et la mort《符号的交换和死亡》；
1981：Simulacres et simulation《幻想与模拟》；
1984：On Nihilism《论虚无主义》；
1986：Amérique《美国》；
1987：Cool Memories《冷静的回忆》

等等。

3.1.10.1 消费社会

波德里拉早年致力于将黑格尔式的马克思主义、法兰克福的社会批判理论和当代最时髦的符号论以及弗洛伊德的精神分析理论结合起来，创建了一种新马克思主义的社会发展理论，即"现代社会批判理论"，详细阐释了现代社会的人类思想，深刻分析了发达资本主义社会中的商品化现象、消费逻辑、技术客体、媒体与信息、现代艺术、性与思想、女权主义等。他认为，若要克服现代资本主义文明的总体弊端，需要一种完全不同于马克思主义革命的"价值结构的革命"（程志民 2005:233）。他基于马克思的

（1）前商品：只交换剩余品；
（2）商品：一切产品都处于商业范围内；
（3）商品化阶段：诸如信仰、知识、良心、爱情等不出让的东西都成为可买卖对象，

针对贝尔（Bell 1955—2009）的"后工业社会"提出了"消费社会（Consumer Society）"这一新术语，深化了马克思的论述。波德里拉通过这一术语不仅深刻反映出一种新生产方式的变革，更主要的意义在于无情揭示了当今西方社会"消费逻辑（或曰价值结构）"之弊端。他认为，后现代社会中的消费主体被溶解到了消费客体（即商品客体）之中，后者控制、吸引、蛊惑前者，甚至左右着人们的思想和行为，它驱使一切哲学、宗教、艺术变成商品，不断通过消费媒介恶性膨胀，以至于支配社会生产，操纵大众行为，使得整个社会的关注点从"生产英雄"转向"消费英雄"，且让后者来统治整个社会和大众文化。这种消费观意在刺激大众消费，培养购物狂，扩大利润，当前的美国就是这样一种情况。波德里拉大力倡导一种

"虚无主义",以期能消解这种现象。

他还认为,这类消费客体在后现代社会中亦已演变为一种"符号",被组织到了"指意系统"之中,这一新的指意系统又进一步把控着消费主体的思想和行为,它们形成一种互动性循环。就这样"消费主体"、"消费客体"、"符号机制"有机地整合为一个"消费系统",流淌于整个西方社会,渗透于它的每个细胞之中,形成了一种"超现实"的现状。

3.1.10.2 符号价值

波德里拉进而指出,马克思仅看到了商品的"使用价值"和"交换价值",忽视了在商品化阶段商品还具有"符号价值"。当今西方社会的消费与广告构成了笼罩全球的符号系统,建立了政治与文化的霸权,一切人文价值和文明道德标准都被淹没在符号体系之中,这就是资本主义"符号统治时代"的典型特征。在这种符号体系面前,真实变得无法真实,打上了"人为加工"的痕迹,从而彻底丧失了真实原则,整个社会文化进入了"伪病态"时期,以一种看似真实的表述方式来表示准真实或谎言。

他还坚决把"符号"与"指称对象"区分开来。由于在人类生活中,各种符号的大量复制使其脱离了现实世界中的实际指称对象。若根据符号建构论的观点,此时的"现实"就不再是实实在在的,我们所看见的真实世界,处于"不断变化、万物皆流、一切皆变、动荡游移"的状态之中,犹如汪洋大海中惊涛骇浪上的漂浮物。

资本主义的"伪病态"现象正来自于形而上学的终结和真实性的丧失,在此态势下,"符号系统"必然会得以凯旋,主宰社会。因此,理论作为一种符号系统,充其量只能是真实的挑战者,它才是造成伪病态的罪魁,这便是后现代思潮中的"非哲学、去理论"的反映。

波德里拉认为,资本主义社会的这种伪病态存在于所有的社会生活层面和各个领域之中,包括文化、信仰等。当今的欧美文化(再现)受制于资本主义经济模式(再生产)及其消费规律,因此,文化不再是一个自治的概念,它被迫堕落到尘世,造成"再现(Representation)"和"再生产(Reproduction)"的混通,导致"表征危机"。

3.1.10.3 消解意义

后现代哲学认为,意义不像结构主义者所认为的那样,是一个平面中"横组合关系(Syntagmatic Relation)"与"纵聚合关系(Paradigmatic Relation)"的交叉点,具有确定性,而是漫无边野地撒播在能指和所指的

符号系统中。波德里拉(1984:38—39)的下一段话则将上述这一思想表达得淋漓尽致(参见刘宓庆 2005:245):

> 后现代世界里不存在意义,它是一个虚无的世界,在这个世界中,理论漂浮于虚空之中,没有任何可供停泊的安全港湾。意义需要深度,一个隐藏的维度,一个看不见的底层,一个稳固的基础;然而在后现代社会中,一切都是"赤裸裸的"、可见的、外显的、透明的,并且总是处于变动之中。从这一点上讲,后现代场景展现的是意义已死的符号和冻结了的形式,它们不断地变化出一些新的组合形式。在这种符号与形式的加速增值过程中,内爆与惯性不停地加剧加大,表现为增长超出了极限,最终使自身在惯性中走向崩溃。

3.1.10.4 技术发明和技术客体

波德里拉系统阐述了"技术发明"这把双刃剑:一方面它对于社会进步具有重要作用,比如,学界常以技术客体(包括工具)来定义和区分人类社会,如石器时代、新石器时代、科技时代、计算机时代等,"铁"一直是区分奴隶社会和封建社会的重要标志之一。因此,技术客体就像拯救世界的宏大叙事一样,是推动社会进步的生产力,故而有人吹捧它,出现了"客体拜物教"现象。另一方面,它又是毁灭世界的罪魁,比如,当代各种先进武器可在半小时内毁灭地球,故而有人反对它,这就是"人始终要毁在自己手里"。

波德里拉持一种辩证观点,既论述了"技术客体"在社会转型(从现代转向后现代)中的重大作用,也批评了技术进步的宏大叙事,认为它具有较大的偶然性,具有一种潜在的无政府主义性质(参见 Feyerabend 1975,周昌忠译 2007《反对方法——无政府主义知识论纲要》),且压抑了人性(这与哈贝马斯的观点相通)。美国社会就像一台技术机器,使得人类主体的生活空间变成工厂的生产线,处于一种节奏过快、噪音繁杂、消费过度的类似游戏般的状态之中,割断了人与自然的亲近关系,也失去了生活的意义和真实的目标。于是乎,人活在一种超现实的空间之中,这就是波德里拉为何要将纽约描写为超现实主义文本的原因。波德里拉在此得出结论,人应当抛弃"自以为是"、"自高自大"的主体身份,明智地使自己更客体一点,妄图改造自然和统治世界的旧日美梦无异于痴人说梦话,"顺应天理"、"接受命运"似乎更为妥当。

波德里拉的辩证观还体现在对"技术进步"的二分理解上。他指出,正是由于技术不断进步,到处呈现出高度自动化的景象,人主体在后现代工业社会中被异化为与物一样,流行"拜物教"、"拜商品教",人们总愿意把自己普遍化为一个可通过技术客体得到满足的存在物,从而使得人们逐步丧失了主动性和能动性,也使得生活失去了很多因能解决某一难题而得到的乐趣。倘若技术客体替代了人类主体,后者岂不要蜕变成一个无用的旁观者。比如,自动挡小汽车对于手动挡来说,自动化程度得到了较大的提升,使得开车变得更为简单,但也失去了很多开车的乐趣,这就是为什么有那么多人愿意开手动挡车的原因。再如,未来的机器人一旦普及,留给人能做的事情还有什么?人们一旦无事可做,还能干什么?又该干什么呢?是不是会出现汉语成语所描述的"无事生非"现象,无所事事的结局或许就是"智力返祖",这又出现了一种新悖论!

3.1.11 德里达

雅克·德里达(Jacques Derrida 1930—2004)是当代伟大的法国思想家、符号学家、文艺理论家和美学家,被誉为20世纪最伟大的哲学家之一。他首倡的"解构主义(Deconstructivism)"理论,改变了我们思考世界、政治、生命、死亡、哲学、文化、文学等的方式,其影响远远超出哲学界,波及文学批评、语言学、社会政治理论、心理学、人类学、大众文化、传播学等人文学科,甚至还影响到现代自然科学。

他求学于素有"思想家摇篮"之称的巴黎高等师范学院。他所创建的解构主义的主旨为:反对"在场形而上学(Metaphysics at Presence)"、"逻各斯中心主义(Logoscentralism)"和"语音中心主义(Phonocentralism)",否定终极意义,消解二元对立,清除概念淤积,拒斥形而上学,为新的写作和阅读方式开辟广泛的可能性。他还巧妙地利用索绪尔理论中自相矛盾之处来批判索氏,这就是德里达所说的"自毁原则(the Principle of Self-immolation)"。他的代表作有:

1967: *L'écriture et la différence*《书写与差异》;
1967: *De la Grammatologie*《论文字学》;
1967: *La Voix et le Phénomène: Introducion au Problème du Signe dans la Phénomènologie de Husserl*《声音与现象》;
1972: *Marges de la philosophie*《哲学的边缘》;
1972: *Dissemination*《播撒》;
1972: *Positions*《多重立场》。

等等。

3.1.11.1 解构

德里达于 1967 年正式出版的三本专著集中批判了西方形而上学,可谓一鸣惊人,轰动世界,也奠定了他作为解构主义大师的地位。他于 1972 年出版的三本专著继续发挥在《论文字学》中所确立的解构主义立场。他将西方形而上学称为"在场的形而上学",认为"原初真理"等于"存在","存在"等于"在场"(泰勒和温奎斯特编 2001,章燕、李自修等译 2011:1),该观点正体现在下一句传统口号之中:

To return to the things themselves. (回到事物本身中。)

"在场的形而上学"聚焦于寻求"真理"和"理性",即西方人常用的"逻各斯(Logos)",因此,"在场的形而上学"自然就与"逻各斯中心主义"融为一体,认为主体经过理性(逻各斯)之光便可通达真理,主体可通过理性来把握事物的在场。这种在场的形而上学试图提供知识的基础,提供真理的绝对基础。证实毁掉了现代哲学,因为这是一个永远无法实现的梦想(参见 Kellner & Best 1991,张志斌译 2015:23)。

我们知道,逻各斯还含有"言语"之意,它与"说"而非"写"相通;又因为"在场"还与"说话时发话人总得在场"相关,所以"逻各斯中心主义"就与"语音中心主义"取得了同义关系[①]。就这样,西方哲学就在"逻各斯(理性、逻辑、言语、真理)"的统摄下,建立了下述三个术语之间的约等关系:

在场的形而上学 ≈ 逻各斯中心主义 ≈ 语音中心主义

西方形而上学从巴门尼德、柏拉图、亚里士多德、卢梭、黑格尔、胡塞尔,一直到索绪尔等,都持上述观点[②]。

德里达据此深入考察了文字学,指出,书写的文字并不是符号的符号,而是一种与"实体表达"发生关系之前的原初性文字,它具有"延异性"

[①] 索绪尔重视语音,将文字排除在他所研究的语言系统之外,还有一条重要理由:世界上约有 70%的语言没有文字。语言学研究若要包含文字,这 70%的语言就不能涵盖其中,也就称不上"普通语言学"了。

[②] 亦有学者(参见姜永琢 2014)认为德里达误解了索绪尔,索氏不像德里达所认为的那样持"语音中心主义"的立场。

特征,使意义表现为"痕迹"或"痕迹的痕迹",可不断抹去和改写,意义从未现身。如此说来,文字与语音一样,不会为固定意义提供栖身之所,也不会为在场形而上提供任何保障。

他还认为,一切形而上学的认识论都具有"结构性",结构主义是对形而上学认识论的应用和发展,以"客观性、一致性、精确性、真理性"为目标,要求其理论享有科学地位,涤除纯主观价值判断和主观经验(参见Kellner & Best 1991,张志斌译 2015:21)。索绪尔娴熟地运用二元方法对语言切下了四刀(语言 vs 言语,内部 vs 外部,共时 vs 历时,形式和实体),依据"切二留一、择一弃一"的思路(参见王寅 2014b:58),剔除后者,仅专注前者,一步一步地将语言之门牢牢关紧,从而建构了语言体系。正如凯尔纳和贝斯特(张志斌译 2015:21)所言:

> 索绪尔认为,语言可以通过它当前的操作规则来分析,而无须考虑它的历史特性和演化过程。

索氏据此得出了"语言之本质是形式系统"的结论。这样便可关起"语言之门",专心寻求其中的差异关系,探索本源,寻求规则(或语法),建立起所谓的语言学的科学分析方法,这正体现了西方形而上哲学的基本理念。

而且,这一语言体系还不可避免地辐射到社会和文化领域。凯尔纳和贝斯特(张志斌 2015:21)还指出,结构主义革命用语言的结构、规律、符码及系统来描述社会现象,拒斥先前曾孕育了社会科学和人文科学的人本主义,强调符号系统、无意识,强调主体性和意义的派生性。他们(张志斌译 2015:21)还进而指出,西哲中的语言转向肇始于索绪尔,索氏倡导通过分析语言符号系统来解释社会现象,这为语言哲学通过语言分析解决哲学问题输送了理论根据和分析样板。也进一步为笔者(2001:7)所认为的"结构主义语言学的哲学基础为分析哲学提供了理论支撑。"

"解构主义"反思了语言学的结构主义革命,批判乃至颠覆了西方传统形而上学的理论体系。德里达认为,索氏上述基于西方形而上哲学所进行的一系列二元切分以及"感性 vs 理性,心智 vs 身体,在场 vs 不在场,意义 vs 形式,口语 vs 文字"等都是随意的、不稳定的和可逆的(Seidman 1994,吴世雄等译 2001:11,25)。比如,人们依据结构主义语言学将人分为"男人 vs 女人",且将前者定义为"有理性、有知识和充分自信";将后者定义为"凭信直觉、多情善感和盲目附随",这就毫无悬念地被拓展到生活中真实的人,使得男人在心理上适合担当权威和领导,使得女人适合担当家务性的、生儿育女的或其他社会服务角色,从而造成了社会中的不公平。德里达旨在运用"解构主义"方法来消解这种二元层次结构,揭示其在历史上的偶然性和政治上的不合法性,以期能创造一个能容纳差别、歧义、有趣的新局面,建构一个民主、自由、多元的社会。

德氏通过系列解构活动一步一步地摧毁了这种形而上学的二元论和压制性等级结构观,在化解二元观时也就消除了索氏以一个为中心(占主导的、支配性的一方)、以另一个为非中心(被排斥的、受支配的另一方)的等级观念,彻底颠覆了结构主义承袭自形而上学的终极关怀、二值逻辑、等级制度等基础观。他认为根本就不存在一个中心,"原初在场"根本就是一个虚构。

3.1.11.2 延异

德里达解构的具体方法:一方面接受了索氏的"差异(Difference)"观,认为存在就是差异,主体也是差异之产物,语言和世界无统一本质,大力倡导"多元论"。他也接受了尼采和海德格尔的"差异哲学"和索绪尔的"普遍差异原则",认为所谓的西方哲学不具有普遍性,其中充满了"差异、变化",因为一切都在运动之中,哲学和历史上从未有过"透明语言"和"绝对理念"。德氏还进一步指出,社会、文化等和语言一样,也是存在于"差异"之中的,即使有所谓的结构,也应不断被自我突破,加以发展,这便是人类的社会和文化,它们仅是"结构—解构"无限循环的历史。

他另一方面又将索绪尔的"差异(Difference)"修改为"Différance(延异)",通过引入字母a,形成空间上的间隔,产生感觉上的拖移,达至时空上的延异。这一方面解释了差异的根源,另一方面也足以呈现差异的功效,普遍差异原则使得永恒意义永远不可能在场,这就从本质上摧毁了"万事归一"的传统论,从而颠覆了具有"同一性、统一性、同质性、同构性"的西方形而上哲学(包括分析哲学早期)。关系决定差异,差异产生拖延,拖延使得意义不在场,意义只能成为留下痕迹的游戏而已。这就是德里达(Derrida 1972,佘碧平译 2004:31)所说的一句至关紧要的话:

> 在要素之中或系统之内,没有任何纯粹的在场或不在场的东西,只有差异和踪迹之踪迹遍布各处。

此时,"延异"就成为了一场新的游戏,在这场游戏中,"在场"永远被取消了其存在的可能性。

德里达还用"无底的棋盘"隐喻来彻底瓦解形而上学,说明不存在什么"唯一正确的绝对真理",也没有传统解释学所说的作品"终极的、唯一的、决定性的、统一的"意义。"解释"充其量仅是一种"游戏"而已,而且还是一种在无底的棋盘上进行的游戏,没有实在的着落。这样,他就将维特根斯坦的游戏概念扩展到了解释学,强调了游戏的"无目的性、无限性、开放性"。

3.1.11.3 意义与痕迹

这就是德里达基于解构主义立场所提出的意义理论,以其便可否定索氏的基本观,即语言不像索氏所拟构的那样是一个稳定不变、含义明确、由许多组对称的能指和所指组成的封闭结构系统。它是一张漫无头绪、错综复杂的网,其中各种因素相互作用而变化无穷,意义也不是一成不变的。他指出,意义仅是一种"痕迹"而已,它可不断被记录,又不断被抹去和改写。据此,一个符号可能保存了逝去符号的痕迹,它本身也将被后继符号所"涂改"。这样,符号所表达的意义具有不确定性,它就如同沙滩上的痕迹一样,可被海浪不断刷新和改写。而经过不断改写的符号,留下的只能是一道道"痕迹",这便是德氏所说的"延异"。该术语包含"推延"和"差异"两层意义:意义在时间上被推延(读者的阅读时间必定比作者的写作时间要延迟),而且在空间上也出现了差异和区分(读者与作者不处于同一空间,因他们的文化背景不同,理解定会出现差异)。

德氏据此还进一步提出了"痕迹理论",认为文本留下的仅是一种痕迹。随着文本言语的发展,痕迹会不断变化,意义也随之变化,旧的意义消失了,新的意义便产生出来。文本阅读也是循此路径的。人们首先通过符号差异来识得文字,此时须将整个语句、段落或篇章的结构打开,然后再重新整合,掺入己见,获其意义。阅读经历这一过程之后,又因文本经过"时间的推延"和"空间的变异",其意义必定不会与原作者的意图完全相同,这便是他的"解构"、"延异"、"撒播"、"痕迹"等术语的含义(参见上文),据此作品永远处于"开放状态"之中。这就可用以解释为何不同人在阅读同一本书时会有不同的感受,或者即使同一个人在不同时刻读同一本书也会有不同的感受。

既然如此,阅读便是一个不断创作新义的过程,因此文本意义永远是不确定的。它就像农民播撒种子一样,虽然有一个总体要求,如每亩撒多少种子,但对于每粒种子来说,却是以不确定的方式被撒落在某个地方,具有较大的随意性和偶然性。农民在播撒时,种子自由散落、到处纷飞,留下的仅是一个"随意痕迹"而已。种子会生根长枝、开花结果,经历了一个与原来种子形式完全不同的过程,又以"多式复制"的方式生产出与原形相同的若干果实。文本中的意义,正如这农夫的播种活动一样,在若干不确定的过程中不断繁殖、延异、增义。因此读者阅读文本时,实际上是在不断地瓦解着原文本,宣告着文本的不完整性和意义的动态性。这就是德氏的"解构式阅读法":读者在阅读过程中不断解构原作品的结构,然后重新组合相关要素,从而使得文本不断获得新的意义。我们认为,德氏的"播撒观"受到了尼采的"游牧思想"的影响,这也催生了"动态语义学"。

他也受到海德格尔在"存在"上打叉的影响,即"~~存在~~",擦去"存在"这个词,让"存在"和"叉"处于矛盾之中,前者留下的只能是一个痕迹而已,通过不在场才能指示出在场,且可"补充"和"加入"不在场的意义,无限的替代性渗透其中。

3.1.11.4 文本理论

西方形而上学和传统语言学一直认为"言语"优先于"文字",因为人们在面对面的交流中,除言词之外还有很多诸如表情、语调、手势、环境等辅助性要素在场,倘若不明白,还可通过直接询问获得信息,这些都是文字表达所不及的。德氏将其称为"形而上学的语音中心主义(或言语中心主义)",必须加以消解,颠倒"言语"和"文字"的顺序。他认为在当今时代,"文字"远比"言语"更重要,通过文字提供的信息要比言语多,且多得多。这便是他的《论文字学》(1967)的一个主要议题,否定存在任何意义上的中心,存在的只是"活动",它不断被否定,中心不断被转移,其空缺由不在场的存在填补,终于打破了"逻各斯中心主义(Logocentralism)",从而颠覆了语音中心论、二元对立法。据此,"文字学"就作为一门关于书写的解构性科学来批判传统的在场形而上学。

这就是德氏的"文本理论(又叫互文性)",他认为文字比言语更重要,意义无限延异,意义产生于符号之间,各种文本互相影响;又因为语言是实存的根基,世界就表现为无限的文本,自然就可得出如下结论(Davis 2001:9):

There is nothing outside the text.
There is no outside-text.
There is nothing outside context.
(文本之外,别无他物。)

即,一切都是来自文本。他还将整个文本世界揭示为一种普遍的隐喻活动,认为隐喻是一种普遍的认知活动和表达活动,哪里有文字,哪里就有隐喻。他的隐喻意义理论,往往不为国内语言学界人士所重视。其实,他的这一理论与雷柯夫、约翰逊、理查兹等人的隐喻理论同样重要。

3.1.11.5 小结

德里达的思想于20世纪60年代之后在全球范围内掀起巨大波澜,波及众多学科,改变了我们思考的方式,他不愧为一位思想巨人。其核心概念"解构"所向披靡,广泛渗透到了诸多领域之中,亦已成为后现代思潮最重要的理论源泉。同时,他也是欧美知识界最具争议性的人物之一。他所倡导的解构主义哲学理论深刻地影响了法国、欧洲乃至全世界的哲学研究的方向,正如凯尔纳和贝斯特(Kellner & Best 1991,张志斌译 2015:23)所言:

> 德里达、福柯、克里斯蒂娃、利奥塔和巴尔特发表了一系列批判结构主义的文本,这些批判制造了一种激烈的理论巨变氛围,从而推动了后现代理论的形成。与结构主义者把语言游戏局限在封闭的对立结构中的做法不同,后结构主义者把能指放在比所指更重要的位置上,以此来表明语言的动态生产性和意义的不稳定性,表明他们与意义再现图式的决裂。

这就是德里达所说的"撒播(Dissemination)",这种"意义动态观"不仅影响到德利兹和加塔利的"欲望概念"、利奥塔的"强度(Intensity)理论"、波德里拉的"符号技术(Semiurgy)"、福柯的"话语权力",而且亦已成为当今学界的主流观点。

程志民(2005:210)对德里达也是赞誉有加:

> 巨人虽已仙逝,但他的思想永存。

3.1.12 布迪厄

皮埃尔·布迪厄(Pierre Bourdieu,1930—2002)与福柯同门于巴黎高等师范学院,与德里达同届,比福柯低四届,代表作为:

1970：*La Reproduction & Eacute: Léments Pour une Théorie du Système D'enseignement*《再生：谈论一种关于教育体系的理论》；
1972：*Esquisse d'une théorie de la pratique*《实践理论大纲》；
1980：*Le Sens Pratique*《实践的意义》；
1984：*Homo Academicus*《学院人》；
1990：*Reproduction in Education, Society and Culture*《教育、社会和文化的再生产》；
1991：*Langage et Pouvoir Symbolique*《语言与符号权利》；
1992：*Les Règles de L'art*《艺术的法则》；
1994：*Raisons Pratiques: Sur la Théorie de L'action*《实践理性：论行动的理论》；
1994：*Questions de Sociologie*《社会学的问题》；
2000：*Les Structures Sociales de L'économie*《经济的社会结构》

等，出版各类书籍达 300 多种。他 1992 年出版的 *Les Règles de L'art* 已由刘晖于 2011 年译成汉语《艺术的法则》，被中央编译出版社收录在"后现代书系"中，这也足以表明他在后现代哲学体系中的重要位置。

他早期曾接受了索氏的结构主义理论，认为"经验是一个关系系统"，提出了"建构主义的结构论（Constructivist Structuralism）"兼"结构主义的建构论（Structuralist Constructivism）"。他后来反思了这一观点，否定了索氏的逻辑和结构的优先性，提出了"策略社会学"、"语言交换的经济学"，强调策略性的实践理论，认为社会结构制约着语言使用，语言运用也有助于形成社会结构。他一生都致力于批判各种形式的二元论，并主张通过建构一种社会学方法、培养一种社会学眼光来实现这一目标（杨善华 1999：271）。

3.1.12.1 文化资本与符号资本

布迪厄早期曾提出著名的"文化资本（Cultural Capital）"这一概念以补充马克思的资本论，认为借助于不同的教育途径所获得的文化产品，在一定条件下也可转化为经济资本。他后来又提出了"符号资本（Symbolic Capital，或译为：象征资本）"，认为语言是身体化的符号资本，可转化为其他资本形式。

以萨特和阿多诺为首的主观中心论者高估了人的信念、欲望、自主性，认为它们才是理解现代社会的基本要素；而以列维—施特劳斯、哈贝马斯等为首的客观中心论者主张只有社会系统、语言模式才能调节人类行为。布迪厄基于阿尔都塞的多元决定论,又拓展出一个新领域——谓之"符号资本",这就有了如下"四种资本":

(1) 经济资本:如货币、财富等;
(2) 社会资本:如人缘、亲属等;
(3) 文化资本:如知识、文凭等;
(4) 符号资本:如头衔、名望等。

他认为语言符号也是一种文化财富,命名活动将语言层面的象征权威转换为社会认可的力量,且强加一种不可违抗的社会共识。人们运用符号资本(即用符号巩固合法性)无意识地竞相卷入争斗,在此形势下就须扩大"商品、利益"的范畴才可做出合理解释。无论是物质产品,还是符号产品,都是商品和资本,而且这几种资本之间可以互相转化。

因此,现代社会既生产物质财富,也生产符号产品,这正应了马克思(马克思恩格斯全集 1961:415)的观点:

哲学家生产观念,诗人生产诗。

据此,我们既是经济人(物质生产和交换,保证生活),又是符号人(思考、说话、产出和消费书报、媒介、戏剧等象征产品,以便与他人交往和合作)。

3.1.12.2 语言是温和的暴力

布氏研究了教育场域后还指出,语言可产生"温和的暴力(Gentle Violence)",这与福柯的话语权力和话语暴力大有相通之处。他认为,社会关系总会体现出符号权力的关系,任何言语交际都蕴含着特定言说者之间的权力地位和社会关系。因此,我们必须跳出索绪尔的纯语言研究模式,必须进入到社会层面来研究话语所体现出的"符号资本"以及"权力关系"。因此,他从以下三个方面对纯语言学进行了社会学批判:

(1) 用"合法语言"代替"纯粹语言";
(2) 用"符号权力关系"代替"符号互动关系";
(3) 用"符号资本"代替"语言技能"。

3.1.12.3 反思性社会学和综观文学评论

布氏还结合习性(Habitus)、(符号)资本、场域(文化生产场)三要素来批判传统社会学和文学批评范式,构建"反思性社会学(Reflexive Sociology)"和"综观文学评论",以弥补过往理论之不足。他主张用马克思《资本论》中的"投资"、"流通"、"增值"、"再生产"等政治经济学术语来分析文化资本和象征利益。据此,文学批评中的文本分析、互文分析落下一个永远无法根治的胎里疾:忽视宏观语境和社会实践。

布氏基于上述三要素,认为阅读不可能仅在文本内游荡或在文本间比较。要能全面理解象征符号的意义和价值,就必须将其与"习性"、"资本"、"场域"紧密结合起来进行分析,将文本置于特定的资本视角和场域中做透视性剖析,采用"激进语境化(Radical Contextualization)"的批评方法。布氏认为,不仅在微观上要熟悉文本,更要从宏观上关注文学的流通与消费、作家习性、象征利益等,从而有力地反驳了自19世纪以来欧洲所流行的自治性文学场、摧毁了"纯文学"的形式结构。

笛卡尔和孔德都将语言视为"天赐瑰宝";索绪尔基于关门策略将语言界定为"符号系统";哈贝马斯依据普遍交往行动理论认定语言是"普遍伦理",对于实现和谐社会举足轻重;福柯发现哈贝马斯的普遍语用学蕴含着不平等性,因为言语行为者常在某种程度上实施着"话语权力",常以言语发号施令,形成人际交往中的不平等现象,甚至是"话语暴力"。而布迪厄接受了巴赫金的观点,认为语言系统与意识形态是重叠在一起的,且后者的支配力远远超出语言系统的内部规律,从语言到言语的实现过程依赖于对话者的社会地位和具体语境。因此,上述学者都错了!言语是行为,可以做事(或曰语言力量),它不是像奥斯汀所分析的那样,仅来自于语言系统本身或其后的什么"适切条件(Felicity Condition)";也不能仅用哈贝马斯的普遍语用学来解释;话语有力量,具有不平等性,它是被授予的,只能来自社会关系,来自人们置身于其中的权力场以及他们在场中所占据的位置(Bourdieu 1991:107-109)。

可见,布迪厄主张从"政治经济学"角度来考察语言,语句意义只能来自于社会实践、生产关系、社会行为,且与权力密不可分。一句话,语言是"集体财富",是一种文化资本(或曰象征资本),它是"社会构成的法则",是"权力场、文化生产场",须从"象征价值"角度才能探得语言之真谛。

3.1.13 克里斯蒂娃

茱莉亚·克里斯蒂娃(Julia Kristeva 1941—),保加利亚裔法国籍符号学家,于1966年移居法国,师从巴尔特,熟知马克思主义、黑格尔哲学以及俄国形式主义,且将后者和巴赫金理论介绍到欧洲,因此,她与巴赫金和巴尔特有"互相成就"的关系。

克氏改造了结构主义,于1967年在论文"le mot, le dialogue et la roman(《词语、对话与小说》)"中首次提出了著名的"互文性(Intertextuality)"理论,大力倡导"文中之文"的观点,从而打破了结构主义的封闭式文本观(系统性、独立性、关门性),且明确解释了后结构主义中"主体性如何产生"的重要论题。针对传统的欧洲哲学,她还论述了"过程哲学",以批判传统理论中的绝对同一性。她于1969年出版了第一本专著 *Séméiôtiké: Recherches pour une Sémanalyse*(《符号学》),在文学批评理论、文化理论和女性主义等领域产生了较大的影响,她在书中阐释了互文性文本理解模式:

> 文本解读学科领域中的一次具有库恩式的范式转换性学科革命(参见祝克懿 2014:24)。

我们知道,克里斯蒂娃深受巴赫金的"交往对话、复调小说、超语言学、话语理论"等影响,提出了"互文性",且她的这一理论又影响到巴尔特的"读者中心论"。为能更好地理解巴尔特和克里斯蒂娃,就必须要熟悉巴赫金于20世纪20—40年代提出的理论。

3.1.13.1 文本理解发展的三个阶段

克里斯蒂娃认为,过往几十年间的文学批评(或文本理解)主要经历了以下三个阶段(参见 Kristeva 2014):

(1)传统的文学批评范式:将作品视为作者本人与其经历的投射,理解方法便是把作品的外部世界视为内部世界的镜像,重点分析作者的生平事迹、历史背景、人物特征等,遵循"通过作者来理解他的作品"的原则。这种文本解读方式以作者为主体,以读者为附属,强调作品是作者根据自身经历撰写而成的,传递作者的特定观点或感情,读者只能通过作品接近作者,还原作者的真实意图。这显然是一种"以作者为中心的一元批评模式"。

(2)结构主义(含部分后结构主义)批评范式:从文本本身出发,即从其内部逻辑来解读文本,重点分析文本的修辞、风格、语言特征,也包括部分互文阅读,但不触及作者。我们知道,索绪尔基于语言内指论,制定了"关门打语言"的策略,切断了"语言"vs"人(包括作者和读者)和社会"的联系,将语言视为一个先验的、凌驾于人之上的一个形式系统。基于这一结构主义语言学理论建立起来的文本理解必然是:仅在语言表达内部(如上文提到的修辞、风格、语言特征等)通过语言系统内部的"横组合"和"纵聚合"这两个形式关系的配合来求证语言符号的价值和意义,且认为这两者在一个意义平面上会形成一个固定的交叉点,也就是说,语符意义是确定的。结构主义者还尝试用这种语言分析方法来解读社会的结构、规律、现象等,用一套抽象的规则体系来解释人类的行为,这显然抹煞了真实生活的复杂性。

(3) 后结构主义的批评范式:认为语言系统没有独立的实在性,言语交际才是语言的基本现实。该范式受后结构主义以及其他后现代哲学思潮影响(如受到精神分析学影响),认为作品并不是作者所经历的镜像反映,其意义主要靠读者重新建构。巴尔特喊出"作者死了①"这句骇人听闻的口号,这就意味着不能仅局限于作者的角度来理解文本,其涵义在于"读者活了"。当作者写完一个文本之后,他的任务也就宣告完成,剩下的便是读者的事情了。又因文学是读者的享用对象,读者的阅读过程才是文学活动的主体,作者的写作只是为了阅读的实现提供一个可资参考的线索,作者写完作品后就不再具有文本解读的权威性,这就动摇了文本理解一元化的根基,且这一观点与后现代哲学的多元化、多样性也完全吻合。

就这样,后结构主义的批评范式就将文本理解从"作者范式"转向"读者范式",采取了"读者中心论"的立场。因此,文本意义在很大程度上只能由读者来建构,他可根据自己的理解,从文本复音部中有所选择地摘取部分文本意义,再掺入自己的感受和立场,杂糅出一个自己的理解。

笔者(2007a:569,584)曾根据语言交际三环节的顺序

表 3.5

作　者 ── 文　本 ── 读　者
作者中心　　　文本中心　　　读者中心
SOS,体验人本观

---

① 克里斯蒂娃认为巴尔特的这句名言常遭到误解,很多人认为它的意思是说作者不存在了,其实并不能这么简单地去理解它,巴尔特只是强调不能把作品外的作者和作品内的叙事者混为一谈。她还指出,巴尔特的这一意思有点微妙,尚未被感悟清楚(克里斯蒂娃 2014:10)。

梳理了西方哲学、语言学、意义观和翻译观。在"作者写出(或说出)文本,传至读者"这一正常的语言交际顺序中包含三个环节,即:作者、文本、读者,它们在不同时代,被不同学派所聚焦,产生出不同的文本理解或文学批评范式。笔者的分析不期与克里斯蒂娃所论述的文本理解三阶段完全吻合。而且我们还基于建设性后现代思潮的体验哲学和认知语言学,提出了"SOS 理解模型"和"体验人本观",以弥补上述三种文本理解范式之不足。

3.1.13.2 互文性与对话理论

巴赫金认为,语言不是一个封闭的、自治的系统,它是一个永远向社会开放的系统,无"独白性"话语。因此,语句意义既不是来自人,也不是来自文本,意义是大家经由"对话"才获得的。他还认为,语言作为符号系统还与意识形态相重叠,后者的作用明显优先于语言系统的内部规律。

克里斯蒂娃基于巴赫金"社会语境"和"对话原则(Dialogism)",深刻反思了索氏的"语言系统内指论",在 1969 年出版的《符号学》中正式提出了著名的"互文性"理论,进一步发展了上述第三种文本理解模式。她(1969)将其进一步发展为"互文性",认为

> 任何作品的文本都像许多行文的镶嵌品那样构成的,任何文本都是其他文本的吸收和转化。

据此,任何文本都与该文本之外的符号系统密切关联,都会相互吸收和交互转换,融入其他文本的若干语句、结构和信息,形成一个"互为参照、相互映衬、彼此牵连、潜力无限"的开放系统,从而产生了一个多重对话的现象,并在差异中形成自身的价值。

"互文性"意在强调文本不是独立存在的个体,文本的意义产生于与其他文本的相互关系之中,即每一个文本都是"文本与文本"的交汇,都是镶嵌着其他文本和文化的"马赛克",文本的意义来自于与其他文本的互动,产生自互动中的不断流转和永不结束的生成。其实,"互文阅读范式"就是一种"对话阅读范式",包括作者在当下文本与其他文本之间的对话、作者与文本中人物角色的对话、读者与作者的对话、读者与文学批评者(就同一文本与相关文本)之间的对话等等,从而可使一段简单甚至乏味的叙述变得丰满、有趣,彰显出文本的无限魅力。

由于每个读者都有自己的阅读范围和背景知识,掌握着不同的"读者文本",当他与作者、作品相逢时,就必然会获得一种与其他读者不同的领悟和理解,文本意义不可能清晰和单一,这显然是对德里达"解构主义"的一种发展,实现了对传统的文本理解范式和结构主义文本理解范式的超越。

读者从被动阅读转向了主动建构,参与到文本意义的生成过程之中,倡导在文本、手稿、传记、思想史、历史语境中进行"侦探式"解读(Kristeva 2014:9),发现文本奥秘,从而极大地调动了读者在阅读过程中的主观能动性和想象力,从"被动接受者"转变为"积极建构者"。正是在这一转变过程中,原文本被融入了多人和多文的语句和信息。因此,一个文本自然就会同时有多个角色在对话:文本内与文本外、作者与角色、作者与自己、读者与作者。克里斯蒂娃还基于索绪尔的横组合和纵聚合方法提出了水平互文性和纵向互文性。所有这些对话和互文形成一个"多元网络的复杂话语体系"。此时,文本总会要超出语言系统自身,产生若干"新创意义(Emergent Meaning,又译:涌现意义)"。

这一观点直接导致其老师巴尔特喊出"作者死了"的口号,正因为一个文本中要汇聚很多其他学者的语句,混合他者的众多思想,从这个意义上来说,传统的"作者原创"也就不复存在了。既然"原创"亦已不可能,剩下的只能是"回收往日文本"、"重组旧时语句"、"拼缀历史碎片"、"融贯古今中外",作者们致力于玩耍着"中国套盒(Chinese Boxes)"的游戏,而且还可能一直玩下去,作者存活于"无限套叠"和"开放嵌入"的不断循环之中。于是乎,原创性的作者从此也就消失了。

值得注意的是,巴尔特(1977)在《从作品到文本》(From Work to Text)中区分了"作品"和"文本",认为前者属于结构主义理论;后者属于后现代理论。他指出,"作品"二字意味着作者的存在,它是能指和所指的统一体,意义具有确定性;而在"文本"中没有作者,只具有匿名性,它是能指的天地,放逐所指,永无终极意义,其意义只能来自于读者与文本的互动,一切文本皆为"互文本",具有"文本间性"。

按此思路,经过读者如此这般处理之后的文本,就不可能完全与作者的原意相吻合了,原作品也就不再是"作者之镜"了,只是为"自己的文本"和"他人的文本"提供一面参照性的镜子而已,这便是当下所说的"文本寄生性",一个文本总是寄生在其他文本之中的。于是乎,"原创"与"剽窃"之间的界限就被解构了。

我们认为,克氏提出"互文性"的基础,实际上是一种"互人性",正因为"我"的存在是以"他人"为前提的,人与人形成了各种不同的人际关系,其总和以及各种行为活动构成了社会。因此,互人性正是人具有社会性的具体体现,互文性正是在此基础上形成的。再因为,根据体验哲学可知,人们具有相同或相似的体验,从而也形成了部分共通的认知方式和背景知识,且人也具有较高的记忆力和联想能力,因而能将心智中所储存的信息做"连通性"关联。当一个话语传入耳朵或映入眼帘时,人们就能据此进行各种联想活动,这就是"互文性"的社会学和心理学基础。

3.1.13.3　女权主义

克里斯蒂娃还从"符号学"和"精神分析"出发,在解构传统文化时,深入探讨了属于后现代思潮的女权主义和女性文化(包括女性文学以及文学批评),及其与整个人类文化之间的复杂关系,深刻反思了以传统两性观为基础建构的文化基本模式。她在这一领域的研究为后现代女权主义的建立和发展做出了重要贡献。后现代思潮中的女权主义者还有:波伏娃(S.Beauvoir 为萨特的女友)、巴特勒(J. Butler)、格罗斯(E. Grosz)、艾莉格拉(L. Irigaray)、希克斯(H. Cixous)、莱克勒克(A. Leclerc)等,反对男性中心主义、本质论,抵制普遍和统一的宏大叙事。

3.1.13.4　小结

自 20 世纪 80 年代以来,克里斯蒂娃的名声越来越大,她的理论亦已融入到后现代思潮之中,被广泛引用。特别是她(Kristeva 1980)发表的"Postmodernism?('是后现代主义吗?')"一文在后现代思潮研究中具有不可忽视的价值。另外,她几乎所有著述都被译为英文,可见其影响之大。

克氏的互文性理论在人文社会科学的各个学科中都产生了巨大影响,它自 20 世纪 80—90 年代传入我国之后,深受国人的关注和喜爱,围绕这一题目的论文和论著不断出现,现已成为我国当代文论界,也包括语言学界,不可不谈的主要理论之一,且已融入到中国后现代哲学和社会生活的大潮之中,备受青睐,广为传播,真可谓深入人心①。

值得我们注意的是,我国早在东汉时期的郑玄、服虔、韦昭、孙炎、王肃、杜预等就已开始系统使用包括"互文"在内的"互 X"类术语,如"互

---

① 2015 年 1 月 8 日至 16 日中央九频道的《鉴史问廉》八集电视文化纪录片编剧者为推动共产党人的反腐倡廉运动,依据中国古代廉政者和大贪犯以及互文性理论,编出了一出别开生面惊心动魄的热播纪录片。同样,我国观众们都习惯依据这些剧情和互文性理论,在心中尝试将剧中人物(如包公、海瑞、和珅等)与当代社会中的角色对号。

辞"、"互备"、"互见"、"互明"、"互足"等,用它们来指称和论述各类"文"之间的多样性互动关系(参见刘裴 2014:40),其中包含了"狭义互文论"和"广义互文论",这确实值得我们引以为自豪。另外,我国现代哲学家、政治活动家、报人张东荪(1886—1973①)所著《思想言语与文化》一书也对克里斯蒂娃提出的互文性理论产生了一定的影响,这一点克氏(参见刘裴 2014:42)也自认不讳。这足以可见,"互文理论"也不是西方学者的专利,其中也有中国学者的贡献。我国以"西方文论"和"西方语言学"为专业方向的学者,也不必仅将自己的眼光聚焦于西方学者的论著,在此同时还应关注我们老祖宗留给世界的文化遗产(王寅 2007b)。

克里斯蒂娃曾于 2012 年 11 月应复旦大学人文基金"光华杰出人文学者"项目邀请在复旦大学做系列讲座,在我国文坛留下了深刻印象。

3.2 奥美意四学者

3.2.1 弗洛伊德

西格蒙德·弗洛伊德(Sigmund Freud 1856—1939),奥地利犹太心理学家、精神病医师、精神分析学派创始人,曾师从布伦塔诺,荣格为他的继承者(此处又形成了一个师生链:布—弗—荣)。第二次世界大战期间奥地利被德国侵占后,他于 1938 年去英国避难,不久后病逝。

他一生中对心理学的最重大贡献是建立"精神分析学",研究人类动机,揭示了人类的无意识过程,提出了"人格结构理论"、"人类的性本能理论"、"心理防卫机制理论"以及"俄狄浦斯情结"、"利比多"等概念。他的这些理论后来被广泛应用于西方哲学和社会人文学科各领域中,特别是他所建立的精神分析学后来被证明是一种十分有效的临床治疗方法。代表作有:

---

① 张东荪为我国现代著名哲学家、政治活动家,曾任:光华大学、北京大学教授,《大共和日报》、《大中华杂志》主笔,《时事新报》总编辑。他为 20 世纪的哲学繁荣做出了重要贡献,不仅大力引介西方哲学家,如休谟、康德、黑格尔、马克思、列宁、柏格森、怀特海、罗素、胡塞尔、弗洛伊德、皮亚杰等的思想,而且还在此基础上尝试建立自己的哲学体系,主要包括"构架论宇宙观"、"层创的进化论"、"多元认识论"。从他所用的两个术语"层创(Emergent)"和"多元(Pluralism)"来看,他也熟悉后现代哲学思潮。他(原作 1938,2011:7)还提出了"多元互动论(Pluralistic Interactionism)",从他所处的年代来说,这确实具有先见性。

1900：*The Interpretation of Dreams*《梦的解析》；
1904：*Psychopathology of Everyday Life*《日常生活的精神病理学》；
1910：*A General Introduction to Psychoanalysis*《精神分析引论》；
1913：*Totem and Taboo: Resemblances Between the Mental Lives of Savages and Neurotics*《图腾与禁忌》；
1933：*New Introductory Lectures on Psychoanalysis*《精神分析引论新编》

等，被学界誉为"精神分析之父"、20世纪最伟大的心理学家之一。

3.2.1.1 精神分析

弗洛伊德曾于1886年尝试用"电流疗法"、"水疗法"、"按摩疗法"等治疗精神病，但疗效不佳，便从"生理病因说"走上了"心理病因说"或"心理动力说"，认为精神病起源于心理内部动因的矛盾，于1892年基于"暗示疗法"提出了"精神分析法"，也叫"自由联想法"，可通过自由联想来挖掘出深埋在病人心理最底层（潜意识）中的动机和欲望，然后通过谈话或暗示的方法，将潜意识中的欲望转化为意识，从而治愈精神病。

他认为，人首先是一个生物体，一切活动的根本动力必然是生物性的本能冲动，它源自"性本能"，是形成精神病的根本原因。由于作为社会人，在法律、道德、舆论等的压抑下被迫将性本能压进"潜意识"之中，无法进入人的"意识"。若要发泄出来，只能在社会允许的范围内（如在文学艺术中）做有限的描写和创作。精神分析法就运用这个原理来治疗此类疾病。

他后期又提出了与"性本能"对应的"死亡本能"，认为人除了维护自身生命生长的能量（即求生本能，其核心为性本能）之外，还有将自身生物肌体带入无机状态的"死亡本能（Death Drive）"，死亡本能非常明显地表现在战争、仇视、杀害、自残中。

3.2.1.2 三重意识

他于1923年出版"*Ego & Id*（《自我与本我》）"，1933年出版《精神分析导论新编》，这两本著作中所倡导的精神分析学主要阐述和剖解了人的精神活动和人格结构，包括"欲望"、"冲动"、"思维"、"幻想"、"判断"、"决定"、"情感"等，但它们出现于不同的意识层次里。他主张将意识分为三层：上层为"意识"；中层为"前意识"；底层为"无意识"，从而形成了他的"深度心理学(Depth Psychology)"。弗洛伊德后来改分为两层:"意识vs无意识(包括被压抑的无意识和潜伏的无意识)"。

"意识(Consciousness)"即"自觉",指自己能察觉到的心理活动,它位于心理结构的表层,感知着外界的现实环境,可用语言来反映和概括。冯特(W. Wundt 1832—1920)及其弟子继承了联想心理学和生理心理学有关观点,创立了实验心理学,重点研究感知觉,且基于此对意识进行内省分析,但忽视了对人类行为及其动机的分析,弗洛伊德的精神分析学对其是个很好的补充。

"前意识(Preconsciousness)"又称"下意识(Subconsciousness)",是调节"意识"和"无意识"的中介机制,它转瞬即逝,需要时才能被回忆起来,进入"意识"。它起"检核"作用,阻止"无意识"进入"意识",绝大部分充满本能冲动的潜意识被它控制。

"无意识(Unconsciousness)"又称"潜意识",是指在前两种意识下受压抑的但未泯灭的、没被意识到的心理活动,代表着人类更深层、更隐秘、更原始、更本质的心理能力,具有"原始性、动物性、野蛮性"。它是人类一切行为的内驱力,无时不在隐隐活动,要求得到直接或间接的满足,如人的原始冲动和各种本能(主要是性本能)以及同本能有关的各种欲望,但却为社会理性所不相容。

存在于潜意识中的性本能是人之心理的基本动力,支配个人命运,决定社会发展。梦是通向潜意识的一条秘密通道,通过析梦可窥见人的内部心理,探究其潜意识中的欲望和冲突,通过释梦还可治疗神经症。

3.2.1.3 三重人格

他认为最基本的层次是"本我(Id,亦有学者将其译为'伊底')",对应于早期的"无意识",处于心灵最底层,是一种与生俱来的动物性本能冲动(主要是"性冲动")。它没有道德准则和价值观念,不受逻辑、理性、社会习俗等一切外界因素的束缚,具有混乱性、本真性,仅受生理规律的支配,只要求按"快乐原则(Pleasure Principle)"行事,盲目地追求自我满足。

中间一层是"自我(Ego)",对应于"意识",是从"本我"中分化而出,介于本我和超我之间,清醒地正视现实,服从于"现实原则",充当"本我"与外部世界的联络者与仲裁者,且在"超我"的指导下监管"本我"的活动。它可根据周围环境的实际条件来控制和压抑"本我",调节"本我"和"超我"的矛盾,决定自己行为方式的意识,以能做出理性判断,挽救自我的灭亡。

"超我(Superego)"处于人格的最上层,属于"前意识",是道德化了的自我,能进行自我批判和良心控制的理想化自我在儿童生长过程中,在父母和社会赏罚中逐渐形成。包括
(a) 良心(社会道德对人的惩罚和规范);
(b) 理想自我(指确定道德行为的标准)。
"超我"主要用以指导自我以道德良心为准去限制或压抑本我的本能冲动,按"至善原则"或"道德原则"活动。
现将上文所述列出对照如下:
(1) 超我 — 前意识:至善原则;力量次之。
(2) 自我 — 意 识:现实原则;
(3) 本我 — 无意识:快乐原则;力比多,最强力量。

按照人格结构,三重人格从上到下可排列为"超我—自我—本我"。"本我/无意识"潜流以力比多为主,具有最强大的力量;力量次之的是遵循至善原则的"超我/前意识"。这两者起着影响性作用,可分别从下至上和从上至下地决定着处于中间的"自我/意识"。

按照意识结构,三重意识从上到下可排列为"意识—前意识—无意识",中间的"前意识"虽此刻不在一个人的意识之中,但可通过集中注意力或者在没有干扰的情况下回忆起过往经验,从而进入"意识",但也可起到检核和警戒的作用,阻止无意识性的本能欲望进入意识之中。弗洛伊德曾以冰山为例将它们分为"上、下、底"三层:露出海面之上的为"意识/自我";常处于海水之下等退潮后才能见到的为"前意识/超我";处于冰山底部、永远无以得见的是"无意识/本我"。

我们必须认识到,19 至 20 世纪西方主流思潮为"理性至上"和"逻实论",相信现代社会的理性以及人可通过实证或逻辑推导获取真知;而弗洛伊德则提出了另类研究思辨性的方法,将"无意识"引入哲学家的视野之中,打破了传统哲学的禁锢,研究"意识、性欲、快感、解梦"等,首开后现代哲学研究这类领域的先河。他破除笛卡尔的"我思",创建了心理程序的模型,探索情绪的产生过程。另外,在欧洲盛行"理性思维"的年代,"疯癫"长期被视为"非理性"产物,常有以下应对措施(参见前文福柯条):
(1) 驱逐流放;
(2) 关进监狱;
(3) 神父教诲。
后来人们才认定疯子是病人,应交给医院治疗。但由于那时医学尚不发达,无法医治精神病人,直到弗洛伊德才开始建立"精神分析学",开设了

一个全新的研究方向,足以可见他对学界的巨大贡献。

3.2.1.4 评价

高觉敷(Freud 1910,高译 1984:译序)指出,弗洛伊德的声誉之隆,影响之大,在心理学家中是罕见的,但他的理论也有如下四点不足之处:

(1) 学界一般持有"心理 = 意识"的公式,即心理的就是意识的,意识的就是心理的。而弗氏过于偏重"潜意识",且认为意识的功能在于发现潜意识,人的一切行动都取决于以性为中心的潜意识,这显然有夸大其辞之嫌,犯有"性至上"、"反理性主义"之误。

(2) 循上思路,我们自然就能发现弗氏所持有的"泛性论"立场,将人降级为一般动物,抹煞了人与动物的差异,认为只有"自存(饥)"和"存种(爱)"两种目的,无视人之本质(一切社会关系之总和,特别是生产关系决定人之心理),滑入了唯物史观的对立面。

(3) 弗氏的"死本能"和"性恶论"也常遭人诟病。前者的目标在于将生命的本质视为重返无机状态,似乎在说人有毁灭自己生命的本能要求,在否定生命的意义和价值,难道"生不如死"?将精神病归结于"性",且将一切行动归因于以性为中心的潜意识,过于简单化。

(4) 他将"现代文化"与"幸福"对立起来,过分强调用幸福程度来衡量文化成就。倘若现代文化不能增进人的快乐,反而使人变得更加痛苦,不如复归于野蛮时期。这显然有失公允。这里必须阐述清楚"幸福"是对谁而言的?是针对个体,还是集体和整个社会?

3.2.2 费耶阿本德

保罗·卡尔·费耶阿本德(Paul Karl Feyerabend 1924—1994)出生于奥地利,是当代美国著名的科学哲学家、后现代哲学家,曾在加利福尼亚大学伯克利分校担任教授一职30余年。他的代表作主要有:

> 1975:Against Method: Outline of an Anarchistic Theory of Knowledge
> 《反对方法——无政府主义知识论纲要》;
> 1978:Science in a Free Society《自由社会中的科学》;
> 1984:Science as an Art《作为艺术的科学》(1984);
> 1987:Farewell to Reason《告别理性》

等。

3.2.2.1 认识论无政府主义

费耶阿本德坚守极端的"相对主义(特别是'科学的相对主义')",倡导"非理性主义"和"多元化",批判逻实论和理性主义,大力倡导用认识论无政府主义取代理性主义(包括科学理性主义)。他还提出了理论的"增生原则(Principle of Proliferation)",即可从一个理论中繁衍出一些与其逻辑上不一致的甚至是对立的理论。

3.2.2.2 "什么都行"

费耶阿本德坚决反对用整齐划一的理性方法来论述科学方法论(包括科学、科学发明和科学史等),这显然是与以理性主义为圭臬的传统科学方法截然对立。他(Feyerabend 1975,周昌忠译 2007:1)还喊出了:

Anything goes.(什么都行。)

的口号,即"只要能解决问题的方法都是好方法",我国常说的"不管白猫黑猫,只要能逮着老鼠的都是好猫"似乎与其大为相似。这一理念震撼了人们久已麻木的神经,再次唤醒了对绝对真理的反思。因此,他常被视为当代科学哲学中的最大异端。美国的实用主义和逻辑实用主义哲学家所奉行的"只要有用就是真理"的立场也与其相似。

他(1975)在 *Against Method: Outline of an Anarchistic Theory of Knowledge*(《反对方法——无政府主义知识论纲要》)中猛烈抨击了唯理主义的科学方法论(科技理性、逻实论),坚决反对普遍性方法论的规则。他(1975,周昌忠译 2007:导言 1)开宗明义地指出:

> 科学是一种本质上属于无政府主义的事业,理论上的无政府主义比起它的反面,即比起讲究理论上的法则和秩序来,更符合人本主义,也更能鼓励进步。

最成功的科学研究从来都不会沿袭同一套理性主义方法,因为科学具有复杂性,是一种异质性的进程,不可能用精确的逻辑、固定的模式去把控,应当大力倡导"知识论无政府主义",信守"多元论"和"多样性"的方针,充分尊重和发挥创造者的想象性和独创性,从而建立了他的科学哲学的基本原则:强调非理性,实施多元方法论,遵循"什么都行"的策略。

这样就能迎来科学技术大发展的春天，便可实现百花齐放、百家争鸣的大好局面。

但亦有学者对其提出了不同看法：如将科技发展视为"非理性的过程"，这无疑是有失偏颇的。波普尔的"猜想—反驳方法论"、库恩的"发散—收敛方法论"、拉卡托斯的"精致证伪主义科学理论评价方法论"等，都在不同程度上证明了科技发展是一种理性过程，若将其一味归结为非理性，有悖事实和常理，混淆了科学的常态和革命、动态和静态等的界限，过分夸大了非理性的作用，不足为训。一个较好的、科学的方法论对于科技发现无疑具有举足轻重的意义。

他（Feyerabend 1978）在 Science in a Free Society（《自由社会中的科学》）中将1975年关于"认识论无政府主义"、"多元论"、"相对主义"等论点，进一步拓展到整个社会，认为在一个特定的理论框架中谈论世界和社会，规范行动标准，那是没有意义的。他主张消解权威、清除独断、批判教条、倡导民主，并据此详细论述了这些观点对于建构自由社会的巨大作用。

3.2.2.3 告别理性

费耶阿本德（Feyerabend 1987）在 Farewell to Reason（《告别理性》）一书中猛烈批判了过分强调"进步"和"发展"的科技理性，坚定地捍卫"科学的相对主义"。他指出，所谓的"理性"是不存在的，"同一性"也毫无益处可言，"客观性"也是虚构的，对它们的追求纯属乌托邦之举。正如他（1987，陈健等译 2002：12，17，31）所说：

> 排斥文化多样性，科学本性一无所有。
> 文化多样性与"理性主义"等哲学相冲突。
> 理性是个大灾难，是时候告别它了。
> 许多曾经完全荒谬的观点现在成了知识的坚实基础。

3.2.2.4 小结

他曾在20世纪50年代到英国剑桥大学留学，原想师从维特根斯坦，但因维氏亦已去世，便师从波普尔。他在这一阶段主要遵循波普尔的理论，批判逻实论，但他的有关观点也影响到波普尔。他在20世纪60年代尝试建构一个"宽容"、"消过毒"的经验主义，此时便与波普尔出现了分歧。此后他重点论述了"理论多元化"、"文化多样性"、"科学的相对主义",学者应建构尽可能多的可供选择的理论。费耶阿本德在《论最近对"补遗"的批评》一文中批判了波普尔,使得后者很是不爽。

他在西方科学哲学界算是一位怪杰,也是后现代哲学中重要一员。

3.2.3 哈桑

伊哈布·哈桑(Ihab Hassan 1925—)是一位埃及裔美国籍的著名后现代文学评论家、文艺美学家、理论批评家,述著丰富(20多本专著,300多篇论文),获奖甚多,在国际学术界享有盛誉。在20世纪60年代就开始出版文学研究方面的专著,如:

> 1961: *Radical Innocence: Studies in the Contemporary American Novel*
> 1967: *The Literature of Silence: Henry Miller and Samuel Beckett*。

20世纪70至80年代,他专注于研究后现代哲学文化理论,如:

> 1971: *The Dismemberment of Orpheus: Toward a Postmodern Literature*
> 1980: *The Right Promethean Fire: Imagination, Science, and Cultural Change*。

特别是他的代表作 *The Postmodern Turn: Essays in Postmodern Theory and Culture*(《后现代的转向——后现代理论与文化论文集》,1987)在学术界深受好评。他基于哲学文化视角,通过理论的阐释与评价"触摸"后现代主义哲学文化的特征及其内在精神的脉动。近年来还开始写自传和游记。

3.2.3.1 后现代主义 vs 现代主义

哈桑认为,后现代主义与现代主义既相关联,又有区别,前者的快速崛起和流行传播,并不意味着要终结后者,两者不仅可共时并存,而且可进行对话,因为两者都在反思传统,批判老套,但在方式和目的上存在较大的差异,形成了各自的话语场。

他认为后现代主义哲学文化特征主要分为两大类11个特征:

(1) 解构性(Deconstructivism):
　　不确定性(Indeterminacy)　　碎片化(Fragmentation)
　　非原则性(Decanonization)　　不可表现性(Unrepresentable)
　　无我性和无深度性(Selflessness, Depthlessness)

(2) 重构性(Reconstructivism)：
反讽性(Irony)　　　　　　混杂性(Hybridization)
狂欢性(Carnivalization)　　建构性(Constructivism)
表演性和参与性(Performance, Participating)
内在性(Immanence)

他还指出,在所有上述特征中"不确定性"具有根本性,而其他术语都有一定程度的争议,可划归选言范畴,不断做修改、变形、分解、消隐、瓦解、移植或零散化处理。

3.2.3.2　评述

哈桑虽深刻地分析了后现代哲学文化的特征,所列述的后现代特征也很到位和全面,但遗憾的是:他并未能提出建构文化绿洲的良策,论述中常带有忧郁的心绪,因此,我们拟将他列入后现代第二期。正如他(Hassan 1987:180)自己在书中所说:

> 我设想出现一位新的康德,从柯尼斯堡走出来,他气宇轩昂地穿过铁幕,手中握着《第四批判——实践判断力批判》。在这部杰作中,理论与实践、伦理学和美学、超验理性和历史生活之间的一切矛盾都迎刃而解了。我伸手去捧这部卓越的论著,然而辉煌的幻影霍然消逝。(译文摘自佟立 1996)

3.2.4　瓦蒂莫

詹尼·瓦蒂莫(Gianni Vattimo 1936—　)是意大利当代著名的后现代哲学家和文化批评家,为意大利"后现代解释学"的主要代表人物,曾师从伽达默尔,这就形成了一个"胡—海—伽—瓦"师生谱系链。其代表作为《现代性的终结:后现代文化中的虚无主义和解释学》,1985 年在意大利出版,1988 年被译为英语。传播学界对他的评价为:他反对形而上学,尝试贴近过往历史,注重传播媒介与社会的联系,且提供了行动的准则(范国豪 2013);这有助于我们更深刻地了解后现代哲学家瓦蒂莫其人。

3.2.4.1　后现代解释学

瓦氏尝试将由施莱尔马赫(Schleiermacher 1768—1834)和狄尔泰

(Dilthey 1833—1911)所开创的、由海德格尔和伽达默尔发展的"解释学"置于更为宽广的视野中,主张把"解释学"与当代主流哲学文化、存在主义、结构主义、后结构主义、解构主义、马克思主义、历史主义以及美国的实用主义等结合起来,且将这种解释学视为一种"共同的语言"。这一观点深刻地影响着当代哲学、文化、教育、医学、社会学以及建筑等领域。

  海德格尔的学生施莱尔马赫首倡解释学,将其界定为"理解文本的艺术",主张重构当时的历史环境,尝试在特定的社会背景下解读出原作者的原意图。海氏的另一学生狄尔泰发展该观点,提出了"避免误解"的观点。由于作者和解释者之间在空间和时间上产生了差异化距离,为防止产生误解就需要"解释",其立场显然是基于"以作者为中心、否定读者地位"的。伽达默尔传承了海德格尔的"前设、前有、前见",继续挑战这种观点,力主为"成见"平反昭雪,且将其视为理解的必要前提。

  但瓦氏认为,伽氏思想还停留在现代阶段,其解释学保留了传统形而上学(相信基础、统一原理、永恒不变)的痕迹,还在强调客观精神。而瓦氏意在挑战形而上学,摧毁对象,倡导"弱化的本体论"和"解释学游戏(或曰对话游戏)",强调解释只是游戏而已,解释之外别无他物。正如该书的英译者施耐德(Snyder, J. R.)所说(Vattimo 1985,李建盛 2013:9):

> 在我们的经验世界中,我们所遭遇到的一切都只不过是一种"解释"——世界中的所有事物总是用我们自身的主观价值观念加以解释的事物。

因此,这种解释具开放性、无底性、无终止性。正是解释学的这些特征,强调了对话的差异性,允许人们在没有任何外在压力的情况下畅所欲言,自由论说,可保障言而由衷,人性便可得以充分释放和完全展露,从而使得解释学具有了"解放性",因此它的要旨不仅仅在于对话,而在于是一门"解放"的学说,强调在对话中应消解各种禁忌和独断,从而可望将这种解释学变为人类的"共同语言"。

3.2.4.2 人的终结

  瓦氏还沿着尼采的"上帝死了"和福柯"人死了"的思路,宣称了"人的终结",他还基于尼采和海德格尔的"虚无主义(Nihilism)"和"差异哲学(Philosophy of Difference)"进一步论述了真理的多元性,认为"根本不存在没有差异的终极保证和不可动摇的根基"。在传统形而上学理论的压抑下,真实世界转变为一种"寓言",它还可能继续指引人们把"寓言"解读为"真理"。瓦氏还指出了真理的多元性,认为在"科学真理"之外还有"艺术真理"、"历史哲学"等。

瓦氏根据解释学立场论述了"历史",认为历史就是胜利者的历史(本雅明最早论述过这一观点),胜利者是控制历史的人,只有他们的事迹被保存在历史中。他(Vattimo 1985,李建盛译 2013:61)指出,

> 历史编纂者所运用的修辞学分析技巧已经表明,我们的历史图像完全由某种文学风格的规则所限制;换言之,与其说历史是某种我们倾向于普遍认可的关系,还不如说历史就是一种"传奇(Story)"或"叙事(Narrative)"。

3.2.4.3 后现代真理观

瓦蒂莫在《现代性的终结》中强调当从后现代哲学角度重新认识真理观,倡导可从艺术的经验角度或基于修辞学的模式来解释真理,没有必要、也不可能获得必然的、普遍的、人人接受的"真"。本书的重要贡献在于:力图为人们重新审视形而上学真理观、理解现代性的结束及其对艺术和科学的深远影响,提出了一种新的哲学基础,为后现代解释学的推广和传播起到了重要的推进作用。

第四章

西哲第四转向：
后现代第三期导游图

我们在批判别人时，自当亮出自己的观点，否则难以说服他人。这也与辩证法相符，"破"与"立"相互依存，只讲"破"而不言"立"，有失偏颇，缺乏整体感。当后现代第二期的学者们在专肆解构和破坏时，却遗忘了这一辩证观。在此形势下，后现代第三期的建设性理论应运而生。该时期除维特根斯坦后期之外，主要包括美国的一批学者，他们既破又立，在批判过往思想时也建构出若干符合时代特征的新理论。另外，雷柯夫和约翰逊倡导的体验哲学以及基于其上的认知语言学、塞尔等倡导的心智哲学、钱冠连建构的中国后语哲和笔者提出的SOS理解模型、体验人本观、体认语言学，也当属于这一期的成果，中国学者也为后现代第三期做出了一定的贡献。该时期的主要特征为"建设性"和"体验性"。

4.1 序言

正如瓦蒂莫(Vattimo 1985,李建盛 2013:54)所指出的,尼采和海德格尔这两位后现代哲学的先驱都对欧洲思想遗产和现代性文化进行了激进的质疑。但这其中也充满悖论,比如,他们"都同时拒绝为它的批判性'克服'提出一种方法",因为对于尼采和海德格尔来说,提出克服性方案,就意味着依旧在遵循欧洲传统,一旦提出了某种理论,就又要确定某种基础或中心,这还会遭到后来者的批判,为此最后的方法就是"只批不建"。这一研究思路不仅限于上述两位伟大的哲学家,还影响了相当多的后来者,比如,后现代哲学第二期以及以"破坏性"和"解构性"为典型特征的法国军团也基本都持这一取向。或者,他们根本就未打谱提出什么建设性的替代策略,即使提了什么"克服方案",也是论述不明确,影响力不大,未能形成一个明显的理论取向。这便是法国军团的主要失误之处,常为后人所诟病。

4.1.1 第一次启蒙运动

欧洲于15至16世纪出现了"文艺复兴(Renaissance)",意在摆脱中世纪的神本位这一羁绊,弘扬被宗教神学边缘化了的"人",矛头直指教会。该运动的主题是"人文主义(Humanism)",认为文学创作、社会生活、理论研究的主题当为"人"而不是"神",这大大满足了新兴的资产阶级在思想理论上的需求。

到了17—18世纪,随着新兴资产阶级的不断强盛,封建专制不甘心退出历史舞台,于是在欧洲的英、法、德等国爆发了"启蒙运动(Enlightenment Movement)",将斗争矛头既指向宗教(主要是基督教会)又指向封建专制,意在批判迷信和无知,以能摆脱封建主义和宗教信仰的束缚,回归人本,崇尚理性,尊重科学,倡导人权,喊出了"自由、平等、博爱"的口号。在这两个运动的推动下,欧洲文明出现了巨大进步,导致了工业革命、科技发展、现代文明[①]。

特别值得一提的是法国启蒙运动,它是法国18世纪的一次波澜壮阔

---

① 中国于20世纪20年代爆发的"五四新文化运动",常被学界视为第一次启蒙,唤醒了中国人民的自由意识和尊严意识,摆脱了封建专制的愚昧,尊奉德先生(民主)和赛先生(科学),以至于后来发展为"德菩萨"和"赛菩萨"。但遗憾的是,它们也未能给灾难深重的中华民族带来工业文明和现代化。

的思想解放运动,其斗争对象为封建专制制度及其精神支柱——天主教会势力。该运动是法国大革命的前夜,在政治上、思想上和理论上为西方后来的经济社会高速发展奠定了坚实的基础,对整个西方近代文明产生了深远而又关键的影响,最终使法国走进现代文明发达国家的行列,从而也导致整个西方进入了工业革命和现代化的新时代。

启蒙运动还为美国 18 世纪的独立战争和法国大革命提供了理论基础,且也影响到很多其他国家,从而成为一个时代的标签。我国 1919 年的"五四运动",也是受其影响而爆发的一场史无前例的文化运动。

4.1.1.1 第一次启蒙运动的特征

文艺复兴和启蒙运动在反对中世纪宗教哲学和封建制度中有伟大的历史性意义,我们若将该时期各路学者提出的各种观点置于历史发展的潮流中来审视,就会发现它们既具有时代进步性,本身也面临一些难以解决的困境,烙上了鲜明的时代特征。正如哈贝马斯 1981 年在"Modernity versus Postmodernity(《现代性和后现代性》)"一文中所指出的:

> 由 18 世纪启蒙哲学家所开创的现代性事业,就在于根据各自的内在逻辑来努力发展客观科学、普遍道德与法律以及自主艺术。与此同时,这一事业还意图将这些领域中的认知潜能从各自的秘传神授形式中解放出来。启蒙哲学家希望用不断积累起来的各门专业文化来丰富我们的日常生活,也就是说,理性地组织我们的日常社会生活。

本书拟从以下四个方面加以简述。

(1)斗争与批判。该运动奉行"物竞天择"、"竞争抗斗"的原则,用霍布斯(Hobbes 1649)的一句话来说就是"每一个人对每一个人的战争",大有"舍得一身剐,敢把皇帝拉下马"的造反精神,这个时期的人彰显出强烈的支配欲、争霸欲。在此原则的统摄下,完全否认传统和文化的作用,出现了"虚无主义"和"无政府主义",终结神学控制,竭力将其去魅。

(2)力倡人文主义。摆脱神本,以求将人从封建和宗教的双重枷锁中解脱出来,强调平等、自由、人权。但也过分强调人本和理性,追求绝对的、单向度的、个体化的自由,使得民主观打上了西方中心论、普世性、片面性、均质化等烙印。随着运动的深入,"人"的地位被抬高到极致,又滑向了"人类中心论"、"人定胜天"的另一极端,导致了人基于"征服"心态对自然和资源所做的过分开发、掠夺乃是毁坏。

（3）尊重理性、科学、知识（知识就是力量），任何经不住理性研究的东西必须被抛弃，且认为宗教学说也当满足人之理性的标准，狄德罗（Diderot 1713—1784）等编写的《百科全书》即为遵从理性和知识的光辉成果。因此，理性被视为启蒙运动高扬的第一面大旗，是整个启蒙时代的"统一的核心观点"。恩格斯也认为，一切都必须在理性的法庭面前为自己存在作辩护或者放弃存在的权利（参见王治河等 2011:17）。人们通过理性发现了客观规律，建立了自然科学，认为任何经不住理性推敲、不符合科学的东西必须被抛弃。狄德罗等所编的《百科全书》就是这个时期的光辉成果。但是谁也没有想到，在此指导思想下"科学主义、工具理性、科技理性、启蒙理性、目的理性、实证理性"成为其必然产物，使得人类在发展生产力、改善生活质量的同时也不得不吞下"破坏生态"的苦果。

（4）范围广，影响大。这一运动几乎覆盖到各个知识领域，如自然科学、哲学、伦理学、政治学、经济学、历史学、文学、教育学等等。该运动不仅为法国大革命，而且还为美国独立战争提供了坚实的理论基础，导致了资本主义和社会主义的兴起。

但是，在第一次启蒙运动取得辉煌成就的背后，也隐藏着若干严重问题，甚至是极为严重的问题，有的危害可能是灾难性的。美国著名建设性后现代哲学家柯布曾述及：著名英国社会学家吉登斯曾坦言，即使韦伯也没有能预见到现代性更为黑暗的一面究竟有多严重。詹姆斯的言词则更为刻薄，他认为，现代性哲学基本上是没有用的，没有向我们说明任何事情，没有取得任何成果（参见冯俊 2012）。

泰勒（C. Taylor 1991，程炼译 2001）在《现代性之隐忧》一书中曾述及，曾为现代性的三个辉煌成就现已成为三点忧虑：

（1）崇尚自由，却导致了个人主义的片面化发展；
（2）倡导科学，致使工具理性猖獗，科技支配人；
（3）人类中心，引出温和的专制主义，威胁生态。

福柯也严厉批判了第一次启蒙运动，敦促人们放弃启蒙运动那种对知识之基础以及知识体系的追求，因为这种追求掩盖了知识与权力的纠缠不清的关系。塞德曼（Seidman 994，吴世雄译 2001:10）也指出：

> 启蒙文化正在丧失其为西方芸芸众生的生活提供合法性、连贯

性和目的性的能力。它的确定性和社会目标正在受到挑战,并且正在丧失其宝贵的文化资本。

王治河等(2007,2011)则从后现代主义的角度较为详细地分析了这次启蒙运动的七大弊端(王治河等 2011:7-23):

(1) 对自然的帝国主义态度;
(2) 对他者的种族主义立场;
(3) 对传统的虚无主义姿态;
(4) 对科学的盲目崇拜;
(5) 对理性的过分迷信;
(6) 对自由的单向度解释;
(7) 对民主的均质化理解。

我们下文重点论述有关第一次启蒙运动中的"理性"和"科学"这两个概念的内容。

4.1.1.2 理性至上

从上所述可见,"理性至上"是启蒙运动的一项最重要的成果,其他成果大多都可归结在该范畴之下。但在西方,对"理性"的研究历史却是由来已久。

古希腊哲学家曾就世界本质提出过"感性论 vs 理性论",苏格拉底、柏拉图、巴门尼德等主张理性论,认为世界是由"观念"、"理念"组成的,纯粹的理性活动(即思辨)是最幸福的生活,其可靠性在于演绎推理和数学推理(公理化方法),而归纳不能从理性上证明为合理。其弟子亚里士多德既是理性论者,也是感性论者,但在学界主要将他视为后者。亚氏曾将灵魂分为三种:理性、情绪、欲望,且指出后两者必须服从理性,才能发现真理,理性是通往真知之路。亚氏还认为理性是区分人类与其他动物的标准,该观点延续了 2 000 多年。

中世纪之初的圣奥古斯丁(Augustinus Hipponensis 354—430)为古罗马帝国时期的天主教思想家,也是欧洲中世纪基督教神学、教父哲学的重要代表人物,在罗马天主教系统中被封为圣人和圣师。提出"信仰大于理性"的口号之后,主张将理性置于信仰之下,之后,人们不是依靠理性和知识,而是按照宗教信仰来规范自己的行动。自此,人们将视野转向了经院哲学,使得西方进入了约千年的中世纪神学时代(5世纪—15世纪)。

笛卡尔采用"普遍怀疑"的方法掀起了一场挑战"信仰"和"权威"的唯理性研究思潮,倡导人们凭借自己生而固有(天赋)的理性能力、运用理性推理的方法来建立绝对可靠的知识体系。笛卡尔以后的许多西方哲学家接受了他的这一思路,致力于"凭借人的理性来确立可靠的知识体系",这就引出了理性至上、科学主义、基础主义等形而上学的基本原则,使得现代性逐步形成了一种"划一思维"的世界观,看似科学,但却隐藏着引起若干社会问题的总根源。

可见,文艺复兴和启蒙运动逐步将人推到了中心地位,特别推崇人的理性,且基于此发展出"倡导自由民主、尊重科学知识",自此,学界就对理性取得了如下的认识:

> 理性是最高的认知能力;
> 一切都是理性思维的产物;
> 一切知识都是人运用理性的结果。

从而将理性推向了"主宰现实"、"支配世界"、"决定一切"的高峰,包括历史、国家、社会等的发展(程志民 1993:6)。

要能将理性置于这一中心位置,其首要条件就是"主体自由"和"社会民主",这样人就可充分发挥出其内在的驱动力,使得主体投入时间和精力按照理性自身的要求去否定不合理的现实,改造世界,以能达至现实和理性的一致性。

4.1.1.3 科学主义和机械论世界观

"理性至上"的结果导致现代(按照我们的术语,应是"近代")科学技术的产生,人类只要按照理性进行思维和实验,就必定能在科技上取得重大进步;进而又演化出了另一极端"科学主义(Scientism)",它认为不仅理工科,即便是人文社科,也可依据"实证主义"或"逻辑实证主义"的原则加以研究,可将文科和理科统一在同一个理论框架加以研究。在此思潮的影响下,英美在19世纪末20世纪初出现了语言哲学早期的"理想语言学派",认为自然语言不可靠,其模糊性引起哲学理论的混乱,导致若干无谓的争吵。据此,该学派大力倡导建构一套形式化语言,极力推行用现代形式逻辑(又叫数理逻辑)对语义进行形式化处理,这一研究思路显然就是"科学主义"的产物。

培根（Bacon 1561—1626,重视科学实验）、笛卡尔（Descartes 1596—1650,解析几何）、牛顿（Newton 1643—1727,机械力学）、莱布尼茨（Leibniz 1646—1716,微积分、二进制）等一批科学家共同确立了"实验方法"、"还原论（Reductionism）"、"机械论"等科学理论,极大地推动了生产力的发展,使得现代科技突飞猛进。这种"科学主义"、"机械论世界观"波及那个时期几乎所有的学科,包括人文社科等诸多领域和专业。正如斯普瑞特耐克（Spretnak 1997,张妮妮译 2001:23-24）所说：

> 自从机械论世界观在 16、17 世纪科学革命中出现进而占据优势之后,现代西方思想便认为自然在一个惯性参考框架内是可预测的。这个参考框架可用数学计算来确定。整个宇宙被视为一台由死物质（至少是无声无息的物质）上演的戏剧：各种对象散落在空寂无聊的空间,依照固定的机械行为法则运动,在始终不变的时间中流动。透过这副意识形态眼睛,整个自然看上去就成了志得意满的现代科学知识的俘虏。

这一机械论世界观贯穿了西方世界诸多领域达 500 年之久。

人们发现了自然界的一些机械性规律之后,便盲目地相信：自然就是一台设计精巧的机器,像钟表一样,"上帝"在开始之时将其设定为有规律的运动之后,它就可根据牛顿的机械力学原理一直自动运行下去。因此,物理世界就被视为一个完全建立在机械规律和还原论之上的若干无生命物质之集合,牛顿的物理学就是要运用其机械力学来解释世间的一切运动。

古希腊哲学家德谟克利特（Democritus 约公元前 460—370）提出世界万物皆由不变的、看不见的、不可分的原子构成,"Atom"这个单词就是由 a-(not) 和 tom（切分）组合而成。现代化学就是建立在这一理论之上的,学界认定世界可还原为个别实体,它们又分别由分子、原子、粒子等组成,构成了一个具有不同层次的结构网络,完全忽视了该系统内部所具有的自组织能力,未曾注意到系统内要素属性整合后所具有的创造力。

笛卡尔也认可这一点,他基于他的"机械论世界观"将哥白尼建立的宇宙体系视为原子论的实例,原子和原子的聚合体在宇宙之中基于机械原理有规律地运行,还为这一规律提供了数学描写。这样,外部世界就可等于一部可服务于人类利益的机器,可提供尽情享用的财富。这一理论的结果就是"人类中心论"的无限膨胀,自然沦落为"奴婢",降格成"机器",人可随意使用奴婢,操控机器,俨然将自己凌驾于物理世界之上,前者以主人翁的姿态自居,对后者实施无情开发、利用,甚至是征服、掠夺、摧毁。就这样,培根和牛顿的归纳性经验论与笛卡尔的演绎性数学原理的有效结合为现代科学奠定了理论基础,机械论世界观就上升为西方社会发展的基本原则,同时也框定了西方思想的发展路径。

在机械论世界观的影响下,17—18世纪的西方哲学出现了"机械唯物论(Mechanistic Materialism)"这一哲学中的唯物论派别,主张以机械的观点,用纯粹力学的理论来统一解释自然界、人类社会和认识论,它与科学主义的基本原则相同。其代表人物有:霍布斯(Hobbes 1588—1679)、伽桑第(Gassendi 1592—1655)、拉美特利(La Mettrie 1709—1751)、狄德罗(Diderot 1713—1784)、霍尔巴赫(Holbach 1723—1789)、爱尔维修(Helvetius 1715—1771)、孔迪亚克(Condillac 1715—1780)等。根据这种观点还产生了认识论中的"镜像观(Mirroring View)",认为人们的心智可以像"照镜子"一样地机械地、照实地反映客观世界,这成为形而上哲学的一种典型的形式。

启蒙主义者霍布斯和洛克(Locke 1632—1704)受到牛顿机械力学的影响,形成了按照逻辑进行"机械思维"的观点,创立了一种用孤立的、静止的、外在的观点来研究人类社会现象(包括法律),将自然科学的机械方法运用于人文社科,人可视为独立存在的个体,他们可通过"社会契约"走到一起形成社会,构成一个机械性社会系统。霍布斯成为近代基于自然法系统建立"国家契约说"的第一人。他和洛克一样,认为社会是由个体组成,社会可还原为个体,个体被视为比社会更基本的要素,社会是为个体而存在的,因此个体是先于社会而存在的。后来的卢梭(Rousseau 1712—1778)基于霍布斯和洛克的观点,摆脱了"自然论"的束缚,进一步从社会论角度论述了"社会契约论",认为社会先于政府,一切权力当来自于人民的"公意",政府当为人民的公仆。

被称为启蒙性经济学家的亚当·斯密(A. Smith 1723—1790)于1776年出版的《国富论》基于理性分析提出了关于经济活动的机械论思想,且对这一运行机制充满了信心,十分符合当时的时代特征。他视牛顿的"机械论"和"还原论"为人类社会的基本性质,认为社会是由若干独立个体构成的集合体,这些个体要么出卖劳动力,要么购买劳动力,人的本质即为"经济动物",世间一切当以满足人之经济需求为"唯一目的",其他外物皆为工具而已。在这些个体之中也存在一种"万有引力",这就是能导致若干个体组织成社会体系的"那只看不见的手"——市场。只要这个市场机械论的自然规律不被打扰,让其自然运行下去,社会就会不断前行,因为"自由放任、自由发展"的资本主义制度适宜于解放人类社会的潜能。

经济学界在此思想指导下,认为自然就是物质,其唯一价值就在于满足人之需要。这个市场机器主要凭借"供给(Supply)"和"需求(Demand)"这两个要素之间的规律性机械关系来确定商品价格。

很多企业家一直认为各类经济实体就是"利润"和"赚钱"的机器,且还常以其为企业管理的基本模式,其麾下的全体人员都是这个大机器上的零部件,很多工人还常不乏自豪地自喻为"要做这个机器上一颗永不生锈的螺丝钉"。这不正是我们批判了多年的一种资本主义现代化的现象吗? 比如,卓别林在 Modern Times(《摩登时代》)中的经典表演,拿着一个大钳子像机器一样不停地拧螺丝,人成了机床的延长物。正如柯布(Cobb 和刘昀献 2010)所说:

> 建立在现代机械论和个人主义思维基础上的新自由主义经济学对此的确难辞其咎。

我们当吸取资本主义现代化的这一教训,有效更正过往"一切以效益和业绩为准"的观点,不能一味盲目地引进开发,以侵吞良田为代价设立的若干没有效益甚至已荒废了的经济开发区当退还为耕田或树林,停止片面追求"GNP"和"GDP",更不能再以其作为衡量好干部的标准,视环保为儿戏,最终在生态问题上付出沉重的代价。当今很多部门和企业都在大力倡导"以人为本"、"人文关怀"、"团队精神"、"拓展训练",举办各类以"人与自然"为主题的活动,值得点赞,说明我们不仅在反思,而且已在行动。

康德(Kant 1724—1804)也主张将牛顿机械力学运用到哲学之中,相信世间只存在一种时空形式和一种因果模式[1]。达尔文也根据自然法则和自由发展的原理建构了"物种进化论",而且最终将他的进化论机制,即那只看不见的手,落实在"物竞天择"之上,这与现代性所强调的"批判斗争"的精神完全吻合,参见上文。

现代生物学、医学等也深受影响,到处都体现出"以人为器"的思想,比如,对待人的身体也持"机械论",把身体视为一个由简单因果原理操纵

---

[1] 斯普瑞特耐克(Spretnak 1997,张妮妮译 2001:70)也曾述及,马克思也宣告自己已经找到了"运动的规律",保留了黑格尔辩证法中的机械论观点。

的生物机器,全然不顾人是一个有机组织的整体观。在现代医学中,常采用"哪部分出问题就治疗哪里"的方法,所谓的"头疼医头,脚痛医脚"就是这一观点的真实写照。现代手术也是基于机械论建立起来的,哪个部位的零件出了毛病,就可用机械刀加以修复,切除有病变的组织,或直接更换出了问题的部位。

又如,现代医院的分科越来越精细,要就诊,首先就要知晓自己哪里出了毛病(病人先得当医生),然后再到有关专业医院。看看如今医院的名称便可见一斑:精神病院、结核病院、儿科、妇科、男科、牙科、胸科等专业医院,名目繁多,遍地皆是。一个大医院会有很多科室,各有分工,自己管自己,病人首先要针对自己的病情挂对了号,若一时间病人不知道哪里出了问题,就得在医院里一个科一个科地跑,常使他发出"劳民伤财"的抱怨,真是没病也被折腾出病了。好像我国古人所说的故事就是针对这种现代医院做出的讽刺:一个外科医生只管将射入士兵身上的箭从外面剪掉就可了事。

同样,在教育界也或多或少地存在"以人为器"的机械教育观,如不少指导性文件上常出现诸如"将学生培养为……服务的有用之才",求根问源,这就是一种工具观。学校开设课程,要么围绕"高考"指挥棒转,要么什么都要纳入到人为制定的"计划"、"大纲"中,不得越雷池,似乎忽视了具体问题具体分析的基本原理,更忘却了将培养对象视为活生生的有机生命来对待及当以"激活智力、想象力和创造力"为志趣的培养精神。

请看斯普瑞特耐克(Spretnak 1997,张妮妮译 2001:217)对"机器美"的描述,这样更能体会到机械论世界观的影响之深远:

> 建筑师勒科比西耶称房子为"用来居住的机器";文学批评家 I.A.理查兹相信书是"有思想的机器";电影导演谢尔盖·爱森斯坦宣称戏剧是"行动的机器";摄影家艾尔弗雷德·斯蒂格利茨说美国摩天大楼像"一架庞大的机器"。……像从前一样,人们认为,通过机械结构、功能、客观性和标准化的训练,人道主义信念作为反自然的能量爆发,向这种审美观点注入了崇高真理的启示。

一言以蔽之,文艺复兴和启蒙运动所开发出的现代性,将"人、理性、机械科学论"推崇至极高度地位,人运用自己的理性发现了自然法则、机械力学以及真理,它们贯穿于人类社会和行为的方方面面。在此观念的统摄下,现代人的任务就是:设计出一套能反映自然法则的社会制度和机械性实践方案,人便可摆脱受压迫的状态,充分享受自由和民主。

欧洲的浪漫主义者早就开始批判这种"机械论世界观"和"形式化思维方式",认为自然不是由零件和齿轮组成的机械物,而是一个神圣的整体。他们反对现代性将人视为笛卡尔主义的机器,反对"机械论世界观"以及"新机械论哲学",并告诫世人应当关注现代社会中所存在的"分裂状况",倡导差异性的有机论,既认为所有个人不仅是多元性社会这个整体的一个分子,还指出所有个人都具有唯一性和不可替代性,每个人都是人类种种可能性的展示,这为启蒙主义者所倡导的"人的解放"和"自由"提供了另一番解读。他们还倡导多元文化,反对启蒙思想中的划一性的"精神原子论"。

我们知道,欧洲浪漫主义文学(1775—1830)产生于 18 世纪末,在 19 世纪上半叶达到繁荣时期,是西方现代文学(有些作品称之为"近代文学")中的一个重要思潮。它一方面传承了文艺复兴和启蒙运动时期的人本主义;另一方面也批判了现代性中僵化的形式主义(特别是古典主义创作方法)以及科学主义中的机械论世界观;同时,它与现实主义文学思潮共同造就了 19 世纪西方文学的繁荣局面;更有甚至,他还对后现代主义文学和哲学研究产生了深远的影响。正如英国浪漫主义诗人、画家、雕刻家布莱克(W. Blake 1757—1827)在"Lost the Terrible(《失去恐怖》)"中的诗句所言:

上帝啊,让我们远离
那唯一的观点,远离牛顿不醒的睡梦吧!

真可谓一语中的,文学家道出了哲学家的心声。

德国浪漫主义诗人歌德(Goethe, Johann Wolfgang von 1749—1832)也向牛顿的科学提出挑战,认为靠这类经验来摆弄自然,只能证明"摆弄"的可能性,这仅是对自然的某种"加工"而已。他还批判说,科学假设很容易被视为科学定论,那些科学家们由此就被哄得可以安然入睡了(参见 Spretnak 1997,张妮妮译 2001:177)。

著名的英国浪漫主义诗人、文艺批评家、湖畔派代表柯尔律治(S. T. Coleridge 1772—1834)与另一位著名的英国浪漫主义诗人华兹华斯(W. Wordsworth 1770—1850)合作出版了《抒情歌谣集》,首开英国浪漫主义文学之先河,他们的诗歌理论曾动摇了英国古典主义诗学的统治地位,有力地推动了英国诗歌的革新和浪漫主义运动的发展。柯尔律治还持"有机论"哲学观,认为机械论世界观于事无补,只能是形象和运动的"几何学抽象",其绝对主义充其量仅是"一种科学的幻想"而已,并非因为各种各样的机械论观察过程错了,而是因为他们所观察的视域仅是"相对真理"罢了。

4.1.2　第二次启蒙运动

4.1.2.1　西方建设性后现代哲学家

马尔库塞(Marcuse 1964:257)在"*One-Dimensional Man: Studies in the Ideology of Advanced Industrial Society*(《单向度的人——发达工业社会意识形态研究》)"中就指出了"只批不立"的缺陷,他说:

社会批判理论没有概念可以作为桥梁架通现在与未来。

这批学者在发表了一通愤世嫉俗的言论之后,紧接着就是无奈的叹息和绝望的悲哀,这能于事有补吗? 照此说来我们不禁要问:不提出新观点,只知道"破",就真的能解决问题了吗? 我们论述世界、谈论事物、探索人生,总要有个基本出发点嘛!"破"字当头,"立"真的就能自然显现于其中吗? 它还是需要被言明的! 这就应了我们常讲的一句话:

我们不仅要摧毁一个旧世界,还要建设一个新时代。

因为人类总得还要继续生存下去。

我们在第一章图 1.1 的后现代第三期中,主要列出了 13 位建设性后现代哲学家,且分别对他们做了评介(详见下文),他们都在批判的基础上提出了建设性新理论。当今活跃在美国哲学界这一领域的主要是柯布和格里芬师徒俩。美国过程研究中心主任小约翰·柯布(John Cobb, Jr.,参见王治河等 2011:4)指出:

建设性后现代主义对解构性的后现代主义的立场持批判态度……我们明确地把生态主义维度引入后现代主义中,后现代是人与人、人与自然和谐相处的时代。这个时代将保留现代性中某些积极性的东西,但超越其二元论、人类中心主义、男权主义,以建构一个所有生命共同福祉(for the common good)都得到重视和关心的后现代世界。

他不仅批判了现代性,而且还批判了后现代第二期的解构论,且大力倡导怀特海的过程哲学,将"有机性"、"生态论"等引入建设性后现代哲学之中。这与中国传统哲学所倡导天人合一、万物一体、敬天惜物、乐道尚和、民胞物与等流行了两千多年的观念接上了轨。

美国著名的建设性后现代哲学家斯普瑞特奈克也严厉批判了因第一次启蒙形成的现代性之弊端,她(Spretnak 1997,张妮妮译 2001:6,4,78)指出:

> 解构的后现代主义对学术界15年的控制所造成的绝妙后果是框定了某种对现代性的进攻,而这种进攻恰恰遗忘了核心的问题,对真实的压迫。现代世界观强行造成了人与周围自然界、自我与他人、心灵与身体之间的破坏性断裂。
>
> 正如地球共同体上的生命形式一样,人类首先是关系的存在物。将人当做鼓励的生产和消费单元,并强化技术的发展步伐以及人类生活的分离性,简直是狂人的想法。这种想法预示了放纵的"进步",但是这个进步却带来了人类的苦难和一颗受伤的星球。
>
> 现代性将人摆在自然之巅的一个玻璃盒子里,坚持人与自然界其他事物彻底分离的态度。它脱离地球共同体这一更大的故事来构思人类的故事。要想成为真正的后现代就要反对分离性,要打开盒子把我们重新放回到更大的背景,即地球、宇宙、神圣的整体中去。

她肯定了解构主义哲学(即本书所说的后现代第二期)的功绩,它在批判因第一次启蒙所产生的现代性方面功不可没;但是解构主义本身的批判尚未能击中现代性的要害——"对真实的压迫",其中的"真实(The Real)"主要包括三个方面:认知性的身体、创造性的宇宙、复杂性的区域。一言以蔽之,现代性和解构论都断裂或忽略了"人与自然"、"人与人"、"身体与心智"之间的有机和谐,这才有了她的1997年一书的出版,书名就一语中的,主要从三个方面(身体、自然、区域)论述了如何实施对"真实之复兴"的计划。斯普瑞特耐克吸收了怀特海"过程哲学"的思想,重"关系",轻"实体",主张用"生态后现代主义"取代"现代性",以解决因上文第一段引用中所述及的因三个断裂而留下的灾难。

4.1.2.2 严厉批判科学主义

由第一次启蒙带来的现代科学确实使社会发生了翻天覆地的变化,

人们享受到现代科技的成果，生活变得更加便利和舒坦。但是，这也给当今社会和生态带来了若干灾难，因而不断受到指责和批判。

马克思早就批判了第一次启蒙运动产生的"机械唯物论"，他在唯物论的基础上吸取了黑格尔的辩证法，建构了"辩证唯物论"，提出了一条"从物质到精神，再由精神到物质的"双向性认识路线。他认为人类认识的发展过程是"从感性认识到理性认识，再从理性认识到能动地改造客观世界"的一个辩证过程，大力倡导反映、实践、辩证的观点。到了 20 世纪，这一批判逐步进入高潮，如：胡塞尔、海德格尔、费耶阿本德、哈贝马斯等接受了马克思的这一思想，都严厉批判了机械唯物论和科学主义，特别到了后现代时期，对科学主义的批判更是成为后现代哲学最重要的特点之一。

科斯洛夫斯基（Koslowski 1987，毛怡红译 2011）也深入批判了现代性中的科学主义（以技术为导向），认为不可忽视"以文化为导向"的社会发展方针。他认为艺术与技术一样，同样可实现"去蔽"的目的，完全可以利用文化、知识、信息等资源来解决现代性之不足，包括经济领域，如：能源短缺问题，大力开发智能机取代现有生产设备等。他（毛译 2011:2,4）在书中指出：

> 现代化是必要的，但这并不是强迫人们以唯一的技术导向的方式去回应现代化。后现代文化毋宁是这样一种社会的文化：它能够用人道的、符合人们意愿的方式实现现代化，同时又保持与往昔、传统的平衡。
>
> 采取何种技术是由文化决定的。

我国另一著名的后现代理论家高宣扬（2010:119）也指出，"理性"一直是自启蒙运动以来西方社会和文化发展过程中的最高权威，但两次世界大战动摇了人们的这一信念，摧毁了对理性所给予的各种幻想。他继而分析说：黑格尔、马克思早就批判了现代社会中的理性主体论，后来的法兰克福学派继续批判工具化理性，重点指责了以知识形式表现出来的工具理性及其危害（Horkheimer 1930, 1968; Horkheimer & Adorno 1944）。哈贝马斯也发扬了法兰克福学派对理性进行批判的基本原则，放弃了第一代理论家的理性异化论，提出"交往理性论"，以图重塑新型的理性观。

李陀（2000）在为默克罗比（McRobbie 1994）的中译本（《后现代主义与大众文化》，田晓菲译 2000）所作序言中也严厉指责了由理性权威所直

接导致的"科学主义",他说:

> 更严重的是,由于科学主义正是在这一过程中建立了它的权威地位,人文知识领域亦不得不受其统摄,于是本来和自然科学知识是两股道上跑车的人文知识,也按照"科学知识"的分类模式进行了细密的分科和分工,由此形成20世纪知识发展的基本格局。这个格局对知识发展产生了一定的积极作用,但其阻碍知识发展的负面作用也越来越被人所重视。

4.1.2.3 我国学者的贡献

我国当今也出现了一批后现代哲学家,他们不仅活跃在中国学术舞台上,而且也在全世界产生了较大的影响,王治河、汤一介、程志民、高宣扬、赵一凡、王岳川、樊美筠、张旭东、李陀等就是这样的中国学者。

解构派后现代学者的批判产生了巨大的警世意义,但缺憾是"只批不立",未能建构出具有指导意义的替代品。正如我国著名哲学家和国学大师汤一介(2011:序言)所指出的:

> 初期的后现代主义目的在于"解构",企图粉碎一切权威,这无疑是有意义的。但是它却并未提出新的建设性主张,也并未策划过一个新时代。

王治河、樊美筠不像初期的后现代主义(相当于本书所说的后现代第一期和第二期)那样,仅满足于批判和解构,而立志于建构和创新。他们(王治河等 2011:24-38)在上述反思的基础之上首次提出了"第二次启蒙(Second Enlightenment)",针锋相对地规划出七条应对策略:

(1) 超越人类中心主义,高扬生态意识;
(2) 超越西方中心主义,推崇文化互补意识;
(3) 挑战"划一意识",欣赏多元之美;
(4) 拒绝"抽象自由"观,走向有责任的深度自由;
(5) 扬弃均值民主,走向道义民主;
(6) 挑战霸道科学,走向厚道科学;
(7) 超越纯粹理性,呼唤审美智慧。

他们还认为,第二次启蒙可望为当今世界找到新出路。特别值得注意的是,第一次启蒙是西方人唱独角戏,而第二次启蒙当含中国元素。柯布(J. Cobb 2011,参见王治河等 2001:11)指出:

> 第一次启蒙之诸观念提出于西方,被中国全盘接受。第二次启蒙可因西方后现代主义思想家对第一次启蒙之批判而获益。它也会因西方已开始采用一种建设性思维而获益。然而,中国之第二次启蒙必须出自中国思维。它的基础必须是,将当代中国之理性思想及想象与中国古典中最深刻之直觉结合为一体,并再次以此来观照自然与社会。

这就明言,第二次启蒙必须要有中国学者的介入,我们欢迎西方学者能摆脱"西方中心主义",清醒地认识到东方文明的重要性。我国学者也当奋发图强,当迅速将自己融入到世界人文大潮的研究之中,有一份担当,尽一份责任,发出华夏人的光和热,努力对世界文明做出自己的贡献。

美国当代后现代主义思想家柯布堪称该领域的领军人物,对于由中国学者所直接参与的第二次启蒙运动一直寄予厚望,他曾说过"中国全盘接受了第一次启蒙"这样的话。这对于 20 世纪早期"五四"新文化运动中企图使中国全盘西化的部分学者(如胡适、陈独秀、钱玄同、鲁迅、傅斯年、郭沫若等)来说,可能是情况属实,但就中国的整体思想研究走向而言,与其相对的"国粹派"和"新儒学"也很有市场。近年来我们国家实行了"改革开放"、"中国特色"、"中国梦"的国策,从未按照"全盘接受"的思路行事,而一直在强调有我国特色的建设思路。就我国研究后现代哲学(包含体验哲学)和体认语言学的学者来说,我们也没有"全盘西化",而一直在"继承和发展"的原则统摄下,进行着本土化的人文社科研究,在这方面提出了很多有我特色的中国后语哲和体认语言学研究思路和方法,也提出了很多独到见解(钱冠连 2015;王寅 2014)。

4.1.2.4　中国的"天人合一"传统

中西学者都认为,第二次启蒙中很多观点与中国的传统文化有相似之处,后者为前者做出了重要的理论贡献。

我国最早的哲学经典著作《易经》早就强调"三才"之道,将"天、地、人"三才并立起来,且将"人"的地位放在中心地位。以老子、庄子为代表

的道家崇尚自然,无为而治。老子说:

> 道生一,一生二,二生三,三生万物。
> 人法地,地法天,天法道,道法自然。

用"道"将天下万物(包括人、地、天)统合起来。庄子据此进一步提出了"天人合一"的思想,后被汉代思想家、阴阳家董仲舒进一步发展为"天人合一"的哲学思想体系。还有很多古代哲人提出了"万物一体、敬天惜物、乐道尚和"的思想,这些观点融为一体,构建了中华传统文化的主体。

北宋大儒、理学家创始人之一的张载(1020—1077)据此进一步阐发了"民胞物与,物吾与也"的思想。句中的"民"为普通民众,泛指天下苍生;"胞"指胞亲、血肉,意为自己人;"物"指自己的财物;"与"是"给予"之义,"物吾与也"含"乐善好施"之义。整句话的意思是:民是我的血肉同胞,物皆为同类,天下苍生和万物为上天所赐,我们当爱人和一切物类,且应乐善好施。这句话可与他的另一句22字名言:

> 为天地立心,为生民立命,为往圣继绝学,为天下开太平。

结合起来理解,便可更好地理解张载所持"天人合一"的世界观。这是温家宝总理在美国哈佛大学和日本京都立命馆大学演讲中所引张载语录,作为寄语赠送给年轻一代。其中的"为天地立心"进一步表明张载的理学观,其一解为:

> 天地本无心,人心即为天地之心。

其二解为:

> "天地"包括自然和人的"社会",本身是有心的,当为社会建立一套以"仁爱"等为道德伦理核心的价值体系,此处的"立心"意为"立天理之心"。

但不管哪种解释,都与中华民族传统的"天人合一"的世界观相符。

王治河(2007,2011)指出,怀特海素有中国情结,他提出的"过程哲学(Process Philosophy)"就鲜明地带有中国传统文化的元素。他还认为建设性后现代主义的哲学基础为过程哲学,可以其理论基础来深刻反思第一次启蒙和现代性的功与过,扬其长而避其短,将现代性之长与建设性后现代主义整合起来,召唤"第二次启蒙(Second Enlightenment)"的到来,这不失为"救世惠民"的上策之一。同时,在这个运动中,当有中国学者的声音。柯布、格里芬、斯普瑞特耐克等西方著名建设性后现代哲学家接受了怀特海的观点,都对中国寄予厚望,且对我们在某些方面所取得的成就给予高度赞扬(参见对这些学者的专节论述),这既是对我们的肯定,也是一个巨大的鼓舞。

一言以蔽之,第二次启蒙,不仅在于批评,更意在建设。据此,哲学的任务不可止于批批砸砸、解构破坏,必须提出替代性见解。"只破不立"充其量只是研究过程中的一个阶段,我们更需要"破"过程的下一阶段"立",提出建设性的理论以作弥补。不做犬儒主义者,沉迷于"愤世嫉俗"于事无补,反而伤了自己的身心,而应身体力行,从自己做起,脚踏实地守好自己的岗位。

近年来,我们(2012b)基于中国的"天人合一"和"中道哲学"以及西方的体验哲学和认知语言学,针对西方历史上曾出现过的种种人本观(如:"零位人本观、神本观、理性人本观、语用人本观、激进人本观、悲观人本观")之不足,提出了"体验人本观"——即"体认观"、SOS(客主互动、主客互动、主主互动、语客互动、语主互动)、动态范畴论,乃至于提出了本土化的体认语言学等,意在消解过往各种人本观之缺陷,融入我国学者的见解和成果。我们既反对以索绪尔和乔姆斯基为代表的客观主义语言理论,也反对解构式建构论(认为语言意义完全是人之所为,具有不确定性);既反对传统形而上哲学观,也要避免巴比塔故事重新上演,详见第五章。

4.1.3 维氏的建设性后现代思想

我们认为,维特根斯坦(Wittgenstein 1861—1951)就是这样一位哲学家,我们在第一章图1.1中(用大写字母W表示)将他列为后现代第三期的第一人,因为维氏既善于批判传统观念,也建构了若干新观点,至今看来,仍有较大的解释力。比如,他于1953年出版的《哲学研究》不仅引导出英美分析哲学后期的日常语言学派(即哲学语用学),而且奠定了建设性后现代哲学的基础。他在书中不仅批判了传统形而上学的"经典范畴观"和"二值逻辑",而且反思了自己的前期理论"图画论",还经过深思熟虑提出了切实可行的替补方案——"家族相似性"、"游戏论"和"用法论"

等意义深远的观点,为后来者在人文社科研究中所高频引用。雷柯夫和约翰逊所倡导的体验哲学和认知语言学,就是主要基于维氏的"家族相似性"[后由美国心理学家罗丝等(Rosch etc. 1973,1975,1976,1978)将其更名为"原型范畴论"]以及"用法论"[认知语言学家蓝盖克(Langacker 1987,1991)基于此发展出"基于用法模型"(参见王天翼等 2010)]建构而成的。

4.1.4　奎因的建设性后现代思想

奎因(Quine 1908—2000)在第一章图 1.1 中紧列在维特根斯坦(W.)之后,其所提出的"新实在论"既有批判,也有发展,更有建设性价值,推动了美国后现代哲学思潮的发展,特别对罗蒂等后现代哲学家产生了较大的影响。他反思了那时流行的英美分析哲学之不足,将欧洲的"逻实论"与美国"实用主义"相结合,虽接受了逻辑分析的方法,但却取消了"分析命题 vs 综合命题"之间的二分,提出了一系列新思路,从而创建了"新实用主义(又叫:逻辑实用主义、分析实用主义、后分析哲学)",他(1948,1951,1953,1960)的逻辑实用主义主要包括下面三个观点。

4.1.4.1　毕因论承诺

奎因认为,某物之所以存在,是因为我们用语言来言说了它的存在,这样就可采用"语义上溯(Semantic Ascent)"的策略,将哲学问题转变为语言问题,据此哲学意不在解释"存在是什么",而应研究"言说了存在什么",这就是"毕因论承诺(Ontological Commitment,又译:本体论承诺)"的主要思想。

奎因据此进一步区分了"毕因论事实问题 vs 毕因论承诺问题",哲学理论中的毕因论应聚焦于后者,而非前者,这正是传统哲学的方向性误导造成的。

试想一下,任何科学理论都是被人们"说"出来的某方面发现,这就涉及某种"毕因论承诺",通过语言表达承认或否认了某事物的存在,比如,无理数仅存在于代数之中;林黛玉仅存在于曹雪芹的《红楼梦》之中;哲学家们提出的若干形而上学伪命题仅是他们言说出的内容或理论。奎因以此否定了存在什么绝对的、永恒的、放之四海皆准的真理,且用毕因论承诺做出了令人信服的论证。

4.1.4.2 自然化认识论

奎因在批判了逻实论区分"分析与综合"命题的第一个教条基础上,进一步提出了"自然化认识论(Naturalist Epitemology)",以超越"感性论 vs 唯理论"、"唯物主义 vs 唯心主义"之争,认为一切科学知识都可得到自然的、经验的解释,哲学问题的最终解决将因自然科学的进步而得到解决,再说什么"先天"、"永真"之类的分析命题也就失去了理论基础。据此他指出,哲学与自然科学为连续体,前者不可凌驾于后者,可用实证、定量、累积的科学主义方法阐释认识论。

他还认为,概念系统的评价不是建立在与实在相符合的基础之上,而采用实用主义的原则时,若假设什么存在为科学或文学描述提供便利,人们就可假设它存在(物理学与神话中的存在只是个程度问题)。他持非理性观、意义不确定论等;对语言意义和语言学习持自然主义(精神和物质、认识和语言等一切都是自然的,取消身心二元论)和行为主义(是一种刺激—行为的自然过程)观点。

4.1.4.3 知识系统力场论

奎因还批判了逻实论的第二教条"还原论(Reductionism)",据此建构了"整体论(Holism)"。他认为人类知识系统是一个大力场,这个大系统是一个整体,构成一个连续体,哲学不可凌驾于自然科学之上,这就有力地批判了亚里士多德的"第一哲学论",这就是他的"知识系统力场论(Force Theory of Knowledge System,又叫:理论的场式结构 Force Structure of Theory)"。

这个整体性大力场本身可分出三个层次:数理逻辑、物理化学、经验科学,最外层必须同经验紧密接触,其余部分自由创造;同时,这些知识在外部经验刺激下可不断调整,其中的命题真值可再行分配。根据需要还可调整位于力场核心处的逻辑部分,从而否定了绝对真理、永恒命题之说,也批判了英美分析哲学对语言进行逻辑分析的思路。

从上分析可见,将奎因视为建设性后现代哲学家,名正言顺。正如本书所指出的,作为社会、历史、文化、哲学等领域的"后现代思潮",其对传统思维模式发起了猛烈攻击;作为建设性的第三期后现代,在批判的基础上还提出了具体的替代方案,有破有立,破中有立,实现了对现代性的批判和超越(高宣扬 2010:6)。奎因就是这一类后现代哲学家。因此,解构和重构已成为当代西方的一种新思维模式、叙事策略和表达方式。

4.1.5 建设性后现代哲学的特征与代表

后现代主义大胆解构了传统哲学思维方式、理性、宏大叙事等,而且他们在解构的同时,也考虑到了"重构"和"建设"的问题,正如辛波斯卡的诗句所言(摘自王治河 2006:增补本序言 3):

> 总得有人拖动柱子
> 　去撑住围墙
> 总得有人将窗户装上玻璃
> 　将大门嵌入门框内。

建设性的第三期后现代哲学家常将自己所批判的对象称为"现代主义",其实这里的现代主义就已经包含了部分后现代第一、二期的观点,我们很难在它们之间做出明显切分。格里芬(1993)就曾强调了建设性后现代主义相对于这种现代主义的多个对比性特征,现对照如下:

表 4.1

	现代主义与后现代第一、二期	建设性后现代主义
1	外在关系:视个人与他人/他物的关系为外在性、偶然性、派生性	内在关系:个人与他人/他物的关系具有内在性、本质性、构成性
2	将人类与自然置于二元对立的关系之中:前者要统治、占有后者,对世界去魅,人定胜天,强制性力量;多元论	整体有机论,应当将世界视为家,倡导家园感、亲缘感、顺其自然、世界的返魅;推崇生态主义和绿色运动,非强制关系,合作>竞争
3	标新立异,高举批判和颠覆过往理论的大旗;恨(cf.后现代二期)	关注过去和将来,让生活更有意义;既恨又爱,有破有立
4	关键词:竞争、暴力、个人中心、科技理性与反科技理性	自由、解放、合作、善爱、反暴力、利他主义、环保

现笔者将斯普瑞特耐克(Spretnak 1997,张妮妮译 2001:85-86)对比"现代、后现代第二期、后现代第三期"时所整理的图表摘录如下,读者可据其寻得这三种理论思潮的基本状况。

表 4.2

	现　代	解构主义的后现代	生态后现代
1	元叙事、拯救、进步	无(它们都是权力游戏)	生态的展开
2	真理模式:客观主义	极端相对主义	新经验主义①
3	世界=物体的集合	碎片的集合	主体的社团
4	现实=确定的秩序	社会建构	处在过程中
5	对自我的认识;由社会设计的	被片段化的	动态的关系
6	首要的真理:一般	特殊	背景中的特殊
7	根据:机械论的宇宙	无(整个的无根据性)	宇宙过程
8	视自然为对手	视自然为错误的客体	视自然为主体
9	控制身体	删除身体(它整个是社会建构)	相信身体
10	科学:还原主义	它仅仅是一种叙述!	复杂性
11	经济学:法人的	后资本主义的	以社区为基础的
12	政治焦点:民族国家	局部地区	社团之社团的社团
13	对神的认识:上帝是圣父	嘲讽崇高	宇宙的创造性:终极神秘
14	核心隐喻:机制、规则	经济学(力比多经济),符号/编码	生态学

王治河(2002,2005)强调了建设性后现代主义的如下三个重要特征:

(1) 创造性;
(2) 多元化;
(3) 关爱世界。

前两点亦已蕴含在上文解释中了,第三点则强调了表 4.1 中的第二点"整体有机论"。

这一时期的美国后现代哲学家深刻反思了法国学者的"破坏哲学",倡导"建设哲学",如美国的奎因(Quine 1908—2000)、科布(Cobb 1925—)、

---

① 斯普瑞特耐克(Spretnak 1997:73)此处的英语术语为 Experientialism,而译者将其译为"经验主义",这可能会使读者与西哲认知论中的"经验主义(Empiricism)"相混淆,所以笔者主张将其译为"新经验主义",以示区分。

罗蒂(Rorty 1931—2007)、格里芬(Griffin 1939—)、霍伊(Hoy 1944—)等。

格里芬(Griffin 1988,1993)主编了18本《建设性后现代主义》丛书,使他成为这个时期的又一领军人物,特别是下三本专著更受世人瞩目:

1988：*Spirituality and Society: Postmodern Visions*《后现代精神》;
1988：*The Reenchantment of Science: Postmodern Proposals*《后现代科学:科学魅力的再现》;
1993：*Founders of Constructive Postmodern Philosophy: Peirce, James, Bergson, Whitehead, and Hartshorne*《超越解构:建设性后现代哲学的奠基者》。

他在第三本专著的副标题中列述了五位建设性后现代哲学家:
(1) 柏斯　　　(Peirce 1839—1914);
(2) 詹姆斯　　(James 1842—1910);
(3) 柏格森　　(Bergson 1859—1941);
(4) 怀特海　　(Whitehead 1861—1947);
(5) 哈茨霍恩　(Hartshorne 1897—2000)。

我们在第一章图1.1的建设性后现代第二行中以Griffin开头列出了这五位学者。但是,格里芬未列出诸如杜威(J. Dewey 1895—1952)、米德(G. Mead 1863—1931)、韦斯(P. Weiss 1865—1940)等哲学家,其中自有道理,这在他(鲍世斌译 2002:45)的导论中做出了交代。格里芬在书中分别详述了这五位哲学家的建设性后现代思想,我们除了在上文简述了维特根斯坦和奎因之外,还将在本章通盘性论述11位建设性后现代哲学家。

4.2 美国学者及其他①

4.2.1 柯布

小约翰·柯布(John B. Cobb Jr. 1925—)为著名的美国建设性后现代主义理论的领军代表、生态经济学家、过程哲学家、《过程哲学》杂志创办者之一,现任美国中美后现代发展院院长,围绕"生态哲学"、"过程神学"等方面的著作多达30多本,在当今全世界的社会和经济发展中产生了很大影响,也是西方世界最早提出"绿色GDP"的学者之一。他的主要作品有:

1971: *Is It Too Late?*《是否太迟?》;
1981: *The Liberation of Life*《生命的解放》[与查尔斯·波齐(Charles Birch)合作出版,获得美国国家图书奖];
1982: *Beyond Dialogue: Toward a Mutual Transformation of Christianity and Buddhism*《超越对话——走向基督教和佛教的相互转化》;
1989: *For the Common Good*《为了共同的福祉》[与美国经济学家赫尔曼·达利(Herman Daly)合作出版];
1990: *The Liberation of Life:From the Cell to the Community*《生命的解放——从细胞到社团》[与查尔斯·波齐(Charles Birch)合作出版];
2003: *Postmodernism and Public Policy*《后现代公共政策》。

他与弟子格里芬(D. Griffin)等合作出版了:

1977: *Mind in Nature*《自然之心》;
1993: *Founders of Constructive Postmodern Philosophy: Peirce, James, Bergson, Whitehead, and Hartshorne*《建设性后现代哲学的奠基者——柏斯、詹姆斯、柏格森、怀特海和哈茨霍恩》,又译:《超越解构:建设性后现代哲学的奠基者》。

---

① 笔者曾接受陈波(1998:211)的观点,认为奎因对于后现代理论做出了重要的建设性贡献:比如,批判亚氏哲学至上论,反思逻实论的两个教条,提出意义不确定论,拒斥分析命题,扫荡绝对真理。但笔者近来经过深思,觉得他还主要持"自然行为论"、"科学主义"、"一阶逻辑"等观点,觉得将其当做"现代"与"后现代"之间的过渡期学者更为妥当。

等著作。这些作品奠定了他作为建设性后现代哲学家的领衔地位。

他作为哈茨霍恩的学生(哈氏又是怀特海的学生),自然就接受了怀特海的过程哲学,以"过程"和"关系"为出发点,以"万物为一有机整体"为理论基础,详细论述了他的建设性后现代主义的"生态哲学观",又可称之为"生态后现代主义"。

他认为"全部现实都是过程",一切现实都是处于变动之中的,都在经历着一个"从过去到现代再到未来"的过程。这一过程思想也可运用于对上帝和宗教的理解之中,不存在传统有神论所主张的绝对上帝、永恒不变的秩序,未来永远处于开放的过程之中。上帝在我们是自由的意义上为人类开辟了未来自我创造的空间。因此他主张创造性地整合各种宗教学说,包括中国的道教和印度的佛教,从中吸取有益的精神价值。这与建设性后现代哲学所倡导的"多元论"完全一致,"敬佩他者"和"尊重差异"也应当是当今宗教研究的一个基本原则。

因此,他坚决主张用建设性后现代思想来克服各种"激进后现代主义(主要指本书所说的第二期后现代哲学家)"的极端性言论。

4.2.1.1 否定普世性

柯布认为西方话语环境下的"现代化"不具有普世性,不值得一味模仿,也不能再被复制,因为它是建立在"殖民(向外移民)"和"掠夺(回流资本)"基础之上的,它是"个人主义"的产物,现已成为一种破坏理论。另外,由于资本主义社会受控于大财团,以追求最大利润为目标,忽视生态文明理念下的可持续发展,大量消耗自然能源,各类污染成灾,生存环境严重恶化,他便将期望寄予中国。他(转引自 Cobb & 刘昀献 2010;冯俊 2012)说:

> 在我看来,中国将很有可能在50年内成为世界经济与政治中心,中国人口比北大西洋国家人口总和还多。中国人以其智慧、活力、自律、善于经营和创造性闻名于世。许多其他东亚国家的人民也是如此,但中国人民更突出。从很多方面看,西方正在走下坡路。
>
> 我一直看好中国,多次在国际会议上和著述中强调"生态文明的希望在中国",认为"中国是世界上最有可能实现生态文明的地方。"
>
> 我不相信美国,是因为我们的国家基本上已经被大财阀掌控了。……中国还没有完全变成一个富豪掌权的国家,中国政府说话还依然有分量。感谢马克思的影响,对大多数穷人的真正关心依然是中国政府的首要考量。

柯布还接受了我国古人的"天人合一"思想,以人为本,将"人类福利、人与自然和谐相处"置于首位,高度赞赏用"科学发展观"挑战西方现代化发展模式的思路,大力发展教育,努力实现后现代化(特别是农业),寻求家园感和亲近感,提高幸福指数。而西方后现代工业社会、城市化、追求 GDP 指数等,不可能使人类幸福,据此率先提出"绿色 GDP"概念,深受世界各国、社会各界认可。

4.2.1.2 后现代生态观

早在几百年前的启蒙伊始,西方学者培根(F. Bacon 1561—1626)就在"人文理性"光环的照耀下,喊出了那句传世名言:

Knowledge is power.(知识就是力量。)

从此,一批人类精英倡导科技理性,凭借其成果将大自然踩在脚下,加以无情征服,"人主宰自然"就成为那个时代的思维方式。作为 20 世纪初现代科技成果的泰坦尼克号豪华客轮,被人们妄自称为"永不沉没之船",不料在 1912 年的处女航途中,毁于无情的冰山,于 4 月 15 日凌晨沉没于大西洋海底,致 1503 人葬身海底。这种人类自不量力的狂妄最终还是屈服于大自然的威严之下。

柯布也很担忧这一点:我国随着现代化的深入发展,也出现了"人定胜天"、"环境破坏"等情况,他(Cobb 2007,李义天译 2007)指出:

令人悲哀的是,中国对现代工业化西方的大规模模仿……把中国拖进了一种只会加速全球危机而不可持续的发展模式。

听一听我国曾广为流传的一个民谣:

天上没有玉皇,
地上没有龙王,
我就是玉皇,
我就是龙王,
喝令三山五岳开道,
我来了。

这样一副"人定胜天"霸气形象的写照导致近几十年来对大自然的无情开发、肆意掠夺，人们围湖造田，伐树种粮，破坏性开采矿藏，杀鸡取卵，竭泽而渔，将子孙万代的福祉置之度外。环境污染，多物种亦已灭绝或濒临灭绝，PM2.5严重超标，沙尘暴、雾霾成为我们生活的一部分，不少人终年出门戴口罩，日日饮用矿泉水，整天担心食品不符合质量标准，使得日子越过越"艰难"，柯布的担心值得我们认真反省。

西方经过第一次启蒙运动给现代科技带来大发展，我们的生活是便利了，但能算幸福吗？自然和环境造成极大破坏，水被污染，空气质量恶化，连我们的基本需求都得不到满足，我们能舒适吗？柯布接受了怀特海的过程哲学（又可称之为：有机哲学、关系哲学），大力倡导后现代生态观，认为"事物不可从其他事物的关系中分离出去"，人与自然当为相互依存的关系，坚决反对前者征服和糟蹋后者的破坏性行为，将所谓的"进步"建筑在"毁灭地球"的基础上，难道不是对"进步"的一个巨大讽刺吗？

现如今，该反思我们昔日的所作所为了，只有善待自然才能善待人本身，必须倡导"生态文明"，尊重一切事物的价值，关注一切事物之间的关系，联合一切力量，竭尽全力保护我们赖以生存的自然环境和社会环境。这与我国古代哲人早就倡导的古训（"三才者，天地人"；"天时、地利、人和"；"天人合一，万物一体"；"和谐中庸"等），竟有异曲同工之妙！

4.2.2 格里芬

大卫·格里芬（David Griffin 1939— ）为美国加州克莱蒙特神学院和研究生院的宗教哲学教授，现任圣巴巴拉市的后现代研究生中心主任和过程研究中心执行主任。他基于怀特海的"过程哲学（Process Philosophy）"和哈茨霍恩的"过程神学（Process Theology）"提出了建设性后现代哲学，一举成为美国建设性后现代理论的著名倡导者之一。他主编了18本《建设性后现代主义》丛书，其中有：

1988：*Spirituality and Society: Postmodern Visions*《后现代精神》；
1988：*The Reenchantment of Science: Postmodern Proposals*《后现代科学——科学魅力的再现》；
1993：*Founders of Constructive Postmodern Philosophy: Peirce, James, Bergson, Whitehead, and Hartshorne*《建设性后现代哲学的奠基者——柏斯、柏格森、怀特海和哈茨霍恩》，又译：《超越解构：建设性后现代哲学的奠基者》

等,对全世界(包括中国)的建设性后现代哲学研究产生了深远的影响。

4.2.2.1 两种后现代哲学

从图 1.1 可见,以法国军团为代表的后现代主义者,包括 4 位奥、美、意学者,过分强调"解构、破坏、摧毁、砸烂、消除、否定、扬弃",形成了"激进派后现代",解构了诸如"理性、经验、真理、意义、自我、历史、上帝、客观世界"等概念和终极哲学,摧毁真理,从而导致了虚无主义和相对主义。只破不建,属于单向度思维,显然不妥。

我们不仅要解构,而且还要建构,即我们常讲的"破字当头"、"立在其中"、"有破有立",后来出现了后现代第三期:建设性后现代哲学,主要包括奥地利的维特根斯坦、美国的六位后现代哲学家以及格里芬所论述的 5 位学者。他们不仅批判了往日种种过激的观念,而且还尝试修正它们,提出了新的哲学视角,以期建设后现代社会的新秩序;他们并不反对科学本身,反对的是"科学主义",即将科学数据的方法强加在一切人文学科的研究之上。一句话,他们希望超越传统、变革社会、追求解放、建构新概念,为我们生存得更舒坦、居住更环保、思想更自由、精神生活更丰富而奋斗,这一观念为当下的新时代提供了坚实的理论基础和美好的生活前景。

在建设性后现代哲学中,有学者(如罗蒂和霍伊等)主要从纯哲学思辨的角度广泛探讨人与自然、人与人、人与社会文化等关系;还有学者(如格里芬等)有纯哲学思辨,且主张从科学视角来探讨上述关系,大力倡导"应用哲学",即将哲学理论具体应用于其他学科,如生理学、生物学、经济学、历史学、社会学,以解决社会实践中人类所面临的各种难题。

还有学者(如雷柯夫和约翰逊等)将西方学者曾分别论述过的"心智的体验性、思维的无意识性、概念的隐喻性"融合为一整套"体验哲学"理论,并以其为理论基础建构了当代语言理论前沿——认知语言学(Cognitive Linguistics),终于将落后于文学和翻译学的语言学理论直接带入到后现代人文大潮之中。

4.2.2.2 整体有机论

怀特海基于他的思辨形而上学建构了"过程哲学",他的学生哈茨霍恩基于此又提出了"过程神学",参见下文。哈氏的学生格里芬基于他们的论述,提出了"整体有机论",且将其视为建设性后现代思潮的理论基础。该理论主张将"同一性"、"整体性"、"多元性"有机地整合在一起,开创出一个后现代的新发展观,主要包括两个方面:

(1) 要素维度;
(2) 时间维度。

从要素维度来说,整体包含于部分要素之中,部分要素也可展开为整体;在这个世界整体中一切生物要素都是主体,都有内部联系,都有目的因,且都具有平等价值。

一方面人与人之间应当形成一种相互依存的"伙伴意识",没有必要将"个人利益"与"集体利益"对立起来,其实这两者是密不可分的,它们相互依存,彼此影响。"伙伴意识"还大力倡导"像爱自己一样去爱别人",这便是"后现代伦理学"所关注的主要内容之一,人们不必整天钩心斗角、你死我活,而当和谐相处,享受平静生活,和平共处,共同幸福。我国古人所论述的那种"家国关系"和"人伦关系",即五伦,包括:父子、君臣、夫妇、长幼、朋友,虽不是什么后现代性的说教,却也首开西方建设性后现代哲学之先河。另一方面,人类与自然也当和谐相处,两者可融为一个"我整体",且当持"动态平衡观",绝对不可滥砍滥伐、过度开发、肆意掠夺,参见上文对"柯布"的论述。

从时间维度来说,我们应兼顾过去、现在、将来的长远规划的思想。部分后现代哲学家过于"标新立异",认为只要是与过去不同,就是新颖的和可取的;只要是反传统的,就是进步的和革命的。格里芬基于"整体有机论"指出,我们应当兼顾合理的老传统,也要不断开创美好未来。"当下"这一历史节点,既蕴含着过去,也预示着未来。在我们的过去,老祖宗给我们留下了很多物质和文化遗产,值得我们学习和保护;在我们的当下,当继承全人类的各种遗产,合理规划,节制开发,改善人民的各方面条件;我们的前途,也是生长于现在和过去的土壤上的,不可能凭空而起。这就是时间维度的"有机性",不能割断历史看问题,这与柏格森的"时间绵延"大有相通之处。

格里芬依据其"整体有机论",特别强调"生态文明",强调人与自然之间的有机和谐,他(Griffin 1988,王成兵译 2011:216)说:

> 生态运动的兴起使我们进一步意识到,所有的事物都是相互联系着的,我们应当同我们的总体环境保持某种和谐。……
> 后现代思想是彻底的生态主义的,它为生态学运动所倡导的持久的见识提供了哲学和意识形态方面的依据。事实上,如果这种见识成了我们新文化范式的基础,后世公民将会成长为有生态意识的人,在这种意识中,一切事物的价值都将得到尊重,一切事物的相互

关系都将受到重视。我们必须轻轻地走过这个世界,仅仅使用我们必须使用的东西,为我们的邻居和后代保持生态的平衡,这些意识将成为"常识"。

这就鲜明地宣告了建设性后现代的立场,基于怀特海的有机哲学,推崇尚和文化,反对在欧洲第一次启蒙运动中产生的达尔文现代性进化论"物竞天择,适者生存",而大力倡导"和者生存"、"敬天惜物"、"乐道尚和"的生活准则。

我们通过对比发现,钱冠连(2002)的全息论与怀特海的"有机哲学"和格里芬的"生态文明"有相似的观点,前者也认为,我们与世界是同一个整体,我们不仅包含在他人之中,而且还包含在自然之中,这样才构成一个完整的世界,且其间的关系是"全息同构"的。这也可视为我国学者对全球化建设性后现代思想的一个贡献。

4.2.2.3 科学的返魅

基于第一次启蒙运动形成的现代主义思潮是建立在"伽利略—笛卡尔—培根—牛顿"等理论基础之上,主要依据对"世界的祛魅(the Disenchantment of the World)",著名社会学家韦伯指出,现代思想已最终归于对世界的"祛魅"。这就是说"去魅"是现代性的核心内容,力主用理性和科学来消解世界的神秘,解释世间一切。科学据此被视为"Sam-Naturalism(Sam-自然主义)",这里的 Sam 是三个单词的首字母缩写:Sensationalism(感觉主义)、Atheism(无神论)、Materialism(唯物论)。在此观念的统摄下,机械论哲学、二元论、还原论、分析法等大行其道,否定自然具有任何主体性、经验和感觉,它仅是客观地存在着,无视人与自然之间的有机关联。正如周邦宪(2015 译者序)所说,后现代思想认为,祛魅是行不通的,因为祛魅之后,"上帝死了",真理和规范都没有了,人在很大程度上失去了依傍。"不存在规范甚至真理,一切最终都是无意义的(格里芬 1995)",所以必须"返魅(Reenchantment 或译为'复魅')"。

人们还往往把"客观性、真理性"等桂冠套在"科学"的头上,它也就与宗教、神学、道德、心灵、迷信等无缘。正如格里芬(Griffin 1998,马季方译 1995:6)所说:

> 第一,科学的解释只能以唯物论为依据,如果任何事物(如人类的心)不做出量化的、唯物的解释,那么科学家必须在科学和非理性

之间做出抉择。第二,根据"科学的世界观",一切解释都必须依据物理学中的四种力。第三,这四种力都不能解释心灵制动作用。

这种对科学的认知就决定了科学是为追求真理、精确、普遍、绝对而存在的(将现代科学视为形而上学的产物,一点也不为过),但该观点在 20 世纪初就不断受到解构和颠覆。

海森堡(Heisenberg 1901—1976)于 1927 年首提"测不准原理(Uncertainty Principle)";哥德尔(K. Goedel 1906—1978)于 1930 年提出了"不完备理论(Incompleteness Theorem)",认为没有一个结构是完整的,因为其后还有更大的、更强有力的部分。这就是说,我们的认识只能是一个无限期的观察过程。在这期间,科学家还建构了量子力学、相对论、混沌学、模糊论等学科,维特根斯坦创立了"家族相似性",费耶阿本德(Feyerabend 1924—1994)认为科研中"什么都行",以否定科学有统一的方法论。这些论述都对传统科学概念产生了很大冲击,科学不必再顶着"真理化身"的桂冠,也不必背着"四海皆准"的包袱。

后现代科学大力倡导"返魅",摆脱机械论世界观的束缚,返回宇宙整体,倡导怀特海的"有机整体论"和柯布的"后现代生态世界观",认为科学不必仅像机械唯物论那样分析个别"实体",发现原子结构,而更应关注"整体系统、内部关系、天人和谐",它们才是科学研究的对象。格里芬基于过程哲学的复魅理论认为,既应相信科学(即自然主义),也应相信宗教(有神论),这就是他在 2000 年出版的《复魅何须超自然主义:过程宗教哲学》(*Reenchantment without Supernaturalism: A Process Philosophy of Religion*)一书中提出的"自然主义的有神论",呼吁科学家、哲学家、神学家之间需要对话和合作。

这些新观点必将赋予科学研究以新的活力,对后世产生重大影响。

4.2.2.4　小结

从格里芬等学者所论述的后现代哲学来看,该理论比起激进派后现代理论(即第二期后现代)所倡导的解构性、虚无主义、相对主义来说,明显具有乐观性、积极性、科学性、道德性等特征。我们认为,这种对未来充满信心和希望的态度,才更符合人类生活的基本要求,才能给我们这个时代的社会进步和事业发达带来正能量。他所阐发的后现代科学观(有机整体观、内在相关性)对于我们重新认识"什么是科学"具有重要意义。

他(Griffin 1988,马季方译 1995:16)还对中国的后现代主义寄予厚望,认为只要中国能够做到通过了解西方世界所做的错事避免现代化带来的破坏性影响,中国实际上就是"后现代化"了。

4.2.3 罗蒂

理查德·罗蒂(Richard Rorty 1931—2007)深受杜威、维特根斯坦和海德格尔的影响,成为当代美国最有影响力的哲学家(亦有学者称他为后分析哲学家),是建设性后现代主义中影响最大的美国学者之一,为哈茨霍恩的弟子(另一大弟子为诺斯罗普 Northrop 1893—1992),从而在哲学界又出现了一条师生链:

怀特海 → 哈茨霍恩 → 罗蒂、柯布 → 格里芬 → 王治河
　　　　　　　　　→ 诺斯罗普

建设性后现代哲学家柯布又是格里芬的老师,格氏算是怀特海的重孙辈学生。这一师生链有助于我们深入理解这些后现代哲学家之间的传承关系,怀特海的弟子们都沿着他的过程哲学(又叫:有机哲学、关系哲学)提出了自己的观点,发展出了自己的理论。

罗蒂于 1967 年出版了 *Linguistic Turn*(《语言论转向》)一书,在语言哲学界广为流传,另外还有:

1979:*Philosophy and the Mirror of Nature*《哲学与自然之镜》;
1972—1980:*Consequences of Pragmatism*《实用主义的后果》;

这些奠定了他作为建设性后现代哲学家领军人物的地位。

4.2.3.1 新实在论

罗蒂认为,西方传统哲学所坚守的"镜式本质可使我们准确再现对象"这一研究方向是错误的,"通过分析语言解决哲学老题"的分析哲学也是不靠谱的,应当与这两个哲学理论划清界限,创建新的哲学理论,具体方法便是:将欧陆后现代主义与美国本土的实用主义紧密结合起来(比较:奎因将逻实论与美国本土的实用主义结合起来提出了"逻辑实用论"),意在发动一场"哲学革命",摧毁对传统哲学的神化和迷信,否定哲学具有独立于历史、可提供永恒真理的学科地位,尝试创建以"新解释学(即新实用主义,这与他的父母曾追随杜威多年有关)、对话理论、协同论"为主要内容的建设性后现代哲学——新实在论,从而形成了一股影响大

西洋两岸的思潮,呼唤着"哲学终结"时代的到来,使他成为与传统哲学决裂得最为彻底的当代著名学者,故而他常被冠之以:

> "美国新实用主义哲学的首席代表"(参见李幼蒸 2003 译《哲学与自然之镜》中文本译者再版前言);
> "今日美国最有影响力的当代哲学家";
> "美国 20 世纪末最伟大的建设性后现代哲学的主要理论家之一"。

罗蒂严厉批判了形而上学的绝对真理观,谴责理性至上,否定哲学为王,倡导"反本质主义"、"相对历史主义",呼吁人类应当关注自己的日常生活,当把哲学从"分析"的桎梏中解救出来,让其回归到"人之为人"的地位。

他还关注人类所面临的各类重大社会问题,积极参与讨论"文化政治学、意识形态、全球化、女权主义、伦理"等公共话题,使他成为西方知识界非常活跃的公众人物。正如李幼蒸(同上)所指出的:

> 在某种意义上,罗蒂今日已享有了美国数一数二的思想家的地位。应该指出,自杜威以后没有任何其他美国哲学家能够再拥有这样的身份。

4.2.3.2 《哲学与自然之镜》

罗蒂于 1979 年出版的《哲学与自然之镜》是一部影响极大的后现代作品,其深刻反思并全面检讨了时下流行的分析哲学(特别是其"再现观"),称它从另一个角度做了形而上学想做之事。这就是我们常说的语言哲学从前门赶走了形而上学,又从后门将其引入。他同时也对西方流行了 2,000 多年的传统哲学进行了系统批判,大力倡导一种无主导性哲学的"后哲学文化(Post-philosophical Culture)",被学界评价为:"眼界开阔,观点鲜明,颇为激进"。

罗蒂(Rorty 1979,李幼蒸 2003:4)在《哲学与自然之镜》中开门见山地指出,他研究的目的在于"三个摧毁":

(1) 心智(镜式本质);
(2) 知识(绝对真理);
(3) 哲学(学科之王)。

他坚决否定哲学是一门独立自主、客观永恒、准确再现的学科,认为它不能居于王位(使其成为一门独立的学科主要归功于笛卡尔、康德、黑格尔)。所以,他以摧毁传统形而上学大厦为己任,宣称"作为绝对真理化身的哲学"已经死亡,哲学王所宣称的那种"纯粹白色的神话"早已化为泡影,"哲学优于文学的中心论"也已不见踪影,消失殆尽。整个世界或哲学"无本质、无中心、无目的"可言,有的只是一场具有家族相似性的"语言游戏"。据此,哲学研究其实就是一种对"游戏的解释",比如,语言和哲学文本中充满隐喻、转喻等一类的"假话"便是极好的例证。如此说来,哲学家其实就是"解释学的实践家"。

他在此基础上创建了新实在论,认为世界上没有形而上学所断言的那种"绝对真理",也不在于发现真理;在罗蒂看来,真理是被人"制造"出来的,而不是被人"发现"的,在语言和信念之外不存在真相,一切都是解释,或对解释的再解释,对"真理"的认识无非就是"新解释学"所倡导的"对话"。

4.2.3.3 对话理论

苏联著名理论家巴赫金(Bakhtin, M., M. 1895—1975)基于"人本精神"和"社会学"立场深刻反思了索绪尔"关门打语言"的结构主义思潮,于20世纪20—30年代在文学批评理论和语言学领域提出了著名的"对话理论(Dialogism)",认为"社会情景"在文学创作和语言运用中起着至关紧要的作用,且发现一个人在用语言进行"言谈"或"表述"时,至少也会涉及两个人,存在"发话人 vs 他人"的对立统一关系,更不用说两人或多人对话了。因此,文本中始终存在着两个以上相互作用的声音,对话才是一切话语与语篇的基本特征。据此,人文社科就可跳出长期以来所受到的"个体人"和"独白"的束缚,将视野拓宽到"人与人"之共存的"对话"层面上,强调将人置于社会群体中加以考察的社会学基本原理。

对话理论还强调了"不可完成性"这一概念,认为对话永远指向"未来",指向"他者"和"尚待完成的区域"。只要文本作品还存在,还有人阅读,它的作者和主人公之间的对话将会永远延续下去,文本意义就具有"开放性",会无穷延异下去,这就强调了艺术审美活动中的"动态性"。或许,作品之美并不在于作品本身,而在于其意义的不断延异性。

他于50年代末被前苏联柯日诺夫等发现,60年代法国结构主义符号学家克里斯蒂娃等将其理论介绍到西方,他的理论对欧洲乃至全世界的人文社科产生了重要影响。

首先,后结构主义学者克里斯蒂娃基于"对话理论"提出了"互文性理论",认为读者在阅读文本时,会自然而然地跳出该固定文本的羁绊,调用自己知识库中的多个文本信息,它们之间可形成各种对话关系,这就彻底摆脱了索绪尔的"文本自足论",将意义和理解带入到"开放性"历史维度。

胡塞尔和哈贝马斯等哲学家重点论述了"主体间性(Intersubjectivity)",以此来批判传统哲学中的"个体的、独立的"主体,主张从群体和社团的视角论述"主体",认为一个人只能处于"主体与主体"之间的关系链上,不仅看到自己是一个自我主体,还看到他人也是一个自我主体,据此便可推动"自我主体"与"他者主体"之间的互动交往和平等对话,每一个体只有在于他者的对话中才能获得自己的自我认同。

罗蒂接受了巴赫金、克里斯蒂娃、哈贝马斯等的观点,进而继续从哲学层面来深入阐述"主体间性"和"对话"之间的关系。他认为,哲学的目的就是使对话继续下去,而不在于发现真理,真理无非就是我们对前人解释的再解释。通过"对话",我们便可对前人的解释再次做出解释,在此基础上还可再解释下去,无限循环。因此,根据

解释 —— 又解释 —— 再解释

之链,哲学家无非就是"解释学的实践家",从事哲学研究就是从事游戏,对话就是实践游戏、达至协同的最好途径。据此,未来生活的意义和哲学研究就在于"将对话链一直链接下去"。而且,通过这种"对话",还可摆脱长期以来困扰西方学界的"欧洲中心主义"和各种"排他主义"论点,养成尊重言谈伙伴的习惯,真诚地倾听他人的心声,诚实地与他人相处。

罗蒂(Rorty 1979)还详细论述了"对话"这一术语在哲学上的含意,指出它不同于日常生活中的对话或内心的独白,而是指

现在 vs 过去
解释者 vs 文本　　(读者 vs 文本)
解释者 vs 解释者　(读者 vs 读者)

等之间的对话。这种对话不是"封闭的"和"专制的",而是具有"开放性"和"平等性"。要进行这样的"平等而又开放的对话",就意味着要倾听他人、学习他人、宽容他人,要注意倾听每一人的心声,关注弱小群体,纠正"人微言轻"之过失,这其中又必然要涉及"多元化"理论。正如王治河等(2011:36)所指出的:

在后现代思想家看来,获得真理的捷径是对话,因为真理是从对话中产生的。在这个意义上,真理永远是不完全的。真理的发展与

变化是随着对话深入而展开的。后现代的审美智慧要求对话的参与者摈弃偏执与自以为是,怀抱一颗开放的心态,向不同的观点开放,向真理开放。

也就是说,人类的未来可通过加强对话、相互沟通,提高"协同性(Solidarity)",调停各学说之间的纷争,共建人们在兴趣、目标、准则等方面的一致性。于是乎,人们便可建构出一个"协同的"、"和谐的"社会。这显然与哈贝马斯所倡导的"交往行为论"和"共识真理观"大有相通之处。

罗蒂尝试用分析哲学的方法["身心"区分的混乱;谈论事物的方法比拥有真理更重要;倡导"陶冶哲学(Edifying Philosophy)"]来消解传统哲学中永恒的"身心问题"。他坚决反对本质主义和基础主义,明确指出后现代哲学文化的核心原则:用以描述对象的语言符号(或真理)与实在或本质不相符,主要在于是否能给我们带来"幸福的快乐",这显然是一种"实用主义"立场。

据此,他认为哲学革命之后的可行之道是:立足历史主义整体论,兼顾真理与隐喻、哲学与文学、自然与精神的"新人本观",将上文所述的对话进行到底!这就是他(李幼蒸译 2003:352)所倡导的"陶冶哲学(Edifying Philosophy,又译:教化哲学)",他认为哲学的目的不在于发现客观真理,而在于团结和教化人民,能使"对话"不断持续下去,因此陶冶人的对话比教育更好。

4.2.3.4 后哲学文化

2004 年经罗蒂和黄勇精心编选而成的 *Post-philosophical Culture*(《后哲学文化》)由上海译文出版社正式出版,本文集反映了罗蒂自《哲学与自然之镜》以来的思想变化。它既批判了自柏拉图以来的传统形而上哲学(寻求现象背后的绝对真理),也批判了分析哲学,大力倡导一种崭新的"后哲学文化"和"人文主义"。他认为,在这种文化中不存在可作为一切学科之"样板"的学科,也不存在任何人(如哲学家、政治家、牧师、物理学家、诗人等)比别人更"理性"、更"科学"、更"深刻",优秀之人不过是善于成为人的人。罗蒂认为,在后哲学文化和人文主义的观照下,社会实践就是"理性的劝告"和"教化的实践",而不是控制和支配的实践,当根除一切形而上学的统治形式。

我们也注意到,罗蒂后来虽已质疑和否定分析哲学,但也并未彻底与其决裂,特别是它作为一种研究方法还是有其自身价值的(这或许就是他

1967年一书副标题"Essays in Philosophical Method"的含义)。他晚年还在运用分析哲学的方法,如,分析区分"身心"带来的混乱,认为谈论事物的方法比掌握真理更重要,以此来消解传统哲学中永恒的"身心问题",反对本质主义和基础主义。

4.2.4 詹姆逊

费雷德里克·詹姆逊(Frederic Jameson 1934—),美国学界的左派代表,试图将马克思主义与后现代主义衔接起来,他仿照马克思主义的分析方法,将后现代主义视为资本主义的一个晚期发展阶段或一种新文化逻辑,且试图运用辩证法来分析后现代主义和晚期资本主义,视其为"灾难与进步的统一体(Jameson 1984:80)";他另一方面在批评后现代主义的基础上吸收其有益养分,有时将晚期资本主义文化理论理解为一种"片段化的、拼凑的、精神分裂症式"的文化,且以此来丰富马克思主义的文化理论,但这些观点又与他的"总体化"观点相抵牾。他有时还过分夸大后现代文化的作用,这就与马克思"经济和阶级决定文化形态"的论断相冲突(Kellner & Best 1991,张志斌译 2015:205,215)。

但这些缺陷并不影响詹姆逊被誉为当代西方最杰出的"马克思主义文学批评家和文化理论家"的称号。他主张以黑格尔和马克思的"总体论、辩证法"为基础,结合西马的研究方法,追求"总体化、历史化、后现代化",追寻一种"既宏伟又具体"的马克思主义阐释学和真正的符号学,以批判传统的文学批评传统①。他指出,逻辑实证主义具有单一性、片面性,应当批判结构主义和形式主义"重科学轻人文、重形式轻内容"的倾向,喊出了"冲出语言的牢笼"的口号,以能将"形式和内容、符号与意识"紧密结合起来,实现辩证而又统一的融合式文学批评和文化批判。

他于1971年、1972年、1981年出版的三部著作获得了很高的评价,被称为"马克思主义的三部曲",但他本人并不认为自己专属于文学研究,而是驰骋在一个更为广阔的"文化"范围内,充分关注世界范围内的后现代主义文化的发展。特别是近20年来,他一直致力于后现代文化研究,在全球的后现代主义研究领域产生了深远影响。他的代表作有:

1971:*Marxism and Form*《马克思主义与形式》;
1972:*The Prison-House of Language*《语言的牢笼》;

---

① 传统文学批评主要包括以下三点:(a)信奉逻辑实证主义、政治自由主义;(b)抵制西马理论,惧怕"总体化思维";(c)借用结构主义、形式主义方法。

1981: *The Political Unconscious: Narrative as a Socially Symbolic Act*《政治无意识:作为社会象征行为的叙事》;

1984: *The Cultural Logic of the Late Capitalism*《晚期资本主义的文化逻辑》;

1991: *Postmodernism, or, the Cultural Logic of Late Capitalism*《后现代主义或晚期资本主义的文化逻辑》;

1986: *Postmodernism and Cultural Theories*《后现代主义与文化理论》;

1988: *The Ideologies of Theory*《理论的意识形态》;

1990: *Late Marxism*《后期马克思主义》;

1990: *Signatures of the Visible*《可见的签名》;

1992: *The Geopolitical Aesthetic*《地缘政治美学》;

1994: *The Seeds of Time*《时间的种子》;

1998: *The Cultural Turn: Selected Writings on the Postmodern, 1983—1998*《文化转向——后现代文选》;

2002: *A Singular Modernity: Essay on the Ontology of the Present*《单一的现代性——当代本体论文集》;

2015: *The Ancients and the Postmoderns: On the Historicity of Forms*《古代与后现代——形式的历史性》;

等等。

4.2.4.1 三分资本主义

詹姆逊(Jameson 1984)接受了曼德尔(E. Mandel 1972)的观点,同意将资本主义分为三个阶段,且声称资本主义的每一个发展阶段都对应着一种文化风格,从而出现了三种不同的文化形态:

(1) 市场资本主义阶段:现实主义

(2) 垄断资本主义阶段:现代主义

(3) 晚期垄断资本主义:后现代主义[①]

这显然是一种沿着马克思主义的研究思路——经济基础决定上层建筑,社会阶段和生产方式决定文化形态,即欧美文化为一种再现模式,它受制于资本主义经济模式(再生产)及其消费规律。据此,文化不再是自治的

[①] "垄断资本主义阶段"又叫"跨国资本主义阶段"。也有学者不同意詹姆逊的观点,比如,戴维斯(Davis 1985)等指责他这种机械式的划分方法,将文化形态与经济形式简单而又牵强地对应联系起来。

概念,它被迫堕落到尘世,造成"再现(Representation)"和"再生产(Reproduction)"的现象。当代西方跨国资本主义(Multinational Capitalism)生产方式决定了当代文化具有"全球性、多元化、商品化"等特征,迫使文化成为一种大众消费的商品。

詹姆逊(Jameson 1984)站在马克思分析资本主义的立场,将后现代主义置于资本主义的发展过程中加以审视,视其为"晚期垄断资本主义阶段"或"跨国资本主义阶段"的一种文化形态,这一阶段即为他所说的"晚期资本主义逻辑的文化发展阶段"。他试图通过全面考察后现代文化,重申马克思主义理论在当代学界依旧有效,且认为只有在新马克思主义理论框架中,后现代主义才能得到最好的理论化,从而断言马克思主义理论比所有竞争者都优越(Kellner & Best 1991,张志斌译 2015:205,206)。

他还发现后现代文化以来的一个新机器——电子媒介,这也是因为科学技术的发展导致了文化格局的变化。

4.2.4.2 后现代的混搭特征

詹姆逊认为,在晚期资本主义逻辑的文化发展阶段,各种现代性文化形式和风格遭到侵蚀,出现了后现代文化的新意识形态和新经验形式,且亦已凌驾于现代文化之上。其主要特征包括:

(1) 高雅文化和低俗文化之间的坚固界限已宣告瓦解;
(2) 现代主义作品受到资本主义的完全认可和改编利用,丧失了批判和颠覆的棱角;
(3) 文化几乎完全被商品化,从而失去了向资本主义发起挑战的批判距离;
(4) 主体已彻底碎裂,因而焦虑和异化问题以及资产阶级的个人主义亦不复存在;
(5) 颓废的现在主义(Presentism)抹煞了具有历史意义的过去,同时使得人们不再能感觉到一个具有不同意义的未来;
(6) 出现了令人迷茫、眩晕的后现代超空间。

我们似乎对第(1)点感受得更为深刻,西方流行"混搭"和"戏仿(Parody)"的文艺形式(两者同源),模仿经典风格,折射历史差异,混搭不同艺术形式,穿越时空概念,以激发读者的嘲讽与反思。在后现代艺术中,高雅文化和大众文化相融合,各种不同类型的表演形式混搭,达到为

"笑"服务的目的。这一艺术形式迅速传播到我国,亦已成为当今文艺舞台上的新常态,下面这些混搭作品都是后现代文化的产物,如:

(1) 踩着高跷,兼跳街舞;
(2) 跳街舞,吼河南梆子;
(3) 中国的杂技+现代舞蹈;
(4) 西方霹雳舞+传统蛇舞;
(5) 铜人舞+机械舞+街舞;
(6) 将魔术嫁接到梦境表演之上;
(7) 模仿杰克逊,唱中国流行曲;
(8) 二人转+街舞+爵士音乐;
(9) 混搭激光、电子玩具、舞蹈;
(10) 残疾人的轮椅舞与常人共舞;
(11) 弹、唱、小品、相声四合一;
(12) 多种类型的舞蹈混搭于一体;
(13) 选一经典戏剧片段,换解说词为"侃房价";
(14) 将政治话语纳入到娱乐和广告中;
(15) 让宋朝的潘金莲与现代女子对话;
(16) 在电视连续剧《拐个皇帝回现代》中,有个现代的年轻貌美的姑娘冯丰到莲花山游玩,被龙卷风刮入时间隧道,进入1500年前的北魏孝文帝皇宫中,被误认为拓跋宏的爱妃,因美貌和专宠受到皇后等的种种非难和迫害,闹出了很多笑话。后来孝文帝和冯丰又被龙卷风刮回到21世纪,现代文明让拓跋宏眼花缭乱,无所适从:高楼大厦、现代街道、汽车飞机、手机电视、股票债券等等,众多情节编得既离题古怪,又入情入理,使得整个电视剧充满了令人捧腹的可笑故事,确实让观众感到新奇和愉悦,真的体现了赵本山所说的"艺术为笑"服务的理念。

(17) 在电视连续剧《相爱穿梭千年》中,西汉士大夫公明竟然发现自己可以自由穿梭于千年的时光隧道,并在这穿梭中与一不很得志的年轻演员林湘湘展开了一场跨越千年的"甜蜜奇恋"。来到21世纪的公明先到图书馆查阅汉史,得知汉成帝采纳了王莽家族的计谋,废了许皇后,改立赵飞燕为皇后。这正是公明集团所憎恨之事,他出于忠君的传统思想,穿越回西汉,设法改写这一历史,从而上演了一场"古代结合现代、今人眷念古人、历史混搭幻想"的烙上悲情的喜剧。

至于第(3)点所论述的"文化商品化"现象,不仅流行于西方,在我国也有类似倾向,比如,广告亦已渗透到大众媒体(报刊、电视、广播、现代通讯等)的每个角落,收看有线电视需要付费,受众爱看的很多节目都需要花钱购买。"电视连续剧中穿插广告"被百姓嘲笑为"广告节目穿插连续剧",这也从某一侧面说明我国文化产业也已出现了后现代的"全球化、商品化"等特征。

4.2.4.3 后现代的精神分裂

根据拉康所言,俄狄浦斯阶段的少年,若转型失败便会陷入语言紊乱乃至精神危机。詹姆逊据此指出,资本主义一味追求利益最大化,过分强调消费逻辑,形成一种精神分裂式的文化系统。漫山遍野的广告、电子信息导致一片混乱,文艺作品中也呈现出各种病态,如:主体瓦解、历史健忘、时空倒错、意义漂浮、深度感消失等(赵一凡 2009:833)。

我们知道,德勒兹(Deleuze 1972)、德勒兹和加塔利(Deleuze & Guattari 1980)在他们的著作《资本主义与精神分裂(第一卷和第二卷)》中率先将医学中的"精神分裂"引入后现代哲学领域,认为当前的资本主义已经进入到"精神分裂症的时代"。所谓的"精神分裂症",在医学界指一种严重的精神病,其病因不明,多发生在青壮年人群中,因受某种刺激出现了"感觉、思维、情感、行为、精神"上的不正常或不协调,时而正常,时而发作,临床上常表现为症状各异的综合征。患者一般意识清楚,智能基本正常,但部分患者在疾病过程中会出现认知功能的损害。晚期的资本主义就像得了这类病症,在宏观上缺乏"整体性、有机整体"的认识,在思想上出现了"分裂一切"的症状,这一方面反映出资本主义末日行将到来,但另一方面也可能在后现代的"解构化、解规范化、解版图化"过程中迸发出某种"创造力",参见哈桑(Hassan 1987,刘象愚译 1993:210-211)。

德勒兹和加塔利在这里辩证地看待"精神分裂症",它是一种病态,也解释了处于后现代时期的资本主义社会创造力的根源。詹姆逊接受了该观点,用其来分析晚期资本主义的文化特征。

4.2.4.4 捍卫"总体化"

后现代主义严厉批判了大一统的形而上学,坚决反对"宏大叙事",大力强调"差异性、特殊性、异质性、多元化、碎片化",而詹姆逊虽属于后现代主义者,但在"总体化(Totality)"问题上却持与他们(如波德里拉、利奥塔、德里达等)不同的立场,主张从更为广阔的历史情境来认识后现代社会,发现晚期资本主义的断代框架和认知绘图(Cognitive Mapping)。他(1984:57)指出:

> 我一直认为……只有在主流文化逻辑或霸权规范的衬托下，真正的差异才能得到测量和评估。

也就是说,只有在"总体化"这一认知绘图的视野下才能看清差异性和异质性。他所倡导的"认知绘图"旨在从整体角度认清资本主义社会的真面貌,他接受了卢卡奇(G. Lukács 1885—1971)的叙事理论,认为"叙事(Narrative)"有助于建立各种具体小事件之间的联系,它是实现"对总体性的渴望(aspiration to totality)"的认知途径。依据"叙事"这一认识方式便可建构出更为广阔的情境,缺少它就难以获得社会情景总貌,也就不能清醒地认识到这些具体的事件的来龙去脉和历史价值。詹姆逊于 1981 出版的作品的书名为 The Political Unconscious: Narrative as a Socially Symbolic Act,副标题直接点明了"叙事"建构社会符号的行为,它对于认识总体化具有关键性作用。詹姆逊(1981:226)指出,叙事可使我们掌握

> 社会生活中失落了的统一性,并且能够证明那些在社会整体中彼此距离遥远的因素,其实从根本上来说都是同一、完整的历史过程的组成部分。

汉语中有"见微知著[①]"这一成语,我们不妨将其修改为"知著见微",倒也能很好地说明詹姆逊的总体化立场。

詹姆逊主要从以下两个方面捍卫总体化(摘自 Kellner & Best 1991,张志斌译 2015:210):

(1) 离开关系性和系统性这个大背景,差异本身就无法被真正理解;
(2) 若要绘制资本主义本身的同质性和系统化效应,就必须采用总体化分析方法。

他继而认为,后现代主义过分强调差异,这本身就是一种混淆视听的虚构行为:一方面神秘化了异质性和特殊性;另一方面忽视了资本主义的同一化、普遍化、全球一体化的总趋势,这样何以能认清当今世界之本质? 试

---

① 该成语出自《韩非子·说林上》:"圣人见微以知萌,见端以知末,故见象箸而怖,知天下不足也。"后来汉代袁康根据韩非子的这段话在《越绝书·越绝德序外传》中将其互文为:"故圣人见微知著,睹始知终。"意为:见到事情的苗头或细微之处,就能知道它的实质和发展趋势。

看今朝显而易见的"一体化"特征几乎已渗透到每个领域:大规模生产、消费主义、跨国联营、连锁作业、大众传媒、国际市场、利益竞争、军武竞赛、霸权形式等,无不烙上了"总体化"印记。很多后现代学者似乎未能认清这一总趋势,也就难以论证为何后现代的本质就一定是"异质性"的。

值得注意到是,詹姆逊基于后现代理论也批判了传统观和现代性所强调的"镜像再现观",这从他所用术语"认知绘图"上可见一斑。在绘图前加上了"认知"二字,意在强调人主体的建构功能,因为人们所获得的认知绘图,都是经由广阔社会情境和历史所决定的认识框架建构而成,它不可能是现实世界的镜像再现,这就回应了后现代对"客观反映论、机械反映论、镜像反映论"的批判,同时也充实了后现代"世界不可能再现"的论述。很多后现代主义者反复重申人们不可能客观认识真实世界,但我们还不得不生活在一个"外在世界"之中,它就是一个"能被人们描绘的外在世界"。我们可借助这个"认知绘图"来获得有关现实世界的社会知识,据此便可进一步形成我们的政治策略和文化方针。

4.2.5 霍伊

大卫·库森斯·霍伊(David Couzens Hoy 1944—)为美国当代著名的后现代哲学家,著作颇丰。多年来一直致力于研究海德格尔、伽达默尔、福柯、德里达等哲学思想,尝试将系谱学与解释学结合起来,开辟了后现代哲学中的一个全新领域——系谱解释学,在学界产生了广泛的影响。他的主要著作有:

1982:*The Critical Circle: Literature, History, and Philosophical Hermeneutics*《批评是循环——文学、历史与哲学解释学》;
1986:*Foucault: A Critical Reader*《福柯:一个批判的读本》;
1994:*Critical Theory*《批判理论》;
1997:*Critical Resistance*《批判抵抗》;

等等。

4.2.5.1 系谱解释学

霍伊受到尼采的"道德系谱学"的影响,特别关注伽达默尔的"解释学"和福柯的"权力系谱学",且尝试将他们的观点结合起来,建构了"系谱解释学(Genealogical Hermeneutics)"。

系谱学(Genealogy)原意为"研究对象的起源和祖系血统"。尼采(1887)的《道德系谱学》重点研究了道德偏见的起源,将人类道德之根源追溯到对立力量和权力的最赤裸裸的斗争。福柯将其移植到"权力系谱学"之中,重点追溯话语实践中权力机制之根源,以揭示其控制性和生产性。系谱学研究不同于一般的寻求历史线索的梳理方法,它倡导从当今开始,沿时间回溯,以能找到一个根本性的区别,以动摇现在的合法性,揭示隐藏于研究对象背后的多重因素、不连贯性、地域性等特征。

霍伊的系谱解释学意在颠覆基础、讨伐理性,倡导多元,挑战普遍必然性,强调哲学发展的偶然性,且尽量避免极端的相对主义和虚无主义。人类当抛弃自以为傲的"理性(Rationality)",更好地克服因此而滋生出的"自鸣得意(Complacency)"心态。

霍伊认为,没有断言事物必然发生的先验方法,也没有唯一通往美好生活的正确道路,社会和个人生活形式具有多样性,解释没有统一标准,反对"以一解压百解"的倾向,这显然是一种"放之四海皆准"的翻版,想当然地将一种见解或理论视为永恒和必然的终极真理或普世解释。其实,这种所谓的绝对真理在历史长河中仅是昙花一现,包括对自我的理解也绝非永恒。对于他者来说,好像"一切尽在偶然中"。自我认识虽具有偶然性,但不一定必须放弃,依旧可自信己道,但无权将其强加于人,当奉行"虽己所欲,但也勿施于人"的处世哲学,我们当学会尊重差异,习惯多样,与"偶然"泰然相处。

他还尝试运用系谱学原理考察理性,意不在彻底毁灭它,而是指出理性只是关于自己的一个偶然假设,仅为一个幻觉而已,不可忽视其自身在历史上的多样形态、当下的不确定性以及未来的脆弱性。

福柯生前曾批判过"社会进步观",即今日比过去好,未来比今日更好,认为这不是一个"科学"的认定,而是"科学史"的断言,两者不可混为一谈。霍伊赞成福柯的批判,且还将这种寄希望于未来的想法称为"乌托邦的思维"、"空洞式的思想"、"永恒性的轮回",充其量仅为一种"新奇性的迷恋",对研究和解决当下社会问题无益。

霍伊指出,他所创立的"系谱解释学"可有效地回击学界对后现代哲学所倡导的"多元论"的指责和攻讦。有人认为,"多"可使人无所适从,莫衷一是,更无法操作,会陷入"自我参照"的悖论;一方面将自己的论断视为有效,另一方面又倡导偶然性;有时还反对一切理论体系,有时又要建立自己的理论体系,常显露出自相矛盾之处。霍氏认为,所有这些指责都建立在假设后现代主义为普遍论的基础之上,后现代哲学家,特别是建设性后现代哲学家,更是以一种辩证的立场看待自己的理论,从不自以为是,给自己的理论戴上普适性。学界常有人在"普遍性"与"虚无主义"之间建立一种"非此即彼"的二元对立关系,这大为不妥,两者之间不存在取一舍一的选择关系!

霍伊对"虚无主义"本身也持一种辩证的立场,认为真正的后现代主义者是坚决反对它的,但虚无主义者彻底否定理性,这也是断不可取的。多元论的系谱解释学尽管反对普遍论,但也无意判定自己的理论为唯一正确的,更不主张用其取代普遍性公理。为与普遍主义划清界限,他主张用后现代解释学中的"解释"来替代传统的"理性"。

4.2.5.2 否定传统理性,倡导多元思维

传统理性强调"概念"与"现实"的对应性,前者(包括理论)是对后者的准确理解和真实反映。这种"图画式理论"的前提为"现实是给定的(Given)",而霍伊认为它从来不是给定的,而是为人所认识的,因此"概念"无所谓是不是"正确的"、"真实的反映"。但也不能笼统地说现实就是完全混沌的、不可知的,它虽具有变化性、生成性、复杂性,但须承认人们的感知和认识仅是一种抽象而又虚假的幻觉而已。传统理性主义学者,如康德、黑格尔等,认为可绝对把握现实世界,那是理性高度膨胀、自以为大的体现,人类根本办不到!

相比之下,阿多诺的观点"思想具有局限性"倒是现实的!既然如此,就当用具有开放性、多元性的"解释"来替代恒定性、一元论的"理论"和"理性",这才是一种现实的、具有建设性的哲学观。视一种"解释"为好,并不意味它就是唯一选择,因为这世上不存在唯一正确的解释。"条条大路通罗马",殊途也可同归,这就可有效克服"夜郎主义(Parochialism)"、故步自封的人之胎里疾。

我们虽接受和倡导多元化,但不一定否定出现"协同性(Solidarity)"和"共通性(Community)"的可能,它们也与"偶然性"密切相关。这正是霍伊的建设性立场之所在。

4.2.6 斯普瑞特奈克

查伦·斯普瑞特奈克(Charlene Spretnak 1946—)为美国著名的后现代主义哲学家,为中美后现代发展研究院高级研究员,大力倡导"生态女权主义(Ecofeminism,又叫:生态后现代主义 Ecological Postmodernism)",为其主要代表人物,曾参与组织、策划了五次有关生态后现代主义的国际

研讨会,是一位具有世界影响的女学者,荣登"人类有史以来百位生态英雄榜",为全世界的后现代主义运动做出了重要贡献。她的代表作为:

> 1997: The Resurgence of the Real: Body, Nature, and Place in a Hypermodern World《真实之复兴——极度现代的世界中的身体、自然和区域》;
> 1984: Green Politics: The Global Promise《绿色政治》。

她曾在加州大学伯克莱分校读研究生,毕业后曾留校工作多年。

4.2.6.1 主要观点

斯普瑞特奈克(Spretnak 1997,张妮妮译 2001:2)较为详细地列述了现代性(Modernity)的 11 点特征(参见王治河 2006:303):

> (1) 经纪人假设(Homo Economics)
> (2) 工业主义(Industrialism)
> (3) 客观主义(Objectivism)
> (4) 理性主义(Rationalism)
> (5) 机械论世界观(Mechanistic Worldview)
> (6) 科学主义(Scientism)
> (7) 标准化(Standardization)
> (8) 官僚政治和集中(Bureaucratization and Centralization)
> (9) 与自然对立和轻视乡下人(In Opposition to Nature and Contempt for Indigenous people)
> (10) 分隔化(Compartmentalization)
> (11) 逃离宗教和宇宙论背景的缩小(Escape from Religion, and Shrinkage of the Cosmological Context)
> (12) 极度男性(Hypermasculine)。

她否定西方启蒙运动之后确立起的"现代性(Modernity,又叫:现代世界观,机械论世界观)",认为解构性后现代主义(即本书第一章图 1.1 中所说的后现代第二期)否定绝对真理的论述是完全可接受的,但是她认为,在这世界上毕竟还是有"真理"存在的,至少是"相对真理"。在解构真理的过程中,将真理本身也加以解构和否定,这是不可接受的,如同倒洗澡水时连同婴儿一起倒掉,实在滑稽可笑、蠢不可耐。

她(1997)基于对这些观点的反思和批判,在《真实之复兴》中正式提出了"生态后现代主义",极力主张"人与自然"要和谐相处,大力强调"开放性、创造性、抓教育"。在此书中,她揭露了西方社会在文艺复兴和第一次启蒙运动的直接推动下,出现了以"人类中心、科技理性、民主自由"等为核心的种种社会之怪象,分析了其后所隐藏着的现代性意识,同时还批判了人们以现代性机械论世界观所建构的一统天下。

特别值得一提是,她在书中表达了中国情结,认为建设性后现代主义要向人类一切文化遗产开放,包括向以阴阳整合与互动为特征的佛教和道教传统开放,向女神精神传统(女娲、观世音等)开放。她(参见王治河等2011:183)认为,道的智慧昭示我们如何与更大的生命共同体和谐相处。

斯普瑞特耐克在生态后现代论中还提出了一条具有建设性的新路径:强调从三个方面来建构"真实(The Real)":

(1) 认知性的身体;
(2) 创造性的宇宙;
(3) 复杂性的区域①。

根据第(1)条可知,生命不是启蒙现代性所说的机器,不能按照牛顿的机械力学原理来处理,更不能施以"以人为器"的待遇,当被视为"身—心"统一的有机整体,两者不存在哪个决定哪个的问题,两者也不能相互分离。她有时干脆就将"身体"一词写成"Bodymind",足以可见她的整体有机论思想。正因为身心一体的 Body 本身对外界十分敏感,会不断认知,在不停地执行着各种选择,以便自动适应环境②,且能够发挥"自我修复"的功能,一直执行着"积极处世、为生存而斗争"的生命目标,不断与环境、社会、他人相协调,才使这个身心统一体得以很好地存活和进化。她进而指出中国的中医(包括中草药和针灸)就抛弃了"以人为器"的治病理念,通过"望、闻、问、切"实施"辩证综合"疗法,对治疗许多疾病效果显著。

---

① 斯普瑞特耐克(Spretnak 1997)在英语副标题中用了三个单词:Body、Nature、Place,前两者译为"身体"和"自然",而张妮妮(2001)将"Place"译为"地方"。我们总觉得有点欠妥,因为汉语的"地方"含义较多,且不太像个专业术语,不妨译为"区域"、"寓所"或"环境"。

② 如我们的眼睛,可无意识地对外界光线做出不同的反应:若光线太强,其瞳孔就会像照相机的光圈一样,缩小一点;若光线太弱,瞳孔就可放大一点,让更多的光线进入视网膜,可使人看清外界图像。这就可以很好地理解为何人死亡后,瞳孔就会放大,因为对于死者而言,外界已是一片黑暗,瞳孔自然就会放大。

她(Spretnak 1997,张妮妮译 2001:19)说:

> 中草药与针灸的结合,这一挂结在两千年伟大文明之树上的果实,已被发现对多种疾病有十分显著的疗效,其中包括关节炎、发生在车祸后的全身性损伤、不育症、细菌感染等等。1996 年 3 月,美国食品与药物管理局最终让已获得开业资格的医师再次从"实验设备类"到"普通针灸类"对针刺疗法所使用的针进行了分类,为赢利性卫生保健组织和其他医疗保险公司开设有关这种疗法的更广泛的赔付业务清扫了道路。其中有多家公司几乎立即就开始将它们的业务范围覆盖到了针刺疗法上。

上述第(2)条命题告诉我们,宇宙自然也像一个生命体,在系统之内具有自我创造的能力。而在启蒙现代性的统摄下,宇宙被大多科学家视为一台无声无息的机器,犹如僵死的物质一样,依据机械力学的法则在不变的时间中流动。而后现代的"复杂科学"提出了"后机械论"、"扩展的达尔文进化论"、"混沌论",进一步否定了机械性还原论,发现大自然更像一个活生生的有机体,也具有活动性和新奇性,各要素或属性在系统之内常会涌现出一定的自组织创造力,不一定有什么固定的客观规律可言,且认为宇宙环境与人类处于一种"整体统一性"、"动态共同体"之中,这便是生态后现代世界观的理论基础。

她在第三点中重点论述了"人与环境"的关系,这也与中国的"天人合一、万物一体"的思想相吻合。她此处的"环境"包括"自然环境、人文环境",人正存在于这两种环境之中,与"区域"密切关联,我们当"敬天惜物、乐道尚和",人类所赖以生存的"寓所"在"生态共同体"的"天人一道"之中,对人类发挥着重要的乃至决定性的作用。而在启蒙现代性中,由"理性至上"到"人类中心主义",人常与自然界对立,前者将后者其视为开发、掠夺和征服的对象,忽视环保。"区域、农村、边区、乡土"等小地方以及居住在那里的少数民族、土著民族有被抛弃的趋势,人们倾向于涌入大城市,而且其权利常被国家政权边缘化。国际财团、跨国公司、全球化进程都使得区域性问题变得更加突出。

总之,正是启蒙现代性在这三个方面的问题,使得我们生存在一种"不真实"的环境之中,而生态后现代主义意在强调"真实的回归和复兴",这正是斯普瑞特耐克(1997)这本书书名的含义所在。

4.2.6.2　人与自然的和谐相处

斯普瑞特耐克(1997)在《真实之复兴——极度现代的世界中的身体、自然和区域》中提出了生态后现代主义,尝试在有机哲学的视野中追求"真实"的复兴,其核心论点为"人与自然"处于动态、和谐的关系之中,认为这两者之间当具有内在的联系性。所谓"内在",意为"统一的、和谐的、生态的",即人不可与自然对立,那种"人定胜天"、"与天奋斗"、"战天斗地"的说教过于极端,有失偏颇,俨然将人类自己凌驾于大自然之上,任意开发,肆意掠夺,无情征服,造成了严重的环境破坏、生态污染,倘若照此下去,其后果真是不堪设想。自然界应成为人类自我扩展的有限边界,它不仅是一个可以利用的资源,而且还要得到有效的保护和完善的建设。

我们知道,启蒙运动17—18世纪盛行于西方,自那以后,"理性"、"科技"一直被视为人类进步的根本动力,人们不仅视其为人与动物的根本区别之所在,还将其奉为神明,认为它可以决定世界上的一切,既能征服自然,也能改造社会,更能给人类带来极大的享受,必将为人类建构出一个崭新的文明秩序。最能体现理性的成果便是"科学理性",这是一种"纯粹理性",不包含人的任何情感杂质和价值污染,不被情绪、感性知识、社会偏见等所侵染。斯普瑞特奈克认为,我们不能再盲目崇拜理性和科学,而忽视了这两者的局限。

试看当今西方和东方,现代化进程不断深入,崇尚理性和科学的现代人生活得到较大改善,日子过得比原来舒适多了,依仗电灯就可获得光明,打开冰箱就能得到新鲜食品,揿下按钮就能调节到合适的温度,躺在沙发中通过高清电视就可尽知天下事,电脑、智能手机、网络、飞信、微信、微话、互联网等现代科技成果确实使得我们获得了无穷的便利,真的实现了古人"秀才不出门,全知天下事"的梦想。但平心静气地问一声,"我们真的很幸福吗?"空气污染、噪音污染、水源污染、生态环境恶化、PM2.5指标爆表、食品不达标、住房有异味、疾病种类不断增加,连基本生存权都受到了严重威胁,这都是"现代化"给我们带来的沉痛教训。正如斯普瑞特耐克(Spretnak 1997,张妮妮译 2001:24)所指出的,这都可归因于:

> 西方科学在许多至关重要的方面出了错。

因此,她受到怀特海过程哲学的影响建构了"生态后现代主义",主张要使人回到团体之中,更要恢复人与自然的内在联系,她(1997,张妮妮译2001:4-5)像怀特海一样,对中国传统文化也情有独钟,不仅指出了中国当前的问题,同时还对我国寄予了厚望。

> 在这重新反思现代性意识形态假设的关键时刻,中国不仅面临一系列问题,而且还深藏着解决问题的智慧。现在所要做的并不是唾弃一切技术和极端现代的现实,而是要评估其全面的冲击,确定社会希望成为极度现代化的程度。
>
> 老子和孔子都认为,与自然保持和谐是最重要的,这比单单谈"环境保护"要深刻多了。我所提出的"生态后现代主义"在很大程度上与老子关注自然的精妙过程、与孔子强调培养道德领袖及人类对更大的生命共同体的责任感有共同之处。

是啊,我国当前所执行的"和谐社会"策略,是在"实现四个现代化"基础上提出的,既认识到现代科技对于"民族振兴、思想解放、经济建设、国家繁荣、生活改善"所起到的重要作用,同时也认识到"人 vs 自然"、"人 vs 人"、"人 vs 社会"之间的和谐。一句"不要再折腾了"说出了多少人心中的话,这些年来老百姓被"折腾"够了,大自然也在"折腾"中蒙受磨难。

不仅不能再折腾人了,也不要再折腾大自然了!所谓的"人定胜天"、"与天地人斗"、"喝令三山五岳开道",就像西方现代性一样,充分彰显了人之狂妄,藐视自然力量,更将环境保护置之度外。今天,我们在建设四个现代化的进程中,终于将生态、环保、绿色文明、可持续性发展提到议事日程上来,这才是一项利于子孙万代的发展大计,也是对世界生态后现代主义的重大贡献。

格里芬(1993,鲍世斌等译2002)在 *Founders of Constructive Postmodern Philosophy* 一书中主要论述了下列五位后现代哲学家,现简述如下。

4.2.7　柏斯①

柏斯(Charles Sanders Peirce 1839—1914)不仅是美国哲学史上最具原创性的一位哲学家,也是杰出的逻辑学家和数学家,且对天文学、物理

---

① 美国哲学家 Peirce 的准确读音为[pəːs],但学界常将其译为"皮尔士",很多中国学者就根据这一汉译误读为[pɪəs]。本书根据其准确发音汉译为"柏斯",特此说明。

学、化学、生理学、心理学、计量学、大地测量学、药物学、科学史等诸多自然科学以及语言学、符号学、修辞学、人类学、数理经济学等人文和社会科学也都有很高造诣,在美国乃至全球学界产生了重大影响。他尝试超越旧时代哲学思维模式,否定绝对确定性、绝对精确性和绝对普遍性,期盼建立一个符合时代精神的新哲学理论。

他在"关系逻辑"、"语言学"、"符号学"、"真理和意义"等领域颇有建树,相关成果后来受到美国的"逻辑经验主义"、"语言分析哲学"、"新实在论"等领域的学者的高度重视,从而他们也常将柏斯视为这些理论研究的先驱。

4.2.7.1 后现代实用主义

柏斯在理论上首先批判了笛卡尔的"天赋、二元、理性演绎、以'怀疑'为真知起点"等基本原则,运用"自我批判兼自我肯定"和"考察过去兼关注未来"的方法建构著名的美国本土理论"实用主义",亦有学者称其为"后现代实用主义(Postmodernist Pragmatism)",又叫"实效主义(Pragmaticism)",它不同于早期(1878)曾使用的 Pragmatism,该术语常被人误解为"实利主义",而"实效主义"意在:批判绝对真理,倡导有用就是真理。正是这一点使得他的理论具有了建设性后现代哲学的性质。

柏斯所创立的"实用主义"认为,可把一切知识都归结为"实用"的信念,使其成为人们行动的依据。哲学家的任务就是发现"确定信念",在他看来,信念总是以思想、观念、判断的形式存在的,其意义必须清楚明白。因此,柏斯意义理论的主要内容就在于澄清思想和观念等的意义,这在柏斯整个实用主义哲学中具有重要的地位。

4.2.7.2 批判理性和确定论

柏斯主要将批判的矛头直接指向笛卡尔这位现代理性哲学之父,因为文艺复兴和启蒙运动后的大部分哲学家都以不同的方式效仿他,因此柏斯对笛氏的批判在某种程度上就是批判西方整个现代性哲学传统。柏斯还在批判这种现代性哲学理论的基础上,尝试建立了以"实践"和"过程"为核心的理论体系,以期使其成为一门统一各门学科的理论体系,这就是他所创立的"实用主义"。

柏斯依据他的实用主义理论严厉批判了西哲自笛卡尔以来所确立的有关"确定性知识来自理性"的认识论转向,将其导向了有关现实性的"实践论",努力将以认识论为中心的传统形而上学改造为一种强调

"过程"的实践哲学,认为我们应当具体探索运作该过程所需要的各种现实要求。也就是说,哲学不必研究具体的确定性标准和目标,而应探究实践哲学的过程如何现实地展开。这就是柏斯的实用主义实践观的基本思想。他对过程的强调,或许对怀特海于1929年创立的"过程哲学"产生了重要影响。

4.2.7.3 符号学

"符号学",顾名思义,是研究符号的学问,可从哪个角度研究符号,不同学者有不同见解,柏斯的符号学具有浓厚的哲学意义。我们知道,康德的先验论主张依据先验的"感性直观"和"知性范畴"来建构认识的统一性。而柏斯另开新路,主张用"符号的统一性"来建构认识的统一性,这里的"统一性"主要意为:主体对客体的表达在语义学上的一致性它只有通过符号才能达到,也只有在符号解释的层次上才能被确定。也就是说,我们应该在符号的一致性中建立人们在意识上的统一性。

柏斯指出,人们要求得生存,就得采取一定的有效行动,就得依据行为的规则习惯和确定信念。因此,规则习惯和确定信念是获得预期效果的先决条件。而能成为"规则习惯"和"确定信念"的原则不在于它们是否为"真理",不在于它们是真还是假,而在于它们能否引起人们的行动并在行动中获得效果。有了这样的"规则习惯"和"确定信念",就可发现现实中的词语和抽象概念的意义,就能以其为中心建立起一个较为完整的哲学体系,以其取代毕因论和认知论时期的形而上理论。该理论可使人们的思想、概念变为清楚明白的逻辑技巧和操作方法,如此说来,实用主义就是一种科学的逻辑(或叫:科学的方法论),可据此来分析"词、概念、思想、符号"的意义,使它们变成人们的确定信念,人们可据此采取行动,达到共同的目标。可见,柏斯认为,人的思想和存在本身都是通过符号来表达的,于是就有了语言哲学上这句名言"人们使用的语词或符号就是人本身","人是符号的动物"。他还认为,观念、命题和判断的意义都是通过相应的符号表现出来的,他为此制定了一套符号学体系,强调意义理论远远甚于强调真理论,开了从语言符号角度来解决哲学问题的先河,这也为符号学的兴起奠定了基础。

他在意义理论中,有时还把意义标准归结为人们的行为习惯,认为凡是能引起一定的行为习惯的就是有意义的。

如此说来,哲学的目的就在于发现"行为习惯"和"确定信念",一切与其无关,不能引起人们行动的东西,都不应该包含于真正的哲学之内。所以学界常说,如果说柏斯的实用主义理论能视为一种"科学方法论",是因为它是一种探索、确定信念的方法论,就是一个从"怀疑"到"确定信念"的过程。这种由"怀疑"到"确定信念"的探索过程,有时可表现为符号的逻辑演算过程,不一定与实际行动直接相关。当然,柏斯将"怀疑"当做其探索理论的起点,但不同于休谟把怀疑当做认识的最后界限,也不同于笛卡尔把怀疑当做主观的假定。

4.2.7.4 其他建设性后现代观

除此之外,柏斯还大力倡导"整体性、改造性",且提出了"宇宙进化哲学",主要包括三种方式:

(1) 偶然的变易(偶然进化);
(2) 机械的必然(连续进化);
(3) 创造性的爱(情爱进化)。

这也是他建设性后现代思想的三条基本原则或三个基本范畴(Griffin etc. 1993,鲍世斌译 2002:104)。

他一生述著众多,字数达几千万,创下了历史最高纪录。但在这众多论述中也存在不少难以自圆其说的地方,这似乎也是可以理解的,人一生的思想可以随时发生变化。或许,该现象正反映了这位富有创新精神的学者在西哲转型期的必然特征,这也有点与尼采相仿。

4.2.8 詹姆斯

詹姆斯(William James 1842—1910)是美国本土第一位哲学家和心理学家(常被尊为心理学之父),实用主义运动的创始人。他处于大变动的时代,这使他走上了"彻底摆脱传统观、立意创建新理论"之路,从而成为脱离现代性哲学的标志性人物,因此他也被视为早期的建设性后现代哲学家之一。了解一下他(参见贺麟于 1986 年在为罗蒂《哲学与自然之镜》所作中译本序)的如下基本观点,有利于理解他的建设性后现代观:

> 世界上没有超越人的真理。
> 要观察人心,必须从它的功用、机能活动诸方面去认识。
> 观念不是静止的镜子,而是有用的武器。

詹姆斯还指出:

> 真理不是柏拉图所说的理念或是亚里士多德所谓的范型,真理之是否确实为真理必须看观念和它能引起的实际效果是否相符。因此"真理包括了观念的有效性","效用就成了考验真理的标准"。这些观点与罗蒂在本书中提出的反柏拉图主义、反观念镜子说是一脉相承的。

他的代表作主要有:

> 1890: *The Principles of Psychology*《心理学原理》;
> 1898: *Human Immortality: Two Supposed Objections to the Doctrine*《人类不朽》;
> 1899: *Talks to Teachers on Psychology: and to Students on Some of Life's Ideals*《向教师们谈谈心理学,向学生们谈谈生活理想》;
> 1907: *Pragmatism: A New Name for Some Old Ways of Thinking*《实用主义———些旧思想方法的新名称》;
> 1909: *A Pluralistic Universe*《多元的宇宙》;
> 1909: *The Meaning of Truth: A Sequel to Pragmatism*《真理的意义》;
> 1912: *Some Problems of Philosophy: A Beginning of an Introduction to Philosophy*《哲学的若干问题》;
> 1912: *Essays in Radical Empiricism*《彻底经验主义论文集》;

等等。

4.2.8.1 彻底经验论

詹姆斯根据上述基本立场严厉地批判了现代哲学中的"身心二元论"和"物理主义(仅承认身心二元论中的前者)",倡导用"彻底经验论(Radical Empiricism)"来取代这两种观点,且还可代替休谟等的"感觉论"。

该理论认为,经验是纯粹的,不需要超验的论证和支持,詹姆逊之所以称其为"彻底",是因为他将经验视为既非精神的,也非物质的,或者说它既是精神的,也是物质的,具有同质性,这种纯粹经验是物质与精神的结合体,才是构成世界的终极要素。这一观点显然为罗素(1921)后来在《心的分析》中建构"中立一元论"提供了基础。

传统经验论将外部世界与人之感知区分开来,人通过自己的感官接触客观事物,获得经验;而彻底经验论取消了这一区分,并以其来解决传统哲学中"身心二元论"的困惑。据此,该理论主张以人类的经验为基础,整个实存世界就是纯粹经验的对象。也就是说,一切经验通过人类的分析之后就能成为可靠的实在,这才是唯一有效和可靠的基础,才是世界之本质。

他还在彻底经验论中融入了"过程"思想,认为各种经验都是互相渗透、相互重叠的,强调经验之间的联系性。据此,物质实际上就是各种类型的经验实存的过程,物质就不再是永恒不变的,而具有了流变性,这就使得他的哲学理论与那时西方流行的物理主义或身心二元论相对立。彻底经验论还提出了如下三个重要观点:

(1) 集体与个体不同,只有后者才有经验;
(2) 经验存在不同等级,且其间有巨大差异;
(3) 感觉器官只为感觉增加准确性和可信性,但它不是感知最原始的依据。

因此,人们完全有可能超越感觉经验而获得知识。

我国学者尚建新(2001)对这本书的评价为:彻底经验论是哲学史上的一次重大变革,它不仅破除了西方传统哲学的身心二元论,而且还创造性地阐释了宗教的性质、意义和目的,建立了一种新的宗教哲学,为美国世俗化的宗教奠定了坚实的理论基础。

4.2.8.2 实用主义真理观

詹姆斯与柏斯共同创立了美国的本土理论"实用主义",以否定传统的形而上真理观,大力倡导实用主义真理观,认为真理的存在就是为了满足人们的实际需要,并主张以其替代流行了上千年的"真理符合论"或"真理一致论",认为真理反映的是人类的认识,是我们自己创造出来的,不可能完全代表客观规律,必然要受到过往历史、文化、发展等因素的影响,其中既有客观内容,也有主观内容,具有一定的不确定性。今天称之为"真理"的,明天就可能是"谎言"。

詹姆斯的实用主义真理观与他的彻底经验论密切相关。从上可知,根据彻底经验论,外部世界的存在只能是人类经验的结果,真理也是人类经验的反映,必然要受限于人的存在和认识。因此,真理可视为对这种经验的断言,而不是外部世界的客观真实的反映,它也具有相对性,而不可能是绝对的。这似乎与尼采所说的"绝对真理即谎言"令人大有殊途同归的感觉。正如詹姆斯在1909年的《真理的意义》中所指出的：

> 我感兴趣的是另一种我称之为彻底经验论的哲学学说。依我看，实用主义真理论的确立是使彻底经验论流行起来的具有头等重要性的第一步。

4.2.8.3 批判现代科学

詹姆斯对科学持辩证立场，既赞美它，也批判它。他本人就是一名医学博士、解剖学教授和心理学家，对科学可谓是行家里手，充分认识到现代科学的力量（参见 Griffin 1993, 鲍世斌等译 2002:145），为科学所取得的辉煌成果而欢欣鼓舞。但他也充分认识到现代科学是一把双刃剑，存在诸多局限性，比如，现代科学将其建立在物理主义和感觉主义的基础上，使其与哲学、宗教、文学相对立，他为此而深感遗憾。詹姆斯进而提出两条拯救现代科学的建议，大力倡导建立后现代科学体系（参见 Griffin 1993, 鲍世斌等译 2002:147）：

（1）用其他类型的知识来补充现代科学，不能在"现代科学 vs 人文社科"之间设立鸿沟，前者应当扩大其视野，包含后者，应将这两者紧密结合起来。后现代科学必须直面人类的审美、情感、道德等内容，使其成为一个名副其实的完整知识体系，从而可挽救现代科学。因为"科学是人的事业，它植根于人之一定的愿望"（同上:148）。

（2）重新概念化，以便能用"泛经验论"来代替物理主义，并扩展其经验论，包括彻底经验论。他据此进而强调，后现代科学当以泛经验论为基础来重构科学观，将人文研究纳入到科学范畴之中，这就为超自然的、心理的、宗教的、情感道德等知识在科学系统中留出了应有的位置，强调了人类经验的复杂性，使得科学成为真正完美的真理。

可见，詹姆斯对现代科学持辩证观，既肯定了它的辉煌成就，也批判了它的不足之处，且提出了后现代科学观，使得他的理论明显具有了"建设性"这一重要特征，值得点赞。

4.2.8.4 辩证的上帝观

詹姆斯还论述了"后现代的上帝观和伦理观"，认为"上帝"是一位为善而劳作的神圣代表，也是可以存在的，主要作为一种希望和力量来鼓舞人，这个信念对当今社会还是具有很大实用效果的，但是他却否认"上帝万能观"。看一看我们所生活的人世间,依旧存在着很多的罪恶和痛苦,倘若上帝是万能的,何不将它们一起根除掉,这就说明上帝的能力是有限的。

一方面我们的生存要遵循自然法则和上帝的存在,另一方面上帝本身也要遵循一定的道德规范。

4.2.8.5 其他建设性后现代观

建设性后现代哲学家反对强权,批判各类中心主义,关心弱势群体、妇女儿童、被边缘化的人群,期盼建构和谐社会,使人人都能享受幸福。詹姆斯也有这样的观点,他对现实极为不满,表现出强烈的责任感,关心一切人的健康,希望社会和经济都能实现公平,反对强权,渴望和平。

特别是在处理"个体 vs 社会"之间的关系上,他坚持用辩证法关系取代现代性将两者对立起来的观点,认为个体不仅具有社会性,而且还应保持一定的独特性和私人性,拥有自决的权力。

他还提出诸如"泛心论(一切事物都有心智,参见下文)"和"人有自知之明"等观点。

詹姆斯主张用"彻底经验论"取代"物质论"和"身心二元论",阐发了"实用主义真理观"和"后现代科学观",这些都表明了他亦已抛弃了许多现代哲学的基本概念和范畴,迸发出了闪亮的后现代思想火花,由此亦可见,詹姆斯的思想具有强大的生命力。正因为如此,他被列为建设性后现代主义思想的奠基人(参见王治河 2006:718)。

4.2.9 柏格森

柏格森(Henri Bergson 1859—1941)为法国著名的哲学家和文学家,曾获诺贝尔文学奖,还涉足心理学、生物学、伦理学、宗教等领域。

他在哲学上反对"唯理论、经验论、逻实论";在科学上反对"机械论";在心理学上反对"决定论"与"理想主义",且认为人的生命是"意识之绵延"或"意识流",它是一个整体,不可分割成因果关系的小单位;认为世界的本质为"生命冲动(Vital Impetus)",人们凭理性不能认识它,只能凭"直觉(Intuition)"。他在伦理学与宗教上反对僵化的形式与教条,主张走向主体的生命活力与普遍之爱。若将柏格森的这些基本立场与建设性后现代主义(即第二次启蒙)相对比,不难发现,他反对那些对象都是因为第一次启蒙运动所引出的现代性的主要理论(参见本书对两次启蒙运动的论述),也足可见,将他归为建设性后现代哲学家,名正言顺。他的主要作品有:

1889：*Essai sur les données immédiates de la conscience*《时间与自由意志》；

1896：*Matière et mémoire. Essai sur la relation du corps à l'esprit*《物质与记忆：身心关系论》；

1907：*L'Évolution Créatrice*《创造进化论》（因此书而获得诺贝尔文学奖）；

1919：*L'Énergie spirituelle. Essais et conférences*《精神的力量》；

1922：*Durée et Simultanéité. À Propos de la Théorie d'Einstein*《绵延性和时间性》；

等等。

4.2.9.1　生命哲学与创造进化论

柏格森作为一位著名的法国哲学家，严厉批判了唯理论、经验论、逻实论，认为不能用逻辑和理性的框架来理解生命，意在颠覆启蒙现代性的理论基础。不仅如此，他还提出了弥补方案，即"生命哲学（Philosophy of Life）"，并批判了"机械进化论"和"目的进化论"，进一步论证了"创造进化论（Creative Evolutionism，有时简称'创化说'）"，认为"进化"来自原初的创造性冲动，从而促使宇宙万物沿着不同的路径进化。整个进化过程就是一个"意识流绵延"的过程，它不可能用理性的方法来把握和理解，也就是说，人们不能凭借自己的理性来认识世界的本质，依照人的理性也不能认识生命冲动，它只能靠"直觉"，这是对启蒙现代性所推崇的"理性至上"的迎头一棒，柏格森大力倡导"直觉主义（Intuitionism）"。

他于1907年出版了《创造进化论》，在学界引起了不小的轰动，也因此书而获得了诺贝尔文学奖，许多人涌入法兰西学院来聆听他讲授哲学，继而出现了"柏格森热"。他在书中较为详细地阐述了"生命哲学"体系，认为世界被两种相互冲突的趋向所创造，第一种就是物质，它在这个过程中展示了"下降"的运动；第二种则是具有自由情感和永恒创造力的生命，它可不断趋向于无限的知识视界。这两种因素相互混合，彼此制约。

创造进化论认为进化具有多元性和开放性。在生命冲动中存在两个要素："创造"与"进化"，这两者并不相斥，因为整个宇宙都是基于"生命冲动"在运行，其中充满活力，它能有规律地遗传和累积，是创造变异性新品种的根本原因。他据此批判了科学上的机械论（如牛顿的机械力学）以及哲学中的机械唯物论,也反对心理学上的决定论与理想主义。

他认为人的生命是意识之绵延或意识之流,生命的进化过程就是意识的创造过程,这个意识过程是一个整体,不可分割成因果关系的小单位。生命就是一个不断实现着"生命冲动"的洪流,"自我(Ego)"会切断"绵延",产生非真实性。他还指出,宇宙万物是一个有机的生命洪流,并以此反对现代社会中科学技术对自然资源的无情掠夺,这与建设性后现代哲学所倡导的"生态中心主义"完全吻合。

4.2.9.2 直觉主义

既然人们不能凭借理性来认知世界的本质,也不能理解生命冲动,那么凭借什么呢?他的答案是"直觉",基于此建起起来的理论就叫直觉主义,它对很多学科产生了重要影响。

什么是直觉?我们可通过"理性"的对立面加以理解。所谓"理性",相当于希腊语中的 logos,又可译为"理智",与"心智"相当,是指人们可凭借逻辑推理,能有根有据、直言不讳地获得真理的心智能力,也指日常行动中的决策能力和认知能力,它与"直觉、感知、想象、激情、欲望"等相对。与理性相对的就是"直觉",它无需心智推理就能直接看见或领悟真理,相对于理性而言更具天赋性。这样学界就区分出两类知识:

(1)理性知识;
(2)直觉知识。

后者可以是"经验的",它是可感对象在心智中的直接呈现;也可能是"实践的",是对某一独特事件是否符合普遍规则的直接意识;也可能是"心知肚明、难以言传"的认识。唯理论、经验论、逻实论等都否认这种直觉知识,将其排斥在科学的大门之外。

柏格森所论述的直觉,是相对于英美早期基于理性建立的分析哲学而提出的,他认为"真理、本质、生命冲动"等不能通过分析的方法获得,只能凭借不可言传的"内心体会"来理解。他在《创造进化论》中指出,所有最能长存且最富成效的哲学体系是那些源于直觉的体系。

4.2.9.3 其他建设性后现代观

柏格森在道德与宗教方面,也主张超越僵化的形式与教条,走向主体的生命活力与普遍之爱。

他还大力倡导"泛心论(Panpsychism,又译:物活论、活力论)",认为宇宙中一切事物,包括我们所认为的那些没有生命的事物,都是具有心智或意识的(尽管与人的不同)。叔本华、谢林、詹姆斯、怀特海、柏格森等都述及过不同形式的泛心论。

他还批判了男女不平等现象,提倡生态伦理学、女权主义。这些都使得他的理论带上了建设性后现代主义的特征。

4.2.10 怀特海

常言道,美国哲学就是哈佛哲学,走在哈佛校园的爱默生大楼里,依旧能感受到近百年来活跃在此楼中的伟大哲学家的创新精神和深邃思想,从实用主义的创始人詹姆斯,到路易斯的概念实用主义、奎因的逻辑实用主义、普特南的多种实在论、格莱斯的合作原则语用学、罗蒂的后现代实用主义,一直到当代的罗尔斯、诺齐克、斯坎伦等,都为全世界以"爱智求真"为宗旨的哲学殿堂贡献出自己的创新财富。世界著名哲学家怀特海(Alfred North Whitehead 1861—1947)晚年也在这里留下了不朽的辉煌足迹。他于1929年出版了两本十分重要的论著:*Process and Reality*(《过程与实体》)、*The Aim of Education*(《教育的目的》),为哲学和教育学开启了一个新时代,点燃了新火种。

怀特海为英国和美国著名的哲学家和逻辑学家,兴趣广泛,思想深邃,运理独特,影响极大,在多个学科中都有建树,被学界誉为"七张面孔的思想家",他在以下七个领域都有颇深造诣:数理逻辑学、理论物理学、哲学、科学史、生态学、教育学、社会学。怀特海被誉为"19世纪后半叶至20世纪中叶的现代西方哲学家和思想家中极为少见的大师级人物(参见杨斌富2013:代译序1)。"1924年他63岁时应邀在美国哈佛大学讲授哲学,直接对哈茨霍恩等产生了深远影响。哈氏(参见Griffin 1993,鲍世斌译2002:277)盛赞他老师怀特海的理论,认为他首次明确阐述的学说是有史以来最伟大的哲学发现之一;哈氏毕生致力于解释、发展和捍卫怀特海的学说,通过阐明其优点和回应各种异议捍卫了这种学说。

4.2.10.1 过程哲学

怀特海深刻反思了由西方第一次启蒙运动带来的"现代性"之弊端,创立了建设性的"思辨性后现代主义(Speculative Postmodernism)",又叫

"思辨性形而上学(Speculative Metaphysics)";提出了"过程哲学(Process Philosophy①)",又叫"有机哲学(Philosophy of Organism)"、"关系哲学(Philosophy of Relation)"、"有机实在论(Realism of Organism)";其代表作是他于1929年出版的 *Process and Reality*(《过程与存在》)。

所谓"过程"是相对于"结果"和"实在"而言的一个动态性概念。怀特海坚决反对传统的"实在论"和"毕因论(或叫本体论、存在论)",认为哲学的最高概念不是"实体"、"本体"、"存在(或毕因)",世界的本质既不在于物质实体,也不在于精神实体,而是具有生成性和变化性的"过程(Process)"。怀氏据此认为,成为"实在"也就是成为"过程",因此"过程"就是"实在","实在"就是"过程",这一过程思想常被概括于下两句名言中:

To be is to become.
Being is becoming.

甚至后者比前者更为重要,即"Becoming(成为)"比"Being(本体)"更重要,据此,在哲学理论研究中"Process"当优先于"Result(结果)"。他意在通过否定"实体"和"本体"来强调"过程"和"生成",确立了"动态"和"创新"的思辨性哲学研究新思路,若能论述清楚实际存在物是如何生成的,就意味着知晓它是如何被创造出来的,也就可以解释这个实际存在物是什么了。

过程哲学承继了过去,立足于现在,面向着未来。可用以取代传统的"实体哲学",用"有机论"代替"决定论"和"一元论",包括唯物论(世界是由物质实体构成的,且物质决定精神)、唯心论(世界是由精神实体组成的,精神决定物质)、二元论(身体与心智互为两个独立的实体,两者无联系)等,从而可将世界的本质定位于:一个不断生成、不断创新的动态过程,任何存在要能成为现实,就首先要成为一个过程。

当然了,这也并不意味着要彻底抛弃实体论,因为它在一定范围内,

---

① 古希腊哲学家赫拉克利特早就提出过动态观,其标志性口号"一个人不可能两次踏入同一条河流"便是证明;柏拉图在 *Timaeus*(《蒂迈欧篇》)中也述及了过程的问题,认为事物永远处于生成和消灭的过程之中;黑格尔的辩证法论述了世界的发展过程,绝对理念的运动和发展;恩格斯也说过"世界是过程的集合体"。但怀氏认为他们都是在"实在本体论"的理论统摄下讨论过程问题的,比如,黑格尔认为过程仅是绝对理念的外化,恩格斯仍以"世界的物质统一性"为前提。因此这样的过程思想不具有彻底性,难以解释世界中的实体如何能建立关系网络、出现变动现象,与怀氏的过程哲学不可同日而语。怀氏将过程等同于实体,实体被描述为有机的过程,视"过程"为世界的本质,且在微观世界中复制着宏观的宇宙(钱冠连所提出的"语言全息论"与其相通)。因此,怀氏过程哲学与过往哲学家的过程观有重要区别。

特别是无机(如部分自然界、机械)等领域,还是有一定效果的,但一旦超出这个范围,或者说在更为广阔的意义上来说,有机联系更具解释力,如有机哲学在人、人类社会、有机体、生态文明、建设性后现代等领域,更能揭示出其间的各种规律,因此其解释力更强大。

他还认为,由于现代西方哲学主要属于"实体思维",出现了诸如实在论、实体论、本体论、逻辑实证主义、物质主义、决定论、分离式的二元论等理论,它们都是这类思维的产物,崇尚以事物或事实为依据的世界观,只知其一,而不知还有其他。而中国人的思维主要属于"过程思维",诸如八卦、道、天人合一、敬天惜地、乐道尚和、中庸之道等思想,无不闪耀着"过程哲学"的智慧。这就是他为何认为过程哲学更接近中国思想的某些源流的原因。

就拿八卦来说吧,伏羲、周文王等基于阴、阳二元对立,用自然界中八种基本物质(天、地、山、水、风、火、雷、泽)来解释世界万物的形成过程,论述了它们之间的种种有机联系,且对其做出了人性化识解,论述了自然与人的关系。老庄所倡导的道,取自"在路上"、"在途中"的意象(据说还与女子生孩子的阴道有关,婴儿出生时先出现"头部"),以其形成了中华民族文化的根基。道既是物质的,也是精神的;即是客体的,也是主体的;既是静态的,更具动态性;既可指自然之道,也能指为人之道、社会规律。足以可见,道融合了多元概念于一体,是形成有机整体的大道,内涵极其丰富,以至于达到了不可言说之地步,倘若一说出来,它就不再是哲学家心智中所臆想的那个道了,不免使人大有"玄之又玄,众妙之门"之感。难怪在我国古代将形而上哲学称之为"玄学"。

建设性后现代哲学家郝大维(D. Hall 1991)也直言不讳:

古典中国是真正意义上的后现代。

怀氏的过程哲学对西方传统哲学,包括英美分析哲学,产生了重大的影响。该理论以"原创性、深邃性、兼容性、超越性"为特征,堪称当代西方哲学中的一块奇葩,学界给予极高的赞誉(Cobb & Griffin 1976,曲跃厚译 1999:177):

最近两个世纪以来最重要的哲学著作之一。
历来最为复杂并最富创建的哲学论著之一。

杨富斌(2013:代译序20)对过程哲学做出了如下总结：

> 本书的核心内容是在批判西方思想传统中各种实体哲学和二元论哲学的基础上,以量子力学和相对论等现代科学揭示的基本理念为基础,通过批判地继承和发展东西方哲学史上的各种过程思想和有机论观点,系统地阐述了一种以过程—关系为根本特征的过程哲学或有机哲学。

他(2013:代译序9-17)对这本书的评价为:过程哲学是一种不同于西方哲学诸流派的新哲学,是一种建立在现代科学基础之上的思辨哲学,是一种与马克思的实践唯物主义和东方哲学相同的有机哲学。

4.2.10.2 过程、关系、有机

从上论述可见,由第一次启蒙所引出的"现代性(Modernity)"将理性和科学捧到至高无上的地位,视"牛顿机械力学"和"还原论"为一切学科的指导原则(参见第四章第一节"第二次启蒙运动"),几乎所有学科或部门都将自己所研究或管理的对象视为"机器",社会、人、工厂等都是机器,都可按照机械力学和还原论来统一认识。

怀特海(1929b)所批判的传统教育观也是基于"以人为器"的思路来设计和执行的,常把人当成工具来培养,不乏听到某些教育家常挂在嘴边上的一句话"将学生培养为……服务的有用之才"。更为糟糕的是,很多人还不以为然,觉得太正常不过了,毫不生疑,而忘却了受教育对象首先是一个活生生的人这一事实。在后现代教育理念中,办学当以"激活智力、想象力和创造力,培养兴趣,提高自我生存和发展的能力,使其成为一个真正意义上的人"为宗旨。

一言以蔽之,这些研究思路都是"实体论"的产物,视在这世界上的事物是真实的,认为整体由个体组成,个体先于整体,先于关系,先于过程。有了实体之后,它们才进入关系的,关系不影响个体的基本性质和存在。这是一种"非人本哲学",否认、无视非物质文明的存在,构成了传统客观主义形而上哲学的基础。

怀特海的贡献在于,首先确立了"实体"与"过程"这一组对立统一关系,将其过程哲学的本质视为"关系哲学"或"有机哲学",基于"有机体"思想来建构出一套全新的哲学理论,以批判传统西方哲学过分强调"实体论"、"物质论"、"机械力学"、"还原论"等的思维模式,主张在兼顾"实体"

的基础上,更加突显"过程"、"关系"、"有机"等关键词。

　　细想一下,我们都很熟悉"有机"二字,口边上常挂着"有机联系"一类的词语,但似乎并未深入思考该词语的基本含义及其延展性用法。这两个字的基本意思是:事物或事件构成的各个部分之间互相关联、协调,就像一个有生命的生物体一样,其中的各个器官虽都各司其职,各有各的功能,但所有这些器官所发挥的功能又都相互完美配合和协调,从而形成了生命体不可分离的统一性。这便是"有机"二字的含义。我们知道,有机体广泛地存在于世,它们不仅在空间上相互蕴含、并存、共生,而且在时间上也有前后承继的关系,还存在着整体和部分的有机包含和联系,整个宇宙就是一个普遍联系且不断繁衍的有机体之集合。这就是说,宇宙中的每一事物或事件都是另一事物或事件的因素,它们最终都是相互包含、联系、影响、依赖的,永非孤立存在,而是你中有我,我中有你,各有各的位置和价值,构成了一个多元合一、同生共荣、整体和谐的有机整体。他们还能"由多而一、由一而多"地处于不断变化的过程之中。

　　"有机哲学"意在强调宇宙万物始终处于相互关联、不断生成、永远变化的动态过程之中。该理论旨在描述世间万物活生生的动态过程,可以其来替代传统的实体哲学,哲学研究从静态的"结果"和"实体"转向了动态的"过程"和"关系",从"理性"和"演绎"转向"感性"和"概括"。

4.2.10.3　动态变化与超验客体

　　我们发现,怀特海的过程哲学或许受到黑格尔强调动态变化的辩证法原理的影响。黑格尔认为,辩证法的"三一原则"由"正题(Thesis)、反题(Antithesis)、合题(Synthesis)"组成,它们都是"绝对理念(Absolute Rationality,或叫:绝对精神 Absolute Spirit)"在不同阶段的具体表现形式。根据对立统一的规律,一旦有了"正题",就会派生出与其对应的"反题",最终两者通过一系列的综合处理可统一为"合题"。据此可见,辩证法具有"过程性"和"动态性",强调绝对理念的不断流变的过程,任何事物都存在于"正、反、合"的辩证发展过程之中。

　　黑格尔还以植物生长为例论述了这种三一式的动态过程,比如,一颗麦粒,以它自身的形态存在着,这是一个"正题",它本身内含着可"突破自己、否定自身"的生长因素。一旦它长成一株麦苗,就已突破原有的麦粒状态,走入了自身的对立面,此为"反题"。待麦苗最终成熟结种、衰老枯死之时,就会孕育出多于自身的若干新麦粒,此时也就不再是原来的麦苗了,最终演变成为两者相综合的产物,此为"合题"。这一隐喻倒也恰如其份地道出了世间一切生命体事物"自身存在——发展变化——结果综合"的规律,很好地说明了"正、反、合三一式"辩证原则所具有的解释力。

但是,黑格尔也将他的绝对理念视为一种"实体",但他也强调了人类是在漫长的思维过程中才达至这一精神实体的,而且还可使其更趋成熟。我们认为,怀特海也受到了黑格尔动态辩证法的影响,进一步抛弃了他的实体论,突显动态发展观,这或许就是怀特海"过程哲学"问世的理论背景。

怀特海同时还指出,他所说的"过程"应当包括"过去、现在、未来"这三个时间段。为能有效解释"未来"所潜存的实在性,他设计了一个"超验客体①"概念,认为人类根据这个超验客体就可寻求与其一致的确定性。"未来"虽然具有当下的客体实在性,但在没有出现之前,它还不具有任何形式的现实性。人类、世界、宇宙就处于这一不断流动的过程之中,没有过程,何来结果?总而言之,某实体的"存在"正取决于其生成的过程(Whitehead 1929a,杨富斌译 2013:40),这便是他为何用《过程与实在》作为书名。据此,怀特海认为过程才具有真正的根本性,它代表着事物存在的最基本方式,这才是世界的本质,当为哲学研究的最核心概念。

4.2.10.4 主要范畴

怀氏基于描述性概括方法建立了有机哲学的范畴表,主要可分为4大范畴,27个次范畴。四大范畴为:

> 终极范畴(the Category of Ultimate)
> 存在范畴(the Category of Existence)
> 解释范畴(the Category of Explanation)
> 责任范畴(the Category of Obligation)

其中最核心的四个术语为:

> 现实存在　　(Actual Entity)
> 摄入　　　　(Prehension)
> 聚合体　　　(Nexus)

---

① 我们认为,怀特海此处所说的"超验客体"与黑格尔的"绝对理念也是一种实体"中的"实体"不是一回事,也不同于西方哲学作为基础的"实体论"。

本体论原理　（Principle of Ontology）

怀氏通过"创造"、"多"、"一"来论述实体的性质以及这些概念之间的辩证统一关系:通过创造形成具有独特性的实体,体现出实体的分离性和杂多性,且它们形成了一个连续的有机统一体。这一论述足以体现出"过程哲学"独特的方法论:发展运动、生生不息①、相辅相成、不走极端、浑然一体、圆通融洽;既是综合的,又是分析的;既是肯定的又是否定的,表现为一种兼容并蓄、大度宽容的综合的立场(程志民 2005:349)。

我们知道,黑格尔的辩证法就是基于事体间的关系建立起来的,马克思和恩格斯也认识到关系的重要性,前者提出了"社会有机体",后者也曾说:

> 世界不是一成不变的事物的结合体,而是过程的集合体。[《马克思恩格斯全集(第四卷)》1972:240]

维特根斯坦(1922)开篇第一句就指出:

> 世界是事实的总体,而不是事物的总体。

索绪尔基于上述思想提出了结构主义语言学理论,关上语言之门,聚焦论述其内部的形式关系,可谓同根同源,既有继承也有发展。

还有很多现代主义者也述及这类关系,但大多强调了"关系"的"外在性、偶然性、派生性",而怀特海持与索氏观点相同,认为这些关系具有"内在性、本质性、构成性",但他主要从哲学角度来论述宇宙的关系本质。怀特海还指出,人便是这个关系集合中的一分子,应当与世界和谐相处。在西方的现代性和我国的现代化中,生产力虽有了很大进步,生态环境却遭到极大破坏。

建设性后现代主义者强调人类与自然应当内在性地和谐相处,变"人类中心主义(Anthropocentralism)"为"生态中心主义(Ecocentralism)",从而出现了"环境保护、生态平衡、绿色运动"等新生事物,这都得益于怀特海的过程哲学,强调世间万物之间的有机关系。这也与"儒道释"三派宗

---

① 这与我国传统思想中的"道生一,一生二,二生三,三生万物"的原理相通。怀氏也公开承认他受到中国传统文化的影响(Whitehead 1929,杨富斌 2013:9)。

教所倡导的"和为贵"、"情缘感"原则相吻合。正如柯布(Cobb,刘昀献 2010)所说:

> 西方的过程思想为把中国的直觉与西方科学的成果结合起来提供了机缘。当过程思想或建设性后现代主义被中国人所拥有和借鉴时,它在中国将比在西方获得更丰富的发展,因为中国传统文化一直是有机整体主义的。中国文化特别是作为其根源的儒、道、释所倡导的天地人和、阴阳互动的价值观念,不仅是生态运动的哲学基础,也应成为未来后现代世界的支柱性价值观念。

儒家强调人与社会的和谐,倡导仁爱之心;道家侧重无为而治,遵从人与自然的和谐,钟情于大自然的法则;佛家崇尚身与心的和谐,倡导慈悲情怀。尚和、中庸、善举、情感应是人之常态,斗争、批判、解构乃是极端之举。特别是在人与自然的关系上,人更不能以斗争、掠夺、征服、造反的姿态现身于世。西方曾经历了从现代到后现代的阵痛,现在不得不反过来补救现代化造成的恶果,我国万不可再步西方此后尘,这可谓:亡羊补牢,未为晚也!

看看当下的高频词,就知道我们当前所面临的生态困境,"污染、雾霾、沙尘暴、PM2.5、APEC 蓝、口罩"成了我国当今的热门词语和话题,不正应了怀特海近百年前的预言了吗!想一想,人为何要斗来斗去,就不能与他人以及自然和睦相处吗?"别折腾了"是一句多么朴素而又深刻的话啊,贴近生活,接地气,正反映了建设性后现代哲学的基本精神!

4.2.10.5 小结

现将怀特海的"过程哲学"主要思想小结如下:

(1)批判了主流形而上学的核心观点"唯物论 vs 唯心论"之争,认为前者过分强调物质实体,后者过分强调精神实体,这两种理论都有明显缺陷。笛卡尔的二元论更是将这一争论推至高潮,他提出的"一元论(Monism)"强调指出"物质 vs 精神"互为两个不同的独立实体,在这两者之间设立下了不可逾越的鸿沟。而怀特海严厉批判了各类传统的实体论哲学,认为构成宇宙的基本单位不是"物质"或"物质实体",而是"关系"和"性质"等所构成的有机体。有机体的本质是"事件"和"活动",它们又表现为"过程",主张在"实在"与"过程"之间画上等号,当用"过程论"来解释宇宙,这就是他将自己的哲学定名于"过程哲学"之初衷。他基于"过程—关系"看世界,建构了有机的、综合的、思辨的形而上学体系,实现了一次形而上学理论的螺旋式上升。

他还认为,现实存在兼有物质极和精神极,两者既明显区分,也有机关联,不可分割,更不是相对独立的两个实体,它们统一于现实存在的过程之中,可用"摄入"和"主体间性"来消解主客二元论,倡导一元过程论。这也是我们(2015)提出"体认一元观"的基本出发点。

(2)正如上文所述,流行于西方17—18世纪的第一次启蒙运动使得人类摆脱了中世纪封建制和宗教神学的枷锁,真正进入到"认识人自己"的新时代,高扬理性大旗,迅速发展科技,使得西方通过几百年的发展迅速进入现代化,人们可轻松地享受若干科技成果,生活得更加舒适、安逸。但这也反过来加深了人们对科技理性、科学主义、物质主义的盲目崇拜,使得形而上学理论极度膨胀。

怀特海早就认识到这种现象的弊端,批判了时下盛行的科学主义,认为科技之功虽不可磨灭,但也不能代表人类的一切。世间不存在绝对真理,一切都处于动态性的流变过程之中。他基于"量子力学(Quantum Mechanics)①"和"相对论(Relativity)",强调了"理论相对性"和"概念相应性(即符合论)",否定客观存在的绝对真理。

他还指出,倘若仅只关注科技理性和物质主义,只抓生产,忽视浪漫情操的作用,不注意人文关怀,不培养人们的艺术和美学修养,难免会导致"功利主义"抬头,开始腐蚀社会道德和精神文明,享乐主义横行之时,便是腐败滋生之时。怀氏的这一批判,对于后来者胡塞尔、哈贝马斯等大

---

① 物质和能量可能会随着实验方法的不同而显示出"波动"和"粒子"的性质,即"波粒二重性"。如,"光"就具有"似粒"、"似波"的双重性,它在不同条件下可呈现出不同的性质:遇到不透明的坚硬物质时,呈现"粒子"性质,可用牛顿力学定律加以解释;而遇到透明的玻璃时,它又呈现出"波动"形式,可穿透玻璃。这可说明,世界是一个不可分割的有机整体,事物与环境不可分离,它们相互依存。

量子理论是一种描述宇宙的新理论,属于研究微观物质的运动规律的物理学,与相对论一起被认为是现代物理学的两大基本支柱。20世纪上半叶由普朗克(M. Planck 1858—1947)、爱因斯坦(A. Einstein 1879—1955)、玻尔(N. H. D. Bohr 1885—1962)、海森堡(W. K. Heisenberg 1901—1976)、薛定谔(E. Schrödinger 1887—1961)等提出,改变了整个物理学。量子力学的新逻辑和新数学完全取代了经典物理,主要包括光的粒子理论、量子态的概念、运动方程、理论概念、观测物理量之间的对应规则和物理原理、海森堡不确定原理、薛定谔方程等内容。物理学界对物质的结构及其相互作用的见解被革命化地改变了,很多现象得到真正的解释,还可预言出若干无法由直觉想象出的新现象,它们可通过量子力学被精确地计算出来,且后来也获得非常精确的实验证明。

量子力学的研究和解释涉及许多哲学问题,其核心是"因果性"和"物理实在"等问题。按动力学意义上的因果律说,量子力学的运动方程也是因果律方程,当体系的某一时刻的状态被知道时,可以根据运动方程预言它的未来和过去任意时刻的状态。

力批判科技理性产生了重大的影响。

（3）我们知道，"现象学"专注于人们心智中的纯粹意识：悬置一切外物。根据上文第（1）点所述，人类的任何活动都存在"物质"和"精神"这两个极，过分强调一者而忽视另一者，则会割断"呈现"与"被呈现之物"之间的有机联系，必然要导致理论上的胎里疾，现象学也难逃此运。把世界仅归结为呈现在心智中的纯粹意识，否定物质的客观存在性，误把"现象"当一切，就不能全面认识世界，建构哲学理论。

（4）指出西方语言哲学之弊端——以偏概全。语言哲学通过语言分析来消解传统哲学中的若干形而上学的伪命题或假命题，具有重大的历史意义，但它也不是哲学研究之全部。语言仅是人类生活和大千世界的一个要素，它再重要，也不是世界和人类之一切。"语言"与"世界、哲学"等毕竟不能完全等同，忽视生活世界和人类体认，就不可避免地埋下了片面性的祸根。先验地预设"语言与世界同构"和"命题反映事实"，以图用"图画论"、"逻实论"、"同构论"等来统一解释世界和哲学，岂不是一种形而上学理论的翻版！

我们在第一章图1.1中虽将怀特海列于英美分析哲学的理想语言学派之中，主要考虑到他是罗素和维特根斯坦等的老师，也对理想语言学表示过极大兴趣，且提出了很多建设性观点。但是，他也提出了与早期语哲时期不同的观点，特别是对逻实论的反思和对科学主义的批判，这值得我们注意。

以偏概全的另一例子便是学界流行的各种中心主义，例如：

人类中心主义、欧洲中心主义、西方中心主义、
东方中心主义、逻各斯中心主义、种族中心主义、
男性中心主义、女性中心主义、生物中心主义、
自我中心主义、夜郎中心主义、语言中心主义、
语音中心主义、权力中心主义、责任中心主义，

等等，不一而足。所有这些中心主义，都各执一词，各霸一方，常将某一观点张扬至极端，以偏概全，滑入了"物极必反"的歧途。怀特海认为，世间诸多要素是一个有机体的组成部分，不可过分强调一者而忽视另一者，以牺牲一者求得他者的生存，倘若如此，常会导致难以预料的严重后果。

我们注意到，在上述诸多中心论中，人们常将"人类"与"自然、他者"

对立起来,而怀特海认为,人主体应在世界整体中得以显现,是摄入活动的产物,处于不断的消逝过程之中①;客体具有永恒性,它能引起主体的某特定活动,产生自认识过程之中,是认识活动所指向的对象,且在某种程度上也是一种能动的主体,而不是消极和被动的客体。于是,主体与客体并非完全对立,两者之间具有"有机联系",人与自然可以互为主体,如此便可消解主客之间的二元对立。用柯布(1998:152-153)的话来说:

> 万事万物既是主体,又是客体。

这不正体现中华民族"天人合一"的思想吗?从《道德经》到刘勰"天地人,谓三才",再到宋明清,这一传统观念就从未断过根。我国宋代著名哲学家朱熹(1130—1200)也曾说过:

> 天即人,人即天,人之始末,得之于天,即生此人,天又在人矣。
> 仁者,在天则盎然生物之心,在人则爱人利物之心,包四德而贯四端也。惟仁,然后与天地万物为一体。

这或许就是当今建设性后现代哲学取消主客对立思想的先河。

(5) 现代教育弊端诸多。怀特海在《教育的目的》(1929b)中就曾严厉抨击那时的英国现代教育,它虽优于传统教育,但也埋下了若干祸根。请看对这个时期教育的各种称呼便可见其症结所在:机械教育、应试教育、碎化教育、竞争教育、无根教育。王治河等(2011:第二章)基于怀特海的过程哲学,大力倡导后现代教育理念,认为在我国乃至全球的学校中当贯彻有机教育、生态教育、容他教育、有根教育、文理教育、整合教育、和谐教育、创新教育等,这值得我们深思。

怀氏的后现代教育思想还注重教育的愉悦性与创新性之间的有机联系。试想一下,长期处于"压力"状态下,整天绷紧"阶级斗争"这根弦的人,能产生"可持续性创造力"吗?而处于轻松愉悦情绪中的人更能遐想联翩,产生灵感,拥有浪漫主义情怀、对美的体验和认识,这些都有助于开发智力,带动创新思维。

(6) 怀特海更为可贵之处,不像解构主义者那样,专肆批判和破坏,他

---

① 如,人会不断死亡,作为直接的主体亦已消逝,此后就会成为一种永恒性的客体,始终会对社会产生现实的影响。

还提出了建设性理论,"过程哲学"便是产物。因此,我们将怀氏视为建设性后现代哲学家(即后现代第三期哲学家),名正言顺!同时,该理论还强调事物的变化性、多样性、复杂性,有力地推动了后现代哲学中的多元观和模糊理论的发展,也对后现代教育的走向具有重要的指导意义。

根据过程哲学强调诸多事件是有机联系的原理,认识者作为一个主体去认识另一个主体(或客体)时,实际上出现的是一个主体与另一个主体之间的关系,怀氏将其称为"主体间性(Intersubjectivity)",这与胡塞尔的思想相通。基于这种主体间性可有效消解"人类中心主义",倡导对他者的开放,鼓励创造性和生成性,以恢复被第二期后现代主义者所颠覆的部分理论。

但是,有机哲学也面临着理论上的误区和操作上的困境,既然整体具有多元性,常具异质性,那么如何与整体中的每个要素和谐?倘若你与这部分人合作了,从理论上和实践上来说,就可能与另一部分人相左。因此,在万家灯火、欢声笑语之中,总归会掩盖着"几家欢乐几家愁"的事实。"普世主义 vs 相对主义"总是并存的,人们的言论、行为、政策不可能使得人人开心、皆大欢喜。

面对这一尴尬局面,人们常用"少数服从多数"、"从众策略",但是人们的行为常具有个体性、局部性,毕竟不能与整体"完全协同"啊!当今世道,阶级、国家、权益、纷争、恐怖、军队、核武器仍是我们这个社会中的主要问题,"争斗 vs 和平"、"恐怖 vs 反恐"在某种程度上还是当前时代的一大特征,所谓的"让人人都感到幸福"或许多少烙上了"理想主义"的色彩。我们离"有机整体"、"和谐大同"还有很远的路要走。

面对这一理论和实践上的窘境,我国传统的"中庸之道"有时倒是一条可行之计,屡试不爽。

4.2.11 哈茨霍恩

哈茨霍恩(Charles Hartshorne 1897—2000)为怀特海的高足,是美国建设性后现代哲学家、著名的宗教哲学家、过程神学主要代表人物之一。他继承和发展了他老师的"过程哲学",建立了"过程神学(Process Theology)",以期能解决现代哲学中的若干混乱与矛盾,期望实现"科学—哲学"的一体化(又叫:形而上学一体化)。他是宗教哲学家,必然就是一个有神论者,但他更关心哲学,这从下文所列述的他的著作可见一斑。他所倡导的"一体化"不同于传统理解,不追求那种永恒不变的统一原则,而是主张用"不断流变"和"经验之流"来解释实在的本质。他的主要代表作有:

1937：Beyond Humanism: Essays in the New Philosophy of Nature《超越人道主义：自然哲学论文集》；

1941：Man's Vision of God and the Logic of Theism《人们的上帝幻象和有神论的逻辑》；

1948：The Divine Relativity: A Social Conception of God《神性的相对论》；

1953：Reality as Social Process: Studies in Metaphysics and Religion《作为社会过程的实在：形而上学和宗教研究》；

1962：The Logic of Perfection and Other Essays in Neoclassical Metaphysics《完美的逻辑以及新经典形而上学的其他论文》；

1967：A Natural Theology for Our Time《我们时代的自然神论》；

1970：Aquinas to Whitehead: Seven Centuries of Metaphysics of Religion《自阿奎那到怀特海：宗教形而上学七百年》；

1970：Creative Synthesis and Philosophic Method《创造性的综合与哲学方法》。

4.2.11.1 过程神学

怀特海的过程哲学关注人与自然、人与社会、人与人、事物与事物之间的有机关系(参见上文)，同时也指出，上帝的存在有两个方面：

（1）原初的本性，即自身就有的本性，是形式的、概念的、无意识的；

（2）后继的本性，由上帝对变动世界的反应构成，具有过程变化的特征，是物质的、确定的、有意识的。

哈茨霍恩接过了他老师的这一论述，将其发展为"过程神学"，灵活地运用"有机关系"这一核心思想来解释"上帝 vs 人"以及"上帝 vs 世界"的关系，强调它们之间的变化过程，当算一种理论发展，而且否定了传统神学的观点：上帝具有纯粹的、不变的、稳定的特征，高居于变化多端的世界之上，决定人世间的一切，而哈茨霍恩则依据"变化"来解释"上帝 vs 人"和"上帝 vs 世界"之间的关系。

哈氏是一位有神论者，较为详细地论述了有关神的性质及其存在的理论依据。他还在上帝的"必然存在性 vs 偶然现实性"之间做出了类似的区分,把"变化"、"经验流"、"可能性"引入到人生和神的建构之中,论证了上帝的存在和完美性。值得注意的一个观点是,信奉上帝绝不等于否定人类的自由和人类对自身历史应负担责任。

4.2.11.2　泛经验论

哈茨霍恩对泛经验论的定义是:现实世界的所有单位都是经验着的、创造的事件(参见 Griffin 等 1993,鲍世斌等译 2002:277)。该理论中包含三个关键词:事件、经验、创造性。

他根据怀特海的过程哲学,认为"实在"的基本单位不是持续的事物或实体,而是瞬间的事件,而且所有事件都是"有经验的"或"经历着的",一言以蔽之,世界是由创造性的、经验的事件构成的。

这里所说的"有经验的",有点类似于我们所说的"感受、记忆、欲望、自为目的"等,因为这些事件并不完全为过去所决定,都曾受到过先行事件的影响(仅是"影响",而不是"决定"),而且它们都能体验到某种"自我—决定"或"自我—创造"过程,即事件自身还具有"自我创造的能力",可对未来施加一定的创造性作用。哈茨霍恩称这种经验性为"拟人说(Anthropomorphism)",所谓"拟",是"接近、有几分像"的意思,不是"等同",也不是"不同",即"所有事件都是有经验的"并不是说它们与人的经验极为相似,而只是说它们并非是绝对不同的(同上:276)。

他还指出,泛经验论和有神论之间也存在有机联系,前者是后者的组成部分,后者也是前者的一个部分,两者具有相互蕴含、互为基础的关系。

他进而认为,泛经验论是通向"科学—哲学"一体化的坚实基础,这两个学科可进行"概念一体化"的整合,能用较少的基本范畴来解释较多的现象。例如,哈氏就尝试用"领悟"来将诸如记忆、知觉、时间、空间、因果关系、永恒物、心智—肉身的关系、主观—客观的关系、上帝—世界的关系等归为一类,将它们视为上文所述"形而上学一体化"的结果。

第五章

人文社科前沿
之我思

从本书所述的西方哲学四个转向可见，第三期后现代所倡导的建设性立场代表着当前全球人文社科（包括语言、文学）大潮的最前沿。我们认为，雷柯夫和约翰逊所创立的体验哲学和认知语言学也可视为这一潮流的产物。虽说西哲在各个时期都为主流语言学派提供了营养钵，但后者也常为前者做出一定的贡献，如，索绪尔和乔姆斯基就曾为西哲输送了新思路。亦已成为当代语言学主流的认知语言学派既得益于后现代哲学思想（包括体验哲学），在诸多方面又有益于哲学研究，为西方哲学（特别是语言哲学和后现代哲学）提供了新理论、新观点、新方法，且还将语言学研究带入到后现代时代。这就是我们近来主张将罗宾斯的"哲学是语言学的摇篮"修补为两者"互为摇篮"的观点，以期能进一步拓宽我们的研究视野，从后现代哲学角度认真审视语言学发展史，特别是认知语言学的历史意义。

5.1 追寻人文社科前沿

笔者在图1.1后现代哲学第三期(建设性)中的最后一行下加双线,以表明此处内容为当前人文学科(含语言文学)之前沿。我们还认为,除了国内外学者所论述的那些美国哲学家的研究以外,它还应包括以下三部分内容。

5.1.1 体验哲学和认知语言学

美国著名语言学家和哲学家雷柯夫和约翰逊(Lakoff & Johnson 1980,1999;王寅2007a)所创立的"体验哲学"(Embodied Philosophy)[①]以及基于其上建立的"认知语言学(Cognitive Linguistics)",也是一种建设性后现代主义。因为后现代哲学不是要否定一切,根除现代性的存在,而在于纠正其不足之处,消解其局限性,否定其霸权主义倾向,面向未来提出新理论。而雷柯夫和约翰逊的思想与这一宗旨完全吻合。

雷柯夫和约翰逊从人类过往研究中吸取了很多有益的养分,同时也批判了过往研究中的局限性,既接受了西方哲学和语言学中的很多观点,也批判了他们认为不妥的见解,提出了自己的新主张。他们(Lakoff & Johnson 1999:90)将

(1) 心智的体验性　(the embodied mind)
(2) 认知的无意识性　(the cognitive unconscious)
(3) 思维的隐喻性　(metaphorical thought)

这些曾被单独论述过的观点有机地整合为一套较为完全的体验哲学理论,为未来的语言文学、语言哲学乃至其他人文社科研究指明了一个方向。

[①] 笔者将体验哲学视为建设性后现代哲学,在此列出"体验性"这一特征。近来笔者十分高兴地看到格里芬(1988)主编的 *Spirituality and Society: Postmodern Visions* 一书中收录了霍兰德的一篇论文。他(王成兵译2011:84)在文中说到,后现代精神是一种体验性(Embodied)精神,对其大力倡导应重新扎根于我们的躯体、社会环境、自然环境。这一论述正好支撑了我们的观点。

5.1.1.1 心智的体验性

关于体验哲学的第一条原则"心智的体验性",在我们这个信守唯物论的国度,理解起来并无困难,而在西方世界,这却是一个重要命题。因为西方哲学在 2,000 多年围绕"唯物论 vs 唯心论"之间漫长争论的历史中,未见过前者占多大的优势。相反,在古代,苏格拉底、柏拉图唯理论流行,在中世纪宗教横行,在近现代仍有很多民众信奉上帝,笛卡尔、康德、黑格尔等唯心论常被视为"经典理论",在当代,乔姆斯基的理论也颇为流行,在某种程度上唯心论还是占有较大优势的。

现当代大多心智哲学家转向了"物质论(Materialism)",认为物质是基础,它决定或影响着心智,心智世界不能脱离物理世界,前者的心理最终可被还原为后者中的事件。他们的这一立场重新确立了"唯物论"的地位,确实具有重大的理论价值和实践意义。如,20 世纪的行为主义者沃特森(Watson, J. B. 1878—1958)、斯金纳(Skinner, B. F. 1904—1990)、布隆菲尔德(Bloomfield, L. 1887—1949)、奎因(Quine, W. V. O. 1908—2000)、维特根斯坦(Wittgenstein, L. 1889—1951,后期倡导 Game and Use Theory)等都主张以看得见、摸得着的"行为"来解释心智,将"心智"归结为行为的内化趋向,视"行为"为生理的外在反映,以图通过研究动物之所为来解释其心理活动。

梅洛庞蒂(Merleau-Ponty, M. 1908—1961)于 1945 年出版的《知觉现象学》基于马克思的辩证唯物论,坚持"心智来源于身体"的唯物立场,建构了"知觉现象学"这一现象学中的新研究方向,重新倡导"人类知觉"在现象学研究中的基础性作用,认为"知觉"介于"己身(Corpsproper,又译'身体—主体')"与"世界"之间,并主张从整体论角度出发将"世界结构"视为主客结合体,认为它不是对经验的被动反应,而是对经验的主动组织,是内部世界和外部世界的统一,以期能有效地克服传统主客二元论。

美国的日常语言学派代表人物之一塞拉斯(Sellars 等 1956)也是一位物质主义者,他主张把心理活动还原为物质活动,认为心智性的"心理事件"可等同视为生理性的"神经事件",比如,人们感到疼痛只是他大脑中"C-神经纤维"受到了某种程度的刺激。美国另一位哲学家路易斯(D.

Lewis 1966)和澳大利亚哲学家阿姆斯特朗(Armstrong 1968)接受了塞拉斯的观点,提出了"中心状态统一论(Central State Identity)",认为人们的心智状态与大脑和中枢神经系统处于同一状态。

美国哲学家戴维森(Davidson 1970:138)进而言之,"心理事件"不仅具有生理性,而且本身就可与"物质事件"等同,两者存在某种因果关系,这就是心智哲学界常说的"同一论(Identity Theory)",认为心理状态与大脑的物质、生理过程是同一个东西。

更有甚者,奥裔美籍哲学家费耶阿本德(Feyerabend 1963)和美国哲学家罗蒂(Rorty 1965)等基于奎因的理论发展出"取消论(Eliminativism)",直接提出"不存在心智现象"这一命题。

体验哲学和认知语言学基本接受了上述观点,进一步深入批判笛卡尔的身心二元论,认为身体和心智这两者虽是两个不同的实体,但绝不是互相独立的,身体经验会映射入心理知觉,人们在若干身体经验的基础上自然会涌现出一些有规律的心理反射。这就是体验哲学三原则中的第一条原则"心智的体验性"。

我们知道,西方的第一次启蒙运动大力弘扬人之理性,且将其奉若神明,视其为人类最高的认知能力,认为一切知识都是人类运用理性的结果,一切真知都是理性思维的产物,它可能战胜社会中不合理的现实并推翻人类的压迫者。学界进而还有了如下命题(程志民等 1993:6):

理性主宰现实;
理性支配世界;
人的理性为自然立法;
理性决定一切,决定历史的发展,决定国家和社会的发展。

在此"理性至上"观念的统摄下,学界拒斥感性,否定自觉和知觉,认为人的感知觉是不可靠的,难免会打上"价值污染"的烙印。

早期语言哲学所大力倡导的逻辑实证主义意在推翻这种形而上学的理性至上观,一切当以事实为准。但是这又将哲学研究导向了另一极端,若视逻辑实证主义为一种唯一的标准,这岂不是又要将其视为"绝对真理",又在信奉另一种形而上学?这就是学界常说的一句话,早期的语言哲学家从前门赶出了形而上学,又从后门将其悄悄地引了进来。

王治河等(2007,2011)所提出的"第二次启蒙(Second Enlightenment)",深入批判了第一次启蒙运动中的"过分迷信理性"的极端现象,主张"反思纯粹理性,重返直觉思维,呼唤审美智慧,挑战划一思维,欣赏多元之美"。体验哲学所大力倡导的"心智的体验性"意在于此,深入批判了索绪尔和乔姆斯基在理性主义理论框架下研究语言、建构语言学理论的取向,实现了一次在语言学研究中回归"直觉"和"体验"的实践,当可视之为20世纪语言学界对索、乔革命的又一次革命,其结果就是:使得马克思主义的唯物观再次回到了语言学研究领域。

体验哲学的第一条原则也完全与怀特海对想象力的论述一致,体验哲学(1929b,庄莲平等译2012:125)认为,培养学生的想象力、激活自我发展的能力是教育的根本目的,想象力会点燃和激活学生的学习热情,使得事实不再是事实本身,而被赋予各种可能性,于是,它就不会成为记忆的负担。他进而指出:

> 想象力不能脱离事实,它是阐明事实的一种充满创造力的方式。想象力是这样发挥作用的,它总结出运用于已存在的事实中的一般原则,然后对符合这些原则的各种可供选择的可能性进行理智的考察,它使人们在面对新世界的时候,能够构筑出一个充满智慧的视角,并通过展示令人满意的效果而保持生命的热情。

体验哲学也基于"体验性(Embodiment)"论述了想象力和意象图式,认为这两者都是人类的基本认知方式,这与怀特海此处的论述一致。同时,体验哲学也与王治河等所大力倡导的"第二次启蒙"相吻合。当然了,我们不是不讲理性,而是坚持"体验理性(即我们所论述的'体认观')";我们不是单纯否定启蒙,而是要"后现代启蒙(即第二次启蒙)";我们意不在于仅仅肯定体验,而是倡导SOS理解模型,还要兼顾其他两条原则。

5.1.1.2　认知的无意识性

学界曾就"意识 vs 无意识"展开过激烈争论。弗洛伊德之前的哲学研究基本专注于人类的意识性思维,人们能基于一个或几个判断推断出另一个判断的思维过程,认为应当具有意识性,而不关注无意识性的思维。比如,笛卡儿就认为:推理、认知、语言是有意识的,塞尔(Searle 1995:128)也持有这种观点。

弗洛伊德(Freud 1913,1933)将人的心理结构分为"意识(Consciousness)"与"无意识(Unconsciousness)"两部分,"意识"即"自觉",生于后天,受"现实原则"支配,指自己能察觉到的心理活动,它位于心理结构的表层,感知着外界的现实环境,可用语言来反映和概括。"无意识"由"生本能、死本能"组成(前者包括口渴、饥饿、性欲等,尤以性欲为主),生于先天,受"快乐原则"和"生存原则"支配,指没被意识到的心理活动,它虽受到压抑(如人的性本能常受到社会理性的压抑),但代表着人类更深层、更隐秘、更原始、更本质的心理能力,因此,"无意识"更能体现人之本质,支配个人命运。

弗洛伊德将"无意识"引入哲学家的视野之中,冲破了因第一次启蒙而导致的有意识理性的束缚,算是对传统理论的一种反动,将其划归后现代哲学范畴名正言顺。乔姆斯基理论虽属早期语言哲学范畴,坚持在客观主义形而上哲学框架下,运用形式主义工具来分析句法结构,但他却接受了弗洛伊德有关"无意识"的论述,认为心智和语言具有天赋性和无意识性。兰姆(Lamb 1998:12)也认为它们是无意识的,他曾以"眼镜"为例说明这一观点:人们为看清事物而戴上眼镜,但并不知道它是如何工作的,甚至连眼镜本身也看不见。倘若要知道眼镜是如何发挥其功能的,就需要将其从眼睛上摘下来,并对其加以深入的研究,可此时对于眼睛近视或远视的人来说,没了眼镜又怎能看清事物?这就陷入了一个奇怪的"悖论"之中。他曾以此隐喻来说明正在思考问题的心智是不可能被意识得到的(参见 Taylor, 2002:17)。

正如哲学家柯尔尼(Kearney 1986)在《现代欧洲哲学思潮》中所言:

> 在后现代时代,我们发现,无意识的结构规则最终预先决定了我们以前认为是自由的人的行动。

王治河等(2011:30)接着论述道:

这个所谓的"无意识"的东西在结构主义语言学那里就是"语言","没有语言,思想是个模糊的、未经探查的星云",不存在先天存在的观念,在语言现象之前没有什么东西是明确的;在德勒兹(Deleuze)那里,就是"欲望机器",在福柯那里,就是"权力关系"。

这足以说明,"无意识"亦已成为后现代哲学家所研究的重要内容之一。

　　雷柯夫和约翰逊更是重视弗洛伊德这一具有后现代性特征的研究成果,将"认知的无意识性"视为体验哲学的第二条原则。他们(1999)认为,认知的无意识性是指我们对心智中的所思所想没有直接的知觉,我们即使理解一个简单的话语也需要涉及许多认知运作程序、神经加工过程,其间的分析如此复杂,令人难以置信;运作如此之快,即使集中注意力也不能被觉察到,而且我们也不需要花什么努力就能进行这种自动化的运作。视觉、听觉、嗅觉、感觉等神经加工过程是不可能被意识到的,大部分推理也不能被意识到。语言的习得也是在无意识状态下进行的。例如,人们在瞬间就可完成对一个简单对话,倘若细细分析一下,其中可能包含若干具体步骤:

(1) 运用五官感知对方的语句;
(2) 判断对方语句的语音语调;
(3) 凭借记忆识别词语和语法;
(4) 根据语言知识解读出句义;
(5) 结合场景推导出语用含意;
(6) 调用己身的知识准备答复;
(7) 择用相关词句来组织信息;
(8) 支配自己的嘴巴表达思想;
(9) 配以五官表情和相关手势;
(10) 关注对方面部表情和反应;
……

似乎这个过程还可一直精细地列下去。试问,我们在平时与他人对话之时,曾否想到过言谈过程中的这些细微的步骤?用雷柯夫和约翰逊的话来说,倘若我们真的想到这些程序了,那倒说明我们真的有精神问题了。上文分析出来的简单对话中所涉及的具体步骤,完全可用"无意识性"来解释。正如他们(Lakoff & Johnson 1999:13)所言:

> Conscious thought is the tip of an enormous iceberg. ... unconscious thought is 95 percent of all thought — and that may be a serious underestimate. Moreover, the 95 percent below the surface of conscious awareness shapes and structures all conscious thought. If the cognitive unconscious were not there doing this shaping, there could be no conscious thought. (有意识思维仅是巨大冰山露出水面之一角,十分保守地说,无意识性思维至少占 95%。而且,在有意识思维层面之下,占 95% 的无意识思维形成和建构了所有的有意识思维。如果没有这种无意识思维所起的这种成形作用,就没有有意识思维。)

认知语言学家福科尼尔和特纳(Fauconnier & Turner 2002:33)也持同样的观点,认为人们所有重要的思维都是无意识的,这种无意识性认知就像一只"看不见的手",指挥着我们对外界和经验进行范畴化和概念化,日常交际中所使用的大量隐喻正是基于人类的无意识推理而形成的。他们所创建的"概念整合论"也是基于无意识思维基础之上的,人们有意或无意地将两个心智空间输入到融合空间中,从中会自然而然地涌现出新创结构。

这足以可见,体验哲学和认知语言学对弗洛伊德所进行的"无意识性思维"研究也做出了有力的补充和重要的发展,同时有力地批判了英美分析哲学家的"思维都是有意识的"观点。雷柯夫、约翰逊、福科尼尔、特纳、泰勒等认知语言学家将意义置于身体和无意识的理论系统之中加以深入考察,是对后现代哲学的一项重要贡献。

5.1.1.3　思维的隐喻性

雷柯夫和约翰逊(Lakoff & Johnson 1980)在前人研究的基础上,正式出版了 *Metaphors We Live By*(《我们赖以生存的隐喻》)一书,引起全世界众多学者的关注,在学界引起了一场不小的轰动。他们在此书的开篇就指出,"隐喻"不是语言层面的修辞问题,而是一种普遍存在的认知机制或思维方法,且将其称为"概念隐喻(Conceptual Metaphor)"。他们(1980:3)指出:

> We have found, on the contrary, that metaphor is pervasive in everyday life, not just in language but in thought and action. Our ordinary conceptual system, in terms of which we both think and act, is fundamentally metaphorical in nature. (我们的发现正相反,隐喻渗透于日常生活之中,它不仅在于语言之中,而更在于思维和行动之中。我们所据以思维和行动的日常概念系统,在本质上具有隐喻性。)

这就突破了流行两千多年的传统的亚里士多德的观点:隐喻属于语言的修饰性用法;隐喻是伟大诗人的创新,具有美学价值(修辞功能)。而雷柯夫和约翰逊却反其道而行之,认为隐喻是语言层面的修辞现象,并非仅为诗人之创作,只具修辞功能,而更是人类一种最基础性的认知方式,是涉及世界观的大问题。

这就是说,我们不可能如实地反映和表述世界,不会老是"照直观察、据实表达",而总要用一个"事体A(Thing A)"去理解和喻说另一个"事体B(Thing B)",且还要依靠这种"错位"方式生活于世,否则就无法生存。隐喻(包括概念隐喻和隐喻表达)是人类认知世界的正常方式,是一条非走不可的华容道,是人类所有思维的普遍特征,存在于全世界的文化和语言之中,通过隐喻理解经验和语言是人类想象力的伟大胜利!换句话说,没有隐喻,不用修辞,我们就只有死路一条。寥寥数语,就将一个常见的"传统修辞格"上升到人类认识世界方式的哲学高度,且突显了人本精神,传统的狭义修辞学过于偏重语词表达的修辞格,与其相比,确实不可同日而语。

概念隐喻的基本运作方式是,从"始源域(Source Domain)"将推理类型和相关信息映射到"目的域(Target Domain)",它存在于我们的日常生活、语言、思维的每一处,每一时,即便是一直主张"讲真话"的哲学家,也须臾离不开隐喻(Lakoff & Johnson 1999),他们进而得出如下论断:不用隐喻来思考经验和推理是很难想象的。我们认为,完全可用雷柯夫和约翰逊所创立的体验哲学三原则中的前两条来认识隐喻,即隐喻具有体验性和无意识性。

说其具有"体验性",是因为隐喻的认知基础是"意象图式(Image Schema)"和"基本概念(Basic Concept)",这两者完全来自于人们与现实世界在空间中的互动体验,来自于生活实践,从而形成了人类的概念之初。然后再基于概念隐喻机制将其从具象域、已知域映射到抽象域、未知域,从而逐步形成了人类如今的概念结构和知识体系。

说其具有"无意识性",是因为隐喻机制的获得和运用常是一种无意识的过程,人们在很多场合下就能自动获得这一最有用的认知方式,还不由自主将其运用到推理思维过程之中。这一过程是不可避免的,不得不如此,实属"华容道"的必由之路,这才有了雷柯夫和约翰逊于1980年的话:我们必须依赖隐喻才能生活,别无他法。

人类正是有了概念隐喻能力,才使得大部分抽象思维成为可能。正是有了概念隐喻能力,才使得抽象的科学论述成为可能,也才使得号称讲真话的哲学家构筑起一个完整的理论体系。很多哲学家就曾运用了少量概念隐喻形成了统一的哲学理论,如,毕达哥拉斯运用了"存在是数(EXISTENCE IS NUMBER)"的概念隐喻,就将数学中的本体映射到了一般的存在之上。笛卡尔运用了"理解是看见(UNDERSTANDING IS SEEING)"的概念隐喻,将视觉域的推理类型映射到了心智域和思维域。正如黑格尔所指出的,人们需要用感觉现象来表达精神现象,所以就产生了隐喻。雷柯夫和约翰逊(Lakoff & Johnson 1999)强调指出:概念隐喻把哲学中的观点连成一个完整的理论体系,并赋予其巨大的解释力,使我们能更好地理解哲学理论。倘若能剔除隐喻性思维,剩下的骨架概念就会太贫瘠,我们就无法进行日常推理。

所谓隐喻,说到底就是"假话",如说:

［1］这是瓶口。
［2］他是猪。

我们知道,"口"原本是用来指人脸上管食品进出的器官,由于瓶子也有类似的进出通道,人们就很自然地将人之口转用到瓶子的这个通道部位,也称其为"口",这就有了瓶口一说。人们在起初使用时,尚能觉得这是隐喻性用法,但随着时间的推移,人们将其视为司空见惯、习以为常的称呼,也就不再觉得它是隐喻了,这就是学界所说的"死隐喻(Dead Metaphor)",久而久之,"假话"就成了"真话"。

在现实世界中,人就是人,猪就是猪,两者岂能混为一谈,加以等同?!这是一个典型的大假话。可世界上大多民族都有如同例[2]这样的表达,而且大家还都能理解这句话的意义。为什么?凭什么?理论家必须给人类的这种思维方式和语言表达一个名分,体验哲学和认知语言学称其为隐喻,包括思维或认知中的"概念隐喻"以及语言层面上的"隐喻性表达",前者是后者的认知机制,后者是前者的具体表现。

如此说来,我们的思维和表达就可分为两大类:

(1) 直陈式;

(2) 隐喻式。

学界常将"隐喻式(可视为'修辞'的等同语)"与"直陈式"对立起来,直陈式思维和表达是依据事实而言的,这就是逻实论大力倡导"语言与世界同构"的语义观,仅依据"事实"来理解语句的意义。而隐喻式思维和表达可使语句更为优美,更易动人,大大增强了语句的说服力,而以牺牲"实事求是"为代价(参见 Meyer 2008,史忠义 2014:8)。我们必须跳出狭义修辞学的小圈圈,在后现代哲学视野下重新审视"修辞学"这门学科的内容,必将会另有感受。

我国语言学界的同仁大多读过这本书,对其核心观点也很熟悉,但对上述这段话的理解却大有程度之别,其后隐藏着数个重要的哲学命题,常被语言学界部分同仁所忽视,现简述如下,以飨读者:

(1) 从亚氏的二元切分说起

亚里士多德分别写了《形而上学》、《工具论》和《诗学》、《修辞学》这两类著作。前两本为哲学、逻辑学之基础,奠定了西方传统的客观主义形而上哲学的主体内容,被视为"毕因论(即本体论、存在论、是论、有论)"的主要代表作。哲学家一直以"追求客观真理"为圭臬,"爱智求真"、"实事求是"、"透过现象看本质"等被视为终身追求对象和奋斗目标。他们自命清高、自命不凡,常以"真理化身"而自居,藐视诡辩和修辞,鄙视充满幻想和想象的文学家,认为这些人都在"说假话",因为一切"修辞"都是违背事实的表达,可划归"假话系列"。

后两本书被学界视为"文学"、"文论"、"辩论术"、"修辞学"的经典代表作,主要论述文学作品的创作方法、语言层面的词句加工手段,意在提高艺术创作能力,增强语用效果,感染读者。文学家不惜运用大量的修辞手段"美化"语言,感染读者。这其中就充满了想象、虚构、夸张、拟人等手法,以"诗性表达"为主要特征,这常为坚持"讲真话"的哲学家所不屑一顾。

(2) 哲学家与文学家为同路人

亚氏在"哲学"和"文学"之间深挖出了一条难以逾越的鸿沟,被世人奉为基本原则,在全世界学界流行了两千多年,前者要追求客观真理,后者则大胆想象和虚构,各行其道,互不干涉,可谓井水不犯河水。

雷柯夫和约翰逊于1980年出版的这本书,全书共有30章,其中18章主要从语言学角度做出论述,其他12章主要从哲学层面做出论述。可见,他俩分别从哲学和语言学这两个角度阐述了隐喻的认知功能,以期能消解哲学和语言学之间的对垒,填补其间的鸿沟,因为这两个学科都不可避免地要用隐喻。

哲学家所谓的依实直说,充其量只能是一种理想化的单相思,异想天开,这样的人被马尔库塞(Marcuse 1964)称为"单面人(One Dimensional Man)"。雷柯夫与约翰逊于1999年再度合作,出版了《体验哲学——体验心智及其对西方思想的挑战》(*Philosophy in the Flesh: The Embodied Mind and Its Challenge to Western Thought*)一书,揭示了哲学中常论述的六大命题:时间、事件、因果、心智、自我、道德。这也是基于概念隐喻建构而成的理论,倘若没有隐喻,这些论述就不可能成为一个完整的体系,正如他们(1999:543)的一段经典名言所述:

> The extended analyses of philosophers' conceptual metaphors that we have given in this book show that it is the metaphors that unify their theories and give them the explanatory power they have. There is no philosophy without metaphor. (通过本书这种对哲学家的概念隐喻的长篇分析可见,正是隐喻将他们的理论整合起来,产生了他们所予的解释力。没有隐喻就没有哲学。)

照此说来,哲学家和文学家却原来是同路人,都要用隐喻"说假话",横越在这两者之间的隔墙在他们这批后现代哲学家的猛烈抨击下轰然倒塌了(Derrida 1967;Rorty 1979)。

(3) 叩问永恒真理

顺着传统哲学家的研究思路,后现代哲学家不禁要问:

> 世界存在永恒的真理和本质吗?
> 为何我们的认知会不断地变化?
> 人间世道和价值观不断地转换?
> 真理与权力之间又有什么关系?

世人常为之深感困惑。传统形而上学坚信:要能获得客观真理,人们就必须遵循"镜像反映论",即人们的思维只能像照镜子一样如实地反映外部世界,一点也不能掺杂任何主观偏见、个人价值。请问:人类能做到这一点吗?

后现代哲学家一直在为"人本"呼喊,为"偏见"昭雪,为"主观"申冤,雷柯夫和约翰逊于 1980 年出版这本专著的根本目的正在于此,严肃指出隐喻不是语言层面的修辞问题,而是思维机制,关涉世界观,即我们从来不是以"照镜子"的方式,而是以"哈哈镜"的方式来看世界的,从来都是以事体 B 来理解事体 A 的,不可能完全遵循"A 就是 A"、"B 就是 B"的形而上客观方式(即分析命题)来认识世界。所谓的"客观反映"、"镜像反射"纯属虚无缥缈,到头来只是一场游戏一场梦而已。

(4) 反思理性,回归直觉感知和形象思维

正如第四章第二节所述,怀特海(1929a)所创建的"过程哲学"严厉批判了西哲中过分依赖"实体"而忽视"过程"来建构理论的倾向,长期以来一直认为无论是"物质"还是"精神"都是"实体"。因此,不管是主张物质决定精神的"唯物论",还是认定精神决定物质的"唯心论",还是像笛卡尔那样强调两者相互独立的"二元论",都是基于"实体论"建构而成的理论,它们强调世间一切都是"事物、实体、事实",且将它们视为独立的自治个体,是诸多学科研究的基本出发点,这在西方哲学研究中占据了绝对的统治地位,更加青睐"客观、绝对、永恒"的真理和本质,拒斥人的直觉感知、

形象思维以及基于其上的隐喻性认识,进而否定传统而又基本的直觉性"形象思维",聚集到了西方"理性之上"的大旗之下,排除感性,打压情感,忽视人本,这便是因第一次启蒙运动形成的现代主义的主要时代特征。正如诺斯罗普(F. S. C. Northrop 1946,摘自王治河等 2011:202)所指出的:

> 我们必须使自己的直觉、想象力甚至灵魂向与我们自己的视野、信仰和价值观不同的视野、信仰和价值观开放。我们必须使学术界将世界问题作为一个整体来思考,从与整体的关系的角度看待区域性问题。

这使我们想到了奎因(Quine 1948,1951,1953,1960)所批判的逻实论的两个教条:

(1) 分析与综合之分(The Distinction between Analiticity and Synthesis);
(2) 还原论(Reductionism)。

他在"破"的基础上还提出了替代性理论:"自然化认知论(Naturalist Epistemology)"和"整体论(Holism)"。仔细想来,这两个观点正是受到了怀特海和诺斯罗普的"过程哲学"和"整体有机论"的影响。这也是学界主张将奎因归类为建设性后现代哲学范畴的主要原因之一。

在建设性后现代哲学的影响下,雷柯夫和约翰逊创建了体验哲学,反思了传统哲学视"隐喻为敌人"和"追求真理的拦路虎"的观点,重新彰显了古希腊赫拉克利特式的直觉思维和汉民族传统的"形象思维",将基于此的隐喻奉为"我们赖以生存的唯一活路",其历史意义确实不容小觑。

我们认为,人类的语言不是从天上掉下来的,也不是头脑中固有的,而是遵循着:

表 5.1

现实	认知	语言
直觉感知	概念隐喻	隐喻表达
互动体验	形象加工	
	抽象思维	

的原则,即语言是通过对现实世界的"直觉体验、形象加工、抽象思维"建构而成的。人们在心智中内嵌的概念隐喻,是形象思维或抽象思维的结晶。如表5.1所示,我们将"概念隐喻"置于"认知"之下,而将"隐喻表达"置于"语言"之下,以能直观而有效地区分这两个术语,这对于较好地理解他俩1980年这本认知语言学的经典著作算是一个铺垫。

因此,概念隐喻来自于人们的直觉感知和生活体验,这两者决定了人们思维中为何会形成概念隐喻这一认知机制,人们再在此基础上形成语言层面上对应的隐喻表达。人们也正是在这两者的基础上,形成了抽象思维。我们通过观察婴幼儿的认知过程便可发现,他们起初只能认识具体的事物,这些都是看得见、摸得着的、易于学得的东西,对这些物理性事物的认识构成了"人之初"。到了一定年龄后才有了抽象概念,逐步学会了抽象思维。雷柯夫和约翰逊(Lakoff & Johnson 1980,1999)认为,人们在体验基础上建立起概念隐喻,然后再以此为基础发展出抽象概念,从而健全了概念系统和知识大厦。这也是他们分别于1980年和1999年出版这两本书的用意所在,抽象的哲学概念依靠直觉感知、形象思维以及具有体验性的概念隐喻建构而成。

笔者所提出的"体认观"算是对体验哲学和心智哲学的一个补充和发展,一方面强调心智的体验性;另一方面也肯定了人的主观能动性,充分体现了"主客结合"的唯物辩证法立场(即笔者提出的SOS理解模型),以期能对诸多现象(包括世界、人、语言)做出更为全面和统一的解释。

(5) 后现代视野下的隐喻观

雷柯夫和约翰逊1980年在全书中共列述了82条概念隐喻(全用大写字母书写),正是这些违反真实的"隐喻机制"决定了我们认识世界的基本方式,没有它们,我们就不能了解世界,也不可能知晓自身。正如书名所示,"我们赖以生存的隐喻",终于将局限于语言修辞层面的隐喻上升到人类的思维和世界观层面。一切隐喻,在大部分哲学家眼里原初都是"假话",可在后现代哲学家眼里,没有隐喻,即不说"假话",我们就连日子都过不下去了。"用 B 来理解和表达 A"是人类赖以生存的最基本策略。正是他俩的努力,终于将后现代哲学思想引入语言理论中,正式在语言学界拉开了批判传统客观主义形而上哲学(如索绪尔的先验语言系统论和乔姆斯基天赋语言论)的大幕,这也是本书的根本目的之一。若认识不到这一点,不能上升到世界观和哲学高度来认识这一点,当属憾事!

由此可见,所谓哲学家仅陈述事实和命题,这是全然不靠谱的,误导了全世界的哲学和语言学研究方向。因而他俩将西方形而上哲学中的经验论和唯理论的主要观点归结为"客观主义(Objectivism)",并针锋相对地提出了"非客观主义(Non-objectivism)"理论,"体验哲学(Embodied Philosophy)"便是其中之一。

一言以蔽之,与事实相违背的"修辞表达",其主要机制是隐喻(含转喻),即以 B 来喻说 A,这才是我们赖以生存的基本方式。没有它,就没有我们的一切。在后现代哲学的观照下,修辞被视为一种载义、求效的认知行为,它是无处不在的思维和言语("逻各斯 Logos"就同时含有这两者)活动,是在世界观层面上阐释世界的必由之路,张春荣于 2001 年出版的《修辞新思维》一书的书名,倒也十分深刻地反映出后现代哲学家对修辞的新认识。

(6) 概念隐喻论与体验哲学

我们知道,概念隐喻论是认知语言学的发家之宝,它与另外两条基本原则——心智的体验性和认知的无意识性,一起构成了体验哲学的三条基本原则,它们被有机地整合为一个理论体系,成为建设性后现代哲学中的一条重要分支。但是,我们也发现,这三个观点已分别为西方许多哲学家所单独论述过,而将它们整合为一个整体理论,则是雷柯夫和约翰逊的创新。可见,他俩的这一研究取向深受建设性后现代哲学家怀特海"有机哲学"的影响,认为这三个观点之间存在着有机联系,故而才可整合为一套完整的体系。这也是我们为何要将体验哲学置于建设性后现代哲学中的原因之一。

其实,这种研究方法在学术界也是常见之举,早已有之。比如,马克思就曾将费尔巴哈的唯物论和黑格尔的辩证法有机结合起来,创建了辩证唯物论;韩礼德将社会学、功能主义与索氏的语言系统观结合起来,提出了"系统功能语言学"等,不一而足,这也可视为当今人文社科研究的创新思路之一。

5.1.2 心智哲学

按照塞尔(Searle 1998:1)的观点,

> 心智哲学现在是第一哲学。

他(1999:2075)又说:

> 50年前,语言哲学被认为是第一哲学,而现在这一位置已为心智哲学所替代。

他(2004:10)后来再次指出:

> 心智哲学亦已成为当代哲学的中心内容,20世纪主流是:语言哲学为第一哲学,其他哲学分支是从语言哲学派生而来的,依赖语言哲学的成果来解决问题。注意焦点现已从语言转向心智。

我们认为,心智哲学是语言哲学的延续,也是建设性后现代哲学思潮的主要内容之一(参见图1.1,最后一行列上了"Philosophy of Mind")。语言哲学后期的日常语言学派从分析日常语言用法入手,以能切入其实际言语含意之后的认知机制(如合作原则、会话含意、言语行为等),将语言哲学从早期的逻实论(理想语言学派)导向了"心智方向"。

心智哲学在批判和继承前人研究的基础上,提出了很多建设性方案,尝试对"认知(包括人的心智、意识、身心关系)"进行更为抽象的哲学概括,探索其本源、本质、共性。他们在"意义研究(属于语言哲学)"中深刻反思了合作原则、行为主义等的缺陷,重新关注"意向性(心智指向或关涉某一实存或虚存的客体)",再次审视笛卡尔的身心二元论(Dualism)这个被叔本华(1813 年的博士论文《充足根据律的四重根》)称为"解不开的死结"的难题。

塞尔(Searle 2004:17-32)曾指出,笛氏二元论留下了若干难以解决的难题,可归结为 12 点:

是否二元	唯我论(Solipsism)
怀疑主义(Skepticism)	知觉分析
自由意志(Free Will)	自我和同一论
动物是否有心智	心智与睡梦
意向性	心智因果论(Mental Causation)
副现象论(Epiphenomenalism)	无意识性论(Unconsciousness)

这些心理学与社会学问题也是当今心智哲学研究的主要内容。笔者(2015)在此理论框架下提出了"体认一元观",或许也可视为该领域的一个新发展。

5.1.3 第二次启蒙

西方在 17、18 世纪(法国大革命之前)继文艺复兴运动后在欧洲(主要是英国、法国、德国)出现了又一次伟大的、广泛的、深刻的思想解放运动。所谓"启蒙",就是启迪和开导人们的反封建意识,批判迷信无知,反对蒙昧主义、专制主义和宗教迷信,意在推翻旧的传统观念,传播新思想、新观念,给尚处在黑暗中的人们带来光明与希望。

但第一次启蒙运动过分强调人本、理性、科学、自由、民主,从而引出了"人类中心主义"、"理性至上"、"科学主义"、"单向自由"、"均质民主"等一系列极端现象,自然生态遭到极大破坏,自由和民主褪去了玫瑰红的色彩。在此形势下,中国学者肩负起一份担当,王治河于 2007 年首先提出了"第二次启蒙",将西方建设性后现代思潮(特别是怀特海的过程哲学)与中国的"天人合一、万物一体"的传统观整合起来,提出了"生态中心主义"、"多元和谐"、"厚道科学"、"义务自由"、"协商民主"等建设性思想,为世界人文宝库做出了中国人的一份贡献,参见第五章第一节。

5.1.4 中国后语言哲学

钱冠连(2008)提出的"中国后语言哲学(Post-Philosophy of Language in China,简称 PLC)"也是在西方语言哲学和后现代思潮基础上成长起来的,既吸取了这一土壤中的若干养分,也为该土壤提供了许多新营养。

笔者(2009a,2010)还根据上述观点提出了"SOS 理解模型"、"体验人本观"和"体认一元观",以此批判笛卡尔等的身心二元论。笔者认为"体"与"认"紧密相连,且前者决定后者,后者也可不完全依赖于前者。因此,我们不仅要批判传统客观主义哲学立场,也要谴责后现代思潮中的激进人本观、意义不确定性、后人道主义等过激论点;既要考虑到人的主体性,也要兼顾现实客体,倡导多元视角;既要有破,也要有立,所当遵循的原则应为"破中有立,立中有破,两者兼顾,相得益彰,取道中庸"。只有这样,才能真正领会哲学之真谛、语言之奥妙!

据此,我们才能理顺我国语言哲学和认知语言学工作者当前所从事的研究的历史意义和发展前景,澄清我们在学术研究中所处的位置。一句话,我国学者并非闲云野鹤,也非单打独斗,而是在沿着世界人文大潮前进。这样就可将我们所取得的成果纳入到全世界整个人本研究大潮之中,真正与世界学术前沿接上轨。换句话说,我国学者在这些领域也为世界非物质文化做出了重要贡献,不容忽视!

5.2 语言学与哲学互为摇篮之历史

西方的哲学与语言学常处于相互交织、同生共长的关联之中。在古希腊毕因论(即本体论)阶段,两学科就交融为一体,前者常包含后者,很多哲学家也是语言学家,他们在追问世界本质的同时也在追问语言的本质,早就建立了语法学。巴门尼德之所以提出"毕因论",是因为他发现了主系表结构中的系词[希腊语为 ont(o)-,英语为 be]内含着表语所表事物的本质性特征。苏格拉底、柏拉图在《克拉底鲁篇》中也有很多有关语言的论述。亚里士多德通过分析语言中的词性得出了有关世界的十大范畴,通过分析语言中 SP 模板(即主谓结构),建立了毕因论、逻辑学、修辞学等学科。经典形式逻辑基于 SP 模板论述了

> 全称(A)、特称(E)
> 肯定(I)、否定(O)

命题,建立了 SAP、SEP、SIP 和 SOP 之间的逻辑矩阵关系(金岳霖 1979:94)。中世纪关于唯名论和唯实论之争,既是哲学议题,也是语言问题。

近代认识论(经验论 vs 唯理论①)阶段的普遍唯理语法、实证性历史比较学派、进化论语言研究、机械论语音定律等,无不受到那个时代哲学观的影响。20 世纪的语言哲学更是如此,直接将哲学研究的方向导向语言分析,以图通过它来解决哲学难题,被公认为语言学大师的索绪尔、乔姆斯基也为这一研究做出了重要贡献(陈嘉映 2003)。

当今,语言学家们在撰写语言学史时,都十分重视追寻各流派的哲学基础,即每个语言学派都是以各自的哲学理论为基础建立起来的(Robins 1967;刘润清 2002,2013;王寅 2007a:25)。但我们也注意到,各语言学派也不一定完全单向地借用现成的哲学理论,也在一定程度上为哲学理论的发展做出了贡献,如,当前被全世界学者公认为语言学前沿的认知语言学(Cognitive Linguistics)虽说是以"体验哲学(Embodied Philosophy)"和"后现代哲学"为理论基础发展而出的,但前者提出的很多新观点也进一步丰富了体验哲学、语言哲学和后现代哲学。

笔者(2014:36)曾以"两学科的五段情结"为主线,划表概述了哲学对语言学的影响,现摘录于此,以飨读者。

---

① 汉语中的"近代"一词,在英语中没有完全对等的词,大致相当于英语词组"Early Modern"。此处所说的近代与西方后现代哲学家常用的词语"现代"所指时期大致相同。有时我们在本书中还模糊地将其表述为"近现代"。

表 5.2 哲学与语言学的五段情结

		对语言研究的影响
1. 古希腊: 毕因论转向	语文学	1. 天赋论; 2. 一体论; 3. 语法论; 4. 工具论; 5. 二元论; 6. 自然论与约定论; 7. 词源学; 8. 修辞学;
2. 中世纪: 神学毕因论		1. 语言是天赋的; 2. 上帝创造语言; 3. 唯名与唯实论; 4. 殊相与共相论; 5. 普遍思辨语法; 6. 自然兼约定论; 7. 助范畴词研究;
3. 近代: 认识论转向	历史比较	1. 语言具有模糊性; 2. 天赋说与模仿说; 3. 普遍性唯理语法; 4. 实证到历史比较; 5. 机械论语言定律; 6. 分析与综合之分; 7. 语言决定世界观;
4. 20世纪: 语言论转向	结构 TG 语义 语用	1. 索氏:结构、描写、二元、关门;语言使思想出场; 2. 乔氏:天赋、普遍、自治、模块、形式; 3. 语言学、语义学(形式主义); 4. 语言学、语用学; 5. 语用学、实用主义 → 社会/功能语言学; 6. 用法论、行为论、刺激反应意义观;
5. 当代: 后现代转向		认知语言学(含构式语法) 1. 以人本精神研究语言; 2. 语言具有体验认知性; 3. 语言没有统一的本质; 4. 基于用法模型的取向。

表 5.2 左栏为西方哲学的四个转向,中间一栏为对应的语言学流派,右栏是各时期语言研究受哲学思潮影响所提出的主要观点。笔者再列述如下 18 点主要条目,以说明哲学家如何基于语言分析提出相关的哲学理论以及这两个学科互为摇篮的实据,供读者进一步思考和研究:

(1) 亚里士多德通过词性确立了世界的十大范畴;
(2) 亚氏还基于句型"S is P"建立了形式逻辑;
(3) 巴门尼德分析 on(t)-(be)发现了世界本质;
(4) 分析世界本质时也在追问着语言的本质:语法;
(5) 古希腊:论辩了语言符号的自然论 vs 约定论;
(6) 哲学家们同时也在关注"词源学"、"修辞学";

(7) 中世纪时提出了语言天赋论与普遍思辨语法；
(8) 进行了语言和哲学中的唯名论 vs 唯实论之争；
(9) 学者们依据自然规律来探索机械论语言定律；
(10) 语言学和哲学共同论述"分析 vs 综合"之别；
(11) 从社会学中的实证主义到历史比较语言学；
(12) 洪堡特等哲学家提出了"语言决定世界观"；
(13) 索绪尔和乔姆斯基应用二分法实施关门观；
(14) 语言学中的语义学、语用学皆出自于语哲；
(15) 没有语言论的毕因论和认识论则是无效的；
(16) 哲学的问题归根结底是语言分析的问题；
(17) 中国后语哲:语言研究不能离开哲学理论；
(18) 前沿的认知语言学也在不断拓展哲学视野；

20世纪的语言哲学直接将哲学本体导向了语言分析,意图通过它解决哲学的千年难题。正如维特根斯坦所言:哲学问题归根结底是语言分析问题,即可通过语言分析(如语言图画论、用法论等)来解决哲学难题。被公认为语言学大师的索绪尔、乔姆斯基也为该议题做出了重要贡献。

特别是第(18)条,被全世界学者公认为语言学前沿的认知语言学,虽说是以"体验哲学和后现代哲学"为理论基础发展而出的,但它提出的很多新观点和分析方法也进一步丰富了哲学(包括语言哲学、后现代哲学)研究,有效地帮助哲学家解释了若干未解之题,这就是我们所论述的"哲学与语言学互为摇篮"的观点,详见下文。

5.3 认知语言学对西哲的贡献

本节主要论述认知语言学家为解释语言现象所提出的7种观点或分析方法,它们都是当前哲学界论述不详或尚无述及的内容。我们认为,它们也可扩展或引进到哲学界,用于解决西方哲学(包括语言哲学或后现代哲学)中的问题。

5.3.1 隐喻认知理论

雷柯夫和约翰逊(Lakoff & Johnson 1980)《我们赖以生存的隐喻》的

出版引起了全世界范围内的语言学、哲学、文学、艺术、逻辑学、心理学、社会学、认知科学、人工智能等学科的密切关注,掀起了隐喻研究的高潮,随之出现了一场"隐喻革命",标志是:召开隐喻方面的国际研讨会,代表达千人,十几路人马济济一堂,各类文献更是浩如烟海(王寅 2001:302)。显然,这对于坚持将隐喻视为哲学的敌人、追求客观真理路途中的绊脚石的和认为哲学优于文学的哲学家可算得上是迎头一棒。

亚里士多德等所建立的传统形而上哲学以追求客观真理为宗旨,认为真理是绝对的和永恒的,本质是固定不变的,范畴的边界是清晰的,而隐喻又都是"假话",混淆了范畴概念,例如,5.1.1.3 例[2],在现实世界中这句话永远不会成真,这两者的范畴绝对不可混为一谈。但是,这句话却在日常生活中会经常听到,且人人都可理解这句话的含意。这就是传统哲学要将隐喻排除在其研究视野之外的原因。很多哲学家长期以来一直自鸣得意,带着"养尊处优"的虚荣心,自诩为"哲学王",一直在讲真话,找真理,求普世,认为自己比文学家高人一等,因为文学家公开承认自己的创作多基于"虚构、想象、幻觉、隐喻"等手法。法国哲学家德理达(Derrida 1967)基于"解构主义"立场,主张消解哲学与文学之间的界线,认为两者的话语具有相同本质,共享同一领域,哲学中也用了大量的隐喻(说了很多"假话")。庞学铨(2005:291)曾将哲学称为"充满隐喻的诗",认为"隐喻包含在全部哲学语言中"。黄华新等(2008)主张在"可能世界"范围内探讨隐喻的生成机制。罗蒂(参见 Rorty 1979,李幼蒸译 2004:470-472)论述了戴维森、德里达对隐喻做出的经典论述,值得我们认真一读。

雷柯夫和约翰逊(Lakoff & Johnson 1999)后来又出版了《体验哲学——体验性心智及其对西方思想的挑战》,进一步论述哲学家在论述时间、因果、心智、自我、道德等议题时借助于几条根隐喻建立起论述体系。他们认为,正是隐喻使得哲学成为一个理论体系,如果将所有隐喻从哲学论著中剔除出去,哲学理论就会失去存在的可能。这就是他们(Lakoff & Johnson 1999:543)的一句名言

There is no philosophy without metaphor. (没有隐喻就没有哲学。)

因此我们认为,认知语言学对隐喻的研究有力地支持了后现代哲学家取消哲学与文学有差别的主张,也是对后现代哲学家关注"非理性"的一个有力的补充。

5.3.2 范畴三论

维特根斯坦(Wittgenstein 1953)提出了"家族相似性(Family Resemblance)",后来美国心理学家罗丝(Rosch etc. 1973,1975,1976,1978)于1970将其发展为"原型范畴论(Prototype Theory of Category)",挑战了亚里士多德建立并流行了两千多年的"经典范畴论(Classical Theory of Category)",为哲学第四转向(后现代论)中的"建设性后现代论"奠定了理论基础,从而为多元论、多视角、多维度提供了有力的理论依据。

认知语言学用原型范畴论分析语言各层面,如语音、音位、词汇、词法、句法、构式等,这比起经典范畴论所倡导的二值逻辑,明显更具解释力。蓝纳克(Langacker 1987,1991)、泰勒(Taylor 1989,2002)深入思考了prototype的含义,发现其有两解:

(1)典型样本
(2)抽象典型

因而提出了"图式范畴论"(图5.1和5.2)。

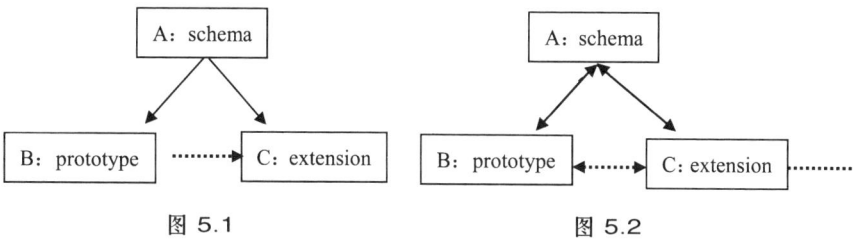

图 5.1　　　　　　　图 5.2

在图5.1中,A、B、C都是同一范畴中的三要素,A为抽象性图式结构,B是A范畴中的"原型样本",C是基于A和B的"扩展成员"。一方面B和C都受制于A,同时C还要参照B,但对于A来说影响较小,故两者间用虚线表示。泰勒主张将图5.1中的单向箭头换成双向箭头,以表示同一范畴中三要素之间具有互动性影响关系,但他将prototype视为schema的等同语。

我们基于他们的观点做了修改,拟构了图5.3,保留哲学界常将"原型"视为典型样本的习惯,且还可在右边继续扩展出同一范畴中更多的成员。

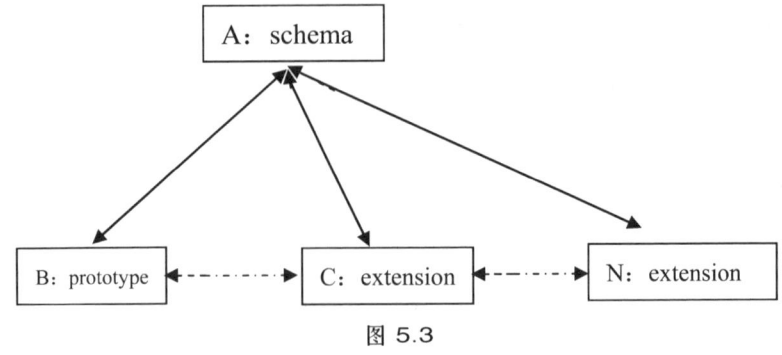

图 5.3

我们认为,图式范畴论比原型范畴论更为优越,因为后者对"原型"论述不明,未能明确标明它是"图式性"的还是"样本性"的,而图式范畴论明确规定:"原型"为典型样本,"图式"为一个抽象的、概括的结构,这对于一个理论来说十分重要,更符合"哲学须在抽象层面思考问题"的要求。正因为图式范畴论是基于抽象图式建立起来的理论,且具有一定的调变性,因此它更具解释力,例略,详见蓝纳克(1991)、王寅(2013)。

5.3.3 SOS

我们认为,语言表达中既有客观意义,也有主观意义;既有自然,也有人,这是一个不争的事实。不像传统理论和早期语言哲学家所说的那样,可靠的知识就像照镜子一样客观和被动地反映着外部世界,语言是对世界的客观反映和如实描写,语言与世界同构。这种语哲观正反映了西方启蒙现代性所强调的"纯粹理性、机械力学、科学主义"的基本原则。

"建构主义(Constructivism)"向前迈出了可喜的一步,大力倡导"主客互动"的学习原则,这是继行为主义心理学进入认知主义后的又一发展,认为世界虽是客观存在的,但对其的理解和赋义却是由每个人自己决定的。人人都会基于原有经验和知识,在社会文化互动过程中人为地构造意义,充分强调了人们在理解过程中的主动性。该理论主要由杜威、维果斯基、皮亚杰、布鲁纳等学者提出,他们综合了唯理论与经验论的相关观点,设立了"内部建构"这一认知层面,认为"人主体"不能直接通向外部世界,而是由心理的内部原则来认识和组织经验的。根据皮亚杰的观点,知识既非来自主体,也非来自客体,而是在"主体 vs 客体"之间的双向互动作用下建构起来的。据此,知识就不可能是对现实的纯粹客观的镜像反映,其中必然打上"人主体"的烙印。

解构主义者又基于"主体间性"、"差异论"、"延异论"、"痕迹论"等后现代哲学观,将建构主义理论向前推进了一大步,认为任何一种传载知识的符号都不可能是真实的绝对表征,不可能准确无误地概括客观世界的真实样貌。他们甚至还认为,置于图书馆中的文本毫无意义可言,读者来阅读时才根据自己的理解,赋予符号以意义。如此说来,每个人都有自己的知识结构和理解方式,对文本不可能产生一致的解读,一个文本就会有若干不同的意义。这就是解构主义者的一句名言:

> One hundred readers will produce one hundred Hamlets. (一百个人读哈姆雷特就有一百个哈姆雷特。)

如此说来,有多少人念《红楼梦》,就有多少个贾宝玉和林黛玉。倘若如此,那我们还能坐在一起谈论曹雪芹、研究红学吗? 在此理论指导下,《圣经》中所表述的巴比塔故事岂不又要重演?

体验哲学深刻反思了欧洲启蒙主义所导致的"人类中心主义",也认真审视了上述"建构论"和"解构论"。该学派认为人之一切概念、语言表达、意义都是人为建构而成的,不存在什么真实性。正如斯普瑞特耐克(Spretnak 1997,张妮妮译,2001:6)所说,

> 依照解构主义的分析,"真实"是不存在的,……语言和概念上的"社会建构",而语言和概念是对人的所有经验的建构。

我们认为,概念、语言、意义等皆是"人之所为"的结果,这是有道理的,这三大范畴及其内部的诸多理论、观点、论述都是由"人"产出的,它们不可能像传统理论家所认为的那样可镜像般地反映客观外界(参见 Rorty 1979),既是心智中的主观存在物,也能在现实世界中找到它们存在的根据。倘若按照解构主义的理论,过分强调"人的建构"而忽视了"真实"的作用也是极为不妥的,斯普瑞特耐克(Spretnak 1997)书名中副标题指明"身体、自然、区域"才是构成我们的"真实(The Real)"。也就是说,解构主义者过分强调"建构"和"制造"之义,而忽视了"客观世界"和"身体经验"在人类认识论中的基础性作用,因而未能击中现代性的要害(张妮妮译2001:6)。可见,解构式的建构论在理论导向上就出了问题,以至于后来者将这种观点直接表述为译学界常讲的一句话:爱怎么理解就怎么理

解,爱怎么翻译就怎么翻译。

体验哲学反思了解构式建构论,认知语言学批判了索绪尔和乔姆斯基的客观主义语言论,强调指出:语言既有客观性,也有主观性;既有世界和经验(即"真实")的基础,又有人的影子;既有体验性,也有建构性;主张用"体认观"修补解构式建构论过分强调人之主观而忽视现实客观之不足。据此,我们拟将体认语言学(为国外认知语言学的本土化思考)的核心原则概括为:

> 现实——认知——语言,

即语言是人们在对现实进行"互动体验"和"认知加工"之上逐步形成的。说"互动体验",充分注重客观现实世界的基础性,强调了物质决定精神的唯物主义;说"认知加工",突显了辩证法中的人之主观能动性,它当为语言和哲学研究中不可忽视的要素,算是从语言学角度对建设性后现代哲学的一点补充。

我们近来拟将这8个字进一步提炼为"体认"二字,也就是学界常说的认知语言学"体认观",这也完全符合"辩证唯物论"的基本原则,可用于解释语言各层面中绝大多数用法。这就是王寅(2014a)近来提出"体认语言学"的主要理论依据。

有了"体认观",就可反驳上述那种激进的主观建构论和后现代译论,倘若过分倚重读者和译者的地位,可任意理解,放纵翻译,其后果可想而知。这课如何上?这考试怎么进行?没有标准,岂不走向了那种"虚无主义"的无根式教育?无政府状态还是社会吗?过分强调人本因素而忽视了相对可行的规则,我们的社会真的就会走向无政府状态了。这不管从理论上,还是实践上,都是不可取的。我们必须从理论上澄清其误导性,从实践上认清其荒谬性,参照"体认观"框架,纠正后现代哲学中的激进人本观。不管是理解,还是翻译,都要基于原作者在原文本中所反映的原意图,适当阐释是可以的,但绝不可过度张扬译者的创造性。"解构式建构论"具有一定的参考价值,打开了我们理解意义的另外一扇窗口,但不能作为当今人文社科研究中的理论准绳。

在此基础上,我们反复思考了哲学史中有关"自然 vs 人"、"客观 vs 主观"、"感性 vs 理性"、"存在 vs 思维"的关系,并将西哲中围绕这一关系的争论简史梳理如下:

表 5.3　哲学研究中的方向观

时代	自然/存在	人/思维	模式
传统 (古希腊 ｜ 1940s)	感性	理性	单向运思模式
	存在	思维	
	客观	主观	
现代	互动		主客双向模式
后现代	主体间性		主主双向模式

　　长达2,000多年的传统哲学主要基于"单向运思模式",要么强调感性到理性,要么强调理性到感性。瑞士心理学家皮亚杰(1970)在其"建构论(Constructivism)"中提出"主客互动论(Interactionism between Subject and Object)"之后,部分后现代哲学家,如德里达、哈贝马斯等,终觉人本因素强调不够,又提出了"主主互动"(即主体间性),认为真理来自于人们之间的共识,这便是"共识真理观(Consensus Theory of Truth)"、"主体间性(Intersubjectivity)",也就是上文所说的"激进人本观"。王寅(2009)针对这种观点提出了"SOS多重互动理解模型(Subject-Object-Subject Multiple-action Understanding Model)",对其加以纠正,强调人们语言理解的过程包含：

客—主
主—客
主—主
主—语
客—语
语—语

之间的多种互动关系,这对于人类概念的形成、语言的使用、人际间交流都有较强的解释力,而它们在地球村中却被人为地分割和疏离。我们接受怀特海(1929a)所创立的"过程哲学",强调人世间一切要素之间在有机而又互动的联系中形成一个和谐整体,我们应当在语言理论研究中全力关注与语言有关的各种要素之间的有机联系,绝不可再在"关门打语言"或"关门打句法"理论的统摄下,将自己"置身语言牢笼中,管它春夏与秋冬"。

或许,我们所述及的"SOS多重互动理解模型"可作为对"解构式建构论"的一剂解药,为弥补其不足提出了一种可资参考的方案。

5.3.4 ECM

许多认知语言学家和计算机科学家为解释概念结构和句法构式的成因建构了许多模型,如蓝纳克(Langacker 1987,1991)的弹子球模型和舞台模型、泰尔米(Talmy 1985)的力量动态模型、雷柯夫(Lakoff 1987)"形式空间化假设"(将动态意象图式详细分成六小类)、尚克和阿堡森(Schank & Abelson 1975)的"脚本理论"、庞塞和桑伯克(Panther & Thornberg 1999)的言语行为动态分析方案。但这些模型都存在以下三大问题:

(1)突显分析的单层面性而忽视内部要素的层级性;
(2)强调动态性而忽视静态性;
(3)重在解释句法成因而忽视其他层面。

为了弥补上述几种模型之不足,王寅(2005,2007a)提出了"事件域认知模型(ECM)",以期能为语言的诸多层面,诸如:词汇化、词法、句法、语义、交际、词义变化、隐转喻等,做出一个统一的解释,其基本思想图示如下:

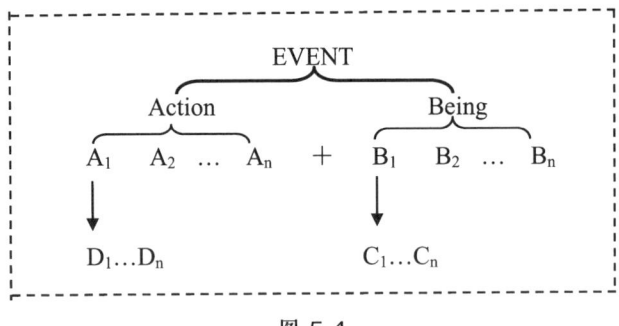

图 5.4

亚里士多德认为一个简单命题主要由两大要素构成:

(1)一个表示名词的事体(B);
(2)一个表示动作的行为(A)。

这类似于上文述及的传统逻辑学中的 SP 模板,我们根据生活经验将所倡导的 ECM 进一步细化为:

> 一个行为 A 可包括动态和静态两类行为,它可由很多具体的子行为或子动作(如图中的 $A_1, A_2 \ldots A_n$)构成。同样,一个事体由很多个体(如图中的 $B_1, B_2 \ldots B_n$)构成,事体可包括人、事物、工具等事体,也可包括抽象或虚拟的概念(儿童在对具体事体认识的基础上逐步掌握抽象和虚拟的概念)。

另外,一个动作或一个事体又可分别带有很多特征性或分类性信息 D 或 C。这样,一个事件域就可能含若干要素,它们存在层级性关系,如:

在第一层级上:一个事件主要包括动作和事体;
在第二层级上:这两个要素又分别包括很多子要素;
在第三层级上:各子要素又包含若干典型信息。

该模型外框用虚线,意在表明一个事件与其他事件存在若干可能性联系,也与"范畴的边界不确定"相呼应。

根据亚氏传统逻辑观,只要符合 SP 模板的知识就是正确的,代表着真知、真理,我们拟将其修补为:人们是以"事件域"为单位来体验和认识世界的,并将其作为知识块储存于心智之中。ECM 是人们对许多具体生活经验逐步概括出的抽象概念结构,它还可用来解释语言结构的成因,本文略。

该模式不期与计算机编制人机对话软件的思路相吻合,姚振军(2013)发现 ECM 与人工智能领域知识工程本体(Ontology)中所运用的构造工具"Protégé"的理论框架基本一致,这说明该模型具有普适性。他(2013)还尝试基于 ECM,结合 SCA(Socio-cognitive Approach to Pragmatics)分析三则房地产广告,探讨以"事件域"为语用分析单位的具体操作程序,进一步丰富了我们所倡导的"新认知语用学"的研究内容。

正如本书第四章第二节所言,怀特海(1929)正式出版了《过程与实在》,大力倡导"过程哲学",又叫"关系哲学"、"有机哲学",严厉批判了长期以来西方哲学家只关注"实体论"、"本体论"、"实在论"、"毕因论"等过激倾向,为理论研究开辟出一个全新的方向,着力强调哲学家在关注实体的基础上,更应重视宇宙万物之间的有机联系;认为这些事物,包括与人的关系,一直处于一种"相互关联、不断生成、永远变化"的动态过程之中。这为西方哲学发展到第四转向,特别是建设性的第三期后现代理论,奠定了坚实的理论基础。

王治河等(2011:402)指出:

> 以过程哲学为基础的建设性后现代主义主张用"事件"取代实体。这是思考方式上的一个重大转变。其意义是深远的。因为如果我们把人看做是由"事件"而非"实体"组成的,我们将视之为在很大程度上是由他们与他者的关系构成的,他们的存在因而不可避免地与共同体的存在密切联系在一起。

我们(2005,2007)所提出的"事件域认知模型"与怀特海在过程哲学中强调"事件"的思路完全吻合,而且也符合巴赫金、克里斯蒂娃等所倡导的"对话理论(Dialogism)"和"互文性(Intertextuality)",关心他者,与他者对话,文本之间存在种种互相直接或间接引用的现象。但 ECM 主要从体验哲学和认知语言学角度进一步细化了事件域中"行为"和"事体"两大要素(以及这些要素之下属内容)之间的有机联系,以其来解释命题的内部结构和语言成因,因此 ECM 在一定程度上具有哲学、逻辑和语言学研究上的意义。

5.3.5 识解:解读主观性的钥匙

西方哲学中的形而上学以追寻唯一的、永恒的、不变的真理为终极目标,而后现代哲学家却反其道而行之,大唱"反基础、去中心、非理性、多元论"的调子,将人类的"主观能动性"提高到空前的高度,甚至走向了另一个极端,如:尼采的"真理即谬误"观;德里达的"延异、撒播、痕迹"观;哈贝马斯的"共识真理观";费耶阿本德的"增生原则"、"什么都行";奎因和罗蒂的"新实用主义",等等,震撼了人们久已麻木的神经,唤醒了人们对绝对真理的反思。

认知语言学不仅接受了他们的多元论思想,反对二值逻辑,而且还深化了他们的研究。蓝纳克(Langacker 1987,1991)、克劳夫特和克鲁斯(Croft & Cruse 2004)等在分析语义理解时较为详细地论述了"识解(Construe,Construal)观",它原用以解释"人们对同一场景为何有不同言语表达"。蓝纳克将其细分为五项:

(1) 详略度　（Specificity）
(2) 辖域　　（Scope）
(3) 背景　　（Background）
(4) 视角　　（Perspective）
(5) 突显　　（Salience）

王寅（2008）尝试运用识解五要素分析了唐诗《枫桥夜泊》的 40 篇英译文产生差异的认知原因，成功地将 40 个译文中的差异都纳入到识解五要素之内，这为译界研究"译者主体性"提供了一个全新的理论框架。

大家都承认，在我们的理解和表达中都存在一定的主观性，但并没有针对"主观性"做过仔细和深入的论述，更没有人提出过详细方案来解读它。我们认为，认知语言学从语言研究角度提出的分析思路，亦已超出语言研究之局限，它可用来解释人类的主观差异究竟来自何处，怎样描写它。因此，认知语言学"识解观"的理论价值在于：不仅可用来解释语义，而且也为后现代哲学中研究"主观性"、"多元化"提供了理论依据以及具体的、可操作的分析方案。笔者日前将这一想法告知蓝纳克本人，他也为之感到十分欣慰，这可算作认知语言学对西方（后现代）哲学的一大贡献。

5.3.6　认知过程：物质如何决定精神

20 世纪的语言学曾经历了三场主要革命：索绪尔的结构主义革命、乔姆斯基的转换生成革命，以及雷柯夫、蓝纳克、泰勒等的认知语言学革命，它们分别围绕语言、心智（认知）、现实这三要素采取了不同的立场，经历了一个渐进式的发展过程：

```
           语言 ： 索氏
      心智——语言 ： 乔氏
现实——认知——语言 ： C L
```

图 5.5

索氏仅关注"语言内部系统"，实施"关门打语言"之策略。乔氏倡导从心智角度解释语言成因，增添了"心智"要素（权且视其为"认知"），重点研究它与语言之间的关系，但乔氏将"心智"和"语言"视为"天赋性"。认知语言学针锋相对地提出"体认性"概念，认为这两者都来自于生活体验和人之认识,将唯物观和辩证法重新引入到语言学研究之中。图 5.5 最下一行即为认知语言学和体认语言学的核心原则。我们(2007:171)在此基础上进一步细化了"认知"过程,现图示如下:

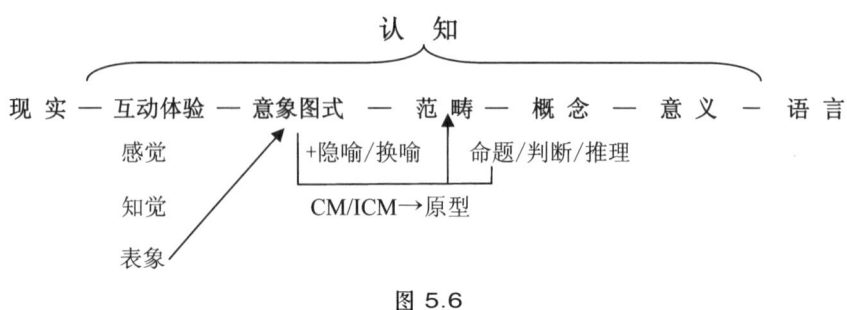

图 5.6

根据心理学可知,人们主要是通过"感觉 + 知觉"的途径来感知外部空间及对象,然后在心智中逐步形成抽象的"表象"能力,当事物不在场时人也能谈论它(动物似乎不行),雷柯夫(Lakoff 1979)将康德的"图式"与其结合起来,提出了"意象图式(Image Schema)",人类在此基础上形成了范畴和概念。

范畴主要属于哲学,概念、命题、判断、推理主要属于逻辑学,雷柯夫将这两个学科与语言学紧密结合起来,且结合隐喻和转喻,建立了"认知模型(Cognitive Model,简称 CM)"和"理想化认知模型(Idealized Cognitive Model,简称 ICM)"。据此形成原型,再在此基础上进行范畴化和概念化运作,就有了范畴,同时产生概念和意义(此处可忽略概念与意义之差异)。人们再用语言符号将其"揿住(pin down)",就形成了语言,从此概念就被固定了下来。

雷柯夫(Lakoff 1987)认为"原型范畴"可用四种 ICM 来描写:

(1) 命题原则
(2) 意象图式原则
(3) 隐喻原则
(4) 转喻原则

从而进一步深化了维特根斯坦的原型范畴论,为批判索绪尔和乔姆斯基的客观主义语言理论提供了可靠的理论武器,更为合理地解释词义和句义,也为语言哲学中的意义研究提供了崭新的视角。

我们还认为,唯物主义者虽提出物质决定精神的基本原则,但未能详述物质决定精神的过程,或许,认知语言学在图 5.6 中所详细分析的认知过程,正可对其做出补充。

5.4 概念整合与哲学研究[①]

5.4.1 概论

德国著名数理逻辑学家弗雷格(Frege)认为句义与词汇意义之间具有函数关系,即前者的意义是后者意义之组合,这便是我们常说的"组合原则(the Principle of Compositionality)",可将其简化为"1+1=2"。后现代哲学、体验哲学和认知语言学接受了格式塔心理学的基本观点,坚守"整体大于部分之和"和"增生原则",认为"1+1≠2",常出现"1+1>2"的现象,且针锋相对地提出了"整合原则(the Principle of Integration)"和"新创结构论",即当两个要素相结合时总要"新创(Emergent)"出一些原要素所没有的新信息。福柯尼艾尔等(Fauconnier etc. 1997,2002)建构了"概念整合理论(the Conceptual Blending Theory)",其要旨可图示如下:

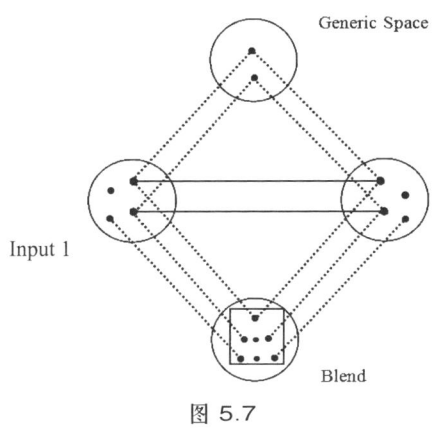

图 5.7

---

① 由于这部分内容较长,笔者将其单列一节加以论述。

当两个概念(如词语)作为输入空间对应映射入融合空间时,会受到类属空间(共有轮廓结构、范畴化原则等)的制约,同时也会在整合空间中产生"新创结构(Emergent Structure)",如图中最下一个圆中的方框所示。该结构是一个具有新创特性、富有想象力的结构,能产生原来输入空间中所没有的新信息(即新创意义)。这四个心智空间通过一系列的映射运作彼此连接起来,形成一个"概念整合网络(CIN: Conceptual Integration Network)"。

王寅(2007a:216)将弗雷格的组合原则隐喻性地称为"物理变化",相当于事物的简单罗列和堆积,而将融合理论隐喻性地称为"化学变化",类似于化学中"二氢一氧"结合后会生成一种既不是氢也不是氧的新物质"水"。如,将"马"与"角"融合后便会新创出一种新动物——"独角兽",它既不是原来的"马",也不是原来的"角",仅存在于人们的想象世界之中。

融合空间论原设计用来解释隐喻的工作机制,两个毫无联系的始源域和目标域并置后为何能产生隐喻义?在"融合空间"中设立"新创结构"后,就可有效解决这一问题,因为两个不同的概念域作为输入空间进入融合空间后会发生"化学变化",涌现出原输入空间所没有的新义。如

[3] 那外科大夫是屠夫。

当"外科大夫"和"屠夫"两者并置后出现"大夫医术不好"之义(屠夫也有高明者,如庄子所述《庖丁解牛》的故事),这一意义是经过人们一系列心智运作后在"新创结构"中涌现的。因此,福柯尼艾尔和特纳(Fauconnier & Turner 2002:389—396)认为,我们生活于、生存于融合之中,人类的重大发明创造往往是受到外界两种(或多种)现象(相当于图5.7中的两个输入空间)的结合性刺激,触发灵感所致。一旦人类获得这种融合能力便具有无穷的想象力,比如,构想一人昨日上山和今日下山有可能相遇的中心点。

5.4.2 解释人类创造力来自何处

该理论主要是认知语言学的研究成果,但它亦已超出语言研究层面,可扩展应用于哲学、心理学、认知科学等领域,用来解释人们如何认识世界、形成思维,如何进行学科建设、科技发明,它能解释人类为何具有创造性思维,确实具有开创性意义。比如,我国先哲在《易经》中将"三画卦"两

两整合而成 64 卦(意象),其中就蕴含着概念整合原则。胡适(1999:57)曾指出:

> 意象为我们的器物、制度的创造、发明所依赖。文明的历史,按照孔子的看法,就是把"意象"或完美的上天理想变为人类器物、习俗和制度的一系列连续不断的尝试。

比如,我们的祖先们受到"木卦处于水卦之上的浮动意象"之启发后想到了造船;又因"木卦处于雷(动)卦之上的成长或增长意象"想到造犁耕地;依据"雷卦在山卦之上(在固定物上转动)"发明了杵臼和书写;受到"木卦在泽卦之下的淹没意象"之启发想到了"棺材"等等。个别解释可能有牵强附会之处,但其所坚守的"创造力来自于两两相叠的三画卦"这一基本原则清晰可见。福氏等的概念整合理论竟与其不谋而合,令人惊奇!此时此刻,我们也情不自禁地为汉民族祖先们的睿智感到自豪和光荣。

牛顿看到苹果落地时想到了地球有吸引力;"电"与"磁"作为两个输入空间进入融合空间后,诞生了若干现代科技成果;现代军事家将运载工具与核弹捆绑起来,成为超级大国威胁全球和平的王牌武器;乔布斯将"通讯手机"与"计算机"结合起来研制出 iphone;商界精英还将网络与电视结合起来形成了一个新产业网络电视;还有卓识远见者将万维网与 GPS 结合起来,促进了无线网络新时代的到来;为了执行节能减排的国策,技术人员将空调、冰箱和热水器整合起来,合理组配冷热资源,带来新型节能家电系统。当今时代的"互联网+",更是多个领域的新技术相结合的产物,给我们这个时代带来了翻天覆地的变化,也给我们的概念带来了革新。

又如,当今流行的跨学科的边缘性研究,也可用概念融合理论做出合理解释。两个不同的学科可视为图 5.7 中的两个输入空间,当它们结合起来进入融合空间后形成一个新学科时,其中必然会涌现出一些原来两个学科都没有的内容,这才是边缘学科(Interdisciplinary Sciences)的真正意义所在。

凡此种种,因篇幅限制不再一一列举。这就是福氏等人的观点:人类 5 万年的历史好像就是概念整合的 5 万年历史!因此,融合理论不仅可解释语言生成和理解问题,而且还能解释人类的生存、发展、认识、理解、发明等现象,这好像是学界首次提出的"解释人类创造力来自何处"的理论。我们认为,这必将也会受到哲学家的青睐。

5.4.3 概念并非完全是客观反映

我们知道,"概念"是思维的基本单位,也是逻辑学的基本出发点,在我们的词典和教科书中它常被定义为:抽象概括出所感之物的共性,是反映客观事物本质属性的思维形式。这仅道出了概念的体验性特征。可我们知道,它除了来自于客观世界之外,还可能产生自我们的心智本身,比如,在"理论研究、艺术创作、科技发明"等过程中,人们会不断提出新概念,由此便可催生出新理论。

因此,除"概念的客观反映论"之外,人类心智本身还能自我涌现出新概念,即在人的主观认知过程中,也会不断形成新概念和新思维,产生新思想。那么,源自心智的概念是如何建构自身的?概念是如何变化的?传统哲学似乎未曾述及,而认知语言学的概念整合论(Fauconnier 1985,1994,1997)可为其做出较好的解释。当两个不同概念作为输入空间映射到融合空间后,在新创结构中就可"冒出"不同于原来两个概念的新概念。也就是说,这个新概念不是源自原来的输入概念,即不是直接来自客观外界,而是人们在心智中通过整合运作之后而新涌现(Emergent)出来的。当然了,作为两个输入空间的两个原概念,可能会最终追溯到直接经验。

5.4.4 可用概念空间替代可能世界

克里普克(Kripke 1972)在 *Naming and Necessity*(《命名和必然性》)一书中首先提出了"可能世界(Possible World)"理论,用以解释现实世界之外的其他存在,为内涵逻辑提供了重要的分析方案。

从书名可知,克氏认为专名的命名应考虑到必然性,即一个专名应当在所有的可能世界(现实世界也为一种可能世界)中都有固定的专向指称,而摹状语不一定具有这种特性(王寅 2014b:307)。该理论扩大了人们对世界存在的认识,从真实世界走向心智世界,它主要属于概念性。该理论在逻辑学研究中的意义在于:将外延逻辑拓展到内涵逻辑,为人们认识想象的世界提供了有效的分析方案。

福柯尼艾尔将"心智空间(Mental Space)"定义为:人们为达到当下思考和理解的目的而临时建构的"小概念包(Small Conceptual Package)",它具有"结构性、互通性、无限性、临时性、变化性、选择性、整合性"等特征,可用其来取代克氏的"可能世界"。因为它与可能世界一样,仅存在于人们的心智之中,从而具有内涵性,而无外延性,即心智空间属于内涵范畴,为纯粹概念,因其在现实世界中没有具体的指称对象。心智空间也是人类进行概念运作或思维过程的一个重要媒介,是产生意义的加工厂。

克氏虽提出了"可能世界",但未能深刻揭示其内部的运作机制,它是如何生成、变化和发展的。概念整合论正是在这一点上显现出优势,通过两事物、两信息或两概念的碰撞,在融合空间中发生"Duang",从中便涌现出了新生概念。例如:氢气和氧气按照一定比例混合,便可形成一种与原来两气体完全不同的物质"水";再打个比方,两物相碰会出现火花,产生了质的变化,因为这火花并不存在于原来的任一事物之中,而只是在碰撞后才呈现出来的。这样便可有效地解决可能世界论留下的上述疑问,进一步完善了内涵逻辑。因此,概念整合论也为(语言)哲学和内涵逻辑(包括模态逻辑等)提供了一点新思路。

现笔者将"外延逻辑到内涵逻辑"的研究简图梳理如下:

(1)早期的理想语哲学派是以批判传统形而上学为主旨的,主要关注外延逻辑,力倡用"语言与世界同构"的"图画论"这把尺子来衡量语言意义,即只有在客观世界中找到对应物或对应结构的语句才有意义,否则就可视其为形而上学的假命题或伪命题,从而确定了"世界是检验真理的标准"。这对于消解诸如"上帝爱每个人"、"客观世界存在客观真理"、"阶级斗争不以人们的意志为转移"等一类的形而上学伪命题,提供了有效的批判武器。

(2)用同构论解释语句的意义,虽可消解形而上学的假命题,但难以解决如下两个问题。第一个难题为语哲学界常讨论的"实质蕴涵悖论(Paradox of Material Implication)",现用下面的两个例子加以说明:

[4]所有的美国女总统
[5]所有会编程序的狗

人们根据经验可知,美国没有女总统,狗也不能编写计算机程序,即它们的真值都是"0"。既然两者的真值都是零,按照数理逻辑的原理,这两个表达式的意义就该相等,可谁也不会认为它们同义,甚至会认为它们是毫无关系的两个表达式。有些逻辑学家主张用"相干性"来解决这类问题,但很多人认为"相干性"本身就是一个"漫无边际"的概念,何以界定。

(3)若用世界中的存在物及其关系来定义词句的意义,会不可避免地产生另一问题,诸如"鬼"、"神"、"独角兽"、"孙悟空"、"无理数"等并不实存的事物和概念,难以在现实世界中找到实存对象,此时外延逻辑更显捉襟见肘。学者们为能有效解决这一难题提出了多种解决方案,比如,奎因(1960)的"语义上行(Semantic Ascent)"认为一切存在都是语言中的存在,于是就可将哲学中的存在问题转换为语言层面的问题,可避开哲学难题的纠缠而专注于语言分析,免于陷入那些空洞、无谓、永无结论的争吵而不能自拔,便可摆脱形而上学的困境。这便是语言哲学的要旨:通过对语言的逻辑分析来解决哲学难题。他还提出了著名的语义学公式

y = kx

该公式还可解释为:

To be is to be the value of bound variables.(存在就是成为被约束变项的值。)

据此可知,存在于语言中的一切都可视为存在,如,"孙悟空"存在于吴承恩的《西游记》中;"无理数"存在于代数这一学科之中。这也说明了奎因的那句名言:"物理对象与诸神是同处一个地位的神话。"(参见王寅2014b:175)

(4)奎因的学生克里普克根据他老师的"y = kx"语义学公式发展出可能世界论,为建构内涵逻辑奠定了理论基础。路易斯(C. I. Lewis)等据此又发展出了"模态逻辑(Modal Logic)",进一步丰富了内涵逻辑的研究内容。

(5)沿此思路可见,福柯尼尔的"心智空间"和"概念整合"比"可能世界"更有可操作性,为解释可能世界内部的运作机制提供了一种解释方案,也为内涵逻辑的研究提供了一个全新思路。同时,这也有力地证明了认知语言学之灯也在一定程度上照亮了哲学和逻辑学的研究之路。

5.4.5 解释为何思维和表达具有模糊性

理想派语言哲学家虽发现了自然语言缺乏精确性,但未能提供详细解释:为何它会有模糊性? 概念整合论也在这一方面有较好的解释力,即人们在心智空间中对概念进行映射和整合加工的过程中,会不断使得概念发生各种变化,不断产生新义,从而也可使同一个词有若干不同的意义。从上文对"心智空间"的解释可见,它是为达到当下思考而建构的,具有一定的临时性,这更造成了同一概念在不同场合会有不同理解,概念不清和语言模糊便由此而生。更有甚者,处于不同时空的不同主体,即使输

入了两个完全相同的心智空间,也会涌现出不同的新创结构,冒出不同的新义。

5.4.6 深化对无意识的认识

自从弗洛伊德开始研究"无意识性"之后,这一概念受到众多后现代哲学家的青睐,体验哲学家和认知语言学家雷柯夫和约翰逊(Lakoff & Johnson 1999:3)更是将"思维的无意识性"视为体验哲学三原则之一。福柯尼尔也认为人类的概念整合具有无意识性,人们常会有意识或无意识地将两个事物或概念进行对比和整合,从而可不断产生新思维,这也为弗洛伊德的"无意识性"提供了一种理论根据。例如,人们的隐喻能力是概念整合运作的结果,不必刻意为之,常在不经意间产生各类隐喻思维和表达。

在西方,哲学曾被视为一切学科之母,为其他学科的发展输送了理论养分,语言学也是如此,很多语言学史的专著或教材都述及了各语言学派的哲学基础(Robins 1967)。但笔者发现,并不一定就是哲学单向地为语言学提供理论基础,后者也可能推动前者的发展,比如,索绪尔(Saussure 1916)的结构主义语言学派就曾为哲学(以及哲学之外的其他若干学科)输送了崭新的理论,也为后现代哲学中的"解构主义"哲学提供过基础(王寅 2014b:第三章第五节);乔姆斯基的转换生成语法亦进一步发展和完善了哲学中的天赋论、唯理论;特别是亦已成为当代语言学主流的认知语言学,更是为西方哲学(特别是语言哲学和后现代哲学)的发展做出了一定的贡献,在一定程度上推动了西哲向纵深发展。

因此,我们认为是哲学的,定能为语言研究所用;是语言的,必然关涉哲学理论,这两个学科具有"同生共长、互为摇篮"的关系。我们意在提醒学界同仁既要学好罗宾斯(Robins 1967)的 *A Short History of Linguistics* 这本书,了解哲学对于建构语言学理论的重要性;也要认识到后现代哲学(包括体验哲学)催生了认知语言学的诞生,并为其提供了丰富的学术养分。同时,我们也可反向思维,认知语言学在某种程度上也帮助了哲学家和逻辑学家完善了他们的研究,为某些未述观点补充了理论解释,提供了新思路。这也算中国后语言哲学中的一个小观点。

5.5 结语

人文社科(包括语言文学)研究,主要包括两大路径:

(1) 理论思辨;
(2) 实据考证。

西方语言学家既以前者见长,也善于后者;而我国这方面的研究一直以后者为主。正如钱冠连教授(2002,2004①)所指出的,从吴承仕、黄侃、钱玄同、林语堂、王力、陆宗达,到周祖谟、朱德熙、裘锡圭,所写论文精彩纷呈,却让人看不到学派与流派的任何提示。他们缺乏学派意识,或学派态势不明朗,多陶醉于个案分析,偶尔套用一下国外的理论(如用乔姆斯基或认知语言学的理论框架),如此下去,我国的语言学界何以能到世界舞台上对话?钱教授认为可将吕叔湘语法研究这个学派起个名,称之为"实据派",可理论探索又该留给谁去做呢?

他(2007a,b)后来分别在《中国外语》和《外语学刊》上继续撰文,认为我国外语界"学派意识"也不容乐观,主要以引进、介绍、套用为主,甘当"搬运工"。虽偶有创新火花,但不成气候,至于建立什么学派更不在运思范围之内。如此说来,我国的语言理论创新研究,实在堪忧!基于这一基本认识,我们认为,作为一个学术团体,就应当有自己的理论旗帜,经过团队合作,集思广益,使其逐步成长为一个国产品牌,就像我国的"高铁"亦已走出国门,"核电"进入国际市场竞争,"大飞机"投入市场运行,有朝一日本土理论定能走向国际学术舞台。

本书在梳理西哲第四转向的后现代哲学基础上,发现了当前全球人文社科(包括语言文学)大潮的前沿(或前沿之一),这将有利于克服"我国语言学界缺少学派意识、更无自己的理论体系"的弊端,若能站在这一前沿来研究语言,审视认知语言学和中国后语言哲学的历史贡献,我们不

---

① 钱冠连教授于2004年在《汉语学报》(第二期)上以"以学派意识看汉语研究"为题的论文中指出如下一个事实:所谓的学术成熟、发达与繁荣,其标志就在于"学派纷呈、理论争鸣"。若无此现象,又何以具备向国外同行学派挑战的能力呢?该文2005年被《中国学术年鉴·人文社会科学版2004》大篇幅转载;后来,其核心段落"提倡形成语言学的中国学派"又被教育部蓝皮书(即《中国高校哲学社会科学发展报告2005》)引用,并强调指出:核心段落里的思想"很值得重视,可以作为语言学界发展方向的一种向导"。

难发现,它是后现代西哲的产物。近年来,国内很多学者在这方面做出了很多有意义的研究,有意识地将自己融入到全球人文大潮之中,尝试在世界学术前沿进行平等对话,终于让国人们看到了治疗"无我理论"这块心病的方向。

越来越多的学者亦已认识到,"中国后语言哲学"的提出,为消除我国语言学界无自己理论体系的尴尬局面提供了一个可行的方案,值得我们认真思考,并努力为之添砖加瓦,不断探析其中的语言学和哲学中的新老问题。我们当为迎接全球人文学术大潮的第二次哲学启蒙、彰显中国学者的风采做出应有的贡献。

语言研究前景辉煌,每每想到这里,我们不禁为之激动不已,深感任重道远,它不仅可撩开语言的神秘面纱,而且还有助于哲学家解决学术谜题。但愿本书能对哲学界同行有所启发!

第六章

建设性后现代哲学视野下的语言教育

　　西方社会发展史基本与西方哲学的四个转向相对应,各个时期的教育也经历了不同的指导思想和教学方法。总的说来,因第一次启蒙产生了近现代教育系统,其基本状况是:机械、应试、碎化、竞争、无根。与其相反,建设性后现代哲学家主张实施"有机、生态、容他、有根、整合、和谐、创新"的教育。笔者基于此,讨论了何为"创新",且就语言文学专业(特别是语言学方向)提出如下设想:理论结合实践,理工兼顾文科;反思碎片化教育,倡导系统的、有机的、和谐的、团队合作的教学形式。我们还认为,科研创新可走"纵横交错"方针,既可在横向上深入挖掘、开发同一学派内部的潜力,也可在纵向上改换至不同学派,走跨学科或超学科的科研思路。

6.1 序言

6.1.1 西方哲学与教育发展

从第一章的图 1.1 可见,西方人类社会的发展历史基本上与哲学的四个转向相对应。西方社会经历了古希腊、古罗马与中世纪时期,从公元前 5 世纪到 15 世纪约有 2 000 年时间之久,此间的西哲主要经历了"毕因论转向(即本体论转向)",追问世界之本质,由此引出了"透过现象看本质"的客观主义的形而上哲学。

从中世纪末到 19 世纪末,西方出现了文艺复兴和第一次启蒙运动,此间的西哲转向了"认识论"阶段,哲学家们专注于论述人的认识和知识的两大来源:经验论和唯理论,从而将"理性、科技、人权、知识"等视为根基,大加吹捧,为资本主义的出场做了理论铺垫,从而出现了近现代史上的工业革命、科技发展、殖民扩张,使得西方社会进入近现代文明时期。

西方社会进入 19 世纪末 20 世纪初的全面现代化时期后,哲学界又出现了"语言论转向"。早期的理想语言学派开始反思传统形而上学之不足,企图通过语言分析来解决哲学难题,但终究未能跳出客观主义形而上学的窠臼。随着日常语言学派(哲学语用学)的兴起,哲学界着着实实开始关注人,真正的人,特别是欧陆人本哲学的兴起,更是将人本精神带入到理论研究的中心之处,为 20 世纪中后叶的后现代哲学出场奠定了基础。

后现代第一时期大力倡导"人本因素"和"社会批判理论",乃至将理论研究导向了另一个极端,进入到后现代第二期的"激进人本观"、"解构主义"时期。但学者们很快就发现,哲学研究要有破有立,进而提出了第三期的建设性后现代哲学,涌现出一批有胆有识、有远见的思想家,将人文社科研究带入到一个崭新的时代,从而形成了当前社科领域的最前沿。这便是本书写作的基本指导思想和章节安排顺序。

我们发现,在社会发展的各个历史阶段及其对应的哲学转向期间,教育思想和策略也在不断发生变化。在古希腊和中世纪的"本体论"阶段,确立了一些真理信条,奉行"追逐真理式"的教育策略,不可避免地烙上了

"封建式、宗教式、家长式"的印记,完全是为了满足那个时代统治阶级的需要,制订了一套培养顺从而又古板的学生的教学方针。

在西哲认识论转向时期,确立了人之理性和科学主义,文艺复兴和第一次启蒙与其呼应,并在此基础上建立起近现代教育,根据王治河等(2011:第二章)的观点,基本上也在围绕"机械、应试、碎化、竞争、无根"等关键词打转转。我国自20世纪初废除科举制度以来,开始走向现代教育,但基本上也承袭了西方现代教育的模式,并未将人本精神、创新能力作为教育的根本之道。正如北京大学陈平原教授(1999)所言:

> 20世纪中国思想文化潮流中,"西化"最为彻底的,当推教育——尤其是高等教育。

是福是祸,是喜是忧,或许又是一个"to be or not to be"的公婆之争。我们认为,对其不必仅持一词,其中或许是喜忧参半,利弊兼有。

6.1.2 现代教育之利弊

现代的分科教育确实使得我国学生在文、理、工、农、医、商等诸多领域得到了较好的训练。中华人民共和国成立后强调"德智体"全面发展的综合性教育,顺应了我国社会主义建设的需要,摆脱了传统的书院式、私塾式传授古典知识的单一模式,抛弃了摇头晃脑式颂背古人诗词的学风,超脱了死记硬背四书五经的偏科思路,打开了国民的思路,开启了眼界,走上了追寻"德先生"、"赛先生"的西方现代教育之旅。

我们此时扭转了"重文轻理"的封建式科举考试制度,但不期又出现了"重理轻文"倾向,下一顺口溜便是这种倾向的真实写照:

> 学好数理化,走遍天下都不怕。

流行了几十年,至今仍有很大市场。曾几何时,在极左时代还出现了

> 不学ＡＢＣ,照样闹革命。

给人以极大震荡。这些偏科式的教育思想颇得不少人的青睐,倒也迎合了"闭关自守"的想法。改革开放后又曾兴起了"外语热",确实让外语教师风光了一阵,将莘莘学子卷入了另一类浪潮,随后而来了"留学风"、"出国热",为我国的高等教育增添了另外一种途径。

现代教育相对于传统的科举考试,当是一个了不起的进步,功不可没,但也存在如下重要缺陷,这从现代教育的别名可见一斑:

机械教育、应试教育、碎化教育、竞争教育、无根教育。

王治河等(2011:第二章)针对现代教育的诸多弊端,提出了如下教育理念:

有机教育、	生态教育、	容他教育、	有根教育、
文理教育、	整合教育、	和谐教育、	创新教育、
敬畏教育、	感恩教育、	陶冶教育、	愉悦教育

等,值得我们认真思考,落实执行。应大力倡导"有机整合、和谐创新",尽力克服我国当今教育界中的诸多弊端。

怀特海(1929a,杨富斌译2013)提出了"过程哲学"(Process Philosophy,又叫"有机哲学"Organic Philosophy、"关系哲学"Relational Philosophy),它在"东方 vs 西方"、"南方 vs 北方"、"科学 vs 精神"、"生态 vs 经济"、"教育 vs 创新"、"事实 vs 价值"、"人文 vs 自然"、"传统 vs 现代"之间架设了桥梁(McDaniel 2008:6)。怀特海在深入批判各种"实体论"的基础上提出了"过程论"。

我们知道,在长达两千多年的西方哲学史上,实体论一直占主导地位,认为宇宙是由实体构成的,包括物质实体、精神实体,哲学家在这两种实体中哪个为主、哪个为次这一点上产生了重大分歧,是前者决定后者,还是后者决定前者(俗称:先有鸡还是先有蛋的争论),从而形成了两大理论阵营:感性论(唯物论)和理性论(唯心论)。因此哲学家应追寻这些实体存在的本质(毕因论,即本体论);或关注人们是如何认识这些实体存在的(认识论);再或研究人们是如何用语言来表述实体存在的(语言论)。过程论则跳出了这一理论框架,认为构成世界的基本单位是"事件",或称"点滴的经验"、"实际实有"、"经验事态",它们并非单纯的物质,而是由

"物质极"和"精神极"两个极组成,具有动态性、流变性和过程性,永远处于过程和关系之中,应在动态性宇宙与动态性人类之间建立"创新和谐"。据此,人的身体和心(或精神,或灵魂)都是由无数经验事态构成的一个成系列秩序的群集,从而有效解决了叔本华认为解不开的世界之死结:身心二元论。

无机之物,无根可言,因为它没有生命,而有机之物,其内在各器官之间的联系妙不可言,自行其责,互相联系,缺一不可,形成了一个和谐的、深不可测的整体,还有很多奥秘尚不可知,但主要的一点是"有根则存",它的根要扎在系统中适当的位置。王治河等(2007,2011)据此认为,有机教育有根可循,它是基于怀特海的过程哲学设定的,承接历史,关乎当前,预示未来,当以"创新和谐(Creative Harmony McDaniel 2008:12)"为基准。这关乎中华民族未来发展的千秋大业,有利于子孙万代、强国富民。怀特海(1929b,庄莲平等译 2012:1,43,51)指出,教育的目的在于"启发智慧",当循"智慧高于知识"的准则,强调"自我发展"才是最有价值的智力发展。他说:

> 教育如果不以激发首创精神开始,不以促进这种精神结束,那么它一定是错误的。因为教育的全部目的就是使人具有活跃的智慧。

麦克丹尼尔(McDaniel 2008:15)进一步将其概括为两点:

(1) 使学生具有责任感,热情尊重他者和自然;
(2) 努力激活学生的好奇心,发展潜存创造力。

这就是说,讲授知识、获取信息仅是一项铺垫性工作,可称之为"Passive Learning",我们应在此基础上实施"Creative Learning",且将其贯穿在建设性后现代教育过程之中。概而括之,有机交际教育的关键词当首推:

激发热情、爱智创新、自我发展。

这才是教育工作的重中之重,是教师全部生涯的指导原则。

6.2 何为"创新"

当今时代的最强音是"与时俱进、赶超前沿";当今学术界的主旋律是"继承革新、争当创客(Maker)"。领导讲话、期刊文章、国家项目、教学大纲中到处可见这样的字眼,似乎没有任何疑问。这自然会涉及一个问题,在外国语言文学研究中,"创新"的定义是什么?它应包括哪些内容?这或许才是我们所面临的最大课题。时至今日,学者们应冷静地坐下来深入思考这个问题,而不可仅停留在口头上说说漂亮话,泛泛而论。本文暂列出下列一些议题,不作论断,意不在批评任何人,只期望引起大家思考。

6.2.1 用国外理论,换汉语例子

我们专业的学科名为"外国语言文学",与"中国语言文学"相呼应,前者的研究对象主要来自国外。这就引出汉语界个别人的批评,说"拾人牙慧","跟在老外后面亦步亦趋",如此这般的言词显然欠妥,"跟着老外跑"是由学科性质所决定的,并非个人行为。我们所关心的是:能不能真的捡到别人的"牙慧",是否能跟得上国外的学术前沿。外语界自有不少学者认为能看懂外国前沿理论就算不错了,因为"理论问题"常和"语言问题"交织在一起,确实使人感到不易,比如,在20世纪80—90年代引进乔姆斯基转换生成语法以及在21世纪初引进构式语法时,大家没有任何理论背景,此时能一下子弄懂乔氏理论或认知构式语法确实也不是一件易事。更何况,外语界大多学者并不总是在引进,或多或少总有一些新思维,且还提出了不少本土化理论,可喜可贺!

有学者还批评外语界说,仅套用国外的理论,然后换个汉语的例子,便可完成学位论文了,这算不算创新?有人说"算",理由是从来没人套用过这个理论来解释汉语中的此类现象,当可划归"创新"之列。但也有人说"不算",忙了半天,不就是在用汉语的例子来证明外国的"月亮圆"?难

怪中国语言学界没有自己的理论？该如何看待这个问题呢？

我们觉得，当取一分为二的立场较妥。在一个新理论引进之初，将国外前沿介绍给国内读者，本身就可视为一种贡献。如此之为，虽有"拾牙慧"之嫌，但引进之功不可没，打开了学界的视野。倘若仅停留在这个层次上，不思进取，忽视了国外理论本土化的意识，老是用他人的理论来解释汉语例子，久而久之，以其定终身，似有不妥。我们不能仅为老外忙乎，当在理论上有自己的作为，以期能尽快改变语言学理论落后于国外的现象。

6.2.2 不可把方法当理论

"理论 vs 方法"、"科学 vs 技术"，它们之间的关系历来颇有争议。西方人常说，你只有方法和技术，没有理论和科学，这话听上去有伤中国人的感情，较为刺耳，令人难以接受。但也不是一点道理没有，这里涉及"理论 vs 方法"之间的区分问题。

不可否认，理论是创新，方法也是创新；但两者相比之下，自然会发现，前者的创新意义更大。近年来，我们从国外学到了文科研究中若干数据统计的方法，可贺可喜，如"统计学、概率论、SPSS、测试研究、语料库"等，这些都是我国语言学研究中先前所没有过的内容，使得学界开阔了新视野，丰富了我们的科研方法。但经过这些年的思考，总觉得"理论"和"方法"还是应当分属于两个不同的范畴，不可混为一谈。前者相当于"科学"，后者类同于"技术"。

我们在接受中学教育时，语文老师就告诫我们：政论文必须有两个要素："论点(Argument)"和"论据(Argumentation)"，这才算得上一个相对完整的篇章结构。一般说来，理论出"论点"，方法出"论据"，各有归属。两者相比，论点比论据更为重要：仅有论据没有论点，不能算是论文；而有前者，后者欠缺，尚可成文。若将方法当理论，岂不将论据看成了论点？这显然有悖于政论文写作的基本技巧，有违基本常识！据此我们不难得出结论，在人文社科研究中方法革新固然重要，但相比之下，理论创新的意义更大。这就是说，从科研角度来看理论创新似乎应比方法更为重要。

6.2.3　不必仅限一家之言

当前学科研究的专业化趋势越来越明显,学有所攻,攻有所重,也已成为学界的一个共识。特别是研究生阶段,跟紧一个导师,选定一个方向(一个学派,或某一学者),然后围绕该中心进行深入挖掘,细致探索。这无可非议,研究生阶段就该在"专"上做文章。

我们认为,研究生在此基础上还应当扩大自己的视野,了解周边学科的具体情况。正如刘世生(2015 年 12 月 17 日在上海外语教育出版社举办的"中国外语学术出版高峰论坛暨外语界专家咨询会"上发言)所说,"学习别人,走自己的路"。这就是说,不仅要走自己的路,还要看周边环境,了解相关学科的发展形势,摸清情况,知己知彼。倘若自己的路走不通,不妨换位思考。

常言道,"心胸有多大,学问有多大!"英语中的"Live & let live"也含这个意思。可在原有领域向下挖,倘若挖不下去了,赶快另起炉灶,换位思考益处甚多。

很多语言学界的同仁早就发现,很有必要关心一下语言文学中另外两个方向"翻译学、文学"的发展和成果;更有有识之士提出要"尽快走出纯语言研究"的模式,还要了解"哲学(包括语言哲学、后现代哲学)",因为它是语言文学三个方向共同的理论基础。当牢记罗宾斯(Robins 1967:103)和季国清(1999)的教导(参见前言、下文,以及彭志斌 2012、刘玉梅 2015),"走多元发展之路"才是当前科研和教学中的一个好的应对策略。

倡导多元化研究之路的一种可行建议(绝非唯一,各人可根据自己的情况而定):学哲学、补哲学、用哲学。从文学、译学、语言学的发展史来看,它们都与同时期的哲学理论紧密结合在一起,而且当今诸多学科已不约而同地进入到"后现代时期"(参见前言),我们必须对其有充分认识。据此可以反思:我国这几十年来语言文学的研究生教学大纲的结构是否合理?学科划分是否符合规律?课程设置是否体现了"与时俱进"的精神?老树可以开新花,新树也可开新花,或许后者会开出更为芳香和缤纷的花朵!

6.3 理论结合实践,文科兼理工

6.3.1 文理不该早分家

亚里士多德不仅留下名言:

吾爱吾师,但更爱真理,

鲜明地表明了他追求智慧和真理的欲望。他还给我们留下了:

智慧不仅仅存在于知识之中,而且还存在于运用知识的能力中。

亚里士多德早就强调了理论与实践的结合。我国的教育方针也接受了这一观点,历来强调"理论与实践相结合",可到头来,在高考指挥棒、应试教育、以分论人、以成绩排名的统摄下似乎常多停留在理论说教之上。

近年来,大多学校倡导"请进来、走出去"的办学路线,也意在兼顾理论和实践,但执行起来常常是走了样,变了形,徒有虚名,无甚实效。学习自然科学的学生,却对大自然知之甚少,不愿了解大千世界,终因"分数老命根"在作怪。有些独生子女"饭来张口,衣来伸手",动手能力和生活经验太差,性格也有点独特,时而容不下批评,经不起挫折,更谈不上担当,常令教育家们忧心忡忡。

有识之士早就开始质疑我国在中学阶段就实行文理分科教育的思路,结果常导致理工科学生的人文积淀较差,文科学生不通理科研究方法,从而埋下了偏科的根子。从我们所教授的语言学方向的研究生来说,一与他们谈到"形式逻辑"、"现代形式逻辑(数理逻辑)"、"形式语义学"、"SPSS 软件"时,不少文科背景的学生要么生厌,不加思考地说"看不懂";要么干脆就不学,连简单的数学公式、一阶逻辑等也不愿理会,这也是很多学生对乔姆斯基的形式句法理论不感兴趣的主要原因。之所以出现这种现象,恐怕与中学时代就实行"文理分科"脱不了干系。其实,只要认真沉下心来看几遍现代形式逻辑,会发现形式逻辑并不像有些人想象的那样艰深和困难,它比起中学时代所学的代数和解析几何要容易多了。

6.3.2 文科不可被边缘化

不能令人接受的事实是,有些综合性大学常将文科边缘化,心中唯揣"科学技术是生产力"的箴言,常将衡量理工科的管理模式套在人文学科上,口上挂着"一把尺子量到底"的套话,这种看似"公平"的管理方法,却隐藏着极大的不合理性!

理工科与人文社科(包括语言学)一样都是科学,它们的研究对象不同,前者聚焦于"自然",常以"客观、量化"为准则;后者侧重"人"这一"有机体",诸如哲学、社会学、法律、逻辑学、人类学、民族学、语言学等,当采用"人本、动态"等方法。理工科可为社会和生活直接提供有用产品,文科却是"国家软实力"的主要源泉,可诞生治国平天下的重大理论。文科与理科,理论与实践,各有所专,不可偏废,应将这两者有机结合起来。

正如习近平总书记于2016年5月17日所指出的:"一个没有发达的自然科学的国家不可能走在世界前列,一个没有繁荣的哲学社会科学的国家也不能走在世界前列。……哲学社会科学具有不可替代的重要地位,哲学社会科学工作者具有不可替代的重要作用。坚持和发展中国特色的社会主义,必须高度重视哲学社会科学。"此话一语中的,道出了两手抓的必要性和重要性,边缘化人文学科绝不可取。

文科与理科既有联系也有差别,各自的成果产出情况存在诸多差异,不可套用同一标准来丈量它们,具体情况具体分析嘛!特别是语言和语言学研究,因其地位有点特殊,在当今国情下,与理工科应有所区别。况且我国高校约有近百万外语教师,面大量广,大多数从事大学外语教育(公外),其目标、要求、教学内容等与理工科专业不大相同,若在综合性大学一切学科都同等对待,眉毛胡子一把抓,可能会有损这百万大军的积极性。

6.3.3 反思"以人为器"的教育思想

启蒙现代性基于"科技理性、机械力学"等原理,将自然、人等都套用在牛顿的"机械力学"、"还原论"等框架下加以理解。在哲学上,认为物理世界是基于机械规律和分析还原之上的若干无生命物质之集合,犹如一台设计精巧的机器,可根据牛顿的机械力学原理一直自动运行下去。还随意将身体和心智进行二元切分,要么心智被身体决定,要么精神决定物质,再不然两者各管各。社会和人也是如此,前者由后者组成,个体在各自位置上起大机器上"螺丝钉"的功能,个人无条件地服从集体。

在生物学上,活生生的人也被理解为机械性结构,是由"分子、原子、细胞、DNA"等组合而成的物体,把身体视为是一部由简单因果原理控制的生物性机器。在医学上,常根据机械原理,治疗疾病就像修理出了毛病的器械一样,用零件修补或替换的手术方式来处理。与我国中医所倡导的"综合辩证"治疗的理念相反。

在经济学上,也常以这种机械性世界观为基础,认为人的本质即为"经济动物",世间一切当以满足人之经济需求为"唯一目的",其他外物皆为工具而已,将自然视为身外之物,加以任意开发、征服和掠夺,"人 vs 自然"处于对立关系之中。经典经济学家们还认为,市场犹如一台大机器,有其自身的运动规律,政府不必干预它。大的经济实体由相对小的经济实体构成,小经济实体又由若干个体劳动者构成,个体与经济实体之间的关系主要是"买卖"关系,出卖劳动力和获得生活资源构成一对牛顿式的"引力关系",其背后"那只看不见的手"就是市场和竞争。

这种观点也盛行于教育界,教学单位常存有"以人为器、机械培养"的理念,忘却了教育对象是活灵活现的生命,不管开设什么课程,先将其纳入到机械式的"统一大纲"之中,套上"将学生培养成为……服务"类冠冕堂皇的词语,视学生为工具,这与古典的封建式家长制教育以及整齐划一、齐步走的管理思路,似乎没什么太大的区别。正如怀海特(1929b,庄莲平等译 2012:10,9)所指出的:

> 我不知道谁是第一个把人的大脑比喻成工具的人,我所了解的可能是希腊七贤之一,或者是他们集体讨论的结果。不管提出的人是谁,历代杰出的人物多赞同此说,使其有了不容置疑的权威性;不管这种说法是多么权威,不管什么样的杰出人物对此表示赞同,我都毫不犹豫地抨击这种说法——这是被引入教育这个领域中的最致命的、最离谱的、最危险的观点。
>
> ……因为我们是在与人的思想打交道,而不是与没有生命的物

质打交道,激发学生的求知欲,提升其判断力,锻造其对复杂环境的掌控能力,使学生能够运用理论知识对特殊事例做出预见——所有这些能力的塑造,不是单靠几张考试科目表中所体现的几条既定规则、技能传授的。

这就引出了怀氏的《教育的目的》一书中的关键论点:学生是有血有肉之人,教育的目的是为了激发和引导他们走自我发展的路,而万万不可将他们视作为某某服务的工具。试图将活生生的、有思想的、充满朝气的年轻人培养成"工具",就完全抹杀了教育中的人本精神,误导了教师和学校的发展方向,这与后现代哲学思潮所大力倡导的后人本主义大不相容。

后现代哲学家德勒兹(G. Deleuze 1925—1995)也认识到这一点,一针见血地指出了现代教育的不足,他(Deleuze 1991:153)说:

> 老师已经知道,在家庭作业中很少发现错误(除非没有固定答案的问题);相反,更经常的发现,或更坏的发现是:无意义的语句,没有意思和缺乏重要性的断言,貌似深刻的琐碎,被歪曲的问题。

建设性后现代哲学家斯普瑞特奈克(Spretnak 1997,张妮妮译 2001:50,136)也有相同见解:

> 现代生活被分割成分离的部分……高等教育也被细致地划分成孤立的学科。
> 真正的危机不是缺少数据或使用电脑的能力,而是缺少重视生命相互关联性的道德发展和精神发展。

他们的论述都意在强调,教育应培养学生成为"有思想、有道德、有创造力"的有机生命体,而绝非是什么工具,这就是怀特海在近百年前所大力倡导的"有机教育",值得我们深刻回味。

英国和美国最伟大的诗人、剧作家和文学批评家,现代派诗歌运动的领袖,诺贝尔文学奖获得者(1948)艾略特(T. S. Eliot 1888—1965)生前所写的几行诗句或许可说明现代教育的弊端所在：

生命在哪里？如果我们迷失在生活中？
智慧在哪里？如果我们迷失在知识中？
知识在哪里？如果我们迷失在信息中？

　　试问一下，当今世界的现代教育，是否真的能让年轻人确立自己的生活方向、自我发展和奋斗的目标？试问一下，如此之多的知识流淌于教材和课堂，是否能让孩子获得真正的智慧？试问一下，当今社会充斥着海量信息，是否能令后生们做出有效选择？"三个迷失"意味着"三重困惑"、"三道难题"，从而引出了我们的"三个试问"，我们可在后现代哲学思潮的视野中，深刻反思现代教育的弊端，何去何从，有识之士们、教育家们、家长们当有自己的答案。

　　当然了，实施教育改革，是否就要放弃一切传统教育？这或许又是一个误区。我们在谈到后现代思潮时，反复强调它是在"现代思潮"基础上发展起来的，当取其精华，弃其糟粕，不可像第一次启蒙的现代论者那样，否定一切传统，昔日皆黄花，尽是豆腐渣，这就是王治河等（2011:89）所批评的"无根教育"。

　　我们一直认为，我国的教育方法自有若干优点，并不像有些人所说的那样，一无是处，必须革掉！就"背诵"而言，在我们教改中就颇费周折。有人主张，废除"背诵"的教学方法，且还引用了美国一位著名教育家的名言"能查到的就不要教，也不要背"。可是，若记不住一基本信息或原文语录，这不类似于"胸无点墨"之人，怎能与人交谈？谈何创作？特别是语言教学，倘若背不出点什么经典语句，又怎能学好一门语言？回顾一下，我们在小学和中学是如何学习语文的？老师让背了那么多的经典文章，特别是大量的唐诗宋词，不仅使我们学习了语文知识，且还知晓了中国文化，学会了写作方法，不时引用上几句著名而又经典的诗句，搞点"互文性"，时不时来点"多元对话"，这对于我们知识的掌握，人格的形成，智力的成长，有百般好处。

　　我曾在研究生入学口试中，让应试者背上任何一首他记得住的英语诗歌，不料大多数人竟然连一首也不能背出来，使我颇感失望，更不要指望他去背诵莎士比亚的十四行诗了。外语,不就是要在阅读、朗读、背诵、复述、写作这个过程中来掌握的吗?!

怀特海在他提出的有机教育中,也没有全盘否定背诵这个环节,他(1929b,庄莲平等译 2012:48)指出:

> 真正的关键是,要在实践中发现自由和训练之间的那种确切的平衡。这种平衡能使求知者有最大的收获。我不相信有任何抽象的准则可以运用于一切学科,适用于所有类型的学生或每一个学生。

"自由"主要指学生的自由想象力、创造力、独立自主的能力,"训练"是指必要的有计划有步骤的教导和培训,这其中必然包括"该记的要记,该背的要背"。切记,"教改"意不在于将传统中可取之处也要改掉。

既然"没有任何抽象准则适用于一切学科,一切学生",那么,对于语言教育或外语学习,当遵循其自身的规律,朗读和背诵是不可缺少的训练环节。我对于外语学院的学生早晨不上早读颇有看法,有为数不少的同学,往往是拖得不能再拖了才匆匆起床,冲向教室,手中再来上一包热气腾腾的食品,电梯中常飘着方便面的味道,进食者甚至无视旁人的存在,这好像不是我们所愿意见到的校园"风景线"。

6.4　碎片化教育的再反思

6.4.1　课程设置之"碎片化"现象

当今教育和科研领域的学科分工过于细密,有人认为这是优点,体现了社会进步、经济生产、知识分工等发展的进程;也有学者认为这是缺点,阻碍了学科间的有益交流,"专、细、窄、偏"不利于全面发展。正如李陀(2000 年为《后现代主义与大众文化》所作"序")所指出的:

>　……知识分工越来越细,学科越设越多,各学科各领域之间鸿沟越来越深,知识人之间鸡犬之声相闻而老死不相往来,甚至彼此被"行话"、"行规"阻隔,谁也不知道谁在想什么、干什么。

后现代主义反对这种过细的学术分工,强调从各学科之间的有机联系中获得对人和社会进行跨学科或超学科的整体性研究,期望能在 21 世纪打破这种隔行如隔山的学术分离状况。

我们认为,学科分工自有可取之处,每个学者都应有自己的专长,这是我们的基本立足点,应在该领域享有一定的发言权;但是我们还应注意到除了这个"专"之外,还应关注相邻或相关学科的信息。既要埋头拉车,也要抬头看路,特别是在人文社科中,若能"眼观四路、耳听八方",将"专深"与"广博"紧密结合起来,或许发现、分析和解决问题的能力会进入别样境界。这就使得我们不得不反思我国当前教育中的"碎片化"现象。

这一现象在我国某些课程设置中较为突出,比如,有些课程内容有不少重复,多花时间未必产生好效果。人们经常质问:给大学一年级授课的年轻老师,在教授基本相同的内容或理论时,常出现课堂上抓不住学生的情况,其教学效果能超过中学高三的老教师吗?我们知道,在中学要熬若干年的时光,待获取若干教学经验后,经过层层选拔才有可能被委任为高三的任课教师,他们都是教师中的精英,授课质量非常高,怪不得有些大学生刚入校就会将教相同课程的大学老师与他们的高三老师相比,常使得这些大学生感到落差,不愿意上这些课的责任不在学生。高校老师不可掉以轻心,当在整体教学大纲中做出通盘设计和有机安排,充分考虑到大学教育与中学应有所不同,能吸引住学生的老师才是好老师。

在马哲教学中,大多数教师只讲马克思理论而不讲授其研究方法,这也有失偏颇。我们认为,在语言学等研究领域中,马克思将费尔巴哈的唯物主义与黑格尔的辩证法相结合,形成了"整合式"的研究方法,这种方法具有较高的应用价值,有助于创新思维。在我们的具体科研和论文写作中,可将不同的观点进行有机整合,以便形成自己的理论框架,但这一点却鲜为导师所关注(王寅 2011b,2014d)。这种碎片化的教学模式出现在诸多学科中,形成了"画地为牢"、"不越雷池"的奇怪现象。正如怀特海(1929b,庄莲平等译 2012:7)所说:

我们不应该试图孤立地使用各种命题；

相互关联的知识要从整体上加以利用。

这是从他的"有机教育"理论框架中派生出的子观点，即可将亦已被证明过的命题进行有机整合，以能为我所用。

6.4.2　语言文学三方向的有机整合

"语言文学"一级学科在外语界主要设三个方向：语言学、文学、译学，它们常处于"鸡犬之声相闻，老死不相往来"的状态之中，各走各的路，各教各的书，各管各的学生，鲜有将"三方向合一"加以有效融合的举措，即使有点想法，也未见多大实效，这也加重了"碎片化"现象。

加之，语言学界的师生对于哲学（包括西方哲学、语言哲学、后现代哲学）的知晓度远远不及文学界和译学界，因而视野大大受限。自从认知语言学问世之后，就有学者意识到将其与哲学、文学、译学结合起来的可能性。近年来新近登场的"体认语言学"、"中国后语哲"、"认知诗学"和"认知翻译学"等便是探索这种可能性的结果，也可视为实施有机教育的具体成果，可将认知语言学与哲学结合起来建构"体认语言学"，也可将其与语言哲学结合起来形成"中国后语哲"，还可将其分别融合到文学作品分析和译学理论研究之中，形成"认知诗学"和"认知翻译学"，它们都是跨学科研究、有机教育的产物。

不仅外语界划分出了前述三个主要方向，汉语界还有另一套科目设置，学科分得过细，各方向之间缺少整合，自行其是，沟通甚少，甚至时而达至"无视他者存在"的程度，不利于培养"宽视野"的全面发展型人才，更谈不上"一览众山小"了。

汉语界与外语界长期以来，相互交流甚少，这就是吕叔湘先生所说的"两张皮"现象。就连同一方向之内所设各门课程能否形成一个有机的知识体系，都是一个大大的问号。部分院校往往是：有什么人就开设什么课，因人设课，因人事关系安排教学，缺少相关课程的师资，不管其多么重要，都弃之不顾，造成学生的知识结构严重不合理。比如，在我国语言文学研究生的教育中，"语言哲学"这门课应该说是一项很重要的教学内容，可从哲学层面上提升我们在"语言、文学、翻译"研究中对若干基本问题的认识。可遗憾的是,因该课程的教师严重短缺就不开设,即使在我国有些211、985高校中,语哲也未能列入教学大纲之中。更为遗憾的是,有些学者还未认识到这一不足。

我们当与时俱进,培养方案应符合21世纪的要求,适应全球"后现代(或'新现代')"人文社科的发展大潮,为"有机教育"尽一份义务,做一份贡献。千万别忘了,"普天下的语言学者是一家人",更当主动与其他文理学科友好为邻,在"有机整体观"的统摄下通盘思考教学大纲和实践活动。

6.4.3 有机性整合教育的理论基础

体验哲学和认知语言学所创建的"概念整合理论(Conceptual Blending Theory,简称CBT)"也为怀特海的有机哲学和有机教育提供了有力的理论支撑。它不仅可用来解释人类创造力来自何处的问题,而且还为我们施行跨学科、超学科研究思路提供了坚实的理论基础。只要"有联系的两者"被输入到整合空间之后,就必然会涌现"创新结构",也就是说,各种新理论或新知识就是人们基于"CBT"创造而出的,详见第五章第四节。

因此,我们不妨可以说,培养学生的创新能力,主要就在于培养他们形成"概念整合"的能力。

6.5 和谐教育与团队合作

6.5.1 西方学者倡导中西合璧之楷模

在这一点上,西方建设性后现代哲学家的很多言论和举措值得我们很好地学习。他们带头批判"西方中心论"、"欧洲中心论",主动接受东方文明,了解和学习中国文化,特别是怀特海本人就明确声称自己的过程哲学(即有机哲学)更贴近中国文化、更接近中国思想的某些源流(参见王治河等2011:16,194)。诺斯罗普(Northrop 1946)就曾以"The Meeting of East and West"为题出版专著,论述了东西文明可以合璧的议题。柯布、格里芬、斯普瑞特奈克、郝大维等都看好当代中国(王治河等 2011:209,序言 17、384)。

这便是一种包容,一种洞见,一种胸怀。有了如此宽阔的视野,学问自会高远。常言道,"一木不成林,万树方成荫","一花独放不是春,万紫千红春满园"。中西方文明,同生共长,互补并茂,都是人类文明中的瑰宝!

王治河(2007,2011)在国际上率先提出了"第二次启蒙",且已被国内外学界所接受,建设性后现代哲学大师柯布在《第二次启蒙》的序言中给予高度评价,认为该观点"令人振奋、启人深思",是"前沿思想"之作,体现了作者的智慧与忠诚,对中国思维的深度理解亦已在西方获得了广泛尊敬,也增强了西方人的信心。他在序言最后写道:

> 在这个匮乏的时代,中国自是引领世界的希望。

我们读到这里,为我国能有这样的人文社科研究者而深感欢欣鼓舞,为中国学者在全球哲学领域中做出的贡献感到自豪。王治河等(2011:214)明确指出:

> 如果说,第一次启蒙是西方文明的独奏的话,那么第二次启蒙则是中西文明合奏的交响乐,它并非要用中国文明取代西方文明,而是强调中西文明的互补并茂。如同没有一个人可以独霸真理一样,也没有一种文明可以穷尽真理。

作为追寻学术前沿的导师,必须能够清醒地认识到发生在我国和西方哲学界的前沿阵地的"第二次启蒙",号召学者们不仅要热情地迎接它的诞生,还要主动为其添砖加瓦,添柴助火,争一份担当,做一份贡献。否则,就有可能在世界人文大潮中落伍掉队。

6.5.2 和谐教育与团队精神

我国当今所倡导的"和谐社会(Harmonious Society)",是在反思昔日"斗争"、"折腾"的基础上提出的,也是中华民族将自己融入到世界人文发展大潮的一项重要举措,深得民心,大顺民意。从此,生产力得到空前解放,人际关系得到重大改善,幸福指数得到很大提高,在很大程度上与世界文明接上了轨。

和谐社会内涵丰富,不仅要实现"人与人"的和谐,而且还强调了"人与自然"、"人与社会"的和谐,将社会和人群中所蕴藏的诸多积极因素,整合为一股向前的正能量,强我中华,富我民众,担当大国之一份责任,早日圆我"立先进民族之林"之梦想。

在"和谐社会"的大背景下实施"和谐教育",顺理成章。当然了,"有机教育"、"和谐教育"的含义也很丰富,尚需我们进一步理顺思路、深入挖掘,将其落实到具体行动中来。只说不做,只谈理论不谈实践,只抱怨不提建设方案,还算不上真正的"和谐"。我们必须面对问题提出相应的有效措施,这才符合"建设性"之含义,也才体现出一份担当。

笔者此处想强调的是,在实施和谐教育的过程中必须强调"多元和谐"和"团队精神"。这虽不是什么全新的话题,却是一个十分重要的话题,值得老生常谈。我们曾经反复引用过领袖的一句箴言:不仅要团结与自己意见一致的人,更要团结那些反对过自己且其观点已被实践证明是错误的人。好大的胸怀啊!这在强调"多元和谐"的今天依旧有效。学术研究也当有此胸怀,不仅要知道学派内的论著,还要关心学派外的发展动态,特别要善待那些曾与己相左,甚至批评过自己,且其观点被证明亦已落后的人。"怀一颗平常心,做一个大度人",这就是我们经常说的,"心胸有多大,学问就会做多大"。

我国或国外的很多大公司、经济实体、大型科研单位,早已开始关注打造团队合作的精神,还配以很多相应的拓展训练,可贺可喜。但笔者也发现,在我国某些高校或科研机构的人文社科研究中,团队精神还强调得不够,甚至还有个别人认为,科研本来就是个体行为,当循"单兵作战"、"个体为战"的原则,因为各有各的方向,各有各的思路,各有各的创造力,倘若硬行将这些个体科研工作者拧在一起,会适得其反。我们认为,此话差矣!

个人的精力是极其有限的,见识也是非常渺小的,常会因陷入牛角尖而难以自拔,此时团队合作开发更为有效。在人文社科的研究过程中,我们迫切需要这种团队合作精神。通过讨论互相启发,借助对话激活思路,共同进步。但也有个别学者视自己的一孔之见为囊中秘方,生怕别人知晓点滴,而失去了自己的主宰权。殊不知,你可大大方方地讲出来,让别人给你提提建议,这只能有益于拓宽思路,"集思广益"不是一个空洞的口号,而是一种具体的科研策略。同时你也可给别人一点启发,带动他人一起研究,共同奔波于科研康庄大道之上。

6.5.3 和谐教育的有机哲学基础

麦克丹尼尔(McDaniel 2008:22)根据怀特海的过程哲学提出了"Sustainable Communities"(可译为"可持续发展的社团")的观点,意在强调:通过建桥(bridge-building)可发现和建构宇宙间各类实体(包括人、物、事件等)之间的有机联系,可形成一个和谐社团。要实现这一点就要不断对话,广泛交流,互相讨论。杨富斌(2013)在翻译怀特海(1929)*Process and Reality: An Essay in Cosmology*(《过程与实在——宇宙论研究》)一书的代译序中曾述及怀特海在哈佛大学期间喜欢邀请大批学生到家做客,并讨论有关过程哲学的问题。他写道:

> 在哈佛大学做教授的十多年间,由于他妻子的好客以及他本人善于与学生和朋友开展沙龙式的研讨,经常有大批学生、朋友和同事周末到他家做客,与他讨论和争论有关过程哲学的问题。据说,最多的一次参加讨论的人达近百人。正是这些众多睿智头脑的反复碰撞使得过程哲学的智慧火花越来越亮。

在讨论中长见识,在交谈中生思路,在争辩中添智慧,在沙龙中出学问,在对话中建友谊,这或许是我们人生学术路上不可逾越的华容道。其实,我国两千多年前的先哲孔老夫子就道出了"三人行必有我师"的箴言,倡导以他人之长补己之短,此为高人也。建设性后现代哲学家以"对话"否定"形而上学",以"解释"、"解释的解释"来重新审视"真理",是对当今哲学理论的一个巨大贡献。根据怀特海(1929a)的过程哲学,世间不存在绝对真理,真理永远处于发展变化的动态过程之中,真理会随着对话的不断深入而发展和变化,据此我们便可得出如下重要命题,可通过对话获得真理,这就是胡壮麟(2014)的一句经典名言:

真理有时不在某一理论之"内",而是在不同理论之"间"。

真可谓一语中的。这在告诫我们,学科研究当持一种开放包容的心态,广听四海之声,勇纳百家之言,善择各方高见,深信互补并茂。这也完全符合邓小平同志的教导:

要学习全人类的一切文明成果。

这与当今全球化的建设性后现代哲学所倡导的"开放包容、多元和谐、有机整合"的思想完全一致。

  研究生们在这种团队讨论中可得以迅速成长,他们写出了论文,戴上了学位帽子,走上了工作岗位,有的亦已成为单位的学术带头人,在国内学界发挥着引领作用,我们为他们的成就感到由衷的高兴。当然了,在他们的论文中导师虽提供了很多观点,但作为导师,何必要与学生争名分,即使有时学生用了自己未曾发表的观点①,也不必介意,这不就是导师的一点责任吗?而我们在写文章或写书时要引用学生论文中的观点或语句,当明确标注该成果引自某某学生。因为,这对于导师来说也是一种荣光,自己学生的成果也在推动着学科的发展和进步;这对于学生来说也是一种很好的扶持和有力的帮助,引用同学的论文成果是对他们的一种鼓励,可让他们在科研道路上走得更加通畅。

  团队合作不仅有利于学生,导师也可从中获益良多。在这些小组讨论和沙龙活动中,导师总能有所收益,拓宽视野,增长见识,深化学问,这也充分体现了我国古人的"教学相长"之名言。这使我不禁想起了韩礼德的一句名言(胡壮麟 2001:2),大意是说不要指望他和系统功能语言学能解决有关语言的所有问题,大学之所以招研究生,就是为了让这些研究生共同完成一个又一个的研究课题,完成前辈未竟事业。也就是说,高校招收研究生,不是因为老师比学生高明,而是有很多问题需要师生联手来共同面对,师师、生生、师生的团队合作精神可让多方受益。

---

  ① 例如,有位学生未交代出处,用了我们上课时曾讲到的英语进行时"be + Ving"可能源自"be + in + V"的语法化过程,答辩时我们很从容地让她通过了。

6.5.4　团队合作与学术规范

当然,这里也有个学术规范的问题,学会尊重别人的科研劳动,不可抄袭他人成果。我们注意到国内外很多治学严谨的学者,常在论文中注上:"这是在与某某某讨论时得到的灵感,在此向他致谢",这种诚实的治学精神值得我们学习。

我们也常有这样的经历,组织老师团队、研究生团队、师生团队、科研沙龙等展开讨论,进行交流,欢迎各位畅所欲言,发表不同见解,遵从"君子和而不同"的古训,展开多元争论,有百益而无一害。正是在这种激烈的讨论或争论中,大家都获得了诸多灵感,再分头去写"豆腐干",然后再集中讨论。

在开题过程中常有这样的情况:有的学生虽经苦思冥想,就是开不出题来;有的学生开题时有例子无理论;有的想到了论点而一时又找不出合适的论据。经过几番团队讨论,互帮互学,共同开发,不仅保证每位都能开出题,而且还扩展了大家的学术视野,形成了"一人开题,众人收益"的局面。不仅写好了自己的论文,而且还知道了其他相关研究,有利于打开同学们未来的研究视野。

但是,在指导研究生的过程中还是要嘱咐同学,若是某理论或某语料是别人为你提供的,一定要在"致谢"或"正文"中标注清楚,这是学术规范的基本要求,有助于培养学生的人品、学品、文品,树立良好的思想作风,身正则学风正,则文正。做人的道理与做学问的道理是相通的。

6.6　有机教育与知识系统

6.6.1　知识的系统性

王治河等(2011)基于怀特海的过程哲学反思了现代教育中的"碎片化"现象,大力倡导在后现代教育中贯彻执行"有机教育"、"和谐教育"的方针,它可在多方面得到体现。例如,在教学大纲设计和教学实践中,应努力让学生在各门课程上所学到的知识不至于支离破碎,而能和谐共处、相得益彰,逐步整合为一个知识整体。这就要求我们的老师要有"系统归纳、触类旁通"的综合能力,例如,在讲授某一知识点的时候,有必要将其前因后果、相关联系讲述清楚,交代明白,这样才可有效地避免碎片化之弊端。在语言学的教学过程中也有类似情况,当你与学生交流时,谈到某知识点,他们几乎都有所了解,听说过,或在某处看到过,也能与你对上几句话,你若再问问他该知识点的"前因后果"时,他就会支支吾吾、言语不清了。如,谈到语义学中的"成分分析法(Componential Analysis,简称 CA)"时,很多同学都知道它的基本方法,但如将 boy 分析为"[+HUMAN][-ADULT][+MALE]",鲜有人详细知晓:

(1) CA 是在什么历史背景下提出的?
(2) 与现代主义的"还原论"有何关系?
(3) CA 优点是什么?缺点又有哪些?
(4) 有多少 CA?倘太多还有何意义?
(5) 据此所编写的词典为何不能面世?
(6) 受 CA 影响发展出哪些相关成果?
(7) 它如何体现了索绪尔"关门打语言"的结构主义理论?
(8) 为何它会成为结构主义语义学的一种重要研究思路?
(9) 它又怎样受到乔姆斯基等所倡导的 TG 学派的青睐?
(10) 不考虑人本精神的客观主义哲学能否有效解释语言?

作为一位合格的大学语言学教师,特别是研究生导师,若不把这些与 CA 相关的"有机联系"说清楚、道明白,仅只碎片式地介绍一点基本情况,似有"隔靴搔痒"、"一叶障目,不见泰山"之嫌,又怎么能用 CA 知识点来开发学生的智慧,使得他们能从中获得某种研究上的启迪?

当然,老师没有必要将这些问题像对待本科生那样,一点一滴地"填鸭式"灌输给学生,再让他们去背下来。倘若如此,就将"研究生教育"混同为"大五、大六"的本科延展性教育了,而忘了研究生阶段与本科生教育的区别之所在。

我们读过怀特海(1929b,庄莲平等译 2012:46)的《教育的目的》一书后,觉得术语"填鸭式"不如他的"往行李箱里塞物品"的隐喻更妥当,因为"鸭子"好歹还算是一个生命体,在填进去的食品中,有一部分食物还是能被消化掉的;而"行李箱"是一个非生命体,你不管向其内装了多少物品,它们一直还会原封不动地被搁置在那里,短时间内不会有任何化学变化。

因此,研究生教育中的可行之法,就是在给出这些值得思考的题目之后,还鼓励同学们再找出与其相关的其他议题,让他们课后自己准备、查找相关资料、写出"豆腐干",经小组讨论完善后,再到课堂上来全班交流和讨论,这就是我们常说的"Seminar(课堂讨论)"。倘若一个班级的研究生人数超过30人时(通常远超出这个数量),课堂讨论就会流于形式,很难实际展开。值得参考的方法是:将全班按照个人所选题目分成若干小组,让他们在课堂之外先进行小组讨论。为将小组活动落到实处、便于管理,我们先培训自己的弟子,提出具体要求,然后将他们分派到各个小组,作为召集人来组织小组活动。

经全班交流讨论后,再安排一个学生将其结果总结成文,通过网络或QQ群转发给每个同学,此文可作为资料永久保存。说不定他将来在教授这一知识点时,就不必再去从头备课、收集资料了。这可使我们的学生和老师省下许多宝贵的时间,赶快再去阅读新书,接受新信息。

我们近年来在中西语言哲学研究会网站的"学习园地"中,专门开发了一个栏目,将学生写得较为成熟的"豆腐干"挂在网上。我们还将全国各地老师和学生发来的问题(在征得他们的同意后)以及我们的回答(也包括我们的问题和他校师生的回应)挂在这个栏目中,利用"互联网+"的现代通讯工具,提供了一个让全国研究生进行学术交流的平台。

6.6.2 "树 vs 林"关系与图表归纳法

怀特海(1929b,庄莲平等译 2012:11)也批评了教育界的"见树不见林"的现象,教育的问题是——如何让学生借助于树木来认识树林。这些年来,我们为能有效地消解碎片化教学的不良后果,减轻"树 vs 林"之间的对立性矛盾,使得前者可转化为后者,帮助学生较好地将相关知识和主要资料串联成线,整合为有机系统,特制作了一些图表,大多按照各学科或理论的历史发展顺序整理而成,兼顾其上下、左右的相关链接。

本书就是围绕第一章图1.1,采用"按图索骥"和"总起分述"的方法写作而成,首先列出西方哲学的四个转向,还将前三个转向与哲学中的"感性 vs 理性"之争结合起来制成图表,参见附录3。然后将西哲第四转向的后现代分为三期,分别按照各时期主要哲学家的出生年代排序,简述并评价了他们的主要观点,有利于一目了然地看到这些学者之间的传承脉络,较为容易地将其贯穿成线,理清其间的有机联系(特别是师生链关系),以能梳理清楚西方后现代哲学的观点流变程序和基本发展线索。

通过这种图表式的横对竖比,可较为容易地发现各知识点或理论、学派之间的有机联系,使得学生或读者有一种"居高临下,纲举目张"的整体感,达到了"好学、便查、易记"的教学目的。本书在附录中共收集了6个图表,可很好地起到"导游图"的作用,欢迎各位同仁不吝赐教。

我们也十分高兴地知道,怀特海(1929b,庄莲平等译 2012:12)也是一位图表分析法的热烈拥护者,他(2012:13)说:

> 对社会进行简明精确的研究时,可以用某些很简单的图表来进行描述。描述历史的曲线图显然要比一连串干巴巴的名字和日期的目录要生动得多,而后者常常构成学校里沉闷教学中的一大部分。
> ……我们可以绘制出与时间相对应的有关社会现象的统计图表。然后挑出类似的两种现象来进行对比,除去时间上的差异,我们可以看到其中的内在联系或某种暂时的巧合。

怀氏的这些论述也算是为我们在教与学中常采用"制作图表"的方法,提供了坚实的哲学和教育学的理论基础。

另外,谈到"体系",它还与人类发展史密切相关,有机哲学主张我们应向"过去、现在、将来"历史链全面开放。因此,作为高校的研究生导师,自己要有一个长短期的发展计划,根据自己的过去和现在的状况,尽早定位自己,调整并确定好一个未来前沿性的研究方向,便可较为全面地规划这一蓝图,形成相对系统的概念新框架,然后围绕该方向预设出若干值得研究的具体课题或子课题,既可导师亲而为之,也可师生共而为之。这样,经过几年的经营,便能形成一个较为全面的体系。特别是师生合作的科研形式,值得提倡,既培养了团队,帮助学生开出了题,写出了论文,顺利取得学位证书,也发挥了团队作用,使得一个学科方向逐渐成形,有利于建构出新的研究体系。

当然,一定要实事求是地处理好师生共同署名的问题。我们经常讲的一句话——"老师不要沾学生的光",这话不是说说而已,而应作为一种学术规范严加遵守。倘若导师确实付出了劳动,为成果提供了重要思想,字斟句酌地修改了论文,师生可合作署名。但有些导师自己没发挥什么作用,待论文发表时却要挂上自己的名字,还要排在学生前面。据说,这在个别高校还成了一条"不成文的规定",如同艺术圈中的"潜规则",这是不合适的!

6.7 横纵结合,朝不同方向深入

6.7.1 横组合 vs 纵聚合关系

索绪尔在"关门打语言"的结构主义指导思想下,确立了语言系统内的"符号内"和"符号间"两种依存关系。前者指一个符号为"能指 vs 所指"的集合体;后者指"横组合 vs 纵聚合"的关系。很多学者依据后者论述了结构系统内的要素关系,如结构主义语义学,在"关门打语义"的理论统摄下建立了词汇之间的"横向组合搭配"和"纵向语义场"的分析方法;雅克布逊将"转喻"视为横组合关系(在水平层面上符号组成线性关系,总有部分与整体的关系),将"隐喻"视为纵聚合关系(从一个语义域层面来喻说另一个语义域层面)。

同样,这种"横 vs 纵"关系也适合于创新科研:即我们既可坚守某一学派理论,一辈子做到底,横向前进发展,不断从中解读出新内涵,也可遵循纵向研究的思路,当某一学派发展受限后,迅速转向另一新学派。我们不说"山重水复疑无路",但"柳暗花明又一村"的情形总是事实。

就拿我国改革开放以后的语言学理论研究来说吧,我国很多学者都遵循了纵向科研的思路。20 世纪 70—80 年代,学界开始再次学习索绪尔,这与国外60年代学界开始重新认识索绪尔大致相同,学者们可谓迎头赶上,直接吸取到国外结构主义语言学的前卫新观:语言学研究可从"五对二元对立"入手(王寅2014:56),展现语言的任意性和线性特征,语言学归属于符号学,结构主义是一门领先的学科,索氏理论有哥白尼性革命意义及巨大影响,等。

到了80年代,乔姆斯基的转换生成语法传入中国,一批好学者如获至宝,蜂拥而入,一时间成了国内语言学界的热门话题,言必谈乔氏,部分学者还将其视为语言科学的典范。

进入90年代,一批在澳大利亚跟随韩礼德学习的弟子回国,以胡壮麟、朱永生、张德禄等为代表的学者在国内扛起了"系统功能学派"的大旗,麾下汇集了全国大多高校从事语言学教学和研究的一大批师生。

到了20世纪90年代末和21世纪初,认知语言学传入中国,学界又一次受到冲击,一大批莘莘学子深受鼓舞,迅速投入门下。随着芸芸众生的耕耘和努力,它很快发展成为国内语言学领域的前沿之一。还有不少原来从事结构学派、TG学派或系统功能学派的学者也纷纷投身到认知语言学的研究大潮之中。

语言学界这种"勇于奔赴新潮流、不断更新老知识"的教研思路,既符合西方哲学史中"转向思维"的科研方法,也顺应着我国当下大力倡导的"与时俱进"的时代精神。在西哲研究中,一旦哲学家发现原来的思路难以深入,举步维艰,几乎进入死胡同的时候,就开始着手发动"改换门庭"的转向性运动。纵观西哲先后经历的四个转向——"毕因论、认知论、语言论、后现代论",它们确实像我们常说的一句话,"长江后浪推前浪,一浪更比一浪强"。了解到西哲四个转向的细节内容和内在关系,就基本掌握西哲脉络了。

"与时俱进"亦已成为我国当下时代的最强音,"继承创新"也已成为各条战线的主旋律。一旦觉得某学派难以再挖掘出什么新内容之时,不妨采用"换位思考"的方法,瞄准学科最新动态,下点工夫努力跟进,不多时日便可进入前沿,这是一项"利己、利生、利国"之计。

后现代哲学持"有根思维"、"多元和谐"的基本立场,这就意味着不可像第一次启蒙的现代性那样,采取全盘否定传统的态度,理当立足传统,扬长避短,吸取现代性中的优势,消解其不足之处。我国这四十年来的教育改革就奉行了这一基本原则。两手抓,既要抓开放引进,也要抓传统教育。建设性后现代哲学家的领军代表柯布(J. Cobb, Jr. 2002:52)指出:

> 人们应该学会带着多样性在相互欣赏中生活。

McDaniel(2008:16)也强调了后现代教育中的"roots and wings",前者强调"有根",意在"继承";后者强调"有翼",意在"飞翔、创新",这与我们当下所强调的"继承与创新"的主题完全吻合。因此,我们历来倡导科研多样化,"条条大路通罗马","殊途同归",不可搞"一刀切"模式。

6.7.2 横向深挖 vs 纵向跳跃

就当下的语言文学研究,理论探索可以多元,方法论证可以多元,学派主张可以多元,当持一种包容之心,这就是国人讲了多年的"百川归海,有容乃大"。但归结起来,语言文学领域可有两条主要途径:

(1) 在原有领域中继续精耕细作;
(2) 迅速进入全新的前沿新方向。

两条道路既可选用,也可兼而有之,这里不存在谁对谁错的问题,有的只是更适合自己的问题。

当然,我们对此也有自己的建议,倘若在原有的学科领域中已纵横驰骋多年,一时难以再挖出什么新内容时,不妨考虑尽早进入新领域,因为仅局限于一块地,能挖掘的东西毕竟是有限的。这就是我们所说的:

> 进一步则海阔天空。

详见前言第二部分。

当前学界有一个很前卫的术语"Academic Reengineering",可译为"学术再工程化",似乎针对的就是这种情况。所谓"重新进行工程设计",就是说原先的课程设计或自己的知识结构存在一定的不合理性,知识老化或严重老化,在当今学术迅猛发展的时代,稍有松懈就有可能跟不上。根据第一章图 1.1 可知,西方哲学已出现了第四转向,进入后现代时期,其中分出了三个时期,目前"建设性后现代哲学(包括体验哲学、中国后语哲、第二次启蒙、体认语言学等)"当算最前沿的理论,它很快波及文学、译学和语言学这三个方向。若从这个角度来说,"体验哲学(Embodied Philosophy)"正是后现代第三期的产物,而基于其上的认知语言学正是该时期语言学结出的果实。且认知语言学和体认语言学所提出的若干新观点还在某种程度上推动着后现代哲学理论的健全和发展,提出了论证其合理性和解释力的很多有力证据,详见第五章。只有从这个角度才能识得认知语言学的历史意义和巨大价值。

说到这里我想起了伽达默尔的一句话,"语言中蕴藏着人类无穷的奥秘",如此说来,语言学是一项伟大的事业,值得将终身托付于它。

我们走在时代的最前沿;

我们肩负时代的最重任务!

附　　录

附录1：本书主要国外人名汉译对照表

英文姓名	生卒年	译名	索引页码
Abelson, Alan	1925—2013	阿堡森	246
Adorno, Theodor	1903—1969	阿多诺	59, 67, 70, 158
Althusser, Louis	1918—1990	阿尔都塞	38, 59, 60, 107
Anaxagoras	约前500—428	阿那克萨哥拉	8
Anaximenes	约前585—526	阿那克西米尼	8
Aristotle	前384—322	亚里士多德	9
Armstrong, David	1928—	阿姆斯特朗	221
Augustinus Hipponensis	354—430	奥古斯丁	149
Austin, John L.	1991—1960	奥斯汀	11
Bacon, Francis	1561—1626	培根	151, 170
Baghramian, Maria	1941—	巴赫兰密尔	45
Bakhtin, Mikhail Mikhailovich	1895—1975	巴赫金	178
Barraclough, Geoffrey		巴勒克拉夫	3
Barthes, Roland	1915—1980	罗兰·巴尔特	92
Baudrillard, Jean	1929—2007	波德里亚	115
Beauvoir, Simone de	1908—1986	波伏娃	133
Bell, Roger T.	1955—2009	贝尔	116
Benjamin, Walter	1892—1940	本雅明	38, 59
Bergson, Henri	1859—1941	柏格森	167, 201
Best, Steven		贝斯特	4, 16, 39, 46, 49, 67, 70, 74, 75, 76, 78, 109, 120, 121, 125, 181, 183, 186

(续表)

英文姓名	生卒年	译名	索引页码
Birch, Charles		波齐	168
Blake, William	1757—1827	布莱克	155
Bloomfield, Leonard	1887—1949	布隆菲尔德	220
Bourdieu, Pierre	1930—2002	布迪厄	107, 125
Brentano, Franz Clemens	1838—1917	布伦塔诺	29
Butler, Judith	1956—	巴特勒	133
Carlyle, Thomas	1795—1881	卡莱尔	13
Chapman, John Watkins	1832—1903	查普曼	2
Chomsky, Avram Noam	1928—	乔姆斯基	11, 34
Cixous, Hélène	1937—	希克斯	133
Cobb, John	1925—	柯布	153, 156, 160, 166, 168, 169, 170, 206, 211, 287
Coleridge, Samuel Taylor	1772—1834	柯勒律治	155
Condillac, Etienne Bonnotde	1715—1780	孔迪亚克	152
Croft, William	1956—	克劳夫特	248
Cruse, D. Alan		克鲁斯	248
Daly, Herman	1938—	达利	168
Davidson, Donald	1917—2003	戴维森	11, 221
Davis, Kathleen		戴维斯	124
Davis, Mike	1946—	戴维斯	182
Descartes, René	1596—1650	笛卡尔	151
Deely, John	1942—	迪利	4, 94
Deleuze, Gilles	1925—1995	德勒兹	104, 185, 224, 271
Democritus	约前460—370	德谟克利特	8, 151
Derrida, Jacques	1930—2004	德里达	45, 107, 119, 122, 230, 240
Dewey, John	1859—1952	杜威	167

(续表)

英文姓名	生卒年	译名	索引页码
Diderot, Danis	1713—1784	狄德罗	148, 152
Dilthey, Wilhelm	1833—1911	狄尔泰	143
Drucker, Peter		德鲁克	3
Eliot, Thomas Stearns	1888—1965	艾略特	271
Empedokles	约前 495—435	恩培多克勒	9
Engels, Friedrich	1820—1895	恩格斯	2
Fauconnier, Gilles	1944—	福科尼尔	225, 252, 254
Feyerabend, Paul	1924—1994	费耶阿本德	118, 138, 139, 140, 175, 221
Firth, John Rupert	1890—1960	弗斯	25
Foss, Karen A	1944—	福斯	34, 100
Foucault, Michel	1926—1984	福柯	71, 104, 107, 110, 111, 113, 187
Frege, Friedrich Ludwig Gottlob	1848—1925	弗雷格	11, 33, 251
Freud, Sigmund	1856—1939	弗洛伊德	63, 134, 138, 223
Fromm, Erich	1900—1980	弗洛姆	38, 59, 60
Gadamer, Hans-Georg	1900—2002	伽达默尔	54, 55, 56, 57
Gassendi, Pierre	1592—1655	伽桑第	152
George, Stefan Anton	1868—1933	格奥尔格	51
Goethe, Johann Wolfgang von	1749—1832	歌德	155
Gramsci, Antonio	1891—1937	葛兰西	38, 59
Grice, Paul	1913—1988	格莱斯	11
Griffin, James Patrick	1939—	格里芬	167, 168, 171, 173, 174, 175, 197, 200, 204, 206, 217
Grosz, Elizabeth		格罗斯	133
Guattari, Pierre-Félix	1930—1992	加塔利	104, 185
Habermas, Jürgen	1929—	哈贝马斯	65, 70, 72, 73

(续表)

英文姓名	生卒年	译名	索引页码
Hall, David	1937—2001	郝大维	206, 229
Hartshorne, Charles	1897—2000	哈茨霍恩	167, 168, 171, 215
Harvey, David.		哈维	112
Hassan, Ihab	1925—	哈桑	3, 7, 17, 21, 40, 78, 106, 141, 142
Hegel, Georg Wilhelm Friedrich	1770—1831	黑格尔	63
Heidegger, Martin	1889—1976	海德格尔	42, 45, 46, 50, 51
Heisenberg, Werner Karl	1901—1976	海森堡	175, 212
Helvetius, Claude Adrien	1715—1771	爱尔维修	152
Higgins, Dick		赫金斯	2
Hobbes, Thomas	1588—1679	霍布斯	147, 152
Horkheimer, Max	1895—1973	霍克海姆	23, 59, 61, 62, 158
Hovland, Carl	1912—1961	霍夫兰	69
Hoy, David Couzens	1944—	霍伊	2, 39, 167, 187
Husserl, Edmund	1859—1938	胡塞尔	28, 29, 33, 119
Irigaray, Luce	1930—	艾丽格拉	133
James, William	1842—1910	詹姆斯	168, 199
Jameson, Frederic	1934—	詹姆逊	59, 103, 182, 183, 184, 227, 228, 229, 234, 241, 242
Jaspers, Karl	1883—1969	雅思贝尔斯	28, 34
Jenks, Charles		詹克斯	3
Johnson, Mark	1949—	约翰逊	12, 23, 28, 80, 221
Kant, Immanuel	1724—1804	康德	153
Kearney, Richard		柯尔尼	223
Kellner, Douglas	1943—	凯尔纳	4, 16, 39, 46, 49, 67, 70, 74, 75, 76, 78, 109, 120, 121, 125, 181, 183, 185, 186
Kierkegaard, Soren Aabye	1813—1855	克尔凯郭尔	34

(续表)

英文姓名	生卒年	译名	索引页码
Kristeva, Julia	1941—	茱莉亚·克里斯蒂娃	129, 132, 133
La Mettrie, Julien Offroy de	1709—1751	拉美特利	152
Lacan, Jacques	1901—1981	拉康	78, 80
Lakoff, George	1941—	雷柯夫	12, 24, 28, 80, 219, 225, 226, 227, 232, 239, 240, 246, 250, 257
Lamb, Sydney MacDonald	1929—	兰姆	223
Langacker, Ronald	1942—	蓝纳克	163, 241, 246, 248
Lash, Scott	1945—	司各特·拉什	2
Lasswell Harold	1902—1978	拉斯韦尔	69
Lazarsfeld, Paul	1901—1976	拉扎斯菲尔德	69
Lecercle, Jean-Jacques		莱赛赫科尔	73
Leclerc, Annie		莱克勒克	133
Leibniz	1646—1716	莱布尼茨	151
Lévi-Strauss, Claude	1908—2009	列维—施特劳斯	IX, 87, 89, 90
Lewin, Kurt	1890—1947	勒温	69
Lewis, Clarence Irving	1883—1964	路易斯	221, 256
Littlejohn, Stephen W.		李约翰	34, 100
Locke, John	1632—1704	洛克	152
Lukács, Georg	1885—1971	卢卡奇	23, 38, 59, 186
Lyotard, Jean-François	1924—1998	利奥塔	3, 17, 97, 98, 103, 104
Magee	1930—	麦基	40, 44
Malinowski, Bronislaw Kaspar	1884—1942	马林诺夫斯基	25
Mandel Ernest	1923—1995	曼德尔	182

(续表)

英文姓名	生卒年	译名	索引页码
Marcuse, Herbert	1898—1979	马尔库塞	23, 59, 63, 64, 65, 66, 113, 156, 229
Marx, Karl	1818—1883	马克思	2, 23, 67
McDaniel, Jay	1949—	麦克丹尼尔	263, 264, 279, 287
Mead, George Herbert	1863—1931	米德	167
Merleau-Ponty, Maurice	1908—1961	梅洛庞蒂	85, 107, 220
Merton, Robert	1910—2003	默顿	69
Meyer		梅厄	228
Mills, C. Wright		密尔斯	3
Montaigne, Michel Eyquem de	1533—1592	蒙田	92
Moore, George Edward	1873—1958	摩尔	11
Newton, Isaac	1643—1727	牛顿	151
Nietzsche, Friedrich	1844—1900	尼采	40, 41
Northrop, Filmer Stuart Cuckow	1893—1992	诺斯罗普	176, 231, 276
Olson, Charles	1910—1970	奥尔森	I, 3
Onis, Federico de	1885—1966	奥尼斯	2, 17
Pannwitz, Rudolf	1881—1969	潘维兹	2
Panther, Klaus-Uwe		庞塞	246
Pierce, Charles Sanders	1839—1914	柏斯	168, 196
Plato	前 427—347	柏拉图	9
Pythagoras	约前 580—500	毕达哥拉斯	9
Quine, Willard Van Orman	1908—2000	奎因	11, 163, 166, 220, 231
Ricoeur, Paul	1913—2005	保罗·利科	90
Robins, Robert H.	1921—2000	罗宾斯	237, 257, 267
Rosch, Eleanor	1938—	罗斯	163, 241

(续表)

英文姓名	生卒年	译名	索引页码
Rorty, Richard	1931—2007	罗蒂	101, 114, 167, 176, 177, 179, 221, 230, 240, 243
Rosenberg, Bernard		罗森堡	3
Rousseau, Jean-Jacques	1712—1778	卢梭	152
Russell, Bertrand	1872—1970	罗素	11
Ryle, Gilbert	1900—1976	赖尔	11
Sartre, Jean-Paul	1905—1980	让—保尔·萨特	81, 82, 107
Saussure, Ferdinand de	1857—1913	索绪尔	257
Schank, Roger Carl	1946—	尚克	246
Schleiermacher, Friedrich Daniel Ernst	1768—1834	施莱尔马赫	142
Schopenhauer, Arthur	1788—1860	叔本华	41
Schramm, Wilbur Lang	1907—1987	施拉姆	69
Searle, John	1932—	塞尔	11, 223, 234, 235
Seidman, Steven		塞德曼	4, 110, 121, 148
Sellars, Roy Wood	1880—1973	塞拉斯	11, 220
Shannon, Claude	1916—2001	申农	69
Skinner, Burrhus Frederic	1904—1990	斯金纳	220
Smith, Adam	1723—1790	斯密(亚当·斯密)	3, 57, 152
Snyder, James. R.	1925—2015	施耐德	143
Socrates	前469—399	苏格拉底	9
Somervell, D. C.	1885—1965	萨默维尔	3
Spretnak, Charlene	1946—	斯普瑞特耐克	151, 153, 154, 155, 157, 165, 166, 189, 190, 191, 192, 193, 243, 271
Stern, Robert	1939—	斯泰恩	3

(续表)

英文姓名	生卒年	译名	索引页码
Strawson, Peter Fredrick	1919—2006	斯特劳森	11
Talmy, Leonard	1942—	泰尔米	246
Tarski, Alfred	1901—1983	塔尔斯基	11
Taylor, Charles	1931—	泰勒	148, 241
Taylor, John		泰勒	223
Thales	约前 624—547	泰勒斯	8
Thornberg, Robert	1920—2015	桑伯克	246
Toynbee, Arnold Joseph	1889—1975	汤恩比	3, 17
Turner, Mark	1954—	特纳	225, 252
Vattimo, Gianni	1936—	瓦蒂莫	3, 44, 45, 57, 142, 143, 144, 146
Watson, John Broadus	1878—1958	沃特森	220
Weaver, Warren	1924—2006	韦弗	69
Weber, Max	1864—1920	韦伯	23
Weiss, Pierre-Ernest	1865—1940	韦斯	167
Welsch, Wolfgang		威尔希	2
White, David		魏爱特	3
Whitehead, Alfred North	1861—1947	怀特海	13, 167, 168, 171, 204, 209, 210, 216
Wittgenstein, Ludwig Josef Johann	1889—1951	维特根斯坦	11, 101, 113, 162, 220, 241
Wordsworth, William	1770—1850	华兹华斯	155
Wundt, Wilhelm	1832—1920	冯特	136

附录 2：本书主要英语术语汉译对照表

英语术语名称	汉译	页码
Academic Re-engineering	学术再构工程	287
Activism	行动主义	62
Actual Entity	现实存在	209
Affinity	亲合性	106
Against-interpretation	反解释	18
Age of World-picture	世界图像时代	52
Aliterature	非文学	18
Anarchism	无政府主义	19
Anthropocentralism	人类中心主义	210
Anthropomorphism	拟人说	217
Anti-art	反艺术	17
Anti-authoritarianism	反权力主义	18
Anti-center	反中心	17
Anti-cinema	反电影	17
Anti-culture	反文化	18
Anti-elitism	反精英主义	18
Anti-essentialism	反本质主义	18
Antiform	反形式	17
Antifoundationalism	反基础主义	18
Anti-hero	反英雄	18
Antilanguage	反语言	17
Anti-literature	反文学	17
Antimodernism	反现代主义	18
Anti-narrative	反叙述	18
Antinovel	反小说	17
Anti-philosophy	反哲学	17
Anti-scientific Fictional Novel	反科幻小说	18

(续表)

英语术语名称	汉译	页码
Antithesis	反题	208
Anti-west	反西方	18
Anthropocentralism	人类中心主义	210
Appropriation	移用	91
Atheism	无神论	174
Atom	原子	151
Background	背景	249
Becoming	成为	205
Being	毕因、本体	205
Being-in-itself	自在存在	37
Being-oneself	自我存在	37
Being-there	客观存在	36
Beliefs	信念	112
Carnivalization	狂欢性	142
Category of Explanation	解释范畴	209
Category of Existence	存在范畴	209
Category of Obligation	责任范畴	209
Category of Ultimate	终极范畴	209
CBT,为 Conceptual Blending Theory 的缩写	概念整合理论	276
Chinese Boxes	中国套盒	132
Classical Theory of Category	经典范畴论	241
Coding Theory	解码说	107
Cognitive Linguistics	认知语言学	219,237
Cognitive Mapping	认知绘图	185
Cognitive Model	认知模型	250
Community	共通性	189
Complacency	自鸣得意	188

(续表)

英语术语名称	汉译	页码
Componential	语义分析	88,282
Conceptual Blending Theory	概念整合理论	251,276
Conceptual Integration Network	概念整合网络	252
Conceptual Metaphor	概念隐喻	226
Consciousness	意识	136,223
Consensus Theory of Truth	共识真理观	245
Constructivism	建构论	142,242,245
Constructivist Structuralism	建构主义的结构论	126
Construe/Construal	识解	248
Consumer Society	消费社会	116
Corpsproper	己身,身体—主体,身体知觉	86,220
Creative Evolutionism	创造进化论	202
Critical Theories	批判理论	61
Cultural Capital	文化资本	126
Dasein(德语)	亲在	47,48,49,54
Death Drive	死亡本能	135
Decanonization	非原则性	141
Decentering	非中心化	18
Decentralization	去中心化	19
Deconstructionism	解构主义	20
Decreation	反创造	18
De-definition	解定义	20
Deformation	去形式	19
Dehumanization	去人性化	19
Delegitimation	解合法化	20
Demand	需求	153

(续表)

英语术语名称	汉译	页码
Demystification	解密	20
Dephilosophy	去哲学	19
Depth Psychology	深度心理学	136
Depthlessness	无深度性	19, 103, 142
Desires	欲望	112
Desire Machine	欲望机器	107
Destandarization	解规范化	20
Deterritorialization	解版图化	20, 107
Detotalization	解总体化	20
Dialogism	对话原则	131, 178, 248
Différance	延异	91, 123
Difference	差异	91, 122, 123
Discontinuity	不连续性	19
Discourse, Text	话语	111, 113
Discourse Theory	话语理论	108
Disenchantment	解魅	20
Dissemination	撒播	125
Distanciation	疏离	91
Distinction between Analyticity and Synthesis	分析与综合之分	231
Dualism	二元论	235
ECM (Event-domain Cognitive Model)	事件域认知模型	246, 247, 248
Ecocentralism	生态中心主义	210
Ecofeminist	生态女权主义者	189
Ecological Postmodernist	生态后现代主义者	189
Edifying Philosophy	陶冶哲学	180
Effective History	效果历史	56
Ego	自我	137, 205

(续表)

英语术语名称	汉译	页码
Embodied-Cognitive View	体认观	XIII
Embodied-Cognitive Linguistics	体认语言学	26
Embodied Philosophy	体验哲学	14, 24, 219, 229, 233, 237, 288
Embodiment	体验性	222
Emergent	新创	254
Emergent Meaning	新创意义	132
Emergent Structure	新创结构	252
Enlightenment Movement	启蒙运动	146
Epiphenomenalism	副现象论	235
Epistemology	认识论	9
Epistemological Turn	认识论转向	8
Epoche	悬置	31
Eros	爱欲	64
Family Resemblance	家族相似性	241
Felicity Condition	适切条件	128
Fore-conception	先设	52
Fore-having	先有	52
Fore-sight	先见	52
Force Structure of Theory	理论的场式结构	164
Force Theory of Knowledge System	知识系统力场论	164
Fragmentation	碎片化	103, 141
Frankfurt School	法兰克福学派	58
Free Will	自由意志	235
Fusion of Horizons	视界融合	55
Genealogical Hermeneutics	系谱解释学	187
Genealogy	系谱学	40, 188
Gentle Violence	温和的暴力	127

(续表)

英语术语名称	汉译	页码
Given	给定的	189
Grand Narrative	宏大叙事	100
Habitus	习性	128
Harmonious Society	和谐社会	277
Hermeneutics	解释学	54
Heterogeneity	异质性	101
Holism	整体论	164, 231
Horizon	视域	51
Humanism	人本主义,人文主义	10, 147
Hybridization	混杂性	142
Hyperspace	超空间	20
Idealized Cognitive Model	理想化认知模型	250
Immanence	内在性	142
Incommensurability	无通约性	101
Indeterminacy	不确定	19, 142
Institutions	制度	112
Intellectualism	知性主义	62
Intensity	强度	125
Interactionism between Subject and Object	主客互动论	245
Interdisciplinary Sciences	边缘学科	253
Interpretation/Explanation	解释	91
Intersubjectivity	主体间性	32, 38, 73, 215, 245
Intertextuality	互文性	129, 248
Intuition	直觉	202
Intuitionism	直觉主义	202
Irrelevance	无关联	19

(续表)

英语术语名称	汉译	页码
Irony	反讽	18, 142
Irrationalism	非理性主义	18
Language Game Theory	语言游戏论	101
Langue	语言	111
Lifeworld	生活世界	74
Linguistic Turn	语言论转向	8
Logos	逻各斯	120, 233
Logoscentralism	逻各斯中心主义	119
Material Practices	物质实践	113
Materialism	唯物论	174, 220
Mechanistic Materialism	机械唯物论	152
Mechanistic Worldview	机械论世界观	190
Mental Causation	心智因果论	235
Mental Space	心智空间	253
Metaphysics at Presence	在场形而上学	119
Mirroring View	镜像观	152
Modal Logic	模态逻辑	256
Modernity	现代性	190, 207
Moment	阶段	113
Multi-perspectivism	多视角	19
Multiplicity, Diversity, Variety	多样性或多重性	19
Multi-polarity	多极性	19
Narcissus	那喀索斯	80
Narrative	叙事	144
Naturalist Epistemology	自然化认识论	164, 231
Natural Philosophy	自然哲学	8
Neo-conservatism	新保守主义	20
Neo-historicism	新历史主义	13

（续表）

英语术语名称	汉译	页码
Neo-impressionism	新表现主义	20
Neo-literature	新文学	20
Neo-Marxism	新马克思主义	20
Neo-modern	新现代	20
Neopragmatism	新实用主义	20
New Cinema	新电影	20
New Criticism	新批评	20
New Humanism	新人道主义	36
New Philosophers	新哲学家	20
Nexus	聚合体	202
Nihilism	虚无主义	44, 143
Nomadic Thinking	游牧思想	104
Non-anthropocentrism	非人类中心主义	18
Non-ideologization	非意识形态化	18
Non-moral	非道德	18
Non-parents	非父母	18
Non-philosophy	非哲学	18
Oedipus Complex	恋母情结	80
Ontological Commitment	毕因论承诺	165
Ontological Turn	毕因论转向	8
Ontology	毕因论,本体论,存在论,是论,有论	9
Overcoding	过度编码	107
Panpsychism	泛心论	204
Parabiography	超传记	20
Paradigmatic Relation	纵聚合关系	117
Paradox of Material Implication	实质蕴涵悖论	255
Para-literature	超文学	19, 20
Parochialism	夜郎主义	189

(续表)

英语术语名称	汉译	页码
Parody	戏仿	183
Parole	言语	111
Perception	知觉	85
Performance, Participating	表演性和参与性	141
Perspective	视角	249
Philosophy of Difference	差异哲学	44, 143
Philosophy of Life	生命哲学	202
Philosophy of Organism	有机哲学	205
Philosophy of Relation	关系哲学	205
Phonocentralism	语音中心主义	119
Planarization	平面化	103
PLC 为 Post-Philosophy of Language in China 的缩略形式	中国后语言哲学（简称中国后语哲）	235
Pleasure Principle	快乐原则	136
Pluralism	多元化	19
Polymorphous	多形态	19
Polyphony	多调，复调	20
Possible World	可能世界	254
Post-aesthetics	后美学	19
Post-colonialism	后殖民主义	18
Post-humanism	后人道主义	19
Post Syndrome	后综合征	III
Postimperialism	后帝国主义	18
Post-impressionism	后印象主义	18
Post-industrial Society	后工业社会	19
Postism	后学	21, 41
Postmodern	后现代	17
Postmodern Aesthetics	后现代美学	19
Postmodern Economics	后现代经济学	19

(续表)

英语术语名称	汉译	页码
Postmodern Ethics	后现代伦理学	19
Postmodern Feminism	后现代女权主义	19
Postmodern Hermeneutics	后现代解释学	19
Postmodern Literature	后现代文学	19
Postmodern Politics	后现代政治学	19
Postmodern Psychology	后现代心理学	19
Postmodern Science	后现代科学	19
Postmodern Theology	后现代神学	19
Postmodern View of Truth	后现代真理观	18
Postmodernism	后现代主义	5, 18, 133
Postmodernist Music	后现代主义音乐	19
Postmodernist Philosophy	后现代主义哲学	18
Postmodernist Pragmatism	后现代实用主义	195
Postmodernist Sociology	后现代主义社会学	19
Postmodernist Turn	后现代转向	8
Postmodernity	后现代性	18
Post-Philosophy of Language in China,简称PLC	中国后语言哲学	236
Post-Postmodernism	后后现代主义	18
Post-structuralism	后结构主义	18
Power	权力	112
Pragmaticism	实用主义,实效主义	195
Preconsciousness	前意识	135
Prehension	摄入	210
Presentism	现在主义	183
Presocratics	前苏格拉底时代	8
Principle of Compositionality	组合原则	251

(续表)

英语术语名称	汉译	页码
Principle of Integration	整合原则	251
Principle of Ontology	本体论原理	210
Principle of Proliferation	增生原则	138
Principle of Self-immolation	自毁原则	120
Process	过程	205
Process Philosophy	过程哲学	161, 171, 175, 205, 216, 263
Process Theology	过程神学	172, 217
Prototype Theory of Category	原型范畴论	241
Pure Consciousness	纯粹意识	30
Quantum Mechanics	量子力学	212
Radical Contextualization	激进语境	128
Radical Empiricism	彻底唯物论	128, 198
Rationality	理性	188
Realism of Organism	有机实在论	205
Reconstructivism	重构性	141
Reduction	还原	31
Redunctionism	还原论	151
Reenchantment	返魅（复魅）	174, 176
Reflexive Sociology	反思性社会学	128
Relativity	相对论	212
Renaissance	文艺复兴	146
Representation	再现	118, 183
Reproduction	再生产	118, 183
Result	结果	205
Rituals	仪式	113
Romanticism	浪漫主义	12
Salience	突显	249
Sam-Naturalism	Sam-自然主义	173

(续表)

英语术语名称	汉译	页码
Scientism	科学主义	150, 190
Scope	辖域	249
Second Enlightenment	第二次启蒙	5, 159, 162
Selflessness	无自我性	19, 141
Semantic Ascent	语义上行	163, 256
Semiurgy	符号技术	125
Sensationalism	感觉主义	174
Sexual Desire	性欲	64
Signification	意指	93
Skepticism	怀疑主义	235
Small Conceptual Package	小概念包	254
Social Relations	社会关系	113
Socialist Humanism	社会主义人性论	36
Socio-cognitive Approach to Pragmatics	SCA	247
Solidarity	协同性	180, 189
Solipsism	唯我论	235
Specificity	详略度	249
Speculative Metaphysics	思辨形而上学	205
Speculative Postmodernism	思辨性后现代主义	205
Story	传奇	144
Structuralist Constructivism	结构主义的建构论	126
Subconsciousness	下意识	136
Subject-object-subject Multiple-action Understanding Model	SOS 多重互动理解模型	245
Super Realism	超级写实主义	20
Superego	超我	137
Superman	超人	20
Super-nature	超自然	20
Supply	供给	153

(续表)

英语术语名称	汉译	页码
Supradisciplinary Discourse	超学科话语	75
Surrealism	超现实主义	20
Symbolic Capital	符号资本	126
Syntagmatic Relation	横组合关系	118
Synthesis	合题	208
Thesis	正题	208
Thing-in-itself	物自体	62
Time Travel	穿越	20
Totality	总体性	185
Transcendence	超越	20
Transhumanization	超人化	20
Uncertainty Principle	测不准原理	175
Unconsciousness	无意识	136,223,235
Uncontinuity	非连续性	18
Understanding and Interpretation	理解和解释	54,91
Universal Pragmatics	普遍语用学	71
Unmaking	解体	20
Unrepresentable	不可表现性	19,141
Utterance	话语	98
Values	价值(观)	112
View of Aperture	开孔观	51
Vital Impetus	生命冲动	201
Voluntarism	唯意志论	41
Weakening of Historicity	历史性的虚化	103
Western Marxism	西方马克思主义	57
Will to Power	权力意志	41
World-picture	世界图像	49
Zu-sein	去存在	48

附录3：西哲简史："三个转向"与"感性 vs 理性"之争
（摘自王寅 2014b:6-7）

三转向 \ 感/理性	感性论 Perceptualism 自下而上，综合判断	理性论 Rationalism 自上而下，分析判断
1. 古希腊： 毕因论转向 ＝ 存在的实在性 ＝ 本质 客主关系	前苏：自然哲（米利都：水火气土；cf 八卦、五行） 赫拉克利特 -540/480 爱非斯，Logos、唯物（火） 阿那克萨哥拉 -500/428 种子、奴斯　　　　　　　　**多** 德谟克利特 -460/370 原子论、形逻、唯名　　　　　**变** 亚氏 -384/322 四因说→形式+质料	毕达哥拉斯 -580/500：数、勾股、无理数、黄金分 巴门尼德 -515/445 爱利亚，哲父、being　　　**不变** 苏格拉底 -469/399 观念论：存在即本质　　　**一** 柏拉图 -427/347：理念论、灵魂回忆、唯实、UG
（奥：信仰＞理性） **中世纪：**神	唯名论：重感性、个体，罗瑟琳、司各脱、奥卡姆	唯实论：重理性，共相，经院哲学（歪柏/亚）：安瑟伦、阿奎那
2. 近代： 认识论转向 主客关系 存在的认识性 真知/概念/ 思想/命题 马克思：社会人 社会实践 内省、心理主义	早期：文复（人）、达·芬奇、伽利略：重实验，以理性反信仰，以科学反宗教，古 GK 为艺术之源 唯物主义经验论 培根 1561/26 用经验归纳法批经院哲学 霍布斯 1588/79 经验、机械唯物、培根的秘书 反天赋 伽桑第 1592/55 经验论、不彻底唯物 洛克 1632/04 人人平等、白板、经验、反天赋 孟德斯鸠 1689/55 伏尔泰 1694/78 百科全书派：狄德罗 1713/84 唯心主义经验论：经验是主观内省，其非现实反映 ［贝克莱 1685/53 主观经验论，存在即被感知］ 休谟 1711/76 经验：除感觉外一切不可知；怀疑论：归纳无法证明普遍性 孔德 1798/57 实证主义、创社会学 费尔巴哈 1804/72 人本（自然人）、实践（人际交往） 密尔 1806/73 经验、实证论、功利主义 马赫 1838/16 主观经验、实证、一元论宇宙	思辨哲学 唯物主义唯理论： 斯宾诺莎 1632/77 万有实体、样态说。世界是客观的，其后规则也客观，过分强调理性。 唯理论：用形而上法，从纯粹理性加以推理；排除主观，经验是知识的基础，但理性才是知识的仲裁。 贬低感性、精神第一 唯心主义唯理论 笛卡尔 1596/50 用理性演绎批经院哲，二元、天赋、解几、UG 莱布尼茨 1646/16 先验、单子、数逻+（牛顿）微积分、二进 卢梭 1712/78 启蒙、理性 康德 1724/04 先验唯心论 黑格尔 1770/31 绝对理念 叔本华 1788/60 唯意志论 尼采 1844/00 权力意志 　以意志和权力来代替理性，将其视为本源。

(续表)

三转向 \ 感/理性	感性论 Perceptualism 自下而上，综合判断	理性论 Rationalism 自上而下，分析判断
3. 20C 语言论 语客/语主 语言与世界 命题与事实 反心理主义	$\begin{cases}\text{英美分析}\begin{cases}\text{理想}\\\text{日常}\end{cases}\\[\text{欧陆人本}]\end{cases}$	新康德主义（19C 末 20 初：李普曼、朗格、马/弗派） [波普尔 1902 科学哲学、批理性、证伪论、演绎法] 博格森 1859/41 生命哲学，用直觉代替理性 胡塞尔 1859/38　现象学 乔姆斯基 1928/　新唯理论

主要观点　　　　　　　　　主要观点
　　　　客观主义 ⟺ 非客观主义（后现代）

附录 4：英国文学简史表

英国史			英国文学简史	
3000—2000BC Iberians 700BC Celts-(Rhine) 55BC—410 Roman Conquest				
450 Germanic Invasion：Angles Saxons, Jutes	Old English 449—1066 (Heptarchy)	Bede (673—735)	Beowulf (7—8C) Historia Ecclesiastica Gentis Anglorum	
865 Scandinavian Invasion		Alfred (848—901)	Chronicle (Translation from Latin)	
1042 Edward				
1066 Norman Conquest + French				
1096—1291 Crusades	Middle English 1067—1510	Chaucer (1340—1400)	Arthur (12—13C Knight Literature) The Canterbury Tales	
1337—1453 Hundred Years' War				
1455—1485 War of Roses				
14—16C	Early Modern English 1500—1700 Renaissance 1510—1620	More (1477—1535) Spencer (1552—1599) Bacon (1561—1626) Marlowe (1564—1593) Shakespeare (1564—1616)	Utopia The Faerie Queene Advancement of learning Doctor Faustus 37 dramas, 154 sonnets	
1642 Civil War 1649 Charles I 1688 Glorious Revolution	Literature of Revolution and Restoration 1620—1690	Donne (1573—1631) Herbert (1593—1633) Milton (1608—1674) Bunyan (1628—1688) Dryden (1631—1700)	The Elegies and Satires The Temple Paradise Lost; Paradise Regained The Pilgrim's Progress Alexander's Feast; The Indian Queen	
18C Enlightenment Realism 1760 Industrial Revolution	Late Modern Neo-Classicism	Addison (1672—1719) Steele (1672—1929) Pope (1688—1744) Johnson (1709—1784)	The Spectator The Tatler The Rape of the Lock A Dictionary of the English Language	
	English Realistic Novels	Defoe (1660—1731) Swift (1667—1745) Fielding (1707—1754)	Robinson Crusoe Gulliver's Travels 25 dramas, 4 novels	
	Sentimentalism	Gray (1716—1771) Goldsmith (1782—1774)	Elegy Written in a Country Churchyard The Deserted Village	
19C	Romanticism 1798—1832	Blake (1757—1827) Burns (1759—1796) Wordsworth (1770—1850) Byron (1788—1824) Shelley (1792—1822) Keats (1795—1821)	Songs of Innocence A Red, Red Rose Poems Don Juan Ode to the West Wind Ode to a Nightingale; To Autumn	
Victorian Literature 1837—1901	Critical Realism 1930s—1918	Sheridan (1751—1816) Scott (1771—1832) Austen (1775—1817) Thackeray (1811—1863) Dickens (1812—1870) C. Bronte (1816—1855) E. Bronte (1818—1848) G. Eliot (1819—1880) A. Bronte (1820—1849) Hardy (1840—1928)	The School for Scandal; The Rivals Poems and Historical Novels Pride and Prejudice; Emma Vanity Fair Oliver Twist; David Copperfield Jane Eyre Wuthering Heights The Mill on the Floss; Silas Marner Agnes Grey Tess of the D'Urbervilles; Poems	

(续表)

英国史			英国文学简史
		Wilde (1854—1900)	Poems, Novels, Dramas
		Wells (1866—1946)	Science-fiction: *The Invisible Man*
		Bennett (1867—1931)	*Old Wives' Tale*
		Galsworthy (1867—1933)	Two *Trilogies*
		Maugham (1874—1965)	*Of Human Bondage*
		Forster (1879—1970)	*A Passage to India*
20C	Modernism 1918—1945	B. Shaw (1856—1950)	Dramas: *Widowers' Houses*
		Woolf (1882—1941)	*Mrs. Dalloway; To the Lighthouse*
		Lawrence (1885—1930)	*Sons and Lovers; The Rainbow*
		T.S.Eliot (1888—1965)	*The Waste Land*
		Graves (1895—1985)	*I, Claudius; Count Belisarius*
		Waugh (1903—1966)	*A Handful of Dust; Vile Bodies*
		Greene (1904—1991)	*Brighton Rock*
	Post-war & Post Modern Literature 1945—	Orwell (1903—1950)	*Animal Farm; Nineteen Eighty Four*
		Beckett (1906—1989)	*Waiting for Godot*
		Golding (1911—1993)	*Lord of the Flies* (Nobel Prize 1983)
		Fowles (1926—2005)	*The French Lieutenant's Woman*
		Osborne (1929—1994)	*Look Back in Anger*
		Naipaul (1932—)	*A House for Mr Biswas*
			A Bend in the River
		Rushdie (1947—)	*Satanic Verses; Midnight's Children*
		Amis (1949—)	*Money: A Suicide Note*
		Ishguro (1954—)	*The Remains of the Day*

附录5：中国古代语言学简史表

（摘自王寅 2007b：238）

时期	主题	学派	人物	概念	主张	目的
先秦 -6—-3C	萌芽时期 1.名学：诸子论名实、语言与社会政治、思想意识、逻辑思维的关系 2.名物训诂、文字研究 3.《尔雅》	道家	老子(约-580至-500)	无名	名生于道	避世
			庄子(-369至-286)	无名	道不当名,物谓之而然	(达意/遮蔽)
		儒家	孔子(-551至-479)	正名	名正言顺	治世
			孟子(-372至-289)	修补正名		
			荀子(-313至-238)	正名兼制名	制名以指实	
		墨家	墨子(-468至-376)	举名	以名举实、名当拟实	治世
		名家	邓析(-545至-501)	双名	两可之说	治物
			尹文子(约-360至-270)	定名	形名相应,定名分	
			惠施(-383至-309)	历物		
			公孙龙(-325至-250)	谓名	唯乎其彼此	
		法家	韩非子(-280至-233)	核名	综核名实	治世
两汉 -2—3C	确立时期	今文学派	毛亨		《诗诂训传》	
			董仲舒(-179至-104)	真名说、声训		(汉代隶书)
		古文学派	刘歆(-53至23)、贾逵(30至101)、班固(32至92)			(秦前鲁国文字)
			马融(79至166,班固的弟子)、郑玄(127至200,马融的弟子)			
	三大名著(辞书)		西汉末年 佛教传入中国(语音)			
	文字		扬雄(-53至18)	《方言》	(方言学奠基之作)	
	词汇		许慎(约58至135/148)	《说文解字》	(文字学、词汇学)	
	词源学		刘熙(196至219)	《释名》	(第一部词源学)	
魏晋南北朝 3—6	发展时期 1.音韵学(第一次高峰)：反切 四声 2.发展辞书,词义研究 3.文学批评、修辞学		李登(魏国3C)	《声类》我国最早的韵书	(音韵研究)	
			吕静(晋朝)	《韵集》		
			周颙(?至485)、沈约(441至513)	四声		
			张揖(220至265)	《广雅》		
			吕忱(吕静之兄)	《字林》		
			顾野王(519至581)	《玉篇》		
			陆德明(约550至630)	《经典释文》		
			刘勰(约467至532)	《文心雕龙》		
隋唐宋 6—13C	发展时期 1.语音研究 《切韵》系统 字母 等韵学 古音学 2.文字学		陆法言(隋)	《切韵》		
			丁度(宋)	《集韵》 53525字		
			陈彭年(961至1017)	《广韵》		
			韩道昭(南宋)	《五音集韵》		
			唐代和尚:字母之学			
			等韵学(现代语音学、音位学)			
			吴棫(约1100至1154)、项世安、程迥、郑庠 等研究古音学			
			颜元孙(颜之推之后,《干禄字书》)、张参(《五经文字》776)等正字形之学			
			徐铉(917至992) 徐锴(920至974)			
			王圣美 右文说			
			王安石(1021至1086)	《字说》	(右文、声训、形训、义训)	

(续表)

元明 13—17C	范围扩大时期 1. 音韵学(第二次高峰) 元明等韵学	周德清(1277至1365)	《中原音韵》
		刘鉴(元)	《经史正音切韵指南》(1336)
		桑绍良、徐孝、方以智(《切韵原声》)、金尼阁、利玛窦 等10种明代作品	
		杨慎(1488至1559)	《转注古音学》 焦竑(1540至1620)《笔乘》
	明代古音学	陈第(1541至1617)	《毛诗古音考》
	2. 文字学	戴侗(1225至1310)	《六书故》(1320)
		周伯琦	《六书正讹》(1351)
		李文仲	《字鉴》
		赵宧光	《说文长笺》
		梅膺祚	《字汇》(1615)
		张自烈	《正字通》(1642)
	3. 辞书	方以智(1611至1671)	《通雅》(1663)
	4. 语法	朱谋㙔	《骈雅》(1587)
		卢以纬(元)	《语助》(1324) 第一部关于虚词的著作
清代 17—19C	全面发展时期 古音古义成就突出 古代语言学大总结 1. 古音学	顾炎武(1613至1682)	《音学五书》研究古音的奠基之作
		毛奇龄(1623至1716)	《古今通韵》
		江永(1681至1762)	《古韵标准》 两弟子:戴程
		戴震(1724至1777)	《答段若膺论韵书》 两弟子:段王
		段玉裁(1734至1815)	《六书音韵表》
		江有诰(1773至1851)	《诗经韵读》等
		钱大昕(1728至1804)	研究古声
	2. 今音学	江永、戴震	今音学:研究《切韵》系统
		陈澧(1810至1882)	《切韵考》
	3. 等韵学	马自援《等音》、 林本裕《声位》、 潘耒《类音》	
		江永《音学辨微》、李汝珍(1763至1830)《音鉴》、樊大㳛《等韵辑略》	
	4. 词源学	戴震(1724至1777)	《转语二十章序》
		程瑶田(1725至1814)	《果臝转语记》
		王念孙(1744至1832)	《释大》
		黄承吉	《字义起于右旁之声说》
	5. 训诂学 语义学	黄生(1662至?) 《字诂》 + 段玉裁	
		郝懿行(1755至1823)	《尔雅义疏》
		王念孙(1744至1832)	《广雅疏证》;王引之(1766至1834) 《经义述闻》
		俞樾(1821—1907)	《群经平议》《诸子平议》
	6. 文字学 (《说文》之学)	倡导者:惠栋、戴震、钱大昕、朱珔	
		四大家:段玉裁,桂馥(1736至1805)《义证》,王筠(1784至1854)《说文释例》	
		朱骏声(1788至1858)	《说文通训定声》
		金文/甲骨文:吴大澂(1835至1902)《说文古籀补》	
		孙诒让(1848至1908)	《古籀拾遗》等
	7. 语法	袁仁林《虚字说》(1710),刘淇《助字辨略》(1711)	
		王引之《经传释词》	
		俞樾 《古书疑义举例》 弟子:章太炎《章氏丛书》	
		马建忠	《马氏文通》

说明 1:

1. 附录 5 基本以年代和学派为主线排序和归类,尽量两者兼顾。
2. 附录 5 中有些学者的生卒年不详,表中未标。还有些学者的生卒年在不同论著中有不同的标注,本处尽量将其收集起来,供学者研究参考。

  墨 子:-490 或 480 或 479 或 475 或 468 或 463 ——-420 或 403 或 390 或 385 或 381 或 376

  孟 子:-390 或 389 或 372 ——-306 或 305 或 289

  惠 施:约-383 或 370 ——-309 或 310

  公孙龙:-325 或 284 ——-259 或 250

  荀 子:-335 或 325 或 313 或 307 或 298 ——-238

  戴 侗:1225 或 1226 —— 1310 或 1311 或 1313

说明 2:附录 4 和 5 中所用符号的涵义:

- 表示 "公元前"

C 表示 "世纪"

L 表示 "语言学"

附录 6：西方语言学简史表

（摘自王寅 2007b:241）

学派	时间	代表人物或学派	主要贡献
语文学	-6C 至-5C	（印度）波尼尼	《梵语语法》（八章书）
语文学	-5C 至-3C 古希腊语法	苏格拉底、柏拉图	对话集，区分名词/动词、元音/辅音，　　自然派
语文学	-5C 至-3C 古希腊语法	亚里士多德	修辞学、诗学、形式逻辑，　　　　　　惯例派
语文学	-5C 至-3C 古希腊语法	芝诺(-315)创斯多葛派	形义二分(能指和所指)、词类划分，　　自然派
语文学	-5C 至-3C 古希腊语法	斯拉克斯(-100)	《语法科学》（总结亚历山大派的语法研究）
语文学	-2C 至 6C 古罗马语法	瓦罗(-116 至-27)	《论拉丁语》：词源学、形态学、句法学
语文学	-2C 至 6C 古罗马语法	普里西安（6C）	《语法惯例》：语音学、形态学
语文学	5C 至 15C 中世纪语法	（英）比德、阿尔昆等	拉丁语法
语文学	5C 至 15C 中世纪语法	冰岛语法的佚名作者	《首篇语法专论》（已用音位概念）
语文学	5C 至 15C 中世纪语法	摩迪斯泰学派（13 至 14C）	思辨语法（基于亚氏哲学），　　　惯例观兼自然
语文学	文艺复兴至 18C		除古希腊和拉丁语法外，研究其他语言
语文学	文艺复兴至 18C	（法）拉梅	著希腊/拉丁/法语语法（现代结构主义的先驱）
语文学	文艺复兴至 18C	（英）威尔金斯、哈利斯、托柯、伯尼特	哲学语言（普遍语法）
语文学	文艺复兴至 18C	（法）波尔—罗瓦雅尔	普遍唯理语法（基于笛卡儿哲学）
语文学	文艺复兴至 18C	（法）赫尔德、卢梭	语言的起源
历史比较 L	18C 末至 19C	（英）琼斯	发现梵语与欧洲语法的关系(1786)
历史比较 L	18C 末至 19C	（丹）拉斯克	历史 L 创始人之一
历史比较 L	18C 末至 19C	（德）格里姆、（丹）维尔纳	格里姆定律(1822)，维尔纳定律(1875)
历史比较 L	18C 末至 19C	（德）施莱格尔兄弟俩	研究梵语，比较其与欧洲语言
历史比较 L	18C 末至 19C	（德）施莱歇尔	语言谱系树型图（十大语系）、构原始语、类型学
历史比较 L	18C 末至 19C	（德）洪堡特	普通 L 奠基人，《论人类语言结构的差异及其对人类精神发展的影响》。语言类型学：屈折、孤立、黏着
历史比较 L	新语法学派	（德）奥斯特霍夫、布鲁格曼、莱斯琴	通过词义和形式的比较溯源，语音规律无例外，方言、借词
结构 L	20C 前期	（瑞士）索绪尔	《普通 L 教程》：语言/非语言、语言/言语、共时/历时、组合/聚合、能指/所指
布拉格		马泰休斯、特鲁别茨柯依、雅格布逊	系统观、结构—功能观；音位学；二项对立；功能句法观；区别性特征
哥本哈根	1920/30s 至 50s	叶尔姆斯列夫	语符学：发展索氏符号系统理论
美国结构主义	1920/30s 至 50s	博尼斯、萨丕尔、沃尔夫、布龙菲尔德	创建美国结构主义、分布理论、语言决定论 布：行为主义，语音学、音位学、词形学
后布		霍凯特、派克、兰姆	分别提出：新实证主义、法位学、层次语法
（系统）功能 L	1950s —	马林诺夫斯基、弗斯、韩礼德、马内丁	吸收索绪尔、布拉格学派、沃尔夫等观点 语境观、系统观、功能观
TG	1950s —	乔姆斯基	笛+形；天赋、普遍、自治、模块、形式 LAD，语言能力和语言运用
认知 L	1980s —	雷柯夫、约翰逊、蓝纳格、泰勒、德文等	体验哲学，批 TG，认知语义学、认知语法学、隐喻、语法化、像似性等

附录7：西方翻译简史表

年代		国家与代表	生卒年	主要译作	主要观点
古代	(-5300——-3600 两河流域出现最早的欧洲文明)				
		-30C 亚述帝国		始有正式的文字翻译	
		-18C 巴比伦王国汉穆拉比	-1810——-1750	法律、政令译成多种文字	
		-3C 72犹太学者在古埃及亚历山大城		译《旧约》，又叫《七十子希腊文本圣经》	译史开始
		-196 古埃及罗塞达石碑	1799拿破仑军发现	用形象、古埃及、古希腊文字刻同样内容	
	古罗马	安德罗尼柯 Andronicus	-284——-204	译荷马诗史《奥德赛》和三大悲剧作家	
		涅维乌斯 Naevius	-270——-200?	译系列悲剧和喜剧	
		恩尼乌斯 Enuius	-239?——-169	同上	文学 圣经
		西塞罗 Cicero	-106——-43	-52 译《论最优秀的演说家》	译论开始：意 + 直
		贺拉斯 Horatius	-65——-8		直译、兼意译
		昆体良 Quintilianus	35—100?	演说术原理	意译、创作、竞争
		哲罗姆 Jerome	347?—420	405译《通俗拉丁文本圣经》	圣经直译，文学意译
		奥古斯丁 Augustine	354—430		直译、语言派
中世纪及文艺复兴	宗教翻译开始	波伊提乌斯 Boethius	475—525		直译：形式对应论；翻译无理论
		英 阿尔弗烈德国王	849—899	King Alfred 用英语译圣经	
		西班牙国王阿尔丰沙	1221—1284	Alfonso 译散文	托莱多城（阿语译成拉丁）
		英 罗杰·培根 R. Bacon	1214—1292	译《圣经》	
		意 但丁 Dante	1265—1321	译《圣经》	文学不可译
		英 乔叟 Chaucer	1343—1400	译薄伽丘作品	
		英 卡克斯顿 Caxton	1422—1491		
		德 马丁路德 Luther	1483—1536	用民众语言译《圣经》	意译
		英 魏阿特 Wyatt	1503—1542	1557 译十四行诗	(1611 钦定英圣经)
		考利 Cowley	1618—1667	译古希腊 Pindar 的作品	译者操控
		德莱顿 Dryden	1631—1700		意译、翻译三分法
		诺思、弗洛里欧、荷兰德、查普曼、廷代、谢尔登、英特克斯、蒲伯			
		法 多雷 Dolet	1509—1546		翻译五规则
		阿米欧 Amyot	1513—1593	译《名人传》	
		厚今派 阿伯兰库	1606—1664	Ablancourt	意译：美而不忠，古为今用，外为己用
		厚古派 达西埃夫人	1654—1720	Mme Dacier	直译
		雨果（父亲协助）	1802—1885	译莎士比亚喜剧全集	
		夏多布里昂 Chateaubriand	1768—1848	译《失乐园》	
		奈瓦尔 Nerval	1808—1855	译《浮士德》	歌德高度评价
		英 泰特勒 Tyler	1747—1814	1790《论翻译的原则》	翻译三原则

（续表）

年代		国家与代表	生卒年	主要译作	主要观点
近代		波斯盖特 Postgate	1853—1926	翻译分类：前瞻（译文和读者）、后顾（原作者）	
		加内特夫人	1861—1946	Garnet 译俄 19C 小说 50 多，影响我国读者	
		莫德夫妇 Aylmer & Louise Maude	A. 1858—1938 L. 1855—1939	1928—37 译托尔斯泰	
		韦利 Waley	1889—1966	1916《汉诗选译》、1942《西游记》	
		菲兹杰拉德、阿诺德、卡莱尔、艾略特、拜伦、雪莱、郎飞罗、莫里斯、W. 莫里斯			
		意大利 克罗齐 Croce	1866—1952	美学家和文学评论家	T 是艺术的再创作
		德 本雅明 Benjamin	1892—1940		意图、直译、逐行
		库恩 F. Kuhn	1884—1961	译 40 多部中国古今作品：《红楼梦》、《金瓶梅》、《水浒传》、《三国演义》	
		维兰德、瓦斯、蒂克、莱尔马赫 A.W.施莱格尔、席勒、歌德、荷尔德林、赫尔德、施莱尔马赫、洪堡特、蒙森			
		法 克洛岱 Claude	1868—1955	译汉诗	
		美 庞德 Pound	1885—1973	1914 译汉诗《神州集》	
		前苏 高尔基等	1868—1936	首倡译论《文艺翻译准则》(1918—30s 译文学 1500 部）	
		阿列克谢耶夫	1881—1951	1931《文学翻译问题》译汉文学	文艺派
		日尔蒙斯基、加切奇拉泽、丘科夫斯基（翻译艺术）等			文艺派
二战后及现当代		费道罗夫 Fedorov	1906—1997	1927《诗歌翻译问题》 1941《论文学翻译》	语言派，总论与分论
		英 卡特福特 Catford	1917—2009		
		英 纽马克 Newmark	1916—2011		等值，源文本中心
		美 奈达 Nida	1914—2011	三性：可读、可懂、可接受	等效、动态对等
		法 穆南 Mounin	1910—1993		
		德 本雅明 Benjamin	1892—1940	纯语言	直译、逐行对译
		德 威尔斯 Wilss	1925—2012		
		前苏 卡什金	1899—1963	1955《为现实主义翻译而奋斗》 1959《文艺翻译理论研究》	意译，文艺派
		萨沃里 Savory	1896—1981	1957《翻译的艺术》	12 原则
		雅克布逊 Jakobson	1896—1982	1959《论翻译的语言问题》	
		埃斯卡皮 Escarpi	1918—2000	1958 文学社会学，1961 文学的关键问题—创造性叛逆	
		霍尔姆斯 Holmes	1924—1986	1972《翻译研究名与实》	文艺派，综合论
		斯坦纳 Steiner	1929—	1975《通天塔—文学翻译理论研究》，解释派译论	
		佐哈尔 Even-Zohar	1939—		文化派，多元系统
		图里 Toury	1942—	《翻译理论探索》	同上
		利弗威尔 Lefevere	1946—1996		同上，折射理论
		巴斯奈特 S. Bassnett	1945—		同上
		莫娜贝克 M. Baker	1953—		语料库
		韦努蒂 Venuti	1953—		解构派，归化/异化

说明 1：
人类活动的口译当早就有之，附录 7 中两个表主要指笔译活动。

说明 2：
20 世纪 60—70 年代西方的翻译学科建设情况：
    1963 英国设翻译奖。
    1973 法国成立文学翻译协会，1991 该会创办专刊。
    1987 设国家翻译奖。
    1973 哥伦比亚大学翻译中心创办《翻译》杂志。
    1975 美国阿肯色大学设文学硕士翻译学位。

路德的翻译修补七原则：
1. 翻译是为了正确传达源文意思，译者可改变源文语序；
2. 可合理运用语气助词；
3. 可增补必要的连词；
4. 可省略没有译文对等形式的源文用词；
5. 可用词组译单个的词；
6. 可把比喻译为非比喻；
7. 必须准确处理源文用词的变异形式。

多雷(Dolet)的翻译五要素：
1. 译者必须完全理解所译作品的内容；
2. 译者必须通晓译出和译入语的语言；
3. 译者必须避免局限于字与字的对译；
4. 译者须慎用拉丁词多用通俗语形式；
5. 译者须用多法产生色调和谐的效果。

巴托(C. Batteux)的"句法调整 12 法"：
1. 不要轻易改变调整源文的词序；
2. 保留源文思想内容的先后次序；
3. 应尽量保留源文中的句子长短；
4. 应尽量保留源文所用连接用词；
5. 副词的位置必须置于动词旁边；
6. 对称和排比句式必须予以保留；
7. 不要随便增加或减少源文词语；
8. 要尽量保留源文中的比喻用法；
9. 要尽量将源文中谚语译为谚语；

10. 不必对源文做任何解释性翻译；
11. 译文必须保留源文的语言风格；
12. 调变时以保持原义不变为前提。

泰特勒的翻译三原则：
1. 译作应完全复写出原作的思想；
2. 译作的风格和手法和原作相同；
3. 译作应具备原作应具有的通顺。

附录 8：中国翻译简史表

年代		代表	生卒年	译作	主要观点
春秋-1C		周礼、礼记等记载译官；文学		《越人歌》(-528)	
佛经翻译三阶段	汉三国（58 佛教入汉）	安世高（安清）、支谶（支娄迦谶）、支亮、支谦、支曜、安玄、严佛调、康巨、康僧会、竺法护		译佛经（西域高僧安高于 148 年来洛阳译经 35 部 41 卷）	直译（文质之争） 信达美
		支谦	三国时人	30 余年(223—253)译经 88 部 244《法句经序》 译论开始	直译：因循本旨，不加文饰；当令易晓，实宜径达；美言不信，信言不美；以信求美
	魏晋南北朝隋	道安	314—385 苻坚时代	《摩诃般若》（首开翻译术）	直译：案本而传，五失本，三不易
		慧远 道安的弟子	334—416		意译：以文去华，务存其本
		鸠摩罗什 译界宗匠，兴隋唐佛教	344—413 或 350—409	译佛经近 400 卷。其前为古译，其后为旧译	意译：以实出华
		无谶	385—433	译《佛所行赞经》	
		真谛	499—569		意译
		彦琮	557—610	《辨正论》第一部翻译专论	八备说
	唐	玄奘 尊为译圣，其后为"新译"	600—664（百万人为其送葬）	大小乘经 76 部，1347 卷。办译场	直+意，圆满调和；五不翻；11 分工
		义净	635—713	译经 56 部 230 卷	忠实
		一行	673—727	发现恒星运动	
		不空	705—774	译经 110 部，143 卷（与罗什、真谛、玄奘为佛译四大家）	
		贾公彦	7 世纪（不详）		译即易
宋元		跨民族、跨语际翻译；成吉思汗西征			
明		四夷馆；李翀等《明译天文书》；原洁等《华夷译语》；译伊斯兰教；数百名欧洲基督教徒来华			
		罗明坚	与利玛窦同年代	Michael Ruggieri（意），译中成西文《明心宝鉴》	
		利玛窦	1552—1610	Matteo Ricci 与罗合编《葡华字典》，几何，地图	
清		徐光启	1562—1633	+利玛窦 译欧几里得《几何原本》、历法 +熊三拔 译《泰西水法》	
		李之藻	1565—1630	+利玛窦 译《同文算指》；+傅汛际《译名理探》	
		汤若望	1591—1666	Adan Schall von Bell（德）死于狱中，历法	
		理雅各	1593—1638	J. Rho 意大利，译《四书五经》	
		南怀仁	1623—1688	Berdinard Verbiest，译《穷理学》	
		金尼阁	1577—1629	N. Trigault《况义》、《伊索寓言》(+张赓)、《西儒耳目资》，译《五经》为拉丁文	
民国		龙华明、邓玉涵、张诚、白晋、毕方济、庞迪我、高一志、安文思、贺清泰、艾儒略、阳玛诺、王君山、卫方济、雷慕沙、马若瑟、殷弘绪、钱明德、王徵、徐念慈、李天经、徐寿、徐建寅			
		魏象乾	1715？	1740《繙清说》	

（续表）

年代	代表	生卒年	译作	主要观点
译小说近千部，两倍于原创	机构：四译馆、同文馆(1860)、(江南制造总局)翻译馆、外国翻译机构、外国教会、维新派、报馆、官书局、大同译书局			
	1840《意拾寓言》(伊索)、1872《谈瀛小录》(格列佛游记)			
	威妥玛	1818—1895	Thomas Francis Wade	
	马建忠	1845—1900	与严开清末政治文化新局面	善译(1884)
	林纾+16合作者	1852—1924	共译183种，千多万字。意译、创译、编译。1899《巴黎茶花女遗事》+王寿昌；1901《黑奴吁天录》+魏易；《块肉余生记》、《王子复仇记》、《大卫·柯普菲尔德》……	
	严复	1853—1921	1897《天演论》、《穆勒名学》、《原富》、《群学》等9部	信达雅(1889)为支谦译论之延续
	辜鸿铭	1857—1928	译《论语、中庸、大学》	
	设立同文馆	1862	(于1902年并入京师大学堂)	
	王国维	1872—1927	译哲学、心理学、伦理学	文学翻译理论
	梁启超	1873—1929	论译书、译印政治小说序、1902《十五小豪杰》	意译
	鲁迅	1881—1936	1934—36办刊"译文"，1903—4译三部科幻小说，《域外小说集》	直译，宁信不顺(+瞿秋白) vs 梁实秋、赵景深、胡适的"宁错务顺"
	周作人、吴梼、马君武、曾朴			直译
	苏曼殊+陈独秀	1884—1918	1904《惨世界》	
	鲁迅+瞿秋白 vs 梁实秋+赵景深+胡适、周作人、郑振铎、周桂笙、盛怀宣、伍光建、郭沫若、沈雁冰、朱光潜、茅盾、巴金、曹禺、郁达夫、曹靖华、傅东华、阿英等①。1911—49间共译俄苏1051种，英739，法569，美548，日231，德203，欧洲其他国176部。			
	曾虚白	1894—1994	1929"读者感应"	
	林语堂	1895—1976	1932"忠、顺、美"	
	陈西滢	1896—1970	1929"翻译三格"；形似、意似、神似	
新中国成立后	董秋斯	1899—1969	1951"翻译学"	
	傅雷	1908—1966	1951"神似②"	
	钱锺书	1910—1998	1963,1979"化境"	
	刘重德	1914—2008	1979"信达切"	
	许渊冲	1921—	1979"三美"：意美、音美、形美	
	汪榕培	1942—	2002"传神达意"	
	辜正坤	1952—	1989"翻译标准多元互补"	
	杨晓荣	1952—	1999"第三种状态"	

① 年代尚不能完全区分开，与新中国成立后有交叉，此处仅作权宜性处理。
② 陈西滢、茅盾、郭沫若、闻一多、林语堂、朱生豪等都赞成傅雷的神似说。

说明：

我国四次翻译高潮（罗进德 2004）：
1. 东汉至唐宋的佛经翻译；(此后式微)
2. 明末清初时的科技翻译；
3. 鸦片战争至五四近代译西学；
4. 49+78 后的现当代译学。

道安提出"五失本"和"三不易"。

五失本：(有五种情况使原文失去本来的面貌)
1. 不循梵语词序，改从汉语习惯；
2. 改质朴为文采，译文添加修饰；
3. 同语反复再三，译时须加删减；
4. 小结复述前文，汉译时要删减；
5. 另论别事又述前文，译时须删。

三不易（有三种情况不容易处理）：
1. 古雅的言辞难以适应当下世俗；
2. 先贤的微言大义难传后世常人；
3. 让凡人传译智者思想实属不易。

彦琮的八备：
1. 诚心爱法，志愿益人，不惮久时；
2. 将践学场，先牢戒足，不染讥恶；
3. 筌晓三藏，义贯两乘，不若暗滞；
4. 旁涉坟史，工缀典词，不过鲁拙；
5. 襟抱平恕，器重虚融，不好专执；
6. 耽于道术，淡于名利，不欲高衔；
7. 要识梵言，乃闲正译，不坠彼学；
8. 薄阅苍雅，粗谙篆隶，不昧此文。

玄奘的"五不翻"（即译音不译义，这与他倡导直译原则吻合）：
1. 意义神秘；
2. 词语多义；
3. 本语所无；
4. 顺用旧称；
5. 生善所故（以合佛教之需、免语义失真、求特殊效果、达宗教目、心生敬意、可用音译）。

玄奘译经的 11 种分工：
译主、证义、证文、度语、笔受、缀文、参译、刊定、润文、梵呗、监护大使。

参 考 文 献

Adorno, T. W. 1950. *The Authoritarian Personality.* 李维译,2002,《权力主义人格》,杭州:浙江教育出版社.
Adorno, T. W. 1955. *Prismen: Kulturkritik und Gensellschaft (Prisms: Cultural Criticism and Society).* Frankfurt: Sukrkamp Verlag.
Adorno, T. W. 1962. *Einleitung in die Musiksoziologie: zwölf Theoretische Vorlesugen.* E. B. Asthon (Trans.). 1976. *Introduction to the Sociology of Music.* New York: Seabury Press.
Adorno, T. W. 1966. *Negative Dialektik.* 张峰译,1993,《否定辩证法》,重庆:重庆出版社.
Adorno, T. W. 1970. *Asthetische Theorie.* R. Hullot-Kentor (Trans.). 1998. *Aesthetic Theory.* Minneapolis: University of Minnesota Press.
Baghramian, M. 1998. *Modern Philosophy of Language.* London: J. M. Dent.
Barraclough, G. 1964. *An Introduction to Contemporary History.* Baltimore: Penguin.
Barthes, R. 1957. *Mythologies.* Paris: Belovari S.
Barthes, R. 1964. *Elements de Semiologie.* 黄天源译,1992, 南宁:广西民族出版社.
Barthes, R. 1970. *S/Z Essai.* 屠友祥译,2013,(《S/Z》),上海:上海人民出版社.
Barthes, R. 1973. *Le Plaisir du Texte.* 屠友祥译,2002,《文之悦》,上海:上海人民出版社.
Barthes, R. 1977. *Fragments d'un Discours Amoureux.* 汪跃进、武佩荣译,2010,《恋人絮语》,上海:上海人民出版社.
Barthes, R. 1977. *From Work to Text.* In Stephen Heath (trans.) *Image Music Text.* London: Fontana Press.
Baudrillard, J. 1968. *The System of Objects.* 林志明译,2001,《客体系统》,上海:上海人民出版社.
Baudrillard, J. 1973. *Le Miroir de la Production.* 仰海峰译,2005,《生产之镜》,北京:中央编译出版社.
Baudrillard, J. 1976. *L'échange Symbolique et la Mort.* 车槿山译,2006,《符号的交换与死亡》,江苏:译林出版社.
Baudrillard, J. 1981. *Simulacres et Simulation.* Paris: Galilee.
Baudrillard, J. 1984. 'On Nihilism', in *Simulacra and Simulation*, Trans. by Sheila Faria Glaser, The University of Michigan Press.
Baudrillard, J. 1986. *Amérique.* 张生译,2011,《美国》,南京:南京大学出版社.
Baudrillard, J. 1987. *Cool Memories.* 张新木等译,2009,《冷静的回忆》,南京:南京大

学出版社.

Bergson, H. 1889. *Essai sur les Données Immédiates de la Conscience.* 吴士栋译,2007,《时间与自由意志》,北京:商务印书馆.

Bergson, H. 1896. *Matière et Mémoire. Essai sur la Relation du Corps à l'esprit.* Paris: Presses Universitaires de France.

Bergson, H. 1907, *L'Évolution Créatrice.* 姜志辉译,2004,《创造进化论》,北京:商务印书馆.

Bergson, H. 1919. *L'Énergie Spirituelle. Essais et Conférences.* Paris: Presses Universitaires de France.

Bergson, H. 1922. *Durée et simultanéité. À propos de la Théorie d'Einstein.* Paris: Presses Universitaires de France.

Birch, L. C. & J. B. Cobb, Jr. 1981. *The Liberation of Life: From the Cell to the Community.* CUP.

Bourdieu, P. 1970. *La Reproduction & Eacute: Léments Pour une Théorie du Système D'enseignement.* Paris: Minuit.

Bourdieu, P. 1972. *Esquisse D'une Théorie de la Pratique.* Paris: Droz.

Bourdieu, P. 1980. *Le Sens Patique.* Paris: Minuit.

Bourdieu, P. 1984. *Homo Academicus.* Paris: Minuit.

Bourdieu, P. 1990. *Reproduction in Education, Society and Culture.* California: Sage Publications, Inc.

Bourdieu, P. 1991. *Langage et Pouvoir Symbolique.* J. B. Thompson (Trans.). 1993. *Language and Symbolic Power.* Cambridge, MA: Harvard University Press.

Bourdieu, P. 1992. *Les Règles de L'art: Genèse et Structure du Champ Littéraire.* 刘晖译,2011,《艺术的法则:文学场的生成与结构》,北京:中央编译出版社.

Bourdieu, P. 1994. *Questions de Sociologie.* Paris: Minuit.

Bourdieu, P. 1994. *Raisons Pratiques: Sur la Théorie de L'action.* Paris: Seuil.

Bourdieu, P. 2000. *Les Structures Sociales de L'économie.* Paris: Seuil.

Chomsky & Halle. 1968. *The Sound Pattern of English.* New York: Harper and Row.

Cobb, J. B. Jr. 1971. *Is It Too Late? A Theology of Ecology.* Beverly Hills, Calif.: Bruce & Glencoe.

Cobb, J. B. Jr. 1982. *Beyond Dialogue: Toward a Mutual Transformation of Christianity and Buddhism.* 黄铭译,2008,《超越对话——走向佛教一基督教的相互转化》,杭州:浙江大学出版社.

Cobb, J. B. Jr. 1998. 生态学、科学和宗教:走向一种后现代世界观,载《后现代科学——科学魅力的再现》,北京:中央编译出版社.

Cobb, J. B. Jr. 2002. *Postmodernism and Public Policy.* Albany: Albany State Univeristy of New York Press.

Cobb, J. B. Jr. 2007. *Civilization and Ecological Civilization.* 李义天译,2007,《文明与生态文明》,载《马克思主义与现实》2007,(6).

Cobb, J. B. Jr. & D. Griffin. 1976. *Process Theology: An Introductory Exposition*. 曲跃厚译,1999,《过程神学》,北京:中央编译出版社.

Cobb, J. B. Jr. & D. Griffin. 1977. *Mind in Nature*. Washington, D. C.: University Press of America.

Cobb, J. B. Jr. & C. Birch. 1981. *The Liberation of Life: From the Cell to the Community*. 邹诗鹏、麻晓晴译,2015,《生命的解放》,北京:中国科学技术出版社.

Cobb, J. Jr. & 刘昀献,2010,中国是当今世界最可能实现生态文明的地方——著名建设性后现代思想家柯布教授访谈录,载《中国浦东干部学院学报》,2010(3).

Croft, W. & D. A. Cruse. 2004. *Cognitive Linguistics*. Chicago: CUP.

Daly, H. E. & J. B. Cobb, Jr. 1989. *For the Common Good: Redirecting the Economy toward Community, the Environment, and a Sustainable Future*. Boston: Beacon Press.

Davis, K. 2001. *Deconstruction and Translation*. Manchester: St. Jerome Publishing.

Davis, M. 1985. Urban Renaissance and the Spirit of Postmodernism. In *New Left Review*, No. 151.

Deely, J. 2003. *The Impact on Philosophy of Semiotics*. 周劲松译,2011,《符号学对哲学的冲击》,成都:四川教育出版社.

Deleuze, G. 1953. *Empirisme et Subjectivité*. 陈永国、尹晶译,2010,《经验主义与主体性》(收入《哲学的客体》),北京:北京大学出版社.

Deleuze, G. 1962. *Nietzsche et la Philosophie*. 周颖、刘玉宇译,2001,《尼采与哲学》,北京:社会科学文献出版社.

Deleuze, G. 1964. *Proust et les Signes*. 姜宇辉译,2008,《普鲁斯特与符号》,上海:上海译文出版社.

Deleuze, G. 1966. *Le Bergsonisme*. 张宇凌、关群德译,2002,《柏格森主义》,(收录于《康德与柏格森解读》),北京:社会科学文献出版社.

Deleuze, G. 1968. *Difference and Repetition*. 陈永国编译,2003,《差异与重复》,长春:吉林人民出版社.

Deleuze, G. 1972. *Capitalisme et Schizophrénie 1. L'Anti-Œdipe*. R. Hurley, S. Mark & H. R. Lane (Trans.). 1977. *Anti-Oedipus Capitalism and Schizophrenia*. Minneapolis: University of Minnesota Press.

Deleuze, G. 1981. *Spinoza — Philosophie Pratique*. 冯炳昆译,2004,《斯宾诺莎与实践哲学》,北京:商务印书馆.

Deleuze, G. 1983. *Cinéma 1: L'image-mouvement*. 黄建宏, 2003,《电影 I:运动—影像》,台湾远流出版社.

Deleuze, G. 1985. *Cinéma 2: L'image-temps*. 黄建宏,2003,《电影 II:时间—影像》,台湾远流出版社.

Deleuze, G. 1986 年,*Foucault*. 于奇智、杨洁译,2001,《福柯》,长沙:湖南美术出版社.

Deleuze, G. 1991. *Qu'est-ce que la Philosophie?* 张祖建,2007,《什么是哲学》,长沙:湖南文艺出版社.

Deleuze, G. 1993. *Critique et Clinique*. 陈永国、尹晶译,2010,《批评与临床》(收入《哲学的客体》,北京:北京大学出版社.

Deleuze, G. & F. Guattari. 1980. *Mille Plateaux — Capitalisme et Schizophrénie 2*. 姜宇辉译,2010,《资本主义与精神分裂症(卷2):千高原》,上海:上海书店出版社.

Derrida, J. 1967. *L'écriture et la Différence*. 张宁译,2001,《书写与差异》,北京:三联书店.

Derrida, J. 1967. *De la Grammatologie*. G. C. Spivak. (Trans.). 1976. *Of Grammatology*, Baltimore: The John Hopkins University Press. 汪堂家译,2005,《论文字学》,上海:上海译文出版社.

Derrida, J. 1967. *La Voix et le Phénomène: Introducion au Problème du Signe dans la Phénomènologie de Husserl*. 杜小真译,2001,《声音与现象——胡塞尔现象学中的符号问题导论》,北京:商务印书馆.

Derrida, J. 1972. *Marges de la Philosophie*. Paris: Les Editions de Minuit. 1982. *Margins of Philosophy*. Chicago: University of Chicago Press.

Derrida, J. 1972. *Positions*. 佘碧平译,2004,《多重立场》,北京:生活·读书·新知三联书店.

Derrida, J. 1972. *La Dissémmination*. Barbara Johnson (Trans.). 1981. *Dissemmination*. Chicago: University of Chicago Press.

Drucker, P. 1957. *Landmark of Tomorrow*. New York: Harper & Row.

Fauconnier, Gilles. 1985. *Mental Spaces: Aspects of Meaning Construction in Natural Language*. Cambridge, MA and London: MIT Press/Bradford.

Fauconnier, Gille. 1994. *Mental Spaces: Aspects of Meaning Construction in Natural Language*. CUP.

Fauconnier, G. 1997. *Mappings in Thought and Language*. CUP.

Fauconnier, G. & M. Turner. 2002. *The Way We Think*. New York: Basic Books.

Feyerabend, P. K. 1968. On a Recent Critique of Complementarity: Part I. *Philosophy of Science*, 35(4).

Feyerabend, P. K. 1969. On a Recent Critique of Complementarity: Part II. *Philosophy of Science*, 36(1).

Feyerabend, P. K. 1975. *Against Method: Outline of an Anarchistic Theory of Knowledge*. 周昌忠译,2007,《反对方法——无政府主义知识论纲要》,上海:上海译文出版社.

Feyerabend, P. K. 1978. *Science in a Free Society*. 兰征译,2005,《自由社会中的科学》,上海:上海译文出版社.

Feyerabend, P. K. 1984. *Science as an Art*. Chicago: University of Chicago Press.

Feyerabend, P. K. 1987. *Farewell to Reason*. 陈健、柯哲译,2002,《告别理性》,南京:江苏人民出版社.

Foucault, M. 1961. *Histoire de la Folie à l'âge Classique*. 刘北成、杨远婴译,1999,《疯癫与文明》,北京:三联书店.

Foucault, M. 1963. *Naissance de la clinique — une archéologie du regard médical*. 刘北

成译,2001,《临床医学的诞生》,南京:译林出版社.

Foucault, M. 1966. *Les Mot et les Choses: une Archéologie des Sciences Humaines*. 莫伟民译,2001,《词与物——人文科学考古学》,上海:三联书店.

Foucault, M. 1971. *L'ordre du discours*. A. M. Sheridan(Trans.). 1972. *The Archaeology of Knowledge*. New York:Pantheon Books.

Foucault, M. 1975. *Surveiller et Punir*. 刘北成、杨远婴译,1998,《规训与惩罚》,北京:三联书店.

Foucault, M. 1976—1984. *Histoire de la Sexualité*. 佘碧平译,2000,《性经验史》,上海:上海人民出版社.

Freud, S. 1900. *The Interpretation of Dreams*. 孙名之译,1996,《释梦》,北京:商务印书馆.

Freud, S. 1904. *Psychopathology of Everyday Life*. 彭丽新等译,2000,《日常生活的精神病理学》,北京:国际文化出版公司.

Freud, S. 1910. *A General Introduction to Psychoanalysis*. 高觉敷译,1984,《精神分析引论》,北京:商务印书馆.

Freud, S. 1913. *Totem and Taboo: Resemblances Between the Mental Lives of Savages and Neurotics*. 赵立玮译,2005,《图腾与禁忌》,上海:上海人民出版社.

Freud, S. 1923. *Ego & Id*. 林尘等译,2011,《自我与本我》,上海:上海译文出版社.

Freud, S. 1933. *New Introductory Lectures on Psycho-Analysis*. 高觉敷译,1987,《精神分析引论新编》,北京:商务印书馆.

Gadamer, H. G. 1934. *Plato und die Dichter*. 载余纪元译,1992,《伽达默尔论柏拉图》,北京:光明日报出版社.

Gadamer, H. G. 1960. *Wahrheit und Methode*. 洪汉鼎译,2010,《诠释学:真理与方法》,北京:商务印书馆.

Gadamer, H. G. 1967—1971. *Kleine Schriften*. In D. E. Linge. (Trans.). 1976. *Philosophical Hermeneutics*. Berkeley:University of California Press.

Gadamer, H. G. 1973. *Gadamer on Celan: "Who Am I and Who Are You?" and Other Essays*. R. Heinemann & B. Krajewski. (Trans.). 1997. Albany, NY:SUNY Press.

Griffin, D. R. 1988. *Spirituality and Society: Postmodern Visions*. 王成兵译,2011,《后现代精神》,北京:中央编译出版社.

Griffin, D. R. 1988. *The Reenchantment of Science: Postmodern Proposals*. 马季方译,1995,《后现代科学——科学魅力的再现》,北京:中央编译出版社.

Griffin, D. R. 2000. *Reenchantment without Supernatualism*. 周邦宪译,2015,《复魅何须超自然主义——过程宗教哲学》,南京:译林出版社.

Griffin, D. R., Ochs, P., Ford, M. P., Gunter, P. A. Y. & J. B. Cobb. 1993. *Founders of Constructive Postmodern Philosophy: Peirce, Bergson, Whitehead, and Hartshorne*. 鲍世斌等译,2002,《超越解构:建设性后现代哲学的奠基者》,北京:中央编译出版社.

Habermas, J. 1962. *Strukturwandel der Öffentlichkeit: Untersuchungen zu einer Kategorie der bürgerlichen Gesellschaft*. 曹卫东译,1999,《公共领域的结构转型——论资产

阶级社会的类型》,上海:学林出版社.
Habermas, J. 1967. *Zur Logik der Sozialwissenschaften*. Translated by Shierry Weber Nicholsen and Jerry A. Stark. Cambridge, Massachusetts: MIT Press.
Habermas, J. 1968. *Technik und Wissenschaft als Ideologie*. 李黎、郭官义译,1999,《作为意识形态的技术和科学》,上海:学林出版社.
Habermas, J. 1976. *Zur Rekonstruktion des Historischen Materialismus*. 郭官义译,2000,《重建历史唯物主义》,社会科学文献出版社.
Habermas, J. 1976(德). 1979(英译). *Communication and the Evolution of Society*. 张博树译,1989,《交往与社会进化》,重庆:重庆出版社.
Habermas, J. 1981. Modernity versus Postmodernity. *New German Critique*, 22.
Habermas, J. 1981. *Theorie des Kommunikativen Handelns Band I: Handlungsrationalitat und Gesellschaftliche Rationalisierung*. 洪佩郁、蔺菁译,1994,《交往行为理论(第一卷)——行为的合理性和社会合理化》,重庆:重庆出版社.
Habermas, J. 1981. *Theorie des Kommunikativen Handelns Band II: Zur Kritik der Funktionalistischen Vernunft*. 洪佩郁、蔺菁译,1994,《交往行为理论(第二卷)——论功能主义理性批判》,重庆:重庆出版社.
Habermas, J. 1985. *Der Philosophische Diskurs Der Moderne*. 刘东译,2008,《现代性的哲学话语》,江苏:译林出版社.
Habermas, J. 1988. *Nachmetaphysisches Denken*. 曹卫东、付德根译,2001,《后形而上学思想》,南京:译林出版社.
Habermas, J. 2003. *L'Éthique de la Discussion et la Question de la Vérité*. 沈清楷译,2005,《对话伦理学与真理的问题》,北京:中国人民大学出版社.
Hall, David, 1991. Modern China and the Postmodern West. In Deutsch, Eliot (ed.). *Culture and Modernity: East-West Philosophic Perspective*. Honolulu: University of Hawaii Press.
Hartshtorne, C. 1937. *Beyond Humanism: Essays in the New Philosophy of Nature*. Chicago/New York: Willett, Clark & Co.
Hartshtorne, C. 1941. *Man's Vision of God and the Logic of Theism*. Chicago/New York: Willett, Clark & Co.
Hartshtorne, C. 1948. *The Divine Relativity: A Social Conception of God*. New Haven: Yale University Press.
Hartshtorne, C. 1953. *Reality as Social Process: Studies in Metaphysics and Religion*. Boston: the Beacon Press.
Hartshtorne, C. 1962. *The Logic of Perfection and Other Essays in Neoclassical Metaphysics*. La Salle: Open Court.
Hartshtorne, C. 1967. *A Natural Theology for Our Time*. La Salle: Open Court.
Hartshtorne, C. 1970. *Aquinas to Whitehead: Seven Centuries of Metaphysics of Religion*. Wisconsin: Marquette University Publications.
Hartshtorne, C. 1970. *Creative Synthesis and Philosophic Method*. London: S.C.M. Press.
Harvey, D. 1996. *Justice, Nature and Geography of Difference*. London: Blackwell.

Hassan, I. 1971. *The Dismemberment of Orpheus: Toward a Postmodern Literature.* Oxford：OUP.

Hassan, I. 1987. *The Postmodern Turn: Essays in Postmodern Theory and Culture.* 刘象愚译,1993,《后现代的转向——后现代理论与文化论文集》,1993,台北：时代文化出版社.

Heidegger, M. 1927. *Sein und Zeit.* 陈嘉映、王庆节译,1987,《存在与时间》,上海：三联书店.

Heidegger, M. 1943. *Vom Wesen der Wahrheit.* 赵卫国译,2008,《论真理的本质》,北京：华夏出版社.

Heidegger, M. 1949. *Die Frage nach der Technik.* W. Lovitt（Trans）. 1977. *The Question Concerning Technology and Other Essays.* New York：Harper & Row, Publishers, Inc.

Heidegger, M. 1950. *Holzwege.* 孙周兴译,2004,《林中路》,上海：上海译文出版社.

Heidegger, M. 1953, *Die Frage nach der Technik*, William Lovitt(Trans). New York：Garland Publishing.

Heidegger, M. 1959. *Unterwegs zur Sprache.* 孙周兴译,2004,《在通向语言的途中》,北京：商务印书馆.

Heidegger, M. 1961. *Nietzsche.* 孙周兴译,2002,《尼采》,北京：商务印书馆.

Heidegger, M. 1963. *Das Ende der Philosophie und die Aufgabe des Denkens.* J. Stambaugh（Trans.）. 1972. *The End of Philosophy and the Task of Thinking.* New York：Harper & Row.

Heidegger, M. 1971. *Poetry, Language, Thought.* 彭富春译,1991,《诗、语言、思》,北京：文化艺术出版社.

Higgins, D. 1978. *A Dialectic of Centuries.* New York：Printed Editions.

Horkheimer, M. 1930. *Die Anfänge der Bürgerlichen Geschichtsphilosophie.* Frankfurt an Main：Fischer.

Horkheimer, M. 1968. *Kritische Theorie.* 曹卫东译,2004,《霍克海姆集：文明批判》,上海：上海远东出版社.

Horkheimer, M. & T. W. Adorno. 1944. *Dialektik der Aufklärung.* Cumming,J.（trans.）. 1972. New York：Herder & Herder. 渠敬东、曹卫东译,2006,《启蒙辩证法》,上海：上海人民出版社.

Hoy, D. C. 1982. *The Critical Circle: Literature, History, and Philosophical Hermeneutics.* New York：University of Chicago Press.

Hoy, D. C. 1986. *Foucault: A Critical Reader.* Oxford：Blackwell Publishers.

Hoy, D. C. 1997. *Critical Resistance: From Poststructuralism to Post-Critique.* Cambridge, Massachusetts：MIT Press.

Hoy, D. C. 1998. 后现代主义：一种可供选择的哲学（王治河译）,载《国外社会科学》1998年第4期。该文也是 Hoy 为《后现代主义辞典》所作的序言.

Hoy, D. C. and T. McCarthy. 1994. *Critical Theory.* Oxford：Blackwell Publishers.

Husserl, E. 1900. *Logische Untersuchungen. Erster Teil: Prolegomena zur reinen Logik.*

倪梁康译,2006,《逻辑研究(第一卷)》,上海:上海译文出版社.
Husserl, E. 1901. *Logische Untersuchungen. Zweiter Teil: Untersuchungen zur Phänomenologie und Theorie der Erkenntnis*. 倪梁康译,2006,《逻辑研究》,上海:上海译文出版社.
Husserl, E. 1913. *Ideen zu einer reinen Phänomenologie und phänomenologischen Philosophie: die Phänomenologie und die Fundamente der Wissensehaften*. 李幼蒸译,2013,《纯粹现象学和现象学哲学的观念(第3卷):现象学和科学基础》,北京:中国人民大学出版社.
Husserl, E. 1913. *Ideen zu einer reinen Phänomenologie und phänomenologischen Philosophie: Phänomenologische Untersuchungen zur Konstitution*. 李幼蒸译,2013,《纯粹现象学和现象学哲学的观念(第2卷):现象学的构成研究》,北京:中国人民大学.
Husserl, E. 1913. *Ideen zu einer reinen Phänomenologie und phänomenologischen Philosophie. Erstes Buch: Allgemeine Einführung in die reine Phänomenologie*. 李幼蒸译,1992,《纯粹现象学和现象学哲学的观念(第1卷):纯粹现象学通论》,北京:商务印书馆.
Husserl, E. 1936. *Die Krisis der Europäischen Wissenschaeten und die Tranzendentale Phänomenologie*. 张庆熊译,1988,《欧洲科学危机与超验现象学》,上海:上海译文出版社.
Husserl, E. 1959. *Erste Philosophie*. 王炳文译,2006,《第一哲学》,北京:商务印书馆.
James, W. 1890. *The Principles of Psychology*. 田平译,《心理学原理》,2003,北京:中国城市出版社.
James, W. 1898. *Human Immortality: Two Supposed Objections to the Doctrine*. The Ingersoll Lecture.
James, W. 1899. *Talks to Teachers on Psychology, and to Students on Some of Life's Ideals*. Indianapolis, Indiana: Hackett Publishing.
James, W. 1907. *Pragmatism: A New Name for Some Old Ways of Thinking*. 陈羽纶、孙瑞禾译,2013,《实用主义——一些旧思想方法的新名称》,北京:中国青年出版社.
James, W. 1909. *A Pluralistic Universe*. 吴棠译,1999,《多元的宇宙》,北京:商务印书馆.
James, W. 1909. *The Meaning of Truth: A Sequel to "Pragmatism"*. 刘宏信译,2007,《真理的意义》,广西:广西师范大学出版社.
James, W. 1912. *Some Problems of Philosophy: A Beginning of an Introduction to Philosophy*. Lincoln, Nebraska: University of Nebraska Press.
James, W. 1912. *Essays in Radical Empiricism*. 庞景仁译,2006,《彻底的经验主义》,上海:上海人民出版社.
Jameson, F. 1971. *Marxism and Form*. 李自修译,1995,《马克思主义与形式》,南昌:百花洲文艺出版社.
Jameson, F. 1972. *The Prison-House of Language*. 钱佼汝译,1995,《语言的牢笼》,南昌:百花洲文艺出版社.

Jameson, F. 1981: *The Political Unconscious: Narrative as a Socially Symbolic Act.* 王逢振,陈永国译,1999,《政治无意识:作为社会象征行为的叙事》,北京:中国社会科学出版社.

Jameson, F. 1984. *The Cultural Logic of the Late Capitalism.*《晚期资本主义的文化逻辑》,载张旭东,陈清侨等编译,1997,《詹明信批评理论文选》,北京:生活·读书·新知三联书店.

Jameson, F. 1986: *Postmodernism and Cultural Theories.* 唐小兵译,1986,《后现代主义与文化理论(讲演)》西安:陕西师范大学出版社.

Jameson, F. 1988: *The Ideologies of Theory. Essays 1971–1986. Vol. 1: Situations of Theory.* Minneapolis: University of Minnesota Press.

Jameson, F. 1988: *The Ideologies of Theory. Essays 1971–1986. Vol. 2: Syntax of History.* Minneapolis: University of Minnesota Press.

Jameson, F. 1990. *Late Marxism: Adorno, or, The Persistence of the Dialectic.* London & New York: Verso.

Jameson, F. 1990. *Signatures of the Visible.* New York & London: Routledge.

Jameson, F. 1991. *Postmodernism, or, The Cultural Logic of Late Capitalism.* 吴美真译,《后现代主义或晚期资本主义的文化逻辑》,台北:时报文化出版企业公司.

Jameson, F. 1992: *The Geopolitical Aesthetic: Cinema and Space in the World System.* Bloomington: Indiana University Press.

Jameson, F. 1994: *The Seeds of Time.* 王逢振译,1997,《时间的种子》,桂林:漓江出版社.

Jameson, F. 1998: *The Cultural Turn: Selected Writings on the Postmodern, 1983–1998.* 胡亚敏等译,2000,《文化转向——后现代文选 1983—1998》,北京:中国社会科学出版社.

Jameson, F. 2002: *A Singular Modernity: Essay on the Ontology of the Present.* 王逢振译,2005,《单一的现代性——当代本体论文集》,天津:天津人民出版社.

Jameson, F. 2015: *The Ancients and the Postmoderns: On the Historicity of Forms.*《古代与后现代——形式的历史性》, London: Verso.

Jespers, K. 1919. *Psychologie der Weltanschauungen.* Berlin: Berlin Springer.

Jaspers, K. 1931. *Die Geistige Situation der Zeit.* 王德峰译,1997,《时代的精神状况》,上海:上海译文出版社.

Jaspers, K. 1932. *Philosophie.* E. B. Ashton (Trans.). 1969–1971. *Philosophy.* Chicago: Chicago University Press.

Jaspers, K. 1937. *Existenz Philosophie.* 王玖兴译,2013,《生存哲学》,上海:上海译文出版社.

Jaspers, K. 1947. *Von der Wahrheit.* Philosophische Logik. Erster Band, R. Piper, München.

Kearney, R. 1986. *Modern Movements in European Philosophy.* Manchester: Manchester University Press, Manchester.

Kellner, D. & S. Best. 1991. *Postmodern Theory: Critical Interrogation.* 张志斌译,

2015,《后现代理论——批判性的质疑》,北京:中央编译出版社.

Koslowski, P. 1987. *Die Postmoderne Kultur: Gesellschaftlich-kulturelle Konsequenzen der Technischen Entwicklung.* 毛怡红译,2011,《后现代文化——技术发展的社会文化后果》,北京:中央编译出版社.

Kripke, S. 1972. *Naming and Necessity.* 梅文译,2005,《命名与必然性》,上海:上海译文出版社.

Kristeva, J. 1967. Bakhtin: le mot, le dialogue et la roman. 祝克懿等译,2012,巴赫金:词语、对话与小说,载《当代修辞学》2012 年第 4 期.

Kristeva, J. 1969. *Séméiôtiké: Recherches pour une Sémanalyse.* T. Gora (Trans.). 1980. *Desire in Language: A Semiotic Approach to Literature and Art.* Oxford: Blackwell.

Kristeva, J. 1980. Postmodernism? In Garvin, H. R. (Ed.). *Romanticism, Modernism, Postmodernism.* Lewisburg: Bucknell University Press.

Kristeva, J. 2014. 黄蓓译,互文性理论与文本运用,载《当代修辞学》2014 年第 5 期.

Lacan, J. 1966. *Écrits: A Selection.* Alan Sheridan (Trans.). *Écrits: A Selection.* London: Tavistock Publication.

Lakoff, G. 1979. The Contemporary Theory of Metaphor. In A. Ortony (Ed.). *Metaphor and Thought.* Cambridge, NY: Cambridge University Press.

Lakoff, G. 1987. *Women, Fire, and Dangerous Things: What Categories Reveal about the Mind.* Chicago and London: The University of Chicago Press.

Lakoff, G. & M. Johnson. 1980. *Metaphors We Live By.* Chicago: The University of Chicago Press.

Lakoff, G. & M. Johnson. 1999. *Philosophy in the Flesh: The Embodied Mind and Its Challenge to Western Thought.* New York: Basic Books.

Lamb, S. 1998. *Pathways of the Brain: The Neurocognitive Basis of Language.* Amsterdam: Benjamins.

Langacker, R. W. 1987. *Foundations of Cognitive Grammar, Vol. I: Theoretical Prerequisites.* Stanford: Stanford University Press.

Langacker, R. W. 1991. *Foundations of Cognitive Grammar, Vol. II: Descriptive Application.* Stanford: Stanford University Press.

Lash, S. 1990. *The Sociology of Postmodernism.* London: Routledge.

Lecercle, J. J. 2004. *Une Philosophie Marxiste du Langage.* G. Elliott (Trans.). 2006. *A Marxist Philosopy of Language.* Leiden: Brill.

Lévi-Strauss, C. 1948. *La Vie Familiale et Sociale des Indiens Nambikwara.* Paris: Société des Américanistes.

Lévi-Strauss, C. 1949. *Les Structures Élémentaires de la Parenté.* J. H. Bell, J. R. Von Sturmer & R. Needham (Trans.). 1969. *The Elementary Structures of Kinship.* Boston: Beacon Press.

Lévi-Strauss, C. 1955. *Tristes Tropiques.* 王志明译,2005,《忧郁的热带》,上海:三联书店.

Lévi-Strauss, C. 1958. *Anthropologie Structurale.* 英译本. 1963. *Structural Anthropology.*

张祖建译,2006,《结构人类学》,北京:中国人民大学出版社.

Lévy-Strauss, C. 1962. *La Pensée Sauvage.* 李幼蒸译,2006,《野性的思维》,北京:中国人民大学出版社.

Lévi-Strauss, C. 1964. *Mythologiques I: Le Cru et le Cuit.* 周昌忠译,2007,《神话学:生食和熟食》,北京:中国人民大学出版社.

Lévi-Strauss, C. 1966. *Mythologiques II: Du Miel aux Cendres.* 周昌忠译,2007,《神话学:从蜂蜜到烟灰》,北京:中国人民大学出版社.

Littlejohn, S. & K. Foss. 2008. *Theories of Human Communication*, 9 ed. 史安斌译, 2009,《人类传播理论》,北京:清华大学出版社.

Lyotard, J.-F. 1979. *La Condition Postmoderne.* 车槿山译,2011,《后现代状态》,南京:南京大学出版社.

Lyotard, J.-F. 1971. *Discourse, Figure.* 谢晶译,2012,《话语:形象》,上海:上海人民出版社.

Lyotard, J.-F. 1983. *Le Différend.* Paris:Éditions de Minuit.

Lyotard, J.-F. 1988. *L'Inhumain: Causeries sur le Temps.* 罗国祥译,2000,《非人——时间漫谈》,北京:商务印书馆.

Magee, B. 1998. *Story of Philosophy.* 季桂保译,2002,《哲学的故事》,北京:生活·读书·新知三联书店.

Mandel, E. 1972. *Late Capitalism.* 马清文译,1983,《晚期资本主义》,哈尔滨:黑龙江人民出版社.

Marcuse, H. 1928. Contributions to a Phenomenology of Historical Materialism, 李杨译, 2011, 历史唯物主义的现象学导引, 载《当代马克思主义评论》, p305-p404.

Marcuse, H. 1932. *Hegel's Ontologie und die Grundlegung einer Theorie der Geschichtlichkeit.* S. Benhabib(Trans.). 1987. *Hegel's Ontology and the Theory of Historicity.* Cambridge, MA:MIT Press.

Marcuse, H. 1941. *Vernunft und Revolution. Hegel und die Entstehung der Gesellschaftstheorie.* 程志民等译,1993,《理性与革命——黑格尔和社会理论的兴起》,重庆:重庆出版社.

Marcuse, H. 1955. *Eros e Civilização: uma Interpretação Filosófica do Pensamento de Freud.* 黄勇、薛民译,2005,《爱欲与文明》,上海:上海译文出版社.

Marcuse, H. 1964. *Der Eindimensionale Mensch. Studien zur Ideologie der Fortgeschrittenen Industriegesellschaft.* (*One Dimension Man: Studies in the Ideology of Advanced Industrial Society.*) 刘继译,2008,《单向度的人——发达工业社会意识形态研究》,上海:上海译文出版社.

Marcuse, H. 1969. *An Essay on Liberation.* Boston:Beacon Press.

Marcuse, H. 1977. *Die Permanenz der Kunst: Wider eine bestimmte Marxistische Ästhetik.* 李小兵译,2001,《审美之维》,桂林:广西师范大学出版社.

Marx. K. 1844. *Economic and Philosophic Manuscripts of 1844.* (1844年经济学哲学手稿).《马克思恩格斯全集(第42卷)》,1979,北京:人民出版社.

Marx, K. & F. Engels. 1848. *The Manifesto of Communist Party.* 1949. 北京:人民出版

社.

McDaniel, J. 2008. *What Is Process Thought? Seven Answers to Seven Questions*. Claremont: Process & Faith.

McRobbie, A. 1994. *Postmodernism and Popular Culture*. 田晓菲译,2000,《后现代主义与大众文化》,北京:中央编译出版社.

Merleau-Ponty, M. 1942. *La Structure du Comportement*. 杨大春、张尧均译,2005,《行为的结构》,北京:商务印书馆.

Merleau-Ponty, M. 1945. *Phenomenology of Perception*. 姜志辉译,2001,《知觉现象学》,北京:商务印书馆.

Meyer, M. 2008. Principia Rhetorica, Une Théorie Général de l'argumentation. 史忠义译,"修辞学的重大定义",2014,当代修辞学,2014(3).

Mills, C. W. 1959. *The Sociological Imagination*. New York: OUP.

Nietzsche, F. 1872, *Die Geburt der Tragödie aus dem Geiste der Musik*. 周国平译, 1986,《悲剧的诞生——尼采美学文选》,北京:三联书店.

Nietzsche, F. 1873—76. *Unzeitgemässe Betrachtungen*. 李秋零译,2007,《不合时宜的沉思》,上海:华东师范大学出版社.

Nietzsche, F. 1882. *Die Fröhliche Wissenschaft*. 黄明嘉译,2007,《快乐的科学》,上海:华东师范大学出版社.

Nietzsche, F. 1885. *Also Sprach Zarathustra*. 钱春绮译,2007,《查拉图斯特拉如是说》,上海:生活·读书·新知三联书店.

Nietzsche, F. 1885—89. *Der Wille zur Macht (The Will of Power)*. 孙周兴译,2007,《权力意志》,北京:商务印书馆.

Nietzsche, F. 1887. *Zur Genealogie der Moral*. 谢地坤译,2007,《道德系谱学》,桂林:漓江出版社.

Northrop, F. S. C., 1946. *The Meeting of East and West*. New York: The Macmillan Company.

Onis, de F. 1934. *la Antología de la Poesía Española e Hispanoamericana (1882-1932)* 《1882—1923 年西班牙、拉美诗选》. Sevilla: Editorial Renacimiento.

Pannwitz, R. 1917. *Die Krisis Der Europaeischen Kultur*. Nuremberg, Hans Carl Verlag.

Panther Klaus-Uwe & L. Thornburg. 1999. *The Potentiality for Actuality Metonymy in English and Hungarian*. Panther & Radden (Eds.) Metonymy in Language and Thought. Amsterdam: John Benjamins.

Peirce, C. S. 1878. Photometric Researches. In *Monthly Notices of the Royal Astronomical Society*, Vol. 39.

Piaget, J. 1970. *The Principles of Genetic Epistemology*. 王宪钿等译,1981,《发生认识论原理》,北京:商务印书馆.

Quine, W. V. O. 1948. On What There Is. In Quine, W. V. O. 1953. *From a Logical Point of View*. Harvard University Press.

Quine, W. V. O. 1951. Two Dogmas of Empiricism. In Quine, W. V. O. 1953. *From a Logical Point of View*. Harvard University Press.

Quine, W. V. O. 1960. *Word and Object*. 陈启伟、朱锐、张学广译,2005,《语词和对象》,北京:中国人民大学出版社.

Ricoeur, P. 1955. *Histoire et Vérité*. 姜志辉译,2004,《历史与真理》,上海:上海译文出版社.

Ricoeur, P. 1975. *La Métaphore Vive*. 汪堂家译,2004,《活的隐喻》,上海:上海译文出版社.

Robins, R. H. 1967. *A Short History of Linguistics*. 许德宝等译,1997,《简明语言学史》,北京:中国社会科学出版社.

Rogers, E. M. 1994. *A History of Communication Study: A Biographical Approach*. 殷晓蓉译,2012,《传播学史——一种传记式的方法》,上海:上海译文出版社.

Rorty, R. 1965. Mind-Body Identity, Privacy and Categories. *Review of Metaphysics*, 19.

Rorty, R. 1967. *The Linguistic Turn: Recent Essays in Philosophical Method*. Chicago:The University of Chicago Press.

Rorty, R. 1979. *Philosophy and the Mirror of Nature*. 李幼蒸译,2003,《哲学和自然之镜》,北京:商务印书馆.

Rorty, R. 1982. *Consequences of Pragmatism*. Minneapolis:University of Minnesota Press.

Rorty, R. 2004. *Post-Philosophical Culture*. 黄勇编译,2004,《后哲学文化》,上海:上海译文出版社.

Rosch, E. 1973. On the Internal Structure of Perceptual and Semantic Categories. Moore, T. E. *Cognitive Development and the Acquisition of Language*. New York:Academic Press.

Rosch, E. 1975. Cognitive Representations of Semantic Categories. *Journal of Experimental Psychology: General*, 1975(104).

Rosch, E. 1978. Principles of Categorization. Rosch, E. & B. Lloyd. *Cognition and Categorization*. Hillsdale, NJ:Erlbaum.

Rosch, E. & C. B. Mervis. 1975. Family Resemblances:Studies in the Internal Structure of Categories. *Cognitive Psychology*, 1975 (7).

Rosch, E., C. B. Mervis, W. Gray, D. Johnson & P. Rudzka-Ostyn. 1976. Basic Objects in Natural Categories. *Cognitive Psychology*, 1976(8).

Rosenberg, B. & D. White. 1957. *Mass Culture*. Glencoe, Il:The Free Press.

Russell, B. 1921. *The Analysis of Mind*. 贾可春译,2010,《心的分析》,北京:商务印书馆.

Sartre, Jean-Paul. 1938. *La Nausea*. 杜长有译,1999,《恶心》,北京:中国友谊出版公司.

Sartre, Jean-Paul. 1939. *Le Mur*. 郑永慧译,1992,《墙》,安徽:安徽文艺出版社.

Sartre, Jean-Paul. 1943. *L'être et le Néant*. 陈宣良等译,2007,《存在与虚无》,上海:三联书店.

Sartre, Jean-Paul. 1945. *L'âge de Raison*. 丁世中译,1998,《不惑之年》,北京:中国文学出版社.

Sartre, Jean-Paul. 1945. *Le Sursis*. 丁世中译,1998,《缓期执行》,北京:中国文学出版社.

Sartre, Jean-Paul. 1945. *Les Chemins de la Liberté.* 丁世中译,1998,《自由之路》(卷一、二),香港:中国文学出版社.

Sartre, Jean-Paul. 1946. *Existentialism Is a Humanism.* 周煦良、汤永宽译,2005,《存在主义是一种人道主义》,上海:上海译文出版社.

Sartre, Jean-Paul. 1949. *La Mort dans L'âme.* 沈志明译,1998,《痛心疾首》,北京:中国文学出版社.

Sartre, Jean-Paul. 1949. *Les Chemins de la Liberté.* 沈志明译,1998,《自由之路》(卷三),香港:中国文学出版社.

Sartre, J-P. 1957. *Question de Méthode.* H. Z. Barnes (Trans.). 1963. *Search for a Method.* New York: Vintage Books.

Sartre, Jean-Paul. 1960. *Critique de la Raison Dialectique.* 林骧华等译,1998,《辩证理性批判》,安徽:安徽文艺出版社.

Saussure. F. de. 1916. *Course in General Linguistics.* 高名凯译,1996,《普通语言学教程》,北京:商务印书馆.

Schank, R. C & R. P Abelson. 1975. Script, Plans and Knowledge. *Proceeding of the Fourth International Joint Conference on Artificial Intelligence.* Tbilisi, USSR. P. N. Johnson-Laird, & P. C. Wason (Eds.). *Thinking: Reading in Cognitive Science.* Cambridge: CUP.

Searle, J. 1995. *The Construction of Society Reality.* New York: Free Press.

Searle, J. 1998. *Mind, Language and Society: Philosophy in the Real World.* 李步楼译,2001,《心灵、语言和社会——实在世界中的哲学》,上海:上海译文出版社.

Searle, J. 1999. The Future of Philosophy. *Philosophical Transactions: Biological Science*, 354.

Searle, J. 2004. *Mind: A Brief Introduction.* New York: OUP.

Seidman, S. 1994. *The Postmodern Turn: New Perspectives on Social Theory.* 吴世雄等译,2001,《后现代转向——社会理论的新视角》,沈阳:辽宁教育出版社.

Smith, H. 1961/1982. *Beyond the Post-Modern Mind.* New York: Crossroad.

Spretnak, C. 1984. *Green Politics: The Global Promise.* London: Hutchinson.

Spretnak, C. 1988. Postmodern Directions. In D. R. Griffin (Ed.). 1988. *Spirituality and Society: Postmodern Visions.* Albany: State University of New York.

Spretnak, C. 1997. *The Resurgence of the Real: Body, Nature, and Place in a Hypermodern World.* 张妮妮译,2001,《真实之复兴——极度现代的世界中的身体、自然和地方》,北京:中央编译出版社.

Taylor, C. 1991. *The Malaise of Modernity.* 程炼译,2001,《现代性之隐忧》,北京:中央编译出版社.

Taylor, J. 1989. *Linguistic Categorization — Prototypes in Linguistic Theory.* Oxford: OUP.

Taylor, J. 2002. *Cognitive Grammar.* Oxford: OUP.

Taylor, V. & Winquist, C. 2001. *Encyclopedia of Postmodernism.* 章燕、李自修等译,2011,《后现代主义百科全书》,长春:吉林人民出版社.

Towers, W. 1997. Lazarsfeld and Adorno in the United States：A Case Study in Theoretical Orientations, In Brent D. Ruben（ed.）. 1977. *Communication Yearbook 1.* New Brunswick, N. J.：Transaction Books.

Toynbee, A. J. 1947. *A Study of History.* New York：OUP.

Vattimo, G. 1985. *La Fine Della Modernita.* 李建盛译,2013,《现代性的终结》,北京：商务印书馆.

Vattimo, G. 1988. *The End of Modernity: Nihilism and Hermeneutics in Postmodern Culture.* Cambridge,UK：Polity Press.

Welsch, W. 1988. *Unsere Postmoderne Moderne.* Weinheim：VCH.

Whitehead, A. N. 1929a. *Process and Reality: An Essay in Cosmology.* New York：Harper & Row. 杨富斌译,2013,《过程与实在——宇宙论研究》,北京：中国人民大学出版社.

Whitehead, A. N. 1929b. *The Aims of Education.* 庄莲平、王立中译,2012,《教育的目的》,上海：文汇出版社.

Whitehead, A. N. 1933. *Adventures of Ideas.* 周邦宪译,2014,《观念的冒险》,北京：北京联合出版公司.

Wittgenstein, L. 1922. *Tractatus Logico-Philosophicus.* 贺绍甲译,2002,《逻辑哲学论》,北京：商务印书馆.

Wittgenstein, L. 1953. *Philosophical Investigation.* 李步楼译,1996,《哲学研究》,北京：商务印书馆.

陈 波,1998,《奎因哲学研究》,北京：三联书店。
陈 波,2005,《逻辑哲学》,北京：北京大学出版社。
陈嘉映,2003,《语言哲学》,北京：北京大学出版社。
陈嘉映,2006,维特根斯坦的哲学观,载《现代哲学》,2006(5)。
陈平原,1999,大学之道——传统书院与二十世纪中国高等教育(上)。http://www.aisixiang.com/data/25851.html。
陈文革、吴建平,2014,科学教科书中的意识形态及其话语建构——以初中物理和化学教科书为例,载《外语与外语教学》,2014(5)。
程志民,2005,《后现代哲学思潮概论》,北京：华夏翰林出版社。
程志民、江怡,2003,《当代西方哲学新词典》,长春：吉林人民出版社。
范国豪,2013,Gianni Vattimo 的后现代传播理论,台湾政治大学硕士论文。
冯 俊,2012,超越西式现代性,走生态文明之路——冯俊教授与著名建设性后现代思想家柯布教授对谈录,载《中国浦东干部学院学报》,2012(1)。
高宣扬,2010,《后现代论》,北京：中国人民大学出版社。
胡 适,1999,《先秦名学史》,合肥：安徽教育出版社。
胡兴荣,2004,《新闻哲学》,北京：新华出版社。
胡壮麟,2001,为王寅《语义理论与语言教学》作序,上海：上海外语教育出版社。
胡壮麟,2012,人·语言·存在——五问海德格尔语言观,载《外语教学与研究》,2012(6)。

黄华新、徐慈华,2008,隐喻语句的真值条件,载《哲学研究》,2008(4)。
季国清,1999,语言研究的后现代化迫在眉睫,载《外语学刊》,1999(1)。
江 怡,1998,《维特根斯坦——一种后哲学的文化》,北京:社会科学文献出版社。
江 怡,2009,《分析哲学教程》,北京:北京大学出版社。
姜永琢,2014,被"延异"的语言——德里达对索绪尔的批判再审视,载《外语学刊》,2014(6)。
金岳霖,1979,《形式逻辑》,北京:人民出版社。
李惠斌,王治河,2008,《生态文明与马克思主义》,北京:中央编译出版社。
李 陀,序(McRobbie 1994),载田晓菲译,2000,《后现代与大众文化》,北京:中央编译出版社。
李无苑,2005,论当代解释学对知性文化的反思,载《陕西师范大学学报》(社科版),2005(1)。
李幼蒸,2006,《野性的思维》总序,北京:中国人民大学出版社。
刘放桐,2000,《新编现代西方哲学》,北京:人民出版社。
刘宓庆,2005,《新编当代翻译理论》,北京:中国对外翻译出版公司。
刘 裴,2014,汉语推理互文研究,载《当代修辞学》,2014(5)。
刘润清,1995,《西方语言学流派》,北京:外语教学与研究出版社。
刘象愚,2011.《从比较文学到比较文化》,上海:复旦大学出版社。
刘玉梅等,2015,学术创新能力培养的几点思考——王寅教授访谈录,载《山东外语教学》,2015,6。
马克思、恩格斯,1961/1972,《马克思恩格斯全集(第一卷)》,北京:人民出版社。
庞学铨,2005,《哲学导论》,杭州:浙江大学出版社。
彭志斌,2012,钻研经典,关注前言——王寅先生教我如何做好科研阅读,载《中国研究生》,2012,(6)。
钱冠连,2002,《语言全息论》,北京:商务印书馆。
钱冠连,2004,以学派意识看汉语研究,载《汉语学报》,2004(2)。
钱冠连,2005,《语言:人类最后的家园》,北京:商务印书馆。
钱冠连,2007a,西语哲在中国:一种可能的发展之路,载《外语学刊》,2007(1)。
钱冠连,2007b,以学派意识看外语研究——学派问题上的心理障碍,载《中国外语》,2007(1)。
钱冠连,2008,西语哲在外语界的传播与未来的发展,载《外语学刊》,2008(2)。
钱冠连,2015,模糊指称、无穷递增和无穷递减的跨界状,《外语教学与研究》,2015(1)。
钱冠连,2015,《后语言哲学之路》,上海:上海外语教育出版社。
钱冠连,2016,后语言哲学参与第二次哲学启蒙,载《外语学刊》,2016(2)。
《人民论坛》,2013,人民论坛问卷调查中心:2012 年度最具价值的理论观点,载 2013 年 1 月 10 日。http://theory.people.com.cn/n/2013/0110/c49165-20158762.html。
孙周兴,2009,《后哲学的哲学问题》,北京:商务印书馆。
汤一介,2011,启蒙在中国的艰难历程,载 2011 年 11 月 14 日,《文汇报》。
田晓菲,2000,译者前言(McRobbie 1994),载田晓菲译,2000,《后现代主义与大众文化》,北京:中央编译出版社。

涂纪亮,1994,《现代欧洲大陆语言哲学》,北京:中国社会科学出版社。

佟立,1996,关于伊哈布·哈桑的文化理论研究,载《天津外国语学院学报》,1996(3)。

汪耀进,2009,罗兰·巴特和他的《恋人絮语》,载《恋人絮语》汉译本,上海:上海人民出版社。

王天翼,2010,从"意义用法论"到"基于用法的模型",载《外语教学》,2010(6)。

王炜、周国平,1996,《当代西方著名哲学家评传(第九卷 人本哲学)》,济南:山东人民出版社。

王晓升,1999,《走出语言的迷宫》,北京:社会科学文献出版社。

王寅,2001,《语义理论与语言教学》,上海:上海外语教育出版社。

王寅,2005,事件域模型的认知分析及其解释力,载《现代外语》,2005(1)。

王寅,2007a,《认知语言学》,上海:上海外语教育出版社。

王寅,2007b,《中西语义理论对比研究初探——基于体验哲学和认知语言学的思考》,北京:高等教育出版社。

王寅,2008,认知语言学的"体验性概念化"对翻译客观性的解释力——一项基于古诗《枫桥夜泊》40篇英语译文的研究,载《外语教学与研究》,2008(3)。

王寅,2009a,从后现代哲学的人本观看语言象似性——语言学研究新增长点之六:象似性的哲学基础与教学应用,载《外语学刊》,2009(6)。

王寅,2009b,主客主多重互动理解,载《哲学动态》,2009(10)。

王寅,2011a,后现代哲学视野下的当代隐喻研究,载《山东外语》,2011(4)。

王寅,2011b,廖巧云《因果构式的运作机制研究》序言二,北京:中国社会科学出版社。

王寅,2011c,《什么叫认知语言学》,上海:上海外语教育出版社。

王寅,2012a,新世纪语言学研究当与哲学紧密结合——基于后现代人本观的认知语言学,载《外国语文》,2012(4)。

王寅,2012b,后现代哲学视野下的语言学前沿——体验人本观与认知语言学,载《外国语》,2012(6)。

王寅,2012c,后现代哲学的转向与超越——特征与评价,载《当代外语研究》,2012(5)。

王寅,2013,范畴三论:经典范畴、原型范畴、图式范畴——论认知语言学对后现代哲学的贡献,载《外文研究》,2013(1)。

王寅,2014a,后现代哲学视野下的体认语言学《外国语文》,2014(6)。

王寅,2014b,《语言哲学研究(上、下)——21世纪中国后语言哲学沉思录》,北京:北京大学出版社。

王寅,2014c,《语义理论与语言教学》(第二版),上海:上海外语教育出版社。

王寅,2014d,学位论文撰写纲要——兼谈认知对比语言学,载《语言教育》,2014(1)。

王寅,2015,体认一元观:理论探索与应用价值,载《中国外语》,2015(2)。

王寅、王天翼,2010,汉语明喻成语构式的特征分析,载《语言教学与研究》,2010(4)。

王治河,1999,《福柯》,长沙:湖南教育出版社。

王治河,2002,代译序:后现代主义的建设性向度及其依据,载鲍世斌等译,2002,《超越解构:建设性后现代哲学的奠基者》,北京:中央编译出版社。

王治河,2003,《全球化与后现代性》,桂林:广西师范大学出版社。
王治河,2005,"后现代是一个机会——致李醒民先生的一封信",载《中华读书报》,2005年3月30日。
王治河,2005,《后现代主义辞典》,北京:中央编译出版社。
王治河,2006,《后现代哲学思潮研究(增补本)》,北京:北京大学出版社。
王治河,2007,中国的后现代化呼唤第二次启蒙,载《马克思主义与现实》,2007(2)。
王治河,2011,《后现代主义与建设性(代序)》,载王成兵译,《后现代精神》,北京:中央编译出版社。
王治河、樊美筠,2011,《第二次启蒙》,北京:北京大学出版社。
伍铁平,1994,《语言学是一门领先的学科》,北京:北京语言学院出版社。
徐崇温,1993,在研究当代各种思潮中发展马克思主义——为《国外马克思主义和社会主义研究》丛书的出版而作,载马尔库塞(1941),程志民等译,1993,《理性和革命——黑格尔和社会力量的兴起》,重庆:重庆出版社。
徐友渔,2001,20世纪英美分析哲学中"语言的转向",载陈波主编,2001,《分析哲学——回顾与反省》,成都:四川教育出版社。
徐友渔、周国平、陈嘉映、尚杰,1996,《语言与哲学——当代英美与德法传统比较研究》,北京:三联书店。
杨富斌,2013,翻译怀特海的《过程与实在(修订版)——宇宙论研究》代译序,北京:中国人民大学出版社。
杨善华,1999,《当代西方社会学理论》,北京:北京大学出版社。
姚振军,2013,语用学的"社会认知分析法"视角下的交际语境的事件域认知模型解读,载《外语与外语教学》,2013(1)。
殷祯岑,2014,语篇意义解构的稳定性——互文性阅读的语篇视角分析,载《当代修辞学》,2014(5)。
余开亮,2002,《索绪尔语言学模式的哲学意蕴及美学流变》,《河北科技大学学报》,2002(1)。
曾志,2001,《西方哲学导论》,北京:中国人民大学出版社。
张春荣,2001,《修辞新思维》,台北:万卷楼图书公司。
张东荪,1938,《思想言语与文化》,北京:燕京大学社会学系。
张汝伦,2003,《现代西方哲学十五讲》,北京:北京大学出版社。
赵蓉晖,2005,《索绪尔研究在中国》,北京:商务印书馆。
赵一凡,2007,《西方文论讲稿——从胡塞尔到德里达》,北京:三联书店。
赵一凡,2009,《西方文论讲稿续编——从卢卡奇到萨义德》,北京:三联书店。
赵毅衡,2011,迪利《符号学对哲学的冲击》汉译本封底介绍,成都:四川教育出版社。
中共中央马克思恩格斯列宁斯大林著作编译局,1961,《马克思恩格斯全集》(第8卷),北京:人民出版社。
周邦宪,2015,《复魅何须超自然主义——过程宗教哲学》译者序,南京:译林出版社。
周敏,2014,什么是后现代主义文学,上海:上海外语教育出版社。
祝克懿,2014,文本解读范式探析,载《当代修辞学》,2014(5)。